福州大学 21 世纪海上丝绸之路核心区建设研究院研究成果

海上丝绸之路与中国海洋强国战略丛书

2015 年主题出版重点出版物

总主编／苏文菁

海上丝绸之路与中国海洋强国战略丛书

国际法新命题

——基于 21 世纪海上丝绸之路建设的背景

张相君 著

社会科学文献出版社

SOCIAL SCIENCES ACADEMIC PRESS (CHINA)

"海上丝绸之路与中国海洋强国战略丛书" 编委会

编委会主任 高　明

编委会副主任 苏文菁

编委会成员 （按姓氏笔画排序）

丁国民　王　涛　甘满堂　叶先宝　庄　穆

刘　淼　〔新西兰〕约翰·特纳　　苏文菁

杨宏云　杨艳群　〔新西兰〕李海蓉　吴兴南

张良强　张相君　〔马〕陈耀宗　　林志强

周小亮　胡舒扬　〔新加坡〕柯木林　骆昭东

高　明　唐振鹏　陶　菁　黄清海　黄　辉

〔马〕黄裕端　　赖正维　潘　红

丛书主编 苏文菁

"海上丝绸之路与中国海洋强国战略丛书"总序

中国是欧亚大陆上的重要国家，也是向太平洋开放的海洋大国。长期以来，中国以灿烂的内陆农耕文化对世界文明产生了巨大的影响。近百年来，由于崛起于海洋的欧洲文明对世界秩序的强烈影响，来自黑格尔的"中国没有海洋文明""中国与海不发生关系"的论调在学术界应者甚众。这种来自西方权威的论断加上历史上农耕文化的强大，聚焦"中原"而忽略"沿海"已是中国学术界的常态。在教育体系与学科建设领域，更是形成了一个"中""外"壁垒森严、"中国"在世界之外的封闭体系。十八大提出了包括建设海洋强国在内的中华民族全面复兴的宏伟目标。2013 年以来，习总书记提出以建设"一带一路"作为实现该宏伟目标的现阶段任务的重要战略构想。国家战略的转移需要新的理论、新的知识体系与新的话语体系，对于农业文明高度发达的中国而言，建设富有中国气质的、与海洋强国相适应的新知识体系、新话语体系、新理论更是刻不容缓。

从地球的角度看，海洋占据了其表面的约 70.8%，而陆地面积占比不到 30%，陆域成了被海洋分割、包围的岛屿。从人类发展的角度看，突破海洋对陆域的分割、探索海洋那一边的世界、把生产生活活动延伸至海洋，是人类亘古不变的追求。而人类对海洋的探索主要经历了四个不同的阶段。

第一阶段是远古至公元 8 世纪，滨海族群主要在近海区域活动。受生产力，特别是造船能力的影响，滨海人民只能进行小范围的梯度航行，进行近海的捕捞活动。除了无潮汐与季风的地中海之外，其他滨海区域的人民尚无法进行远程的跨文化交换与贸易。目前的知识体系还不足以让我们准确了解该阶段的发展状况，但我们仍然可以从各学科的发现与研究中大致确定海洋文化较为发达的区域，它们是环中国海区域、环印度洋区域、环北冰洋区域，当然也包括环地中海区域。在这一阶段，滨海区域开始出现与其地理环境相应的航海工具与技术，这是各地滨海族群为即将到来的大规模航海储备力量的阶段。

第二阶段是 8 世纪至 15 世纪，滨海族群逐渐拓展自己的海洋活动空间。随着技术的不断发展，他们由近海走向远洋，串联起数个"海"而进入"洋"。海上交通由断断续续的"点"链接成为区域性、规模化的"路"。环中国海的"点"逐渐向西扩展，与印度洋进行连接；印度洋西部阿拉伯海区域的"点"向地中海及其周边水域渗透。由此，海上丝绸之路"水陆兼程"地与地中海地区连接在一起，形成了跨越中国海、南洋、印度洋、红海、地中海的贸易与交通的海洋通道。从中国的历史看，该阶段的起点就是唐代中叶，其中，市舶司的设立是中国政府开始对海洋贸易实施管理的代表性事件。这一阶段，是中国人与阿拉伯人共同主导亚洲海洋的时代，中国的瓷器、丝绸以及南洋的各种物产是主要的贸易产品。

第三阶段是 15 世纪至 19 世纪中叶，东西方的海洋族群在太平洋上实现了汇合。这是海上丝绸之路由欧亚板块边缘海域向全球绝大部分海域拓展的时代。在这一阶段，欧洲的海洋族群积极开拓新航线，葡萄牙人沿非洲大陆南下，绕过好望角进入印度洋；西班牙人向西跨越大西洋，踏上美洲大陆。葡萄牙人过印度洋，据马六甲城，进入季风地带，融入亚洲海洋的核心区域；西班牙人以美洲的黄金白银为后发优势，从太平洋东岸跨海而来，占据东亚海域重要的交通与贸易"点"——吕宋。"大航海"初期，葡萄牙、西班牙的海商是第一波赶赴亚洲海洋最为繁忙的贸易圈的欧洲人，紧接着是荷兰人、英国人、法国人。环中国海以及东南亚海域成为海洋贸易与交通最重要的地区。但遗憾的是，中国海洋族群的海洋活动正受到内在制度的限制。

第四阶段是19世纪下半叶至当代，欧洲的工业革命使得人类不再只能依靠自然的力量航海；人类依靠木质帆船和自然力航海的海洋活动也即将走到尽头；中国的海洋族群逐渐走向没落。"鸦片战争"之后，中国海关系统被英国等控制，世界上以东方物产为主要贸易物品的历史终结了，包括中国在内的广大东方区域沦为欧洲工业品的消费市场。

由上述分析，我们能够充分感受到海上丝绸之路的全球属性。在逾千年的历史过程中，海上丝绸之路唯一不变的就是"变化"：航线与滨海区域港口城市在变化；交换的物产在变化；人民及政府对海洋贸易的态度在变化……但是，由海上丝绸之路带来的物产交换与文化交融的大趋势从未改变。因此，对于不同的区域、不同的时间、不同的族群而言，海上丝绸之路的故事是不同的。对于非西方国家而言，对海上丝绸之路进行研究，特别是梳理前工业时代东方文明的影响力，是一种回击欧洲文明优越论的文化策略。从中国的历史发展来看，传统海上丝绸之路是以农耕时代中国物产为中心的世界文化大交流，从其相关历史文化中可汲取支撑我们继续前行的力量。

福州大学"21世纪海上丝绸之路核心区建设研究院"在多年研究中国海洋文化的基础上，依托中国著名的出版机构——社会科学文献出版社，策划设计了本丛书。本丛书在全球化的视野下，通过挖掘本民族海洋文化基因，探索中国与海上丝绸之路沿线国家历史、经济、文化的关联，建设具有中国气质的海洋文化理论知识体系。丛书第一批于2015年获批为"2015年主题出版重点出版物"。

丛书第一批共十三本，研究从四个方面展开。

第一，以三本专著从人类新文化、新知识的角度，对海洋金融网、海底沉船进行研究，全景式地展现了人类的海洋文化发展。《海洋与人类文明的生产》从全球的角度理解人类从陆域进入海域之后的文明变化。《海洋移民、贸易与金融网络——以侨批业为中心》以2013年入选世界记忆遗产的侨批档案为中心，对中国海洋族群在海洋移民、贸易中形成的国际金融网络进行分析。如果说侨批是由跨海成功的海洋族群编织起来的"货币"与"情感"的网络的话，那么，人类在海洋上"未完成"的航行也同样留下了证物，《沉船、瓷器与海上丝绸之路》为我们整理出一条"水下"的海上丝绸之路。

第二，早在欧洲人还被大西洋阻隔的时代，亚洲的海洋族群就编织起亚洲的"海洋网络"。由中国滨海区域向东海、南海延伸的海洋通道逐步形成。从中国沿海出发，有到琉球、日本、菲律宾、印度尼西亚、中南半岛、新加坡、环苏门答腊岛区域、新西兰等的航线。中国南海由此有了"亚洲地中海"之称，成为海上丝绸之路的核心区域，而我国东南沿海的海洋族群一直是这些海洋交通网络中贸易的主体。本丛书有五本专著从不同的方面讨论了"亚洲地中海"这一世界海洋贸易核心区的不同专题。《东海海域移民与汉文化的传播——以琉球闽人三十六姓为中心》以明清近六百年的"琉球闽人三十六姓"为研究对象，"三十六姓"及其后裔在向琉球人传播中国文化与生产技术的同时，也在逐渐地琉球化，最终完全融入琉球社会，从而实现了与琉球社会的互动与融合。《从龙牙门到新加坡：东西海洋文化交汇点》、《环苏门答腊岛的海洋贸易与华商网络》和《19世纪槟城华商五大姓的崛起与没落》三本著作从不同的时间与空间来讨论印度洋、太平洋交汇海域的移民、文化与贸易。《历史影像中的新西兰华人》（中英文对照）则以图文并茂的方式呈现更加丰厚的内涵，100余幅来自新西兰的新老照片，让我们在不同历史的瞬间串连起新西兰华侨华人长达 175 年的历史。

第三，以三部专著从海洋的角度"审视"中国。《海上看中国》以 12 个专题展现以海洋为视角的"陌生"中国。在人类文明发展的进程中，传统文化、外来文化与民间亚文化一直是必不可少的资源。就中国的海洋文化知识体系建设来说，这三种资源有着不同的意义。中国的传统文化历来就有重中原、轻边疆的特点，只在唐代中叶之后，才对东南沿海区域有了关注。然而，在此期间形成了海洋个性的东南沿海人民，在明朝的海禁政策下陷入茫然、挣扎以至于反抗之中；同时，欧洲人将海洋贸易推进到中国沿海区域，无疑强化了东南沿海区域的海洋个性。明清交替之际，清廷的海禁政策更为严苛；清末，中国东南沿海的人民汇流于 17 世纪以来的全球移民浪潮之中。由此可见，对明清保守的海洋政策的反思以及批判是我们继承传统的现实需求。而《朝贡贸易与仗剑经商：全球经济视角下的明清外贸政策》与《明清海盗（海商）的兴衰：基于全球经济发展的视角》就从两个不同的层面来审视传统中华主流文化中保守的海洋政策与民间海商阶层对此的应对，从中可以看出，当时国家海洋政策的失误及其造成的严重后果；此外，在对中西海商（海盗）进行对比的同时，为中国海商翻案，指出对待海商（海盗）的态度或许是中国走向衰落而西方超越的原因。

第四，主要是战略与对策研究。我们知道，今天的国际法源于欧洲人对海洋的经略，那么，这种国际法就有了学理上的缺陷：其仅仅是解决欧洲人纷争的法规，只是欧洲区域的经验，并不具备国际化与全球化的资质。东方国家有权力在 21 世纪努力建设国际法新命题，而中国主权货币的区域化同理。《国际法新命题：基于 21 世纪海上丝绸之路建设的背景》与《人民币区域化法律问题研究——基于海上丝绸之路建设的背景》就对此展开了研究。

从全球的视野看，海上丝绸之路是人类在突破海洋的限制后，以海洋为通道进行物产的交流、思想的碰撞、文化的融合进而产生新的文明的重要平台。我们相信，围绕海上丝绸之路，世界不同文化背景的学者都有言说的兴趣。而对中国而言，传统海上丝绸之路是以农耕时代中国物产为中心的世界文化大交流，源于汉唐乃至先秦时期，繁荣于唐宋元时期，衰落于明清时期，并终结于1840年。今天，"21世纪海上丝绸之路"建设是重返世界舞台中心的中国寻找话语权的努力，在相同的文化语境之中，不同的学科与专业都有融入海洋话语时代的责任。欢迎不同领域与学科的专家继续关注我们的讨论、加入我们的航船：齐心协力、各抒其才。海洋足够辽阔，容得下多元的话语。

苏文菁

2016 年 12 月

内容提要

　　以 1648 年威斯特伐利亚体系为基础确立的现代国际法，根源上看乃是西方社会的一种地方性规则。凭借西方国家自工业革命后在国际社会获得的优势资源和优势地位，这种地方性规则被强行推销至世界各地，并借力于非优势地位区域的被动或主动依赖，成为普适的行为规则。这种行为规则的正当性前提，是一种"先到先得、后到不得"的丛林式价值；此行为规则的运行方式，奉行的是一种索取和耗竭的短视标准；此行为规则的后果，则不可避免地落入竞争的甚至是相互搏杀的毁灭式圈套。这显然有悖于法律努力追求的"使人们获致一种令人满意的共同生活的社会秩序"目标。这种背离敦促我们反思现行的国际法产生的国际社会是如何形成和发展的，国际法是否存在某些尚有待发展和完善的空间，进而更敦促我们反思现行国际法所维护的国际秩序是否存有优化和变革的必要。"一带一路"的建设目标以及所奉行的基本原则，为我们反思现行国际法提供了正当性背景和参照体系。

　　本研究遵循经典的提出问题、分析问题和解决问题的思路，第一章至第三章为提出问题的部分，第四章至第六章为分析问题的部分，第七章则以 21 世纪海上丝绸之路建设为背景，提出问题的破解思路。

　　第一章至第三章，以 21 世纪海上丝绸之路建设为背景，审视现有国际秩序和国际法规则体系的演变脉络，并提出现有国际体系及国际法规则非完备性的命题。即当前的由西欧拓展至世界的国际体系并非国家间关系的最后形式，当前的国际法规则也存在进一步发展乃至实质性发展的空间。

第一章以 21 世纪海上丝绸之路这一战略命题为背景，审视 1618～1648 年欧洲三十年战争结束后确立的现代国际体系。基于此，作者提出下述观点，即现代国际体系基于其起源，天然地具有地方性特征。这一特征深刻地烙印于现代国际关系理论，使其出现系列缺陷，诸如以西欧国家间关系为刻画国际体系的唯一样本，以西欧国家的民主模式为政治唯一模式并强行推行至世界范围内，以西欧和复刻西欧体系的国家为核心国家，凭借其工业革命后形成的暂时性技术优势掠夺资源从而对非体系内的国家形成绝对优势地位，并借助此优势地位将其他国家逐渐边缘化。事实上，21 世纪海上丝绸之路战略的提出让传统的非西欧体系国家获得参与国际秩序的全新路径。

第二章承接第一章有关国际秩序的论述，着重探讨维护现代国际秩序的国际法演变历程。国家间互动产生了国际秩序或国际结构，处于此秩序或结构内的各国存在共同利益则会促成国家间共有知识的出现，并进而固化为国际法。各国须有共同利益，国际法律秩序才得以建立。各国都能从秩序中获益，它们才会选择服从秩序。鉴于此考虑，笔者对现代国际法的演变予以梳理，并且提出下述观点，由于现代国际法所维护的国际体系具有地方性特征，国际法也就不可避免地自源头看是一种地方性规则。

第三章承接第二章国际法困境的阶段性观点，提出现代国际法规则体系并不完备，仍存在可进一步实质发展的空间的观点。现代国际法的范式，是基于主权国家作为基本构成单位的国际社会是一个平权者社会的特点而确立的，它假定所有国家基于主权平等相互并不享有管辖权。然而，国际法的生产者并不是国际社会所有成员，而是特定的某些成员，或者说是西方的"文明国家"。非西方文明国家的其他成员，则在很大程度上是接受者。国际法议题和相关规则的提出也多由此类"文明国家"主导，这就导致国际法在前提上和内容上存在缺陷。

第四章至第六章，以21世纪海上丝绸之路建设为视角，分析国际法体系的非完备性。这种非完备性体现在其正当性前提，是一种"先到先得、后到不得"的丛林式价值；此行为规则的运行方式，奉行的是一种索取和耗竭的短视标准；此行为规则的后果，则不可避免地落入竞争的甚至是相互搏杀的毁灭式圈套。这显然有悖于法律努力追求的"使人们获致一种令人满意的共同生活的社会秩序"的目标。

第四章承接第一部分所提出的现代国际法非完备性观点，分析国际法的非完备具体体现。这种非完备性从源头上体现为国际法的基础和最高判准的价值取向是一种"先到先得、后到不得"的敌对式价值，是局限于欧美所谓"文明国家"间的共同价值，导致国际法在运行方式和作用后果上均存在问题。最严重的问题则是国际法遭遇到究竟约束力如何或者说国际法究竟有多大价值的根本质疑。

第五章就国际法的非完备性予以分析，分别选择从经济、海洋以及环境领域，选择具有代表性的重要国际条约予以文本分析。通过对这三个重要的国际法领域条约的文本分析，笔者提出国际法发展中面临原"文明国家"和新兴国家角力的观点。原"文明国家"试图排斥新兴国家的发言权，将国际法框定在既有的"地方性"特征中，以保有其既有的条约制定和发展上的优势地位。

第六章从国际司法实践的角度，对国际法非完备性这一命题予以论证。通过分析国际法院、WTO争端解决机构以及国际海洋法庭的相关案例，作者实证性地提出，在争端解决中，国际法对"主权平等"的贯彻依然是局限于西欧体系国家，涉及非体系内的国家时，国际法的地方性特征再度凸显。熟悉并掌控这种地方性的体系内国家，利用于已有利的国际法规则，对新加入体系内国家实行法律压制。

第七章，以 21 世纪海上丝绸之路建设为契机，推进国际秩序和国际法体系的补缺进路。本部分主要论述 21 世纪海上丝绸之路所推行的"和谐主义"是截然不同于既往国际法奉行的丛林主义，所提倡的当计天下利的价值观念也不同于已有的"先到先得、后到不得"的价值观念，所意欲实现的目的是国家间的真正合作甚至是融合，而非当前所广为人知的单向度价值链上核心国家对非核心国家以及边缘国家的压榨。这三个位面上理念的更新，将促使当前仍然在处理国家间共存及一定限度合作的国际法获得新的发展方向上的启示。

新兴大国要成为真正的强国，既需要物质准备，也需要理论准备。这种理论准备需要一种新出现的价值观念得到大多数国家的认同。根据学者的观察，在新兴经济体中，只有中国具有持续提高在国际经济和安全议题领域的能力。这就要求中国对国际社会以及维护国际社会的国际法规则供应新的理论和命题，21 世纪海上丝绸之路战略正是中国可向国际社会供应新选择的契机。这种新选择的重点不再投射在威斯特伐利亚体系下的国家间共存上，而是以现在于一定限度上存在的国家间的合作为起点，力求实现国家间的融合。因此，国际法规则将在如何处理国家间共存的基础上，规范实现国家间的全面合作及融合。

Abstract

Modern International Law based on the 1648 Peace of Westphalia is originally a local regime forged by Western European nations. In the aftermath of Industrial Revolution, Western European nations acquired advantageous resource shares and positions. With such positions, this local regime has been forcefully sold out to the International society. Willingly or unwillingly, other Nations has been applying and been used to applying this local regime do deal with each other. A local regime has then been a universal one. This regime is built upon a jungle value, which is first come and first served, late come and not served. This regime is applying an exhaustive and short-sighted criterion. Whereas, this regime has gone astray and beencriticized as non-binding. International community has been trapped in a permanent search for power. Such result is deviating from the goal of law for promoting and realizing an order satisfying all people. Due to this deviation, there is a need to examine and consider how the international society as a precondition for international law came into being and has been evolving. Is there still room for international law to develop and get promoted. Is there a need for international order being optimized and changed. The 21st Century Maritime Silk Road Initiative proposed by President Xi Jinping may be taken as a background and a lens for reconsidering the international law and international system centered on Western Europe.

This book is using the classical approach for research, which is proposing, analyzing and tackling an issue. Chapters 1 to 3 are the first part, chapters 4 to 6 are the second and chapter 7 is the final part.

From chapter 1 to 3, I'm making this argument that existing international system and international law are with a feature of incompleteness. International system stemming from Western Europe is not the final destination of international relations. International law also may get further developed.

Chapter 1 is to outline the course of international system in the aftermath of the Thirty Years War in Western Europe from 1618 to 1648. With the background of the 21st Century Maritime Silk Road Initiative, I'm to argue that modern International System is fundamentally a limited regime with a strong local feature. Such local feature has deeply impacted upon international political theories, whose credibility has been noticeably undermined. Relations between and among Western European nations have been the only sample for international relations. Democracy has been considered as the only future or even destination for all nations. Western European nations and the European-like nations have been center nations. Taking advantages of technological and resources superiority, European nations have gradually made other nations and new independent ones followers and peripheral countries. The 21st Century Maritime Silk Road Initiative is providing a different way for the peripheralized non-European nations to participate in international system.

Chapter 2 is to outline the course of the development of modern international law. Interactions among nations bring out an international order or international regime. Common interests of nations within the regime will make common practice and opinions appear, which then may become *o-pinion juris* and finally international law. Common interests are a precondition for international law and order. Commonly benefited, nations then will abide by such law and respect the order. By outlining the development of modern international law, I'm arguing that modern international law is inevitably stamped with a local feature due to such feature with modern international system.

Thus in chapter 3, I raise this viewpoint that modern international law is still an incomplete set of rules. There is still space for improving it substantially. International law is based on a basic presumption that is *par in parem non habet jurisdiction.* International society consists of equal sovereign States not interfering each other. Nonetheless, international law has never been produced by all nations but by some particular ones, or Western civilized nations. Non-Western nations are principally passively accepting such law.

Chapters 4 to 6 are analyzing how the incompleteness of modern international law has been revealing itself.

Chapter 4 is using a international legal philosophical perspective to analyze the deep rooting cause for the incompleteness. As the basic foundation and final criterion for international law, idea of first come and first occupy is a war-like and hostile value. This value is a common value limited within Western Civilized Nations. Whereas, international law is with a serious defect, which is being fundamentally doubted about its binding force.

Chapter 5 is using an approach of text analysis. I decide to select three sectors of international law in this part, which are international economic law, international law of the sea and international environmental protection. With the text analysis, I'm making a point that there is a tension between original civilized nations and new emerging powers in the e-volving international law. Original civilized nations are attempting to exclude or at least limit the new powers to have their voices channeled into international rules.

Chapter 6 is using a practical perspective to demonstrate the incompleteness of international law. By analyzing cases of international courts, I'm arguing that doctrine of sovereignty equality is principally applied between Western countries.

As the final chapter, chapter 7 is with a purpose for promoting international order and international law with the background of the 21st Century Maritime Silk Road Initiative. In this chapter, I will point out that the idea of a harmonious world used by the 21st Century Maritime Silk Road Initiative is fundamentally different from that jungle value in existing international law. China is now a new great power, who should take the responsibility for promoting international system towards a direction of real cooperation among all nations. China is competent to provide new ideologies for the future development of international community. With China's contribution to international community due to the 21st Century Maritime Silk Road Initiative, international law may find its new dimensions for future development.

A New Great Power should have prepared materially as well as theoretically to be able to become a real Power. According to research, China is the only one among New Great Powers with the potential to promote her capabilities for tackling new issues in international economic and security fields. China should provide new theories and new topics for the development of international system and international law. The 21st Century Maritime Silk Road Initiative is an appropriate chance for China to demonstrate her will to provide a new choice for the international community. With the need of China's future economic development and promotion of comprehensive national power, China need a peaceful and cooperative

world instead of a unsettling and conflicting world. As for the future devel-

opment of international law, it should not just contend with co-existing of

nations and should have striven for regulating nations' comprehensive co-

operation and co-progressiveness.

目　录

目
录

Contents

绪　　论

国际法的哲学之问

问题一　谁的国际法?

问题二　国际法来自哪里?

问题三　国际法去向何处?

自近代国际法之父格劳秀斯于 1625 年发表《战争与和平法》，至今已近 400 年。400 年来，国际法经历了学说法到成文法的发展，经历了效力被质疑而今被信奉的演进，亦经历了由规范西欧各"文明国家"至约束国际社会全体成员的拓展。国际法似乎已经足够成熟完善，有能力应对国际生活变化对其提出的新的适应要求。

中国在接受国际法的过程中，虽然也有过接受的国际法是否已然存在于本土环境中的讨论，①最终的主流观点还是认为我们接受的具有独立体系的国际法理论是西方国际法理论，中国处于单向度的接受者地位。② 西方国际法学界对近代国际法的来源问题上，主流观点也非常一致，"近代国际法是基督教文明的产物……而且几百年来只限于这些国家"。③

这是一个值得研究者关注和思索的现象，何以一个源于欧洲西部数个国家间的行为规则和国家间关系处理规则，最终会成为当前国家间处理彼此关系所参照的唯一法律体系？何以这样一个具有地方性特征的规则体系，成为今时今日具有普适性的行为规则？这样的法律体系中，体现的是不是国际社会所有成员的共同意志；倘若是，谁代表了这样的共同意志；倘若不是，体现的又是谁的意志，乃至是谁的价值？最终，这样的国际法律体系想要实现什么样的国际秩序？

---

① 孙玉荣：《古代中国国际法研究》，中国政法大学出版社，1999，第 1~5 页。

② 罗国强：《中国国际法发展之新思路》，《新疆大学学报》（哲学人文社会科学版）2014 年第 4 期，第 35 页。

③ 〔英〕劳特派特修订：《奥本海国际法》上卷第一分册，王铁崖、陈体强译，商务印书馆，1989，第 32 页。类似的观点在许多学者的著作中均可得见，参见 Hall, William Edward, *A Treatise on International Law* (Oxford: Clarendon Press, 1904), p. 1; Holland, Thomas Erskine, *The Elements of Jurisprudence* (Oxford: Clarendon Press, 1893), p. 322。

问题一　谁的国际法？[①]

国际法，顾名思义，自然是国家之间的法律。当我们一厢情愿地以为国家是所有国家时，历史和现实却给出了另外一种答案。国际社会成员的国家之间，西欧的旧基督教国家被认为是"创始成员"，"因为国际法是在它们之间通过习惯和条约而逐渐发展起来的"。[②] 这些具有"创始成员"身份的西欧国家，奉基督教文明为圭臬，厘定了文明国家和非文明国家的标准。依据此标准，只有欧洲国家为文明国家，欧洲以外的国家则是"蛮族"，且"蛮族"之间也存有等级之分。[③]

"创始成员"中的英国，16 世纪末击溃西班牙无敌舰队取得海上霸权，17 世纪专注于海外殖民扩张，最终在 18 世纪下半叶确立世界霸权。这是这一时期欧洲对外扩张的典型路线，前有葡萄牙和西班牙，左、右有荷兰和法国，后有德国以及欧洲衍生国美国。在这样的典型扩张中，西欧国家获得较世界其他国家明显的优势资源和优势地位。这样的优势地位，为西欧国家带来了明显的文化优势

[①] 这种哲学之问，在国际关系研究领域也有学者提出过。参见苏长和《全球共同问题与国际合作：一种制度的分析》中"无政府与秩序之间：国际制度与国际社会的未来"一章。上海人民出版社，2009，第 282 页。

[②] 关于国家的批次区分，参见〔英〕劳特派特修订《奥本海国际法》上卷第一分册，王铁崖、陈体强译，商务印书馆，1989，第 32～33 页。

[③] 孙玉荣：《古代中国国际法研究》，中国政法大学出版社，1999，第 4～5 页。

和文化自信。"文明"以及"文明国家"的概念一度盛行于欧洲国际法学家的相关著述。[1] 文明国家和非文明国家的区分，更使得原本只是西欧国家间的地方性标准，一跃成为具有普适判断标准意味的至高体系。非文明国家只是此体系之外的成员，若要加入此体系，则必须通过"文明"标准的洗礼。

此观点影响之深远，延续至 20 世纪亦不足为奇。在 1945 年设立的国际法院和签署的《国际法院规约》中，第 38 条明文规定，法院裁判时应适用的除条约和习惯法之外，还包括"一般法律原则为文明各国所承认者"。

由此可知，我们所使用的"国际法"一词，根源上看乃是西方社会的一种地方性规则。凭借西方国家自工业革命后在国际社会获得的优势资源和优势地位，这种地方性规则被强行推销至世界各地，并借力于非优势地位区域的被动或主动依赖，成为普适行为规则。

---

[1]　关于西方学者对文明标准的探讨，可参见 Schwarzenberger, George, "The Standard of Civilization in International Law," *Current Legal Problems* 8 (1955): 212 - 234; Gong, Gerrit W., *The Standard of "Civilization" in International Society* (Oxford: Clarendon Press, 1984), p. 1; Bowden, Brett, *The Empire of Civilization: The Evolution of an Imperial Idea* (Chicago: University of Chicago Press, 2009), p. 1.

问题二 国际法来自哪里?

国际法的来源可以在两个意义上进行理解,即国际法的源头和国际法的渊源。

从源头的意义看,虽然学界公认近代国际法起源于 1625 年《战争与和平法》的出版,但学者们也不否认此前的国家间交往也遵循着一定的规则和习惯。[1] 当然,这些规则和习惯主要是欧洲社会和基督教文明的。中国学者所主张的存在于中国古代社会的国际法湮灭于历史之中,未与西方社会的古代国际法产生交集或互动,现代国际法的唯一源头就是西欧国际法。

从渊源的意义看,近代国际法无论是在格劳秀斯、普芬道夫、莱布尼茨、宾刻舒克、瓦泰尔、奥本海、劳特派特等引导的学说法时代,[2] 还是由海牙和平会议、国联、联合国等主导的编纂成文法时代,西欧国家和西欧文明的主导性都一样明显。[3] 非西欧国家的其他地区,诸如东欧、日本、印度、拉美以及中国,对国际法学说和理论以及成文法的贡献则相去甚远。更何况,这些国家还曾一度

---

① 参见〔英〕劳特派特修订《奥本海国际法》上卷第一分册,王铁崖、陈体强译,商务印书馆,1989,第 33～49 页。

② 参见 Maine, Henry Sumner, *International Law* (London: John Murray, 1888), p. 14。

③ Grewe, Wihelm G., *The Epochs of International Law*, translated and revised by Michael Byers (New York: Walter de Gruyter, 2000), pp. 3 – 4。

被视为体系外成员，虽然在不断地接受西欧国际法规则过程中获得体系内成员身份，但后来者的地位决定了这些国家在国际法的规则适用和发展上始终处于追随者的角色，这种角色使得大多数国家非自愿或自愿地接受既有规则影响力的裹挟，成为其附属。

问题三　国际法去向何处?

在进入 20 世纪之后，这一带有明显西欧地方性和基督教文明烙印的法律体系，成为所有国家间的交往规则并在美国的主导下发展顺利。虽然经历了两次世界大战，相关的法律规则仍然显示出了良好的自我调整和适应能力，国际法的效力基础也似乎基于主权国家的数目增多和《联合国宪章》确立的主权平等原则得以强化；国际法要实现的价值除了和平与合作，似乎多出了更冠冕堂皇的人权和分配正义；国际人道干涉以及国际刑法的产生似乎更能保障国际社会内的自由民主；国际环境法的兴起也更深入地回应了人类的代际公平和可持续发展的诉求。

然而，这样的国际法体系是否真的可以确保平权者之间无管辖权；① 这一国际法体系确立的一些基本法律原则（如公海自由）是否依然有其存在基础；这一国际法律体系是愿意将非西欧文明国家的文化纳入体系之内，还是继续将非西欧文明的国家排除在其法律

---

① 关于国际社会是否真的是平权者社会其实一直都有争论，最初是有关主权是否可分的争论，参见〔英〕劳特派特修订《奥本海国际法》上卷第一分册，王铁崖、陈体强译，商务印书馆，1989，第 35 页。有关小国对大国的依赖以及试图从大国博弈之间获取利益的论证，参见 Schachter, Oscar, "The Role of Power in International Law," American Society of International Law Proceedings 93（1999）: pp. 200 – 201。关于国际法是西方国家为了服务于它们自身的利益的说法，参见〔意大利〕安东尼奥·卡塞斯《国际法》，蔡从燕等译，法律出版社，2009，第 41 页。

体系和对话体系之外，并且是以一种高傲自满且自视甚高的态度；又或者如同一些学者的判断，国际法将在今后进入"亚洲时代"。①

要回答这些问题，研究者必须反思：国际法作为一种国家间交往的规则，维持的国际秩序是一种怎样的国际秩序；这种规则存在什么缺陷，国际法意欲实现的秩序或者说"使人们获致一种令人满意的共同生活的社会秩序"是怎样的秩序，中国作为一个负责任的新兴大国，一个拥有截然不同于西方基督教文明的历史古国，如何以本国的哲学文化传统参与全球化进程和这样一个令人满意的国际社会共同生活的秩序重构。

问题的破解尝试

归结上述问题，最终我们需要面对的是国际法将以什么样的价值为基础和判准发展，向何处发展；在这样的国际法发展蓝图绘制和实现的过程中，中国的地位和角色应该是什么？问题的前半段，涉及国际法哲学这一目前国内外都较少有人涉及的领域；②问题的后半段则涉及新兴大国对国际关系和国际法的影响。

问题的前半段并非凭空就出现在笔者的思维中。邓正来在其最后的著作《中国法学向何处去》中，提出了中国法学未能完成所担负的历史使命的命题，③ 即未能基于中国的实际国情，描述出中国法学基于何种基础和理念构建当前的法律秩序，并且在将来朝何处

---

① Yasuaki, Onuma, *A Transcivilizational Perspective on International Law* (Leiden, Boston: Martinus Nijhoff, 2010), p. 104; Fidler, David P., "The Asian Century: Implications for International Law," *Singapore Yearbook of International Law and Contributors* 9 (2005): 31.

② Besson, Samantha and Tasioulas, John, *The Philosophy of International Law* (Oxford: Oxford University Press, 2010), p. 2.

③ 这种对法学研究目的遗忘甚至虚无化的担忧和质疑，伯尔曼在《法律的革命》中已经提出过。参见邓正来《中国法学向何处去》，商务印书馆，2011，第 2 版，第 42 页，〔美〕哈罗德. J. 伯尔曼：《法律与革命：西方法律传统的形成》，贺卫方译，中国大百科全书出版社，1993，第 45~46 页。

去。虽然邓正来先生将问题主要聚焦于对国内法的研究上，但也提及了国际法的研究中此问题同样存在，即中国虽然参与到当前的国际体系，完成主权国家向主体国家的过渡却仍需要相当的时期。在此时期内，中国如意欲确定自身的角色和地位，则需对当前的国际体系以及维持该体系的国际秩序和国际规则予以考察和反思，对如何基于"中国人的'生存性智慧'，特别是中国优秀的哲学文化传统参与全球化进程和世界秩序重构的问题做出回答"①。

如果继续追溯，邓正来先生提出此命题受到了伯尔曼教授在《法律与革命：西方法律传统的形成》中提到的法律制度先决条件的启发，即法律如果远离道德而接近权术、仅关心规则的直接后果而忽视连续性和一致性，则法律的危机也就产生了。② 在伯尔曼之前，德国的国际法学者也曾就国际法的目的予以思考。根据克斯肯奈米教授的研究，一直到 19 世纪，国际法学研究都只是个非独立甚至有些业余的学科，欧洲各国（包括法国、荷兰、德国以及英国）大学中的国际法教授职位非常稀少，国际法研究更是存在各种问题。③ 直至 19 世纪 50 年代，德国图宾根大学一位国家与行政法教授罗伯特·冯·摩尔提出，应该在科学的基础上，或者说在国际社会理论的基础上重新定义国际法。摩尔提出，依据科学理论，所有的社会组织形式都是为了实现人类的目的，科学理论应回应此类社会组织在不同形式和不同阶段提出的需求。具体至由个人构成的国家和由国家构成的国际社会而言，国家在国际关系中既代表国内

---

① 邓正来：《中国法学向何处去》，商务印书馆，2011，第 2 版，第 10 页。这种提法在国际关系学界也有体现，可参见江西元《从天下主义到和谐世界：中国外交哲学选择及其实践意义》，《外交评论》2007 年第 4 期，第 46 ~ 47 页；秦亚青：《国际关系理论中国学派生成的可能与必然》，《世界经济与政治》2006 年第 3 期，第 13 页。

② 邓正来：《中国法学向何处去》，商务印书馆，2011，第 2 版，第 42 页；〔美〕哈罗德·J. 伯尔曼：《法律与革命：西方法律传统的形成》，贺卫方译，中国大百科全书出版社，1993，第 45 ~ 46 页。

③ Koskenniemi, Martti, *The Gentle Civilizer of Nations* (Cambridge：Cambridge University Press, 2001), pp. 28 – 35.

个人和国内社会，也代表国际社会实现其利益和目标。研究国际社会的理论或者说国际关系或体系理论，应回应国家在国际社会中的需求和目的。作为国际体系重要构成部分的国际法，也应致力贡献于国际社会如何有效实现人类目的的能力构建上。[①] 当然，对于国际法研究的使命，也有学者提出过其他观点。[②] 而这并不能否认国际法规则构建及国际法研究中目的存在的意义。或者更宏观地讲，国际法研究必须既关注实然也关注应然，这也是源于实证法和自然法之间的张力而产生的一个命题在国际法研究中的体现。

问题的后半段：新兴大国如何参与国际秩序并进而参与国际规则演进进程或对国际法产生影响，[③] 这是一个既关涉国际关系理论又与国际法学相关的问题。国内外学界对此问题的研究有相当的渊源和积累，且均以国际关系理论为肇始而以国际法学研究为深化。国外国际关系学界的研究可追溯至 20 世纪 80 年代，即中国因改革开放改变了此前对国际体系的外部人态度之后。有相当一部分学者秉持着中国必将崛起并将改变世界权力结构和体系的观点。[④] 国际

---

① Von，Mohl Robert，*Staatsrecht*，*Völkerrecht*，*und Politik*，*I*：*Staatsrecht und Völkerrecht*，3 vols.（Tübingen：Laupp，1860），p. 585.

② 国际法的可能只存在于国家间偶然利益重合的表达，存在于各国协调各自行动以便更有效获得其目标物的手段。Lasson，Adolf，*Princip und Zukunft des Völkerrechts*（Berlin：Hertz，1871）。

③ 对于大国的定义，参见 Cai，Congyan，"New Great Powers and International Law in the 21ˢᵗ Century," *European Journal of International Law* 24（2013）：757；关于中国在成为新兴大国之前在国际体系以及国际法体系的地位和心态演进，参见何志鹏《论中国国际法心态的构成因素》，《政法论坛》2014 年第 1 期，第 82 ~ 91 页。

④ Kennedy，Paul，*The Rise and Fall of the Great Powers*（London：Unwin Hyman Limited，1988）；〔英〕马丁·雅克：《当中国统治世界：中国的崛起与西方世界的衰弱》，中信出版社，2010，第 13、923 页；Kim，S. W.，David P. Fidler and S. Gauguly，"Eastphalia Rising? Asian Influence and the Fate of Human Security," *World Policy Journal* 26（2009）：53 - 64。至于中国崛起将在多大程度上改变国际社会的权力状态，学者们的观点并不一致。Ikenberry 认为中国将超越美国，参见 Ikenberry，John，"The Rise of China and the Future of the West," *Foreign Affairs* 87（2008）：25。Rehman 认为中国很难挑战美国的地位，参见 Rehman，Scheherazade S.，"American Hegemony：If Not Us，Then Who?" *Connecticut Journal of International Law* 19（2003 - 2004）：420。Shirk 认为基于中国的国内问题和挑战，中国至多能成为一个脆弱的超级大国(fragile superpower)，（转下页注）

国际法新命题

法学界在 21 世纪开始关注此问题，倾注研究的学者寥寥无几，并且几乎一致的结论是新兴大国对国际法的贡献并不一定值得期待或者予以赞赏。①具体到中国对国际法的影响，研究者认为中国并不能提供足以让国际法获得新发展的根本理念和价值，②甚至有一种溢于言表的担忧。③与国外学界关注此问题的时间点不一致，国内学者对此问题予以关注几乎均始于 21 世纪，尤其是中国正式加入世界贸易组织，彻底改变了此前国际体系的外部人立场。自此后，国际关系学者开始关注国际体系和国际秩序，④关注中国在体系内的身份和地位，⑤尤其是中国在国际秩序中的话语权问题。⑥国际法学界先后提出下列观点：应加强国际法研究以适应中国的和平崛起；⑦中国希望改变现行国际法中的不合理内容，建立国际政治经济新秩序；⑧中国的和平发展将从发展、和平与安全、人权与法治等方面为

（接上页注④）参见 Shirk, Susan. L., *China: Fragile Superpower* (Oxford: Oxford University Press, 2007)。还有学者认为中国作为新兴大国与传统大国并无不同，依然是追求本国的国家利益而忽视国际公共利益。Bhala, Raj, "Resurrecting the Doha Round: Devilish Details, Grand Themes, and China Too," *Texas International Law Journal* 45 (2009): 1, 5, 6; Ewelukwa, Uche U., "South-South Trade and Investment," *Minnesota Journal of International Law* 20 (2011): 513, 548, 558。

① Posner, E. A. and J. Yoo, "International Law and the Rise of China," *Chicago Journal of International Law* 7 (2006): 12.

② David, P., "The Asian Century: Implications for International Law," *Singapore Year Book of International Law and Contributors* 9 (2005): 31.

③ "中国加入世界贸易组织可能会造成减缓建立全球良好管理的国际法原则的进程的风险。"〔瑞士〕托马斯·科蒂埃：《良好管理主义的出现：世界贸易组织和中国加入的影响》，《世界贸易体制下的中国》，李居迁译，法律出版社，2001，第 109 页。

④ 金灿荣：《对时代基本特征的几点思考》，《现代国际关系》2002 年第 7 期，第 13 页；何志鹏：《国际法的中国理论：前提与构想》，《厦门大学法律评论》2013 年 4 月（总第 21 辑），第 3 页；余敏友：《论 21 世纪以来中国国际法的新发展与新挑战》，《理论月刊》2012 年第 4 期，第 5 页。

⑤ 庞中英：《"世界大国"与"正常国家"》，《世界经济与政治》2002 年第 11 期，第 12 页。

⑥ 关于秩序以及国际秩序的论述，参见阮建平《话语权与国际秩序的建构》，《现代国际关系》2003 年第 5 期，第 33 页。

⑦ 周忠海：《中国的和平崛起需要加强对国际法的研究》，《法学研究》2004 年第 2 期，第 131～132 页。

⑧ 高岚君：《中国国际法价值观析论》，《法学评论》2005 年第 2 期，第 78 页。

国际法发展做出贡献;[①] 中国当前的国际法理论相当贫弱，应该及时摆脱工具理性主义带来的桎梏，以体系的维护者和利用者的姿态进入国际法话语体系;[②]中国应更大程度地融入国际法律体系;[③] 进入 21 世纪第二个 10 年，尤其是中国在 2010 年 GDP 跃居全球第二之后，随着中国国家实力的增强，中国国际法学者提出应建构具有中国视角和特色的国际法理论体系;[④]在国际法的本体论上做出贡献，对国际法的理论和实践做出创新和发展。[⑤]

考察国内外学界对后半段问题的研究可知：研究者对中国在国际体系内地位的认知经历了从体系内体制外国家到体制并立的国家的转变。进入现代国际体系以及国际法体系内之后，具体角色也经历了弱国到大国到强国的转变，或者说是边缘国家到次中心国家的转变；其次，中国国际法学界对国际法的态度也经历了敌视—有限度承认和接受—接受并反思其不合理内容—提出中国的国际法观念的演变过程。就中国在国际法发展中的地位和角色的问题上，观点经历了审慎的观察者、有限度的参与者、积极的参与者、维新者、改良者甚至改革者的演变。

国内外研究者各自的具体观点并不一致，其研究则存在一种一致倾向，即基于一个确定时间点上中国在国际体系内的地位提出中国应如何面对国际法体系，更抽象言之，研究上存在着一种从时间

① 曾令良：《论中国和平发展与国际法的交互影响和作用》，《中国法学》2006 年第 4 期，第 115 ~ 119 页。

② 徐崇利：《"体系外国家"心态与中国国际法理论的贫困》，《政法论坛》2006 年第 5 期，第 33 ~ 35 页；曾令良：《论中国和平发展与国际法的交互影响和作用》，《中国法学》2006 年第 4 期；高岚君：《中国国际法价值观析论》，《法学评论》2005 年第 2 期，第 78 ~ 80 页。

③ Pan, Juwu, "Chinese Philosophy and International Law," *Asian Journal of International Law* 1 (2011): 238 – 240, 245 – 248.

④ 何志鹏：《中国特色国际法理论：问题与改进》，《华东政法大学学报》2013 年第 1 期。

⑤ 岁国强：《中国国际法发展之新思路》，《新疆大学学报》（哲学人文社会科学版）2014 年第 4 期，第 35 页。

横截面上对具体问题予以关注的倾向。这种倾向的存在，一是源于中国在既往的历史中开创并维持了上千年全然不同于西方威斯特伐利亚体系的朝贡型国际体系，[①] 这种体系下的国家间关系并非基于武力和契约；这就自然地促成中国在加入西方的国际体系和接受国际法这种舶来品时需要一个由点至线至面的过程。二是源于中国所接受的对象里，国际法所建基的国际关系研究始终存在对历史的虚无化处理倾向。[②] 国际关系研究者试图将其变成一门科学的做法，更滋长了对历史主义的虚无化处理。在国际关系学者看来，历史不过是对既往事件的叙述，历史学家不谈理论，仅仅对识别并描述一连串的特殊事件感兴趣，因此历史对于一门学科的科学化几乎无济于事。这种始终强调当下原则的做法，让国际关系研究中片段式研究成为常态。片段式的研究固然可以将焦点集中，但若欠缺对研究对象所处的历史演变历程的宏观掌握，片段式研究很可能会导致所想达致目的的虚化，陷入无的放矢的困境。因为不知道目的地，选择哪条道路都是无甚意义；而不知道目的地的性质，无论选择哪条道路都有可能将我们引入深渊。[③]

有鉴于此，笔者试图通过学术性的梳理，以明确国际法是如何发展起来的，而在此之前则必须明确国际法所维护的国际体系是如何发展到今天这个程度的。历史性的回顾当然是为了明确其缺陷何在，其未来应该如何发展；在这种发展之中，中国究竟能做什么。

当前，中国提出了建设21世纪海上丝绸之路的国际方略。本人认为，这也许为我们回答上述问题提供了最适当的契机和最可行的思路启发。建设21世纪海上丝绸之路与"二战"后国际社会确

---

① 张勇进、〔英〕巴里·布赞：《作为国际社会的朝贡体系》，《国际政治科学》2012年第3期，第24~60页。

② Hobson, John M., What's at Stake in Bringing Historical Sociology Back into International Relations? Transcending Chronofetishism and Tempocentrism in International Relations, *Historical Sociology of International Relations*, Hobden, Stephen and Hobson, John M., eds. (Cambridge: Cambridge University Press, 2001), p. 5.

③ 邓正来：《中国法学向何处去》，商务印书馆，2011，第2版，前言。

立的和平与发展主题相一致，同时又将此主题向前推进至经济合作及一定程度的融合方向。① 这一命题之所以能为国际法的维新提供契机，可以从两个维度理解。从时间维度看，此时正是欧美等传统发达国家经历 2008 年金融危机后的经济缓慢复苏期②与新兴经济体国家保持经济快速增长期的时期重叠，③ 国际法此前维护的全球价值链条和政治体系出现了顶端制度及议题供给能力不足，与中下端需求增大及具备一定供给能力之间的冲突。从空间维度看，21世纪海上丝绸之路建设所依托的"一带一路"所涉沿线国家恰恰与欧美日等主导的 TPP 及 TIPP 成员国形成对比，在原国际法体系内主体性和对话能力被忽视的国家开始主张发言权的同时，还主

---

① 霍建国：《"一路一带"战略构想意义深远》，《人民论坛》2014 年第 5 期（下），第 33 页。另可参见毛艳华《"一带一路"对全球经济治理的价值与贡献》，《人民论坛》2015 年第 3 期（下），第 31 页。

② See Delahunty, R. J., "The Crimean Crisis," *University. of St. Thomas Journal of Law & Policy* 9 (2014): 171 – 172; Gilson, Ronald J., "Market Efficiency after the Financial Crisis: It's Still a Matter of Information Costs", *Virginia Law Review* 100 (2014): 314; Peric, Renata, Ljubica Kordic and Vedran Mesaric, "The Role of Taxation during the Financial Crisis 2008 – 2013: Selected Issues," *Pravni Vjesnik* 30 (2014): 116。根据国际货币基金组织统计，新兴市场和发展中经济体在 2014 年世界经济增长中继续贡献了 2/3 以上的增长，参见《国际货币基金组织 2014 年年报》，http://59. 77. 230. 22/ www. imf. org/external/chinese/pubs/ft/ar/2014/pdf/ar14_ chi. pdf，第 14 页。关于世界主要经济体经济数据，参见国家统计局《2014 年世界经济形势回顾与 2015 年展望》，http://www. stats. gov. cn/tjsj/zxfb/201502/t20150227_ 686531. html，2015 年 6 月 15 日访问。截至 2016 年 3 月，此为所公布的最新信息。根据国际货币基金组织 2015 年 10 月发布的《世界经济展望：大宗商品价格下跌环境下的调整》，以美国和英国的复苏为代表，发达经济体经济增长有所增强；新兴市场和发展中经济体增长有所减弱，但在世界产出中所占比例不断提高，在世界增长中仍将占最大份额。根据国际货币基金组织 2015 年年报，中国经济在 2014～2015 年的放缓已经为全球经济所感受到，增速放缓是中国政府再平衡努力的一部分，这一转变成为世界关注的重心和基金组织风险评估的要素。参见《国际货币基金组织 2015 年年报》，第 94 页。

③ See Peerenboom, Randal and Bojan Bugaric, "Development after the Global Financial Crisis: The Emerging Post Washington, Post Beijing Consensus," *UCLA Journal of International Law and Foreign Affairs* 19 (2015): 95 – 96; See also Kennedy, Scott, "The Myth of the Beijing Consensus," *Journal of Contemporary China* 19 (2010): 461。关于 2011～2015 年中国国内生产总值及其增长速度，参见国家统计局《2015 年国民经济和社会发展统计公报》（图 1），http://www. stats. gov. cn/tjsj/zxfb/201602/t20160229_ 1323991. html，2016 年 3 月 16 日访问。

张对规则的修改权；而原国际法体系内始终处于话题抛出者和引导者的创始成员，对话能力受制于新议题供给不足而在推进国际法规则发展时有些左支右绌。易言之，国际法相关规则究竟继续由欧美日等掌控并主导其发展朝向、继续体现对其有利的单向的价值观和理念，还是在尊重当前参与主体范围已经扩大，且在尽可能寻求自己利益和价值表达的空间的基础上，寻求一个可让所有成员都能接受的发展方向，已经成为国际法和国际法研究中不得不审慎思考的问题。

问题的破解路径：推动国际社会由丛林社会转向规则社会

中国看到了既有国际体系的内部矛盾，即国际社会在 1648 年《威斯特伐利亚和约》缔结之后，虽然在国际关系理论和国际法理论上被确认为是建基于平权者社会的横向结构，事实上却日益明显地在国际政治秩序和国际经济秩序上呈现出纵向特点，尤其是这种纵向关系中有明显的单向压制特征。理论和现实的这种冲突诸如主权平等与大国特权、主权平等与霸权稳定、主权平等与国际宪政、主权平等与国家元首的国际法责任、绝对主权与限缩主权等，有时候导致研究者不得不费尽心力地对不符合理论的现实予以解释；当然，也为中国思索如何参与国际秩序重构提供了基础和突破口。

转回到所归结的问题，作为这一时期国际法的基础和最高判准的价值理念，不应该只是体现威斯特伐利亚体系下的抑制战争之恶的和平与合作、维护在和平与合作中发挥重大影响的超级大国对秩序的主导和其利益，还应该包含合作共赢的价值观念以实现所有国家的经济发展利益，尤其是在既有国际秩序中被忽视甚至被压制和被边缘化国家的经济发展利益；国际法的发展方向应该是所有成员均能从中受益，而不只是某些西欧的"文明国家"甚至现今的某一个国家实际凌驾于其他国家之上的单边或霸权方向；[①] 在这样的国际法发展蓝图和实现的过程中，中国因有能力贡献出新的国际法理念，[②] 而有资格成为变革推动者和新规则倡导者。

关键概念的梳理

国际：国际（international）一词最初源于边沁，边沁使用这个词区分国内法和国际法。此后，international law 取代 law of nations 成为国际法学科的正式名称。

体系：体系一词在社会科学领域被重视，是在"二战"之后。政治学领域使用的体系一词，开始在诸如经济学、社会学和人类学中使用。体系的方法被引入国际关系学界虽然也遭到了一些批判，"为公认的社会科学提供了一种虚假的科学严密性"，[③] 但整体上国际关系学者依然认为这种方法的贡献值得赞赏。所谓体系，即一组相互影响的单位。互动是体系概念中的基本要素，没有互动，各单位之间就处于分离和独立状态，对于国际体系而言，尤其是军事

---

① 学者提出过"霸权国际法"（Hegemonic international law）的说法。See Vagts, Detlev, "Hegemonic International Law," *American Journal of International Law* 95 (2001): 843; Alvarez, Jose E., "Hegemonic International Law Revisited," *American Journal of International Law* 97 (2003): 873。关于美国有选择遵守国际法的态度，see Patrick, Stewart, "Irresponsible Stakeholders? The Difficulty of Integrating Rising Powers," *Foreign Affairs* 89 (2010): 53。

② 价值理念将终结于西方文明的平等自由的观点，曾在冷战结束后达到一个高潮，以美籍日裔学者的历史终结论为代表。参见〔美〕弗兰西斯·福山《历史的终结及最后之人》，黄胜强等译，中国社会科学出版社，2003，第 364～369，380～382 页。美国许多国际关系学者也有类似的观点，参见新自由主义学派代表学者之一，Nye, Joseph, "What New World Order?" *Foreign Affairs*, 71 (1992): 83–96。现实主义学派代表学者，Waltz, Kenneth N., "America as a Model for the World? A Foreign Policy Perspective," *Political Science & Politics* 24 (1991): 667–670。另可参见约翰·伊肯伯里编《美国无敌：均势的未来》，韩召颖等译，北京大学出版社，2005，第 45 页。

③ 〔英〕巴里·布赞、埋查德·利特尔：《世界历史中的国际关系——国际关系研究的再构建》，刘德斌等译，高等教育出版社，2004，第 30 页。

的、政治的、经济的和社会的互动最为重要。①

国际体系：国际关系学界在20世纪50年代末到70年代间，试图把国际关系学变为一门科学，而不再是政治学的一个边缘领域。卡普兰（Kaplan，1957）、辛格（Singer，1961）、沃尔茨（Waltz，1979）都强调国际体系思想。虽然大家开始使用这个术语，其含义究竟是什么，如何判断国际体系是否形成却始终悬而未决。直到1990年蒂利提出，"国家只有实现有规律的互动，且互动达到影响各国行为的程度，国家间才能构成体系"。② 英国学派的国际体系成为国际关系研究中最常用的一个分析层次，意指相互作用和相互依存的诸多单位的最大聚合体，这些单位之上不再有其他的体系层次。③ 国际体系的层次由大至小包括五个：其一，国际层面，是包括所有相互作用的单位最大聚合体；其二，次国际层面，即国际层面下的单位群，由于领土相连（譬如东南亚国家组织）或具体利益一致形成的（譬如经济合作开发组织，二十国集团，石油输出国组织）多个单位聚合体；其三，即单位，譬如国家、民族或跨国公司；其四是次单位，即单位内的个体群，譬如官僚集团；其五，则是个体，即社会科学所有使用的最小分析对象，譬如自然人、法人、合伙或其他的具有独立人格的组织。"国际体系是国际行为体（主要是主权国家）按一定制度规范和互动作用构建的一种政治、经济交织的关系组合形态。它具有相对稳定性，但又处于不断变革的动态发展中。"④

---

① 〔英〕巴里·布赞、理查德·利特尔：《世界历史中的国际关系——国际关系研究的再构建》，刘德斌等译，高等教育出版社，2004，第80页。

② Tilly, Charles, *Coercion, Capital and European States AD 990 – 1990* (Oxford: Basil Blackwell, 1990), p. 4.

③ 〔英〕巴里·布赞、理查德·利特尔：《世界历史中的国际关系——国际关系研究的再构建》，刘德斌等译，高等教育出版社，2004，第61页。

④ 仇华飞：《当代国际体系转变中的中国对外战略》，《同济大学学报》（社会科学版）2009年第2期，第85页。

第二次世界大战结束后到 20 世纪 60 年代中期，国家间关系被描述为相互反弹的弹子球；60 年代中期之后，国际关系开始被描述为遍及全球、涉及多个层次的不停编织的蜘蛛网。根据布赞的观点，所有社会科学都通过预先假定它们所涉及的体系是有效封闭的，以此竭力保持自身的独立地位。沃勒斯坦显然反对这一点。沃勒斯坦在 20 世纪 70 年代开始强调，社会科学的巨大缺憾是它们都在封闭体系的基础上运行。他反对将政治学、经济学与社会学分割开的各种学科界限。沃勒斯坦的体系性观点在世界范围内迅速蔓延，引起了巨大的学术反应。世界体系的概念对国际关系理论的影响已经不可磨灭。

英国学派主张的国家体系概念，可溯源至 17 世纪末普芬道夫，"几个联系如此紧密以至构成一个整体、但其成员皆保持自己主权的国家"即构成了国家体系。巴里认为这个观点中的国家中心倾向过于明显，即过于强调国家作为国际关系的主体，而忽视如公司、个人、国际组织等非国家行为体的作用和影响。他转而提出应该使用国际体系一词来描述当前的国家间社会状态。国际体系的概念对国际关系理论各个学派的影响都非常明显，不同学派包括行为主义、现实主义和建构主义理解的国际体系概念都不尽相同。根据巴里的观点，国际体系基于所定义对象的多层次性和多部门性，使得要给出一个能全面描绘的概念非常难以实现，在对各种界定可能分析后，他提出应该将国际体系分散进不同的部门，分别形成国际军事政治体系、国际经济体系和国际社会文化体系。

国际社会：与国际体系密切相关的国际社会经典定义源自英国学派的布尔（Bull）和沃森（Watson）：国际社会是由一组国家（或者一组独立的政治共同体）所构成的体系，体系内每个国家的行为都是其他国家必须考虑的因素；在此体系内各方通过基于合意的对话确立了规范彼此关系的规则和制度；这些规则和制度体现了各方的共同利益。巴里和理查德认为，此定义的基础是基于霍布斯世界、格劳秀斯世界和康德世界三者间方法论的差异。① 所谓霍布斯世界即国际社会是各国追逐和实现权力政治的场合；格劳秀斯世界则意指国际社会是国家间共有身份的制度化；康德世界则将个人、非国家组织和全球人口作为一个整体，全球社会身份和安排的焦点集中于此整体而非国家。② 普适的道德和法律因此而实现。

帝国：帝国是一种正式或非正式的关系，在此关系中，一国控制另一个政治实体的实际政治主权。可以经由武力、政治联盟、经济社会或文化依赖获得。帝国主义就是维持帝国的过程或政策。③

世界体系：世界体系理论是社会学家沃勒斯坦在其 1974 年出版的《现代世界体系》中提出的。世界体系是由中心区、半边缘区和边缘区这三个组成部分连接成的一个整体结构。在这个体系中，三个区域承担着三种不同的经济角色：中心区利用边缘区提供的原材料和廉价劳动力，生产加工制品向边缘区销售牟利，并控制世界体系中的金融和贸易市场的运转。半边缘区介于二者之间。三种不同的经济角色是由不同的劳动分工决定的。在这种分工中，世界经济体的三种不同区域承担不同的经济角色，发展出不同的阶级结构，因而使用不同的劳动控制方式，从世界经济体系的运转中获利也就不平等。可以认为当前的世界经济阶段基本逻辑就是对剩余产品的非平等分配。④ 在此阶段内，世界经济呈现出中心国家的中心化过程与边缘地区被边缘化过程的重叠。中心国家凭借所占据的优势资源获得优势地位，由此对仅占有弱势资源的劣势地位国家形成明显资源和地位差。这种资源和地位差实质影响到各国在世界经济体系内的地位。

---

① Culter, A. Claire, "The Grotian tradition in international relations," *Review of International Studies* 17 (1991): 41.

② 〔英〕巴里·布赞、理查德·利特尔：《世界历史中的国际关系——国际关系研究的再构建》，刘德斌等译，高等教育出版社，2004，第 92 页。

③ Doyle, Michael W., *Empires* (New York: Cornell University Press, 1986), p.45.

④ 邓正来：《中国法学向何处去》，商务印书馆，2011，第 2 版，第 22 页。

中心国家—边缘国家：此概念衍生自沃勒斯坦的世界体系概念。中心国家即在世界经济的生产、销售以及剩余价值分配中占据优势地位和资源的国家；边缘国家则是相应的占据非优势地位和资源的国家。中心区各强国之中，会出现实力超过其他中心列强的霸权国家，首先是在生产领域有更高的效率，由此带来在世界市场竞争中的销售优势，进而带来在世界金融市场上的压倒性优势，即形成霸权国家。但霸权是短暂的。一个国家一旦成为真正的霸权国，它也就开始衰落。

研究思路的梳理

社会科学的研究中，高度的专门化和专业化促成了研究的深入和细致。与此同时，这种研究进路很容易树立起学术壁垒，[①] 并容易陷入将部门的局部现实和整体的整个现实混淆的困境，[②] 造成彼此间相互难以说服对方甚至完全的对立导致学术研究上的自我否定和学术焦虑。"每个一般原则似乎都能遭遇到同样有效的反向一般原则。"[③] 基于此考虑，跨学科研究[④]以及体系化研究在社会科学领域的应用也得到越来越多学者的认可和采用。在国际法学研究中，弗莱德曼（Wolfgang Friedmann）在 1964 年出版的《变动中的国际法结构》一书中提出了跨学科研究的必要。[⑤] 总言之，这种趋势渊

---

① 宋显忠：《什么是部门法哲学?》，《法制与社会发展》2009 年第 4 期，第 59 页。

② 〔英〕巴里·布赞、理查德·利特尔：《世界历史中的国际关系——国际关系研究的再构建》，刘德斌等译，高等教育出版社，2004，第 67 页。

③ Koskenniemi, Martti, *From Apology to Utopia* (Cambridge: Cambridge University Press, 2006), pp. 2 – 3.

④ Morgenthau, Hans, "Positivism, Functionalism and International Law," *American Journal of International Law* 34 (1940): 269.

⑤ Friedmann, Wolfgang, *The Changing Structure of Internaitonal Law* (New York: Columbia University Press, 1964), pp. 70, 367 – 368; See also McDougal, Myres S. and Michael Reisman, "The Changing Structure of International Law: Unchanging Theory for Inquiry," *Columbia Law Review* 65 (1965): 810 – 811.

源于现实主义在国际关系学科中确立地位之后，即 20 世纪中期。[1]
需要澄清的是，跨学科研究当然并不必然成功，[2] 而且也并不意味
着对国际社会的所有领域或部门予以综合，因为一则受限于研究者
的知识背景和储备，二则综合所有领域和部门也难免发生视角重叠
带来的结论扭曲。

　　本书的研究以现代国际体系的起源和拓展为肇始，试图勾勒出
国际法所维护的国际体系的整体图景，以此形成研究的真实基础和
背景；而后将研究限定于国际法。这种研究进路的原因或依据是基
于国际法和国际关系两个学科之间的天然联系，一如纯粹法学的开
创者凯尔森所表述的，虽然法律要与政治分开，但法律是方法，政
治是目的，法律是要服从于政治的。[3] 路易斯·亨金甚至更直白地
表述：法律就是政治。国际法是国际政治体系的规范表示。[4]

　　这种研究进路的基础是英国学派巴里·布赞提出的国际关系多
元理论和多元方法。当然在布赞的著作中，他的研究背景更为宏
大，是世界历史中的全部国际关系；因而也采用了更为复杂和立体
的研究进路，即其研究层次和研究部门都更丰富复杂，[5] 而笔者在
此书中仅仅将研究层次界定在国际体系、次国际体系上，研究部门
限定在政治部门和国际法，以及一定的经济领域。

---

① Koskenniemi, Martti, *The Gentle Civilizer of Nations*（Cambridge：Cambridge University Press, 2001）, p. 476.

② Koskenniemi, Martti, *The Gentle Civilizer of Nations*（Cambridge：Cambridge University Press, 2001）, p. 6.

③ 〔美〕汉斯·凯尔森：《国际法原理》，王铁崖译，华夏出版社，1989，译者前言第 4 页。

④ 〔美〕路易斯·亨金：《国际法：政治与价值》，张乃根等译，中国政法大学出版社，2005，第 5 ~ 6 页。

⑤ 在布赞的著作中，提及国际关系研究中常用的分析层次为五层，即国际体系、国际次体系、单位、次单位、个体；分析部门也存在至少五个常用部门，即军事部门、政治部门、经济部门、社会或社会文化部门、环境部门。参见〔英〕巴里·布赞、理查德·利特尔《世界历史中的国际关系——国际关系研究的再构建》，刘德斌等译，高等教育出版社，2004，第 61、64 ~ 65 页。

第 一 章

21 世纪海上丝绸之路背景下的现代国际体系演变脉络

第一节　21世纪海上丝绸之路背景下现代国际体系的渊源与内容梳理

国际体系的历史就是一部卓越的不平等史。[①]

世界上的所有国家都拥有至高无上的权力，由此并不居于任何等级制度之中，国际法必须以国家间主权平等为基础前行。[②]

国际社会的结构或体系，是国际主体处理彼此间关系的产物，也是重要成果。这种结构或体系并非一成不变，而是有其渊源、成长的过程以及消亡的命运。考察这一过程，将有助于我们在当前的背景下透视此体系的轨迹、成就及漏洞。

一　21世纪海上丝绸之路背景下透视现代国际体系在西欧起源的地方性特征

（一）现代国际体系的产生

现代国际体系的产生，[③] 是西欧数个国家间一场长达三十年战

---

① Tucker, Robert W. , *The Inequality of States* (New York：Basic Books, 1977), p. 8.

② Simma, Bruno, ed. , *The Charter of the United Nations：A Commentary* (Oxford：Clarendon Press, 1995), p. 87.

③ 关于现代从何起算，历史研究学界的主流观点是以1500年为分界线，此前为古代历史，此后为现代历史。其原因是在此时间点，主权国家开始出现。参见〔英〕巴瑞·博赞〔或译为巴里·布赞（Barry Buzan）〕《世界历史的分期与国际体系的演变》，《史学集刊》2003年第1期，第6页。Ruggie, John G. , "Continuity and Transformation in the World Polity：Towards a Neo-realist Synthesis," *World Politics* 35 (1983)：261 - 285。（转下页注）

争的结果。在此之前的数百年间，权威分属于教廷的教皇和神圣罗马帝国的皇帝。[①]教皇被认为是上帝在尘世的代理人，除了由宗教大会以重大异端罪名将其易位之外，"其权力便仅次于上帝，而超越所有世俗君主，他甚至可以不理人民或选民之抗议而随意废立国君与皇帝；他既可取消俗世君主之法令，也可废弃国家之宪法。王侯之任何法令，非经教皇同意，均告无效"。[②]神圣罗马帝国的皇帝腓特烈一世意图实现和教皇同样的权威，希望整个世界同样将其视为上帝的代理人。当时的一批法律学者使皇帝获悉，皇帝"对其帝国内各部分皆享有绝对的权力，拥有所有的财产，并且任何时候都可修改或废除私人权利，只要他认为这对国家有益"。[③]腓特烈一世因此成为第一个在称号上冠以神圣皇帝的统治者。在教皇和皇帝权威下，欧洲各王国乃处于一种垂直的体系之内。三十年战争爆发为这一体系带来致命一击，教廷和帝国在西欧的至高权威开始衰落。战争结束后，西欧出现如法国这样数个主张主权至上的现代意义的国家。一种与此前迥然不同的新型国际社会结构：建基于平等主权国家的横向型体系开始形成。[④]原本向上依附于教皇权威而向下依附

（接上页注）国际关系主流理论中，1648 年则是一个关键节点。See Watson, Adam, *The Evolution of International Society* (London: Routledge, 1992), p. 182. 关于 1648 年的意义，在布赞看来有点被过于放大了，现代国际体系并不能代表国际体系，国际体系在此之前的长久历史当中就已经存在，虽然当时并没有关于国际关系的意识，却不能否定其存在。参见〔英〕巴里·布赞、理查德·利特尔《世界历史中的国际关系——国际关系研究的再构建》，刘德斌等译，高等教育出版社，2004，第 1~5 页。

① See Watson, Adam, *The Evolution of International Society* (London: Routledge, 1992), p. 140. 国际关系研究中，英国学派的代表学者巴里·布赞也将此视为现代国际社会的分界线。参见〔英〕巴里·布赞、理查德·利特尔《世界历史中的国际关系——国际关系研究的再构建》，刘德斌等译，高等教育出版社，2004，第 92 页。

② 〔美〕威尔·杜兰：《世界文明史》第六卷"宗教改革"，幼狮文化公司译，东方出版社，1998，第 6 页。

③ 〔美〕威尔·杜兰：《世界文明史》第四卷"信仰的时代"，幼狮文化公司译，东方出版社，1998，第 516 页。

④ 关于 1648 年以及三十年战争后的和约《威斯特伐利亚和约》对国家间关系和国际法的影响及意义的国内外文献和观点综述，可参见李明倩《〈威斯特伐利亚和约〉研究——以近代国际法的形成为中心》，博士学位论文，华东政法大学，2012，第 2~12 页。

所属领主的经济和军事支持的君主，将主权这个此前仅具有国内意义的词扩张。君主对国家有了更直接且更大的权力，这种权力让统治者的权威对内至高无上且对外无所从属，相关国家成为独立平等的国际法主体和国际政治单位。[1] 主权一词自此后更多地在国际意义上被频繁使用，主权平等及确立国家间主权平等的《威斯特伐利亚和约》成为 1648 年后国际关系的基石。[2]

主权平等作为对抗此前教皇权威和帝国权威的最有力语言，既是各国意图在彼此关系中实现权威世俗化和去除单一帝国中心化的原动力，也是其最终结果。此后，这一充满了许诺性的词语成为欧洲各国最经常使用的语言。在相当一段时期内，欧洲各国间的战争均是以扩大本国权力实现本国主权为目标，最终这些国家间各自领土边界日益明晰、主权平等得到认可。拿破仑的法兰西帝国权力终结后，包括俄国、普鲁士、奥地利以及大不列颠主要大国及其他国家的代表在维也纳集会。此次集会明确地以国家间均势为目标。[3] 为此，时任奥地利的外交大臣梅特涅左右周旋，目的是为维持欧洲南北均势反对普鲁士并吞萨克森。为维持东西均势，防止俄国势力通过波兰进入西欧并与普鲁士结盟，先是游说英国，又因英国正与美国交战而不能冒险与俄国对抗致使游说不成。而后梅特涅寻求本

---

[1] 斯坦福大学国际关系教授 Stephen D. Krasner 认为，主权一词在四种意义上被经常使用：国际法上的主权，国际政治意义的威斯特伐利亚主权，对内主权以及相互依赖的主权。第一种意义，是指司法独立的领土单位间，基于相互承认的彼此间独立且法律上地位平等的状态；第二种意义，是指在一特定领土内基于排除外部主权权威而产生的国际政治单位；第三种意义，是指在一国之内政治权威的组织形式及其在本国边界内实行有效控制的能力；最后一种则是公众权威管理边界间信息、观念、货物、人员、资本以及污染物流动的能力。See Krasner, Stephen D., *Sovereignty: Organized Hypocrisy* (Princeton: Princeton University Press, 1999), pp. 3 - 4。

[2] Janis, Mark S., "Sovereignty and International Law: Hobbes and Grotius," in R. St. J. Macdonald, ed., *Essays in Honour of Wang Tieya* (Hague: Martinus Nijhoff, 1994), p. 391; See also Knutsen, Torbjorn L., *A History of International Relations Theory* (Manchester: Manchester University Press, 1997), p. 120.

[3] Hinsley, Francis Harry, *Power and the Pursuit of Peace* (Cambridge: Cambridge University Press, 1962), pp. 186 - 271.

被其从四强秘密会议除名的法国，结成了法、奥、英三国同盟。①
西欧国家间所寻求均势其实正是主权平等的另一种表达形式，或者
说是去单一帝国中心化的必然逻辑延伸。值得注意的是国家间均势
虽然去除了单一帝国，却同时造就了大国集团的再度中心化，这也
是许多学者认为维也纳和会实乃现代国际关系中大国政治开端的原
因。当然，这一国家间协调的努力也是系列影响至今的国际会谈和
协商制度的开端。②

　　大国政治与主权平等，一对看似矛盾的关键词成为维也纳和会
之后国际关系的主要特征。主权平等的意义和价值于很大程度上是
确定大国间彼此关系的基础；相对弱小的国家基于主权平等自愿或
非自愿地接受为维持和平的制度或条约安排。大国间互动关系增
强，大国和相对弱小的国家间也呈现一定的依赖关系。由于国家间
进行经常性的交往，而且他们之间的互动足以影响各自的行为，由
此它们成为一个国际体系。此一时期，欧洲的国际体系与其他国际
体系并存，各自都具有地方性特征。当这些国际体系限定在各自边
界中，它们和平共处，相安无事。

　　欧洲海外殖民扩张的持续推进，伴随着国际体系的对抗，最
终，欧洲体系碾压了其他国际体系，并在原本属于其他国际体系的
领域内顺利插旗。全球性的国际秩序在欧洲主导下得以建立。进入
19 世纪末期和 20 世纪上半期，欧洲在此体系内的地位开始衰退，
欧洲时代被终结。③

　　源于欧洲的现代国际体系并未因欧洲的衰落就此结束，只是体
系的主导者由以英国为代表的西欧国家变成了"二战"后强势崛起
的美国。体系主导者的变化使得战后国际秩序的内容和形式发生一

① 〔美〕威尔·杜兰：《世界文明史》第十一卷"拿破仑时代"，幼狮文化公司译，东方
　　出版社，1998，第 1065~1068 页。
② 杨泽伟：《国际法史论》，高等教育出版社，2011，第 65~74 页。
③ Koskenniemi, Martti, *The Gentle Civilizer of Nations* (Cambridge: Cambridge University
　　Press, 2001), p. 460.

国
际
法
新
命
题

系列重大变化，即原本以主权平等为基本特征的国际体系，演变成
了两大集团间的权力争夺，国家间均势几乎消失，核武器带来的绝
对战争可能性使得美苏对国际社会其他成员获得了绝对优势，甚至
是统治地位。[1] 权力分配所决定的国际秩序中，主权平等的意义被
明显削减。国家资源决定了一国的国家利益，国家利益决定了一国
的外交政策，这一过程的最终的结果则确定了国家在国际社会上的
权力等级和地位次序。诸如此类的变化让学者对战后国际秩序的演
变方向做出了种种预测，并衍生了多重理论以解释和明证本理论派
系的预测。虽然有如许变化，而这一体系本身的基本特征：以源于
西欧的主权国家形式为基本政治单位，以国家间互动为主要内容，
以民主自由为政治目标等却一直得以延续。

（二）学界对现代国际体系的基本观点

正是基于对体系基本特征的认定，学界在追溯现代国际体系起
源这一点上已逐渐形成主流观点，即 1500 年之后、尤其是 1648 年
之后的西欧各国形成的现代国际体系，由于其融合了资本和权力而
横扫其他国际体系单位，[2] 成为延续至今的国际体系的唯一类型。
现代主权国家也成为最重要的国际体系政治单位。也正是在此意义
上，可以说"现代国家本质上是一种欧洲现象"，[3] 甚至连"国家"
这个词也都是欧洲的。[4] 这种源于欧洲的国际社会单位形成之后，
在对外战争中，远比其他竞争者（包括更注重资本逐利的城市联盟

---

① Morgenthau, Hans, *Politics among Nations: The Struggle for Power and Peace* (New York: Knopf, 1948), pp. 292 – 305.

② 所谓其他国际体系单位，意指此前存在的城邦、城市联盟以及帝国，甚至更早之前的部落等团体。参见〔英〕巴里·布赞、理查德·利特尔《世界历史中的国际关系——国际关系研究的再构建》，刘德斌等译，高等教育出版社，2004，第 219 页。

③ 〔英〕巴里·布赞、理查德·利特尔：《世界历史中的国际关系——国际关系研究的再构建》，刘德斌等译，高等教育出版社，2004，第 219 页。

④ 〔美〕路易斯·亨金：《国际法：政治与价值》，张乃根等译，中国政法大学出版社，2005，第 9 页。

和更注重权力的帝国）更为出色。[①] 在组织社会资源上，也更为有效率。现代国家逐渐增强其实力，并迅速地在欧洲的对外扩张中显示出其征服力，成为至今国际社会基本政治单位的样板和原型。

基于 1648 年之后发生的国际政治结构变化，有学者提出这样的观点：由主权国家组成的国际体系，是三个因素作用的结果：宗教改革，《威斯特伐利亚和约》和格劳秀斯的著述。[②] 在这三种因素共同作用的过程中：宗教改革实现了权威世俗化的目标，《威斯特伐利亚和约》完成了权威去中心化和分散化的目标，格劳秀斯的著作奠定了支撑此体系的理论学说，使得此体系的存在获得正当化辩护。观察此后的发展现实可知，世界历史的主角集中于欧洲国家和海上强国的殖民附庸，[③] 国际社会的现行结构基本上就是威斯特伐利亚和会及其后续和会的产物。这一国际体系的基础，在于欧洲主权国家间的权力平衡，非欧洲国家与此体系的关系，要么被孤立，要么被驯服。

在这个驯服和孤立并行的过程中，出现了欧洲的衍生国美国的迅速崛起。在卡尔·施密特（Carl Schmitt）这位备受争议的德国法学家看来，1890 年之后，欧洲在国际秩序中的主导地位开始衰落，这个过程一直延续至 1939 年。随着美国的迅速崛起，国际秩序开始进入美国主导的时代。尤其是"二战"的爆发，更直接促成权力中心从欧洲向美国的转移。

根据国际政治现实主义学派奠基人汉斯·摩根索教授的观点，第二次世界大战以及第二次世界大战后权力中心的转移对国际社会带来了三方面的重大影响：建基于主权平等的西欧国家间均势体系

---

① Tilly, Charles, *Coercion, Capital and European States AD 990 – 1990* (Oxford: Basil Blackwell, 1990), p. 70.

② Franck, Thomas, *The Empowered Self: Law and Society in the Age of Individualism* (Oxford: Oxford University Press), 1999, p. 5.

③ Polisensky, Josef, *The Thirty Years War* (Oakland: University of California Press, 1971), pp. 255 – 257.

已经结束;① 技术革命带来一种全新的完全战争概念，即不同于西欧历史上交战规则明确的核战争，这种战争不遵守任何法律；最后，国际道德发生变化：原本西欧国家间即便彼此存在分歧，但其共同的文化和生活方式始终存在，受美国主导的政治宗教（political religion）则有着无尽的野心，即以所谓普适主义和人权为外交目标，以消灭敌人（苏联一方）为最终目的。② 美国在外交上这种打破横向特征转而追求垂直霸权的处理方式，遭到摩根索的抨击。摩根索认为，美国在战后推行的以所谓普适主义和人权主义为主要内容的自由国际秩序根本就是对国际政治的误解。美国试图以联合国和国际法取代欧洲时代的横向权力政治，而事实上这不过是新的权力政治角逐场。联合国可并非想象中的新世界的点睛之笔，权力政治及战争并不会就此消失。

　　无论美国是否能成功地将国际政治引入自己希望的方向，此体系的核心却并未发生变化。一如英国学派（the English School）的代表学者，巴里·布赞和理查德·利特尔在《世界历史中的国际关系——国际关系研究的再构建》一书的中文版序言中提到的，"多数国际关系学理论都被无意识地锁定在相对狭窄的欧洲和西方历史的范围之内……它发挥着一种'威斯特伐利亚束身衣'的作用"。这两位学者明确提出了构成当代全球国际体系的真正前提是更为广阔的历史背景。虽然他们将这个历史背景扩大到了时间跨度达六万年的做法可以商榷，但这种解脱欧洲中心主义束缚的做法就蕴藏着巨大的意义。另外，他们也提出中国与印度、中东、中美洲和安第斯高原等文明悠久的地区，都曾是国际体系的权力中心。只是进入16世纪后，尤其是19世纪，权力中心发生了决定性转移并在欧洲

---

① Morgenthau, Hans, *In Defense of the National Interest: A Critical Examination of American Foreign Policy* (New York: Knopf, 1951), p. 42.

② Koskenniemi, Martti, *The Gentle Civilizer of Nations* (Cambridge: Cambridge University Press, 2001), pp. 437 - 438.

站稳脚跟。① 当然，这种转移也有可能只是暂时的。② 欧洲中心主义的解释，总是忽视非洲—欧亚大陆体系在欧洲人开始全球扩张前就早已存在的这一事实。

除了国际政治研究者开始反思此体系是否天生的存在偏见之外，从经济学视角观察现代国际体系（the world-system）的学者中，在 20 世纪 90 年代产生了一个新的流派。此流派强调现代世界忽视了中国的地位和角色，因此学者们此前对世界的影像都是扭曲的。③ 有些学者将论述重点放在 15 世纪起至今持续存在的中华世界（Sinic World），有些学者则指出中国与西欧间的经济对比缺乏可靠的基础和依据。④ 尤其是 Andre Gunder Frank，其早期的观点也是现代世界体系源于 16 世纪的欧洲。⑤ 20 世纪 90 年代后，Frank 的学术路径出现了明显变化。⑥ 其著述和合著（与 Barry Gills）中都开始表达这一点：世界体系的历史可上溯至五千年前，中国在此体系中一向是中心地（central hub），欧洲的崛起仅限于 19 世纪及所延续的 20 世纪，这不过是中国中心体系的暂时偏离。这种观点被称为再东方化，并毫不令人意外地遭遇到激烈的讨论及同阵营学者沃勒

① 〔英〕巴里·布赞、理查德·利特尔：《世界历史中的国际关系——国际关系研究的再构建》，刘德斌等译，高等教育出版社，2004，第 228 页。

② Jones, Eric, et al., *Coming Full Circle: An Economic History of the Pacific Rim* (Boulder, Colo: Westview Press, 1993).

③ Takeshi, Hamashita, *External Forces of Change in Modern China: The Tribute Trade System and Modern Asia* (Tokyo: Memoirs of the Toyo Bunko, No. 46, 1988), pp. 7 - 25; Arrighi, Giovanni, Takeshi Hamashita, and Selden, Mark, *The Resurgence of East Asia: 500, 150 and 50 Year Perspectives* (London: Routledge, 2003); Arrighi, Giovanni. Adam Smith in Bejing (London: Verso, 2007).

④ Pomeranz, Kenneth, *The Great Divergence: China, Europe and the Making of the Modern World Economy* (Princeton: Princeton University Press, 2000).

⑤ Frank, Andre Gunder, *Capitalism and Underdevelopment in Latin America* (New York: Monthly Review Press, 1967).

⑥ Frank, Andre Gunder, "A Theoretical Introduction to Five Thousand Years of World System History," *Review 13* (1990): 155 - 250; Frank, Andre Gunder, and Barry Gills, eds., *The World System: 500 Years or 5,000?* (London: Routledge, 1996).

斯坦的讨伐。^①

（三）地方性特征的分析

从历史发展轨迹及学者观察所得来看，笔者认为如下这一论断确有一定的合理性，即国际体系是以欧洲为中心的，该体系的哲学和语言都是欧洲的。^② 这种带有自我激励的自负性论断，即深信欧洲就是世界的中心，^③ 并承担着全世界发展重任的观点，随着欧洲体系的不断胜利似乎一再得以确证。由此哲学出发，欧洲社会厘定了国际体系的起点和目标；以欧洲语言为媒介，从起点通向目标的路径也是欧洲决定的。世界范围内的其他帝国或体系，要么被排斥在外；要么被此体系具备的军事或文化暴力裹挟进而被同化。

这种欧洲地方性特征，由于国际体系的逐步拓展并成为世界意义的国际体系，至今似乎已然消失。然而，若我们深究下去则会发现这种与生俱来的烙印并不可能那么轻易地被抹去。地方性特征的表现之一即异我之分，以及异我之分后的将异族消灭或同化的目的。^④ 这也就意味着"我"是标准、是尺度、是甄别优劣对错的唯一参照系，这种特征自现代国际关系形成开始就已经存在，进入 19世纪中后期则尤为明显。

19 世纪中后期人类社会进化理论的确立及社会科学研究中比较研究方法的使用，于一定程度上催生了文明间歧视，即西欧文明

---

① Wallerstein, Immanuel, *The Modern World-System* （Oakland: University of California Press, 2011）, XXIX.

② 〔美〕路易斯·亨金：《国际法：政治与价值》，张乃根等译，中国政法大学出版社，2005，第 8~9 页。

③ 〔英〕埃瑞克·霍布斯鲍姆：《极端年代》（上），郑明萱译，江苏人民出版社，1998，第 9 页。

④ 同质性国际体系内的冲突比异质性国际体系内价值观和意识形态的对立更容易控制。See Aron, Raymond, *Peace and War: A Theory of International Relations* （New York: Praeger Publisher, 1968）, pp. 90 – 100.

自视为人类文明的发达阶段，其他的区域文明则明显落后甚至未进入进化过程。东方是沉默的、女性化的、非理性的、专制的而且落后的；西方是理性的、男性化的以及有远见的。[①] 虽然 1856 年土耳其进入了欧洲社会，但西欧社会对非欧洲社会的这一基本态度并未改变。更何况，当时土耳其的许多权力都受到西欧国家的限制。洛里默（Lorimer）甚至讥讽道，土耳其人也许根本不属于可进化的种族![②] 即便是批评西方帝国主义的瑞士学者约瑟夫·霍恩昂（Joseph Hornung）也认为，东方极端腐朽，其唯一的研究价值在于曾是文明的起源，是西方史前的活的纪念碑。[③] 弗里曼持有这种观点，唯一能算作历史的是地中海地区和欧洲种族的历史。哈·麦金德同意这一点，并进而指出除了受基督教教义发蒙的欧洲，外部世界都是野蛮世界并在历史上对欧洲形成威胁。这种文明间歧视所显示出的明显取向和偏好，并不具备足够的魅力可使得所有学者成为其忠实拥趸。法国的国际法泰斗路易·雷诺（Louis Renault）在其所著的《国际法导论》中，对西欧的这种以传播文明为旗帜的殖民扩张即提出批判："欧洲各国对所谓的蛮族滥用权力，违反了国际法的最基本规则。"[④] 之后不久，查尔斯·萨洛蒙（Charles Salomon）对西欧的文明任务更辛辣地予以批评道，"没什么用词能比文明更为模糊、更能容许如此多的罪行"。[⑤] 这样的批评在英国的国际法学者中也可得见。然而，需要警醒的是，即便这些西欧学者

---

① Saïd, Edward, *Orientalism*: *Western Conceptions of the Orient*（Harmondsworth: Penguin, 1995）, pp. 57 – 73; Moore-Gilbert, Bart, *Postcolonial Theory*: *Context*, *Practices*, *Politics*（London: Verso, 1997）, pp. 35 – 40.

② Lorimer, James, "La doctrine de reconnaissance, Le fondement de droit international," *Revue de droit international et de législation comparée*（*RDI*）16（1884）: 342 – 343.

③ Hornung, Joseph, "Civilisés et barbares," *Revue de droit international et de législation comparée*（*RDI*）16（1884）: 79.

④ Renault, Louis, *Introduction à l'étude de droit international*, in *L'oeuvre internationale de Louis Renault*（Paris: Editions internationale, 1932 ［1879］）, pp. 11 – 12.

⑤ Salomon, Charles, *L'occupation des territoires sans maître*, *Etude de droit international*（Paris: Giard, 1889）, p. 195.

对殖民扩张中的暴力冲突和种族灭绝予以批评，其共同的观念依然是这是现代化进程中不可避免的。他们的批判真正指向的是西欧各国应该用真正文明的手段推进这一进程，应该以理性的、以法律为基础的手段处理殖民地问题，诸如将主权带给殖民地，将现代化的民主自由观念传输给殖民地。他们以这样的批判显示学者所担负的学术研究责任，至于是否为帝国的扩张提供了正当性辩护则并非在其考虑。[①]

这种文明间歧视在冷战时期达到高峰。此期间，美苏之间的对立是彻底的和不留任何余地的敌我之分。在这个过程中，任何一方均是以完全碾压敌方，让其不得不无条件投降为目的。冷战开始后，美国说服了美洲国家组织，任何成员国若实行马克思列宁主义即触发美洲国家的集体自卫权。这无疑是将共产主义等同于《联合国宪章》第51条所指的军事攻击。[②] 古巴导弹危机、[③] 猪湾事件、封锁古巴、在越南发起大规模暗杀活动的凤凰计划、入侵越南以及多米尼加事件，都是在这种背景下发生的。这些事件虽然被国际关系中的现实主义学派解读为战后国际秩序的重大变革，即国际关系由传统的平等主权国家间关系演变成了超级大国及其阵营间的对抗，但这些也都是排除异己的地方主义表现。

除了美苏及其阵营间这一彻底对立的现象外，同时期还有另一种较为温和的异我之分。20世纪中期，大量新兴国家产生之后，美国学者将世界各国区分为现代化国家和传统国家，并针对此类国家独立后的政治诉求提出了现代化论和现代化修正论。这两种理论将所有国家分为两类：先进的、已经实现了现代化的西欧国家及美

---

① Koskenniemi, Martti, *The Gentle Civilizer of Nations* (Cambridge: Cambridge University Press, 2001), pp. 109 - 110.

② Koskenniemi, Martti, *The Gentle Civilizer of Nations* (Cambridge: Cambridge University Press, 2001), p. 413.

③ Pedrozo, Raul (Pete), "The Building of China's Great Wall at Sea," *Ocean & Coastal Law Journal* 17 (2011 - 2012): 253 - 254.

国；落后的、必须借由欧美验证的多元化民主模式实现现代化的传统国家。① 20 世纪 80 年代，美国还提出了所谓的"里根主义"。在 1988 年里根的一次演讲中，他自己也承认了这种提法。

> 在全世界，在阿富汗、安哥拉、柬埔寨，对，还有中美洲，美国现在和那些为自由而斗争的人们站在一起。我们支持那些有勇气拿起武器反抗专制的人们。这种立场就是有些人所称的里根主义的核心内容。②

20 世纪 90 年代期间，玛德琳·奥尔布赖特女士（Madeleine Albright）在克林顿第一任期担任美国驻联合国大使。在一次联合国大会涉及美国和伊拉克问题的讨论时，奥尔布赖特女士声称，华盛顿的行事方式就是"我们可以就多边，我们必须就单边"。后来担任国务卿时，她重申了这种立场。时任总统克林顿则更为直白地说，如果伊拉克没能通过华盛顿所定下的一致性考验，"每个人都会理解，彼时美国以及很有希望的我们全部盟友都将有权单边回应，时间、地点和方式由我们选择"。③

21 世纪美国小布什政府反恐时期对世界发出的警告，根本就是世界霸主要求的选边站队：我们将追击为恐怖主义提供援助或安全

---

① 亨廷顿其实并不赞同这种观点，而是提出了强大政府论或者说政治秩序论。当然，亨氏依然拥趸欧洲中心论，即西方早期实现的现代化道路是第三世界后起国家民族振兴的最好参照体系。参见〔美〕塞缪尔·P. 亨廷顿《变化社会中的政治秩序》，王冠华等译，生活·读书·新知三联书店，1989，沈宗美中译本序，第 6 页。See also Peerenboom, Randal and Bojan Bugaric, "Development after the Global Financial Crisis: The Emerging Post Washington, Post Beijing Consensus," *UCLA Journal of International Law and Foreign Affairs* 19（2015）：92。

② 1988 年 10 月 25 日对国防大学师生、来宾及关于签署"退伍军人法"的讲话。转引自〔美〕路易斯·亨金等《真理与强权——国际法与武力的使用》，胡炜、徐敏译，武汉大学出版社，2004，第 11 页。

③ Everyone would understand that then the U. S. and hopefully all of our allies would have the unilateral right to respond at a time, place and manner of our own choosing, See Chomsky, Noam, "America: The Outlaw State," *Le Monde Diplomatique*, 2 August 2000.

国际法新命题

港的国家。每个地区的每个国家，现在都要做出决定。要么和我们站在一起，要么站在恐怖主义一边。[1]

凡此种种，无论其名义如何，归根结底终是非我族类其心必异的诛心之说，更是自我拘囿的天生狭隘和困境。这种狭隘和困境伴随着国际体系扩张的全部过程，从未消失。

二　21世纪海上丝绸之路背景下分析现代国际体系拓至全世界的演进历程

（一）欧洲国际体系在殖民时期的扩张

地理大发现之后欧洲迅速进行对外扩张，我们可以以不具有任何情感且显得十分简练的语言这样描述：欧洲成功开辟了绕过非洲和穿越大西洋的海上航线，并在之后不久跨越了太平洋。16世纪后半期，初步的全球航海体系稳固建立。古典国际体系的特点即经济体系模式超越军事—政治体系，在此时期依然适用。这种特点意味着各个政治体系之间的差异并不阻碍其贸易往来。由此，全球范围的贸易体系开始确立，这一体系将欧洲、非洲和亚洲联系起来，并且首次将美洲的资源纳入欧亚大陆体系。

我们可以将这一描述与历史的发展予以映照。至于映照之后的结论，则可以依据所理解的内容与印象自行做出。

1492~1502年，哥伦布在西班牙国王资助下四次横渡大西洋，并到达美洲大陆。在他第一次航行所写的书信中，哥伦布提及他发现了许多住满居民的小岛，并"按照皇家标准宣示，为陛下取得了这些小岛，未遭到任何反对"。[2] 之后的三次航行中，哥伦布将其发

---

[1] And we will pursue nations that provide aid or safe haven to terrorism. Every nations, in every region, now has a decision to make. Either you are with us, or you are with the terrorists. Bush, George W., "Address to a Joint Session of the Congress and the American People," 20 Sept. 2001.

[2] Columbus, Christopher, "Letter of Columbus on the First Voyage," ed. and trans. by Cecil Jane, *The Four Voyages of Columbus* (New York: Dover, 1988), p. 1.

现的此类已经为人所居住的领土宣布为西班牙帝国的领土。据国际法先驱学者维托利亚看来，西班牙和印第安完全可以建立贸易关系：印第安人可以向西班牙人进口所匮乏的用品，出口他们所富产的金银或其他物品，双方互利互惠。印第安人并非如他人所说的是奴隶、罪犯、异教徒甚至野兽，他们也是人，当然可以和西班牙人共同适用基于理性的万民法。基于万民法，西班牙人享有旅行和暂居印第安人领土的权利，只要西班牙人未伤害印第安人，就不能被拒绝。"在世界之初，所有事物都是共有的，任何人即可根据意愿定居或旅行至任何地方。所有权有了区分的今日也不能夺去这一权利，因为人们从未期望源于这种区分就毁灭这种人间通行的互惠和共用，而且事实上，在诺亚的时代，那样做简直就是不人道的。"[①]如果印第安人拒绝西班牙人进入城市或者驱逐已经居住在当地的西班牙人，就构成了战争行为。西班牙人在战争爆发时，使用武力当然是正当的。

就是在这种"互利互惠"的以廉价日用品交换金银、"有权利"旅居于他人所居住的大陆以及"正当的"使用武力过程中，16 世纪成为西班牙引领的帝国扩张的世纪。西班牙的势力除了因查理五世成为神圣罗马帝国皇帝而扩张至欧洲，还因为哥伦布的地理大发现到达南美大部分、部分北美地区和中美洲全部地区，加上葡萄牙在亚洲、非洲和南美的属地，还到达了亚洲的菲律宾群岛和西印度群岛。西班牙因此成为第一个日不落帝国。

进入 17 世纪，上半期发生了荷兰崛起这一世界经济史上令人惊讶的事。当然荷兰的崛起并非一朝之功。1500 年，荷兰的商人即使在荷兰反抗西班牙的战争期间，仍能在直布罗陀海峡畅行无阻；不久就与意大利通商，而后无视宗教上的歧异与阿拉伯诸国通商。随后，他们到了君士坦丁堡，与土耳其君主签订条约，将货物卖给

---

① Victoria, Franciscus De, *De Indis et de Ivre Belli Relectiones*, ed. by Ernest Nys, trans. by John Pawley Bate (Washington, D. C.: Carnegie Institution of Washington, 1917), p. 151.

土耳其及其敌人波斯人，并向印度继续推进。1601 年，荷兰东印度公司正式成立，资本额为 660 万金币，比在 3 个月前成立的英国东印度公司多出 44 倍。1610 年，与日本通商；1613 年，与暹罗通商；1615 年取得摩鹿加（Moluccas）群岛控制权，1623 年占据中国台湾。1621 年，组成荷兰西印度公司，1623 年在北美建立殖民地，在南美也建立了殖民地。① 17 世纪下半期，则是法国势力崛起于西欧的时代。1659 年，西班牙由于战败与法国签订《比利牛斯和约》，割让鲁西荣（Roussillon）、阿图瓦（Artois）、格拉沃利讷（Gravelines）、泰昂维（Thionville）等地给法国，放弃对阿尔萨斯（Alsace）的主权要求。西班牙国王菲利浦四世将其女儿嫁给路易十四。至此，西班牙哈布斯堡王室势力被削弱，法国取代西班牙成为欧洲的强国。法国在加拿大、西部非洲与西印度群岛建立殖民地，在现今的底特律建立了一处大的殖民地，控制从圣劳伦斯河谷到密西西比河口的北美心脏地带，并将密西西比三角洲命名为路易斯安那。

法国的不断胜利促成了英国、神圣罗马帝国、西班牙、荷兰联邦、丹麦等成立第一次大联盟，欧洲和法国间的对抗就此产生。1692 年，英、荷、法之间的一场海上战争后，英国捍卫了其自伊丽莎白时代取得的海上霸权，并相继占领法国的殖民地。西班牙国王查理二世即将无子嗣而终的事实意味着这一帝国可能旁落，这使得法国和欧洲间的战争暂时告一段落，各个王国开始觊觎如何分割西班牙的大量海外属地，就像这些属地不过是餐盘中待分取的菜肴一般。西班牙的王位继承战争，最终以法国和西班牙对英国的让步结束，法国转让了奴隶贸易的专卖权，西班牙将直布罗陀和美卡诺岛（Minorca）割让给英国，至此西班牙和法国之间的均势，以及英国和法国在美洲的均势基本实现。荷兰则丧失了海权，在航运能力上

---

① 〔美〕威尔·杜兰：《世界文明史》第七卷"理性开始时代"，幼狮文化公司译，东方出版社，1998，第 368 ~ 369 页。

再也无法与英国抗衡。18 世纪成为英国主导的世纪。英国已经形成的海军在海上确立了绝对军事霸权，并因荷兰的失利获得海外贸易主导权，在北美、亚洲更是获利巨大，并自此一直延续至 19 世纪成为又一个日不落帝国。新的日不落帝国在 19 世纪 70 年代至 90 年代间征服了乌干达，在"二战"后的 50 年代为镇压肯尼亚茅茅运动（Mau Mau movement）设立了拘留营（detention camp），德国在西南非洲对赫雷罗人实施种族灭绝。①

在欧洲征服美洲的过程中，几乎消灭了当地的人口，并由此消灭了南美和中美洲地区的本土文明和帝国，北美洲的前国际体系在这种对抗中彻底湮灭。新移民不断进入美洲，并成为欧洲巩固权力的根基，也因此促成美洲迅速被纳入欧洲的军事政治体系中。欧洲促成了第一个全球国际体系的产生，使得该体系受单一文明中心和单一地区性国际体系的支配。这"是一个异常不平衡的体系"。②

欧洲的扩张，在有些学者的描述中，"将欧洲文明带给全世界，将欧洲规则带给了大部分地区"。③ 在巴里·布赞和理查德·利特尔两位学者的观点中，欧洲的确创造了第一个全球体系，只是这个体系的建立是通过欧洲国家的对外武力占领和强迫实现的。欧洲的"文明任务"为其殖民活动做出了冠冕堂皇的正当化辩护：这将挽回欧洲以外那些落后的、反常的、暴力的、受压迫的以及未开化的人民，将其同化进入所谓普适的欧洲文明。④ 而事实上，所谓的先进文明对土著居民进行的不过是掠夺原材料和占领市场，甚至将当

---

① Collste, Göran, *Global Rectificatory Justice*（Hampshire：Palgrave MacMillan, 2015），p. 3.

② 〔英〕巴里·布赞、理查德·利特尔：《世界历史中的国际关系——国际关系研究的再构建》，刘德斌等译，高等教育出版社，2004，第 212 页。

③ Watson, Adam, *The Evolution of International Society*（London：Routledge, 2002），p. 148.

④ Anghie, Antony, *Imperialism, Sovereignty and the Making of International Law*（Cambridge：Cambridge University Press, 2004），p. 3.

地人口灭绝。① 而这一点，扩张中的帝国只是将其视为实现现代化的必然结果。这些国家还以时新的适者生存进化论、德国的历史学派理论和法国孔德社会学中的相对主义为自己的殖民战争行为寻求正当辩护：优胜劣汰，个体受其集体所决定，法律与道德都是特定时期和区域内的相对规则，并不存在"普适原则"。② Catellani 教授耐人寻味地这样说：如果国际社会的存在和发展即将奉行斗争而生和适者生存的法则，我本人希望我的国家不再停留在软弱无能的这一边，这将注定服从和消失。③

欧洲征服美洲之后，在北美出现了其衍生国美国。在传统观点中，美国在 19 世纪奉行的是孤立主义政策。根据辛格和斯马尔的研究，美国自 19 世纪尤其是末期渐渐地融入了国际体系。④ 美国融入国际体系，是以其强大的经济实力为基础。当美国成为世界头号经济强国时，政治上仍处于原体系之外。其强大的经济实力，使得美国虽然处于体系之外，却能够从各方面参与进入此体系并最终在与欧洲的交锋中占据优势地位。因此，美国的政策核心也就以非政治进程的经济扩张为核心。美国在这种经济扩张中，逐渐成为西方社会的领导者。美国在此时向欧洲以及远东地区保证，绝不从政治上进行干预，只是寻求经济自由化。美国在战后倾力主导的国际经济制度以及机构构建，逐渐使得各国进入一种合作的体系之内。

总体而言，威斯特伐利亚体系在 16 世纪初萌芽于西欧之后，

---

① Salomon, Charles, *L'occupation des territoires sans maître. Etude de droit international* (Paris: Giard, 1889), p. 68.

② Catellani, Enrico, "Le droit international au commencement de XXe siècle," *Revue Générale de Droit International Public* 8 (1901): 400 – 413.

③ Catellani, Enrico, "Le droit international au commencement de XXe siècle," *Revue Générale de Droit International Public* 8 (1901): 586.

④ 辛格和斯马尔通过刻画一国首都里所有外交使团的级别和规模，得出体系成员在体系内的身份。根据研究，美国 1817 年列在瑞士等之后，排第 17 名；1840 年排第 6 名，1849 年上升至第 3 名。参见〔英〕巴里·布赞、理查德·利特尔《世界历史中的国际关系——国际关系研究的再构建》，刘德斌等译，高等教育出版社，2004，第 32 页。另外可参见杨泽伟《国际法史论》，高等教育出版社，2011，第 74～75 页。

在 17 世纪基本成型，19 世纪借助强力从欧洲逐渐拓展至非洲、亚洲。对照本部分开头抽象的描述和上文略为具象的事实，就笔者本人而言是认为这一过程充满了冲突、暴力和死亡，也充斥着地方理论借助强力席卷其他地区的文明歧视。虽然据欧洲看来，他们是文明的使者，是推动经济自由和世界市场的贡献者，是现代国际体系的缔造者。此间所谓西方社会前所未闻的百年和平（1815～1914），① 一是源于工业革命带来的内在发展动力，二则源于在西欧各国世界范围的广泛殖民活动。西欧各国国内以及国家间压力因前者被内部化解，因后者输出至其他地区。

（二）威斯特伐利亚体系在 20 世纪的扩张

进入 20 世纪，一些移民者殖民国家纷纷独立，并为了保证自己的独立和在体系内的地位，采用了欧洲的政治规范和形式。此时，主权国家是国际法认可的唯一合法主体。② 澳大利亚（1901）、南非（1910）、加拿大（1922）、新西兰（1941）先后独立，中东国家包括埃及（1922）、伊拉克（1932）也获得独立，二战结束之后，英国、法国、美国、日本等从其在亚洲和非洲的殖民地开始撤退，数量迅速增加的新兴独立国家成了不断扩展的现代国际体系的一部分。1991年苏联解体，新产生的 15 个国家也成为源于西欧的现代国际体系成员。③ 至此，威斯特伐利亚体系可谓在全世界大获全胜。即便是仅余下的数个城市国家（新加坡、科威特、卢森堡），以及一些保留帝国特征的国家也至少从形式上采用了现代主权国家的形式。

同样的，这一抽象的概括语言，也应该结合历史上究竟发生了

---

① 〔匈〕卡尔·波兰尼：《巨变：当代政治与经济的起源》，黄树民译，社会科学文献出版社，2013，第 54 页。其间也发生了多次的局部战争，详见 Maine, Henry Sumner, "International Law," in *The Whewell Lectures* (London: John Murray, 1888)。

② Anghie, Antony, *Imperialism, Sovereignty and the Making of International Law* (Cambridge University Press, 2004), p. 115.

③ 〔英〕巴里·布赞、理查德·利特尔：《世界历史中的国际关系——国际关系研究的再构建》，刘德斌等译，高等教育出版社，2004，第 236 页。

什么来具体比照。

一战结束后，德国依照《凡尔赛和约》第119条将其所有海外属地的一切权利放弃给主要协约国，其中包括西南非洲。协约国将西南非洲授予英国委任统治，并具体地由南非联邦代表英国行使。由此，南非联邦被认为对西南非洲这样的"尚不克自立于今世特别困难状况之中"[①] 的殖民地领土负有这样的义务："代表文明国家的神圣责任"，[②] 对"不克自立"的人民施行受委任统治。委任统治这一源于南非将军斯马茨（Jan Christian Smuts）提议的制度，[③] 受到时

---

① 《国际联盟盟约》第二十二条：

（一）凡殖民地及领土于此次战争之后不复属于从前统治该地之各国，而其居民尚不克自立于今世特别困难状况之中，则应适用下列之原则，即此等人民之福利及发展成为文明之神圣任务，此项任务之履行应载入本盟约。

（二）实行此项原则之最妥善方法莫如以此种人民之保佐委诸资源上、经验上或地理上足以承担此项责任而亦乐于接受之各先进国，该国即以受任统治之资格为联盟施行此项保佐。

（三）委任统治之性质应依该地人民发展之程度、领土之地势、经济之状况及其他类似之情形而区别之。

（四）前属奥斯曼帝国之各民族其发展已达可以暂认为独立国之程度，惟仍须由受任国予以行政之指导及援助，至其能自立之时为止。对于该受任国之选择，应首先考虑各该民族之愿望。

（五）其他民族，尤以中非洲之民族，依其发展之程度，不得不由受委任国负地方行政之责，惟其条件为确保其信仰及宗教之自由，而以维持公共安全及善良风俗所能准许之限制为衡，禁止各项弊端，如奴隶之贩卖、军械之贸易、烈酒之贩卖并阻止建筑要塞或设立海陆军基地，除警察和国防所需外，不得以军事教育施诸土人，并保证联盟之其他会员国在交易上、商业上之机会均等。

（六）此外土地如非洲之西南部及南太平洋之数岛或因居民稀少，或因幅员不广，或因距文明中心辽远，或因地理上接近受委任国之领土，或因其他情形最宜受治于受委任国法律之下，作为其领土之一部分，但为土人利益计，受委任国应遵行以上所载之保障。

（七）受委任国须将委任统治地之情形向行政院提出年度报告。

（八）倘受委任国行使之管辖权、监督权或行政权，其程度未经联盟会员国间订约规定，则应由行政院予以明确规定。

（九）设一常设委员会专任接受及审查各受委任国之年度报告并就关于执行委任统治之各项问题向行政院陈述意见。

② 联合国：《国际法院判决、咨询意见和命令摘要（1948－1991）》，纽约，1993，第14页。

③ See Smuts, J. C., "The Leagues of Nations: A Practical Suggestion," reprinted in David Hunter Miller ed., *The Drafting of the Covenant*, Vol. Ⅱ (New York: G. P. Putnam's Sons, 1971), p. 26.

第一章　21世纪海上丝绸之路背景下的现代国际体系演变脉络

任美国总统威尔逊的支持和一些修正，即认为委任制度不应该适用于欧洲领土而应该适用于奥斯曼帝国在中东的殖民地，以及德国在非洲和太平洋的殖民地。

作为后来的研究者，我们或许不能简单地对托管制度字面上的"不克自立""文明之神圣任务""先进国"以及制度设计者的初衷做诛心之论。从其实际结果来看，受委任的南非在"二战"结束后，即声称委任通知书已经失效，意图将西南非洲并入本国领土。在联合国通知其依照《联合国宪章》第十二章将该领土置于托管制度之下时，南非拒绝了联合国的意见。最终，国际法院对此事件发表了咨询意见，明确指出南非无权改变西南非洲的国际地位。另外一个原属于德国海外领地的瑙鲁也在"一战"结束后被国际联盟委任给了英国、澳大利亚以及新西兰统治，并由澳大利亚代表行使受委任的权力，而事实上，澳大利亚却即刻开采岛上的磷酸盐矿并对当地形成巨大的环境破坏，至于当地人民的福祉是什么则根本没有关心过。无怪乎学界对于委任统治制度是否具有积极作用一直存在争议。① 如果我们并不充分信赖此评价，转而从其文本中本来的意图考察委任统治制度，也可以看到其宣之于口的本来目的是在这些旧时帝国的殖民地建立主权。由此看，主权并不是内生于一个国家的政治土壤中的治理形式，而完全可以被外来者从外部建立。或者可以说，主权国家这一形式也可以被输出或输入。威斯特伐利亚体系正是借由这种输出或输入，渲染了原本属于其他形式国际体系的单位，并最终获得胜利。

（三）中国与威斯特伐利亚体系

在威斯特伐利亚国际体系形成之前，中国曾开创并维持了上千年的朝贡型国际体系，此体系下的国家间关系纵向特征突出，与以武力和契约为特征的威斯特伐利亚体系形成对比。盛行于中华文化圈的

① 高岱、郑家馨：《殖民主义史·总论卷》，北京大学出版社，2003，第198页。

朝贡型体系甚至延续至现代国际体系产生之后。但在二者正面交锋之中，由于不足以抗衡后者基于资本和权力形成的高效资源调配以及战争能力，中华朝贡体系也遭遇到其他被冲击的前国际体系以及帝国势力的宿命性结局：走向衰败直至消失。这一过程中，两种体系间的巨大差异也加速了中华体系的衰败。正如汪铮所指出的，第一次鸦片战争之后，英国提出的《南京条约》对于当时的道光皇帝而言简直喜出望外，签个字即可结束战争，而他却未想到这个签字背后意味着所列各条款的执行力。① 就是在这样的一系列条约之下，中国迅速沦为半殖民地。等到中国领会到纸张上所列条款的威力时，却又遭遇了山东半岛从德国转给日本的现实。

这期间逾越百年的时间段中，中国就是始终被视为在世界范围内取得胜利的体系外国家。失败时需要承担所有的后果；胜利时却未必不需要承担如失败时的沉重负担。新中国成立之后的一段时间内，更是基于这种体系外国家的身份被体系的领导者孤立以及敌视。②

改革开放是中国基于改变体系外国家身份所做出的国家政策调整，此后中国开始积极融入这一体系，从国际经济领域、③ 国际政治领域、④ 国际军事领域、国际文化领域等全面融入此体系并快速

---

① 汪铮：《南海仲裁案：中国需补上国际法这一课》，http://www.ftchinese.com/story/001068537？full＝y。对于此文作者汪铮所列举的各种事实，笔者是没有任何意见的。但其中有关中国未参与南海仲裁案的观点要辩证看待。就笔者而言，南海仲裁案是一个伪装出来的国际法律纠纷，是国际司法或准司法解决途径被工具化的一个不新鲜事例。中国如果要促成未来国际社会真正由丛林社会转向规则社会，就不会也不能参与此次仲裁程序。这就好像明知道对方意图要把自己引入歧路甚至是死路时，任何一个有正常思维的人都会拒绝一样简单。

② Friedmann, Wolfgang, United Sates Policy and the Crisis of International Law. Some Reflections on the State of International Law in "International Co-operation Year," *American Journal of International Law* 59 (1965): 871.

③ 王正毅：《中国崛起：世界体系发展的终结还是延续？》，《国际安全研究》2013 年第 3 期，第 8 页。

④ 仇华飞：《当代国际体系转变中的中国对外战略》，《同济大学学报》（社会科学版）2009 年第 2 期，第 85、91~92 页。

成长为新兴大国，甚至成为强国。中国改变了体系外国家姿态后，美国也做了相应的回应，在克林顿政府时期，美国的态度是"应该继续致力于将中国纳入涉及全球规则的国际机制和制度中来"。进入20世纪90年代中期，中国广泛参与全球性的国际组织活动，成为多个国际组织和国际条约的成员国。①

21世纪见证了中国在此国际体系的地位以及角色的变化。2001年中国正式加入世界贸易组织，这意味着中国在国际经济领域已经彻底成为体系内成员，并且这种被体系化是源于中国的主动寻求和努力。就此，中国与此威斯特伐利亚体系的关系由此前多数时间的被强迫和被压制转成了一定程度的融合，并从中受益匪浅。中国的GDP在2001年刚刚加入世界贸易组织时，首次突破10万亿元人民币，居世界第六；至2010年突破40万亿元，成为世界第二。

于是，有学者提出，这一时期内的中国正逐渐学会在西方秩序内而不是秩序外谋求发展。② 马克·兰藤尼（Marc Lanteigne）则将此观点更推进一步：中国与之前大国的不同在于，它不仅在这样一个前所未有的国际体系（威斯特伐利亚体系）下高速增长，更重要的是在其增长的同时还主动利用这些制度推进本国在国际大国中地位的上升。约翰·伊肯伯里（John Ikenberry）也提出中国会变得强大：它已经崛起。美国最强大的战略武器就是有能力决定以怎样的国际秩序接受这一事实。然而，新兴大国要成长，必然会面临来自既有大国的压力。尤其是当这样一个新兴大国来自既有国际秩序之外，拥有截然不同于原国际秩序所分享的文化基础时，这种压力就更为明显。中美之间由于压力而产生的张力关系，成为国际关系中的一个重要内容。亨廷顿在1997年的中文版《文明的冲突与世界秩序的重建》序中就提到："在这样一个多元化的世界上，任何国

---

① 《中国的军控、裁军与防扩散努力》，《人民日报》2005年9月2日。
② 〔美〕约翰·伊肯伯里：《中国崛起与西方世界的未来：自由体系能否继续维持？》，《国外理论动态》2012年第11期，第27页。

家之间的关系都没有中国和美国之间的关系那样至关重要。"这一观点不仅仅指向两个国家间的关系，更是指向两种文明之间的冲突。

中国究竟会成为既有秩序的接受者还是挑战者，成为相当一段时间以来国内外国际关系研究的焦点。①

三 21世纪海上丝绸之路背景下梳理现代国际体系的内容

（一）现代国际体系的基本结构

自1500年尤其是1648年之后肇始于西欧数个主权国家间的现代国际体系，在世界历史发展中是一个至今尚无人清晰解释的现象。在此之前的相当长时期内，欧洲除了濒临地中海的南部国家外，大部分地区被认为是处于停滞状态或殖民边缘的状态，② 与世界上其他地区的政治单位间几乎未发生任何有重要意义的互动。在世界历史进入现代之后，发端于此地区的政治单位：主权国家，与其他政治单位包括帝国、城邦、城市联盟等共存并正面遭遇，最终是主权国家碾压了其他一切政治单位，成为现今国际体系的最重要构成单位，甚至在历史上被一些研究者视为唯一的政治单位。③

由现代主权国家构成的国际体系，其权力分配与中世纪的情形截然不同。中世纪世界，权力配置十分复杂，突出的特征一如前文所提及的是宗教和世俗权威均主张至高权力，同时包括国王、贵族、贸易行会等多个政治行为体也宣称拥有权力。这一状态被布赞

---

① 盛洪：《中国可能的贡献：在国际关系中实践道德理想》，《战略与管理》1996年第1期，第14~19页；秦亚青：《国际关系理论中中国学派生成的可能与必然》，《世界经济与政治》2006年第3期，第13页。

② 〔英〕巴里·布赞、理查德·利特尔：《世界历史中的国际关系——国际关系研究的再构建》，刘德斌等译，高等教育出版社，2004，第216页。

③ 〔英〕爱德华·卡尔：《20年危机（1919—1939）国际关系研究导论》，秦亚青译，世界知识出版社，2005，第2版序言，第8页。See also Tilly, Charles, *Coercion, Capital and European States AD 990 – 1990* (Oxford：Basil Blackwell)，1990, p. 4。

形象地称为复合重叠的主权。① 现代国家产生之后，彼此间的边界逐渐明确稳固，国家在确定的边界内均宣称自己拥有至高无上的主权，不再服从于教皇和帝国皇帝。由此，一种以明晰领土边界为地理基础、平等主权为权力分配基础、启蒙运动后的平权思想为理论基础的横向现代国际体系开始形成。可以说，现代国际体系的基础就在于此：稳定的领土和牢固的主权。②

拥有稳定领土和牢固主权的现代国家结合了资本和强权的力量，③ 在与注重资本的商业性城市国家或城市联盟以及注重强权的帝国遭遇时，显示出了更有效的经济和军事资源配置能力，并最终在这样的遭遇中取得胜利，城市联盟以及农业帝国自愿或被迫地接受了这种政治组织形式，现代国家体系开始从欧洲拓展至其他地区。国家这一组织形式在外部逐渐成为越来越多地区的选择的同时，内部也发生了重大变化，即政治中心由领袖转向民众的民主化；④ 这一进程同时伴随着民族主义的觉醒；并最终关注到作为公民的个人权利。现代国家的基本内容完全是以西欧国家为范本：主权、领土、民族主义、个人权利、政府。这些内容，又被各主权国家在国际层面上予以推行。

国际层面上推行的现代国家内容，借助欧洲以及欧洲衍生国美国的语言和逻辑，与无形中规制和引导着新产生的国际政治单位均采用了主权国家的形式；这最终促成了世界历史结构和特征再度发生重大转变。⑤ 即原本源于西欧地方的政治单位成为世界通行的形

---

① 〔英〕巴里·布赞、理查德·利特尔：《世界历史中的国际关系——国际关系研究的再构建》，刘德斌等译，高等教育出版社，2004，第218页。
② 〔英〕巴里·布赞、理查德·利特尔：《世界历史中的国际关系——国际关系研究的再构建》，刘德斌等译，高等教育出版社，2004，第225页。
③ Tilly, Charles, *Coercion, Capital and European States AD 990 - 1990* (Oxford: Basil Blackwell), pp. 4 - 5.
④ 关于人民主权的论述，参见杨泽伟《国际法史论》，高等教育出版社，2011，第59页。
⑤ 〔英〕巴里·布赞、理查德·利特尔：《世界历史中的国际关系——国际关系研究的再构建》，刘德斌等译，高等教育出版社，2004，第215页。

式；旧有的帝国形式除了在苏联仍保留了一定影响力之外，几乎消失殆尽；原本的城市国家除了在几个对世界几乎无法产生实际影响的地区仍旧得以保留外也不复存在。冷战的结束，标志着苏联这个红色政权最终溃败于主权国家下资本与强力紧密结合后产生的巨大冲击力。一个基于同类型政治单位的世界体系就此在世界范围内得以确立。美国在"二战"后推行的经济自由更强化了这种结构特征。时至今日，我们看到联合国承认的主权国家范围几乎覆盖所有大陆；世界贸易组织下的贸易活动占据全球贸易的九成以上。无论从哪个方面看，威斯特伐利亚体系都可谓获得巨大的成功，或许甚至是远远超出其设计者所能想象的成功。

（二）现代国际体系的主体

言及威斯特伐利亚体系的成功超出设计者之想象，并非空口武断。从此体系内主体范围的变化，我们或许能获得些许有说服力的证据。

1648 年现代国际体系产生时，国际关系局限在西班牙、葡萄牙、英国、法国以及荷兰之间。此时期存在的其他帝国，譬如中国和土耳其（奥斯曼帝国），均具有自己独立的政治组织形式和国际体系内容，并且与西欧国家的威斯特伐利亚体系处于共存状态。18 世纪见证了所有政治单位包括帝国和现代国家所实施的扩张。① 进入 19 世纪之后，德国和意大利融入现代国家体系，日本也成为唯一一个建立现代国家的非欧洲成员，美国则被视为欧洲的衍生国，与此体系天然地具有融洽性，俄罗斯被视为兼具帝国和现代国家的特征。而中国这样的古典帝国在遭遇到现代国家的军事压力后，开始从世界体系内一方权力中心的地位撤退并逐渐屈服。非洲则几乎完全被欧洲国家殖民化，并沦为现代国际关系的客体。简言之，现

---

① 〔英〕巴里·布赞、理查德·利特尔：《世界历史中的国际关系——国际关系研究的再构建》，刘德斌等译，高等教育出版社，2004，第 233 ~ 234 页。

代国际体系的主体主要是欧洲国家，加上欧洲的衍生国美国。土耳其和俄罗斯部分地融入此体系，日本部分被动地放弃闭关锁国之策，经由明治维新完全接受西欧的现代国家模式，成为体系内的成员。未成为体系内成员的残存帝国以及农业社会，则沦为国际关系的客体内容。

进入 20 世纪，现代国家成为国际体系中的最重要单位。中东的国家以及一些移民者殖民国家获得独立；二战结束之后，复制西欧现代国家模式的大量新兴民族国家在非洲出现，由此使得原本"发轫于欧洲的主权国家体系由欧美扩展到全球"。①

主权国家体系的扩展过程中，现代国际体系的主体基本是西欧国家模式的自愿或非自愿复制。主权在西欧国家及其衍生国家是内生于其社会，在其他地区却是被赋予甚至被创造出来。这就造成了在国际体系内，尤其是非自愿复制西欧体系的国家数量，远远超出自愿复制此模式的数量。或许我们可以说无论是自愿还是非自愿，现代国际体系的主体数量即主权国家的数量已经大大增加。现代国际体系已经真正确立。体系的主体性已然具有更深更广的基础。然而，这一结论却需要更为谨慎的思考。其缘由在于现代主权国家理论上作为国际体系主体是相互平等的，而事实上新兴经济体却要受到此体系领导国家的理论和事实矫正，甚至可以说是约束或简单粗暴的干涉。

新兴国家产生之后，美国学者将世界各国区分为现代化国家和传统国家，并针对此类国家独立后的政治诉求提出了现代化论和现代化修正论。前者认为，新兴国家将逐步引进和采纳现代化的全部价值标准，摒弃传统社会的历史积累，过渡至现代社会；后者认为传统性和现代性并非此消彼长的对立物，二者的关系复杂多面，传统性顽固且因吸收现代性的某些成分重新获得生命力，出现的等级制度、种姓制度、家族因袭、裙带关系和门阀政治皆为例证。二者

---

① 金灿荣：《对时代基本特征的几点思考》，《现代国际关系》2002 年第 7 期，第 13 页。

虽然有上述分歧，却彼此共享同一假设，即传统过渡至现代的唯一路径是多元化的民主模式，或者说是经过西方国家实施验证了的民主制度可以成为样本在全世界复制，西方早期实现的现代化道路是第三世界后起国家民族振兴的参照和归宿。

正是基于这种"我就是上帝的选民"理念下，美国在"二战"后矢志不渝地输出意识形态和革命。这种输出，将美国在事实上确立于核心国家的地位。另外，美国尤为重视战后的国际制度和国际组织建构。这种建构使得美国在制度化层面巩固了其核心国家的地位。其他国家则被或多或少的边缘化。国家间的不平等甚至得到了制度化保障的事实，也应该让我们对成为主权国家即成为国际关系主体的论断保持疑问。

简言之，当今世界被联合国所承认的 193 个主权国家中，真正的国际关系主体，或者说有能力独立实现国家利益追求并主动建立或变更与其他主体关系的国家并不在多数。这种能力大多属于国际体系内的中心国家，尤其是核心国家。其他国家，于更多场合下成为中心国家行为合法性的基础和背景，并不具有对体系内中心国家行为合法性质疑的资格与能力，甚至只是单向度地接受中心国家的各种行为，而不具备与中心国家实质互动的能力。

（三）现代国际关系主体间的互动能力

作为现代国际体系的主体，国家的构成要素被认为包括三个方面：边界明晰的领土，[①] 基于团结、忠诚和集体认同以及身份认同而聚集的一定的人口，[②] 对内有权实施管理且对外可与其他国际法

① 美国驻联合国安理会代表 Phillip Jessup 在向联合国提及国家的定义时指出：国家构成要件之一必须是拥有领土的规则理由是，不能将国家视为无实体的精神含义。历史上看，此概念一直存在，即在地球表面的某个位置上，其人民定居且其政府行使权力。United Nations Security Council Resolution, 383rd meeting, Supp. No. 128, 1948, pp. 9 – 12.

② Simmel, George, "Social Interaction as the Definition of the Group in Time and Space," in Park, Robert E. and Burgess Ernest W., eds., *Introduction to the Science of Sociology*, 3rd edn (Chicago· The University of Chicago Press, 1924), p. 348.

主体建立联系的代表主权政府。① 最后一点尤为重要，其所指向的正是国家间的互动能力或者说与其他国家建立关系的能力。对代表政府能力的要求，是源于如下一个事实：政治单位间负向互动（典型的即战争）以及正向互动（国家间协商）的共同作用决定了现代国家的产生，尤其是连续和规律的正向互动对于现代国家意义重大。由此看，国家间的互动能力是主权国家能否成为体系内主体性国家的决定因素。

随着威斯特伐利亚体系的成长，国家间互动越来越频繁，而占据国家间互动关系网中心的则始终是体系的初始成员。边缘国家和中心国家的区分虽然原本发端于国际经济领域，事实上在国际政治领域这一区分同样具有不容忽视的意义。根据沃勒斯坦的观点，1500 年之后的世界体系进入了一个全新的时代：政治结构的特点呈现出处于体系中心的强国和处于体系边缘的弱国共存，而且由于苏联这样的半边缘地区国家的出现，世界体系变得更加稳定。② 稳定意味着难以变动，意味着状态固化，或者说边缘国家非常难以融入中心国家所操控的互动核心圈。而且，由于国家间互动所借助的各种物质技术以及非物质技术均掌握在这些国家手中，③ 边缘国家要打破这种状态成为中心国家甚至核心国家几乎难以实现。

国家间互动所借助的物质技术包括海上、陆地和空中的交通技术，异地间的信息通信技术；非物质技术（或者说社会技术）包括通用的语言符号、货币符号以及国家间互动场合或平台。掌握前者使得资本可以更为高效地在更大的空间内流动，掌握后者则使得权力获得了输出的渠道。数百年间，牢牢掌控此二者的国家在国际体

---

① Wright, Henry T, "Toward an Explanation of the Origin of the State," in Hill, James N., ed., *Explanation of Prehistoric Change* (Albuquerque: University of New Mexico Press, 1977), pp. 215 – 217.

② 〔英〕巴里·布赞、理查德·利特尔：《世界历史中的国际关系——国际关系研究的再构建》，刘德斌等译，高等教育出版社，2004，第 55 页。

③ 〔英〕巴里·布赞、理查德·利特尔：《世界历史中的国际关系——国际关系研究的再构建》，刘德斌等译，高等教育出版社，2004，第 245 ~ 264 页。

系内具有强大的影响力、甚至是单边输出国际影响力的能力，这也使得其对整个国际体系的掌控远远超出其他国家。

现代国际体系起源于西欧的几个国家间处理彼此关系的事实，加之此后其借助强力和资本碾压和消灭历史上长期存在的其他国际体系的过程，决定了现代国际体系虽然表面上是以主权平等的国家为基本构成单位，却在事实上形成了非平等的相互间关系，表现在经济上被确认为中心—边缘结构特征；表现在政治上则是大国政治特征。从不同的侧面理解国际体系，可得出不同的结论：譬如关注资本如何跨越各种边境并催生经济上分工导致的中心—边缘结构的世界体系学说；关注国家的强力如何运作并对国际体系的形成产生影响的国际关系理论的现实主义学派；关注此过程中的理念以及基于理念所产生的各种国际组织及制度对国际体系影响的建构主义学派；等等。各种理论彼此攻讦甚至彼此否定，并不利于对现代国际体系的观察和理解。

21 世纪海上丝绸之路作为中国建构性参与当前国际社会和国际体系演进过程的一个重大战略，从经济合作入手，以在原体系被有意边缘化的国家间合作为具体路径，为我们重新审视这些理论提供了一个更为适当的背景和参照体系。

第二节　21世纪海上丝绸之路背景下现代
##　　　国际体系理论的解读

现代国际体系虽然产生于 16 世纪初尤其是 1648 年之后，但对此体系的理论解读却是非常晚近的事情。一如前文所提及的，在 20 世纪 60 年代之前，国家在国际社会上的定位通常被描述为不可预测的、孤立的弹子球，相互间的关系则是受力之后的彼此反弹。此后，由于战后国际组织和国际制度大量产生，国家被纳入一个不断扩张的蜘蛛网之中，相互间的联系得到制度化保障并得以强化；由此体系的概念才被引入对国际社会的理论解读上。

根据英国学派代表学者布赞的研究，国际体系研究中的常用分析部门包括五个：其一是军事部门，主要是行为体彼此进行战争的能力；其二是政治部门，即关于权威、统治地位和承认的关系；其三是经济部门，即关于贸易、生产和金融的关系，以及行为体如何获得资源、资金和市场；其四是社会或社会文化部门，是关于社会与文化的关系，主要包括语言、文化、宗教习俗等涉及身份和集体认同的内容；其五是环境部门，即人类活动与所赖以维生的生物圈的关系，传统的环境互动是疾病传播，现在也包括独立生态系统和外来生物入侵及环境污染等。[①] 这五个部门中，军事部门集中于国

① 〔英〕巴里·布赞、理查德·利特尔：《世界历史中的国际关系——国际关系研究的再构建》，刘德斌等译，高等教育出版社，2004，第 64~65 页。

家的进攻和防御能力及相互作用上，这就要求一国必须密切关注其他国家以求可事先洞察对方的意图。这种意图通常会体现在各国平时的交往行为中，因此军事部门通常和政治部门密切相关。一如德国的军事战略思想家克劳塞维茨所言，战争不过是政治的另一种形式的继续，这二者的联系简直就是天然的。政治部门和经济部门的联系，则并非牢不可破。我们在历史上经常观察到政治对立的行为体之间，也会发生经济合作甚至是大规模的合作，甚至具备密切经济联系的国家，彼此间也会发生敌对行为，一如一战发生时的欧洲那样。当然，如果经济合作与政治合作同时发生，由此所产生的同盟关系也将十分牢固。

布赞所总结的国际体系研究常用分析部门观点，与有关国际体系的理论发展基本一致。需要注意的是体系化解读国际社会的理论产生之前，关注国际体系政治部门的国际关系理论已经产生。国际体系理论和国际关系理论密切相关，但前者包括解读国际体系所有部门的理论，后者则通常意指研究政治部门的理论。或者我们也可以认为国际关系理论是国际体系理论的源头以及重要内容，国际体系理论是在国际关系理论基础上发展和丰富起来的。

有关国际关系的理论，通常被认为是英美在第一次世界大战结束之后为应对战争之剧烈冲突，试图为国际社会寻求一种理论解读而创设的。① 这其中，先是发展出了一战后以威尔逊总统十四点计划为标志的理想主义理论，二战前后对理想主义理论进行抨击的以爱德华·卡尔和汉斯·摩根索为代表的现实主义理论，此后，在体系理论引入社会科学研究之后，从国际体系的经济合作层面解读出现了以沃勒斯坦为代表的世界体系学说；从国际政治的制度构建和运行对国际经济合作的影响层面解读的以基欧汉为代表的新自由制

---

① 〔英〕爱德华·卡尔：《20年危机（1919—1939）国际关系研究导论》，秦亚青译，世界知识出版社，2005，第8页。至于研究国际体系的学科名称，可参见王逸舟《西方国际政治学：历史与理论》，中国社会科学出版社，2007，第1~3页。

度主义；从国际政治的制度层面解读出现了以温特为代表的建构主义；从综合整体的层面上出现了英国学派。从上述各个学派对国际体系各关注重点可以看出，不同学派对于国际体系的重心做出了不同的理解和阐释。其中，尤其以关注政治层面的理论影响重大，一则是由于国际政治的确是国际体系中尤为重要的一个部门，二则国际政治理论中的现实主义学派得到了美国的外交实践支持。[①] 当然，美国的外交实践中理想主义其实是早于现实主义就获得了一席之地的。之下述及的国际体系理论，仍主要是对国际政治部门的理论解读。

一　理想主义理论下的现代国际秩序——以国际道德为核心

（一）理想主义理论的脉络

理想主义理论的产生，通常被认为是以一战后伍德罗·威尔逊总统提出的十四点计划为标志的。[②] 总统提出的十四点计划包括八点务必达成的目标和六点非务必达成的目标。前者包括：①公开签订和约，杜绝秘密外交；②平时和战时的海上航行绝对自由；③取消经济壁垒，建立平等贸易条件；④裁减军备到同国内安全相一致的最低点；⑤公正处理殖民地问题，在决定一切有关主权问题时，应兼顾当地居民的利益和殖民政府之正当要求；⑥外国军队撤出俄国，并保证俄国独立决定其政治发展和国家政策，欢迎它在自己选择的制度下，进入自由国家的社会；⑦德军撤出比利时，并恢复其主权；⑧德军撤出法国，阿尔萨斯和洛林归还法国。后者包括：⑨根据民族分布情况，调整意大利疆界；⑩允许奥匈帝国境内各民

---

① 王逸舟：《西方国际政治学：历史与理论》，中国社会科学出版社，2007，第3~5页。
② 关于威尔逊的一贯理念，可参见王逸舟《西方国际政治学：历史与理论》，中国社会科学出版社，2007，第56~58页；See also Kegley, Charles Jr., "The Neoidealist Moment in International Studies? Realist Myths and the New International Realities; ISA Presidential Address, March 27, 1993 Acapulco, Mexico," *International Studies Quarterly* 37 (1993): 131 - 146.

族自治；⑪罗马尼亚、塞尔维亚和蒙地内哥罗的领土予以恢复；⑫承认奥斯曼帝国内的土耳其部分有稳固的主权，但土耳其统治的其他民族有在"自治"的基础上不受干扰的发展机会，达达尼尔海峡在国际保证下永远开放为自由航道；⑬重建独立的拥有出海口的波兰，以国际条约保证其政治经济独立和领土完整；⑭根据旨在国家不分大小、相互保证政治独立和领土完整的特别盟约，设立国际联合机构。

上述十四点计划的关键词十分明确，包括：公开、自由、平等、公正、主权、民族自治以及国际联合机构。这样的用词显示出了十分明显的道德性。威尔逊总统力主成立国际联盟时，曾遭到是否可行的质疑。总统先生的回答很简短，"即使计划不是切实可行的，我们也要使它切实可行"。而且，总统还极力主张建立国际警察，实施"集体安全"，或推行其他建立国际秩序的计划。[1] 总统先生的做法，被有些学者视为沉迷于 19 世纪维多利亚时期繁荣所触发的对人类理性或道德的信任；[2] 被另外一些学者视为大战之后对和平的极度渴望的一种道德表达。

道德试图对国际秩序发挥影响力其实颇有些渊源。工业革命在 19 世纪初期引发了这样一个社会问题，即社会的理想图景是什么。对此，被称为空想社会主义的思想家包括圣西门、傅立叶和欧文提出了一种观点：所有成员在友善中共生共存，各尽所能，按需分配。当然，若继续上溯，中世纪时人们也确实预设了一种以神权权威为基础的"普适伦理"和"普适政治体系"。当其时，教会发展如日中天，教会在学校教授拉丁文，并以此作为欧洲各国学术、文学、科学和哲学传递交流的通用媒介，国家间获得了统一的国际道

---

① 〔英〕爱德华·卡尔：《20 年危机（1919—1939）国际关系研究导论》，秦亚青译，世界知识出版社，2005，第 9 页。

② 〔英〕爱德华·卡尔：《20 年危机（1919—1939）国际关系研究导论》，秦亚青译，世界知识出版社，2005，第 28 页。

德规范，甚至是统一的国际法规范。罗马教会自我宣称为国际法庭。教皇格里高利七世拟定了欧洲基督共和国的教旨，世俗皇帝均表示顺从。格里高利甚至表示了要实现基于"普适伦理道德"的超级理想国的观念。① 这种"普适理念"在文艺复兴时期被现实主义者强烈抨击。作为对这种抨击的回应，人的理性取代了神的权威成为了可依赖的永恒法则或是自然法则。17~19世纪，人的理性作为伦理标准成为衡量是非对错的基础。尤其是在19世纪，这一观点在西欧获得了广泛的赞同，也表现出理性主义的真实色彩，即：只要坚持理性推理的过程，就可以具有正确的道德观，也可以采取正确的行动。19世纪对理性主义简直是无条件的至高推崇。② 然而，克里米亚战争和普法战争的爆发，让人们对于这一理论开始怀疑并最终予以放弃。道德对国际秩序的影响却并未因为理论的消沉而消失，反而因为20世纪初爆发的重大冲突，获得了超出以往的关注。

欧洲国际法时期，其最大成就就是限定了欧洲战争：国家间的战争与国内战争和宗教战争无关，战争是平等主权国家间的决斗手段。欧洲国际法衰落之后，战争的含义也悄然发生了变化，《凡尔赛条约》中的战争罪条款就是最好的例证。《凡尔赛条约》第227条将当时的德皇威廉二世定为战犯，然而这项定罪并不是依据法律，而是因为其侵略了永久中立的比利时，因而侵犯了国际道德以及条约的圣洁。此后，战争开始演变成一方是道德的和正义的，另一方则是非道德和非正义的道德对立之战。

（二）理想主义理论的核心观点

根据英国学派学者赫德利·布尔的观点，理想主义最突出的特征就是相信既有的国际体系可以被改造成一种和平和正义的世界秩

---

① 〔美〕威尔·杜兰：《世界文明史》第六卷"宗教改革"，幼狮文化公司译，东方出版社，1998，第4~5页。
② 〔英〕爱德华·卡尔：《20年危机（1919—1939）国际关系研究导论》，秦亚青译，世界知识出版社，2005，第26页。

序，相信国际主义会得到更多人的认同，相信国际联盟能够成功，相信觉醒的民主意识会产生巨大影响，同时相信国际关系学者应该负责消除愚昧和偏见，指明通向和平与安宁的道路。① 简言之，理想主义相信社会会不断进步，这种进步则是基于人内心对于社会的进步和改善的理念，对于人性中积极和光明一面的信心。

这种观点和其后的现实主义形成明显对比：一相信人性本善，一则相信人性即恶；一相信社会会向前发展，一则相信社会不过是在权力追逐的过程中循环往复；一相信战争可被避免，一则相信战争永远都有可能；一相信国际法律和其他规范一并将使得行为体的行为更加理性和受约束，一则相信国家间关系真正重要的并非国际法，而是国际政治。

也是因为这样的对立，理想主义和现实主义之间的分歧催生了国际关系理论的第一次大辩论，并被认为是国际关系上的一对恒定的矛盾。

（三）理想主义的实践及影响

理想主义影响了一战后至二战之前的二十年。这二十年被一些人确认为世界的二十年和平，当然也被现实主义者爱德华·卡尔称为二十年危机。虽然时至今日的主流评价认为这二十年间的动荡和不安更为明显，但国际社会试图建立永久和平的观念终于得到实践却不容否认。

正是这二十年间，国际联盟成立，国际常设法院成立，并成为此后的联合国以及国际法院的前身。国际联盟是人类社会第一次成功地将国际社会组织化，将建立国际社会秩序的想法予以实践。②

---

① Smith, Steve, "Paradigm Dominance in International Relations: The Development of International Relations as a Social Science," in Dyer, Hugh C., and Leon Mangarian, eds., *The Study of International Relations: The State of the Art* (London: Macmillan Press, 1989), pp. 5 – 6.

② Alvarez, José E., "International Organizations: Then and Now," *American Journal of International Law* 100 (2006): 339.

国际常设法院则将司法解决国家间争端的想法转化成现实。此后，美国又于 1921 年主导召开了华盛顿会议并签署了《限制海军军备条约》《关于在战争中使用潜水艇及有毒气体条约》《九国关于中国事件应适用各原则及政策之条约》，提议设立战时法规委员会。1924 年，国际联盟在其第五次大会上，通过了《和平解决国际争端议定书》。1925 年，欧洲七国为确保战后欧洲和平，签署了一系列条约，即现在所称的《洛迦诺公约》。1928 年，放弃战争作为实行国家政策工具的《凯洛格－白里安公约》（或者称为《非战公约》）在巴黎为 15 国所签署。

基于以上的国际实践可知，战后的理想主义对国际社会产生了很明显的影响，基于理想主义而生的集体安全的理念也产生了一定的影响力。同时不容否认的，是这种集体安全的实践和理念在此时仍显得十分脆弱，欧洲自 1648 年之后所形成的主权平等的横向国际社会，难以容忍这种显现出纵向特点的做法，因为这不可避免地使人联想到中世纪时教皇权威和帝国权威之下各王国的负担和混战。此时的国联在约束成员国行为时，也时常面临无能为力的境地。日本入侵中国，不过是招致李顿委员会的调查以及此后的不痛不痒的声明；意大利入侵埃塞俄比亚倒是很快被确认为是侵略，并决定对意大利实施经济制裁；德国吞并奥地利以《慕尼黑协定》的签署告终。

（四）学界对理想主义理论的评判

率先对理想主义进行批评的是现实主义理论先驱之一的爱德华·卡尔。卡尔教授的评价如下：人类开始钻研某一领域时，总会经过一个初创阶段，在这个阶段中，愿望或目标的成分占极大的比重。[1]

---

① 〔英〕爱德华·卡尔：《20 年危机（1919—1939）国际关系研究导论》，秦亚青译，世界知识出版社，2005，第 6 页。

基于理想主义的国联实践虽然不足以以成功冠名，却仍然是现代国际政治历史上注定要被记录的一件事。[1] 之后的华盛顿会议、和平解决国际争端和约的缔结，都被视为在正确道路上的显著进步。[2]《洛迦诺公约》更被认为是"战争与和平的划时代界限"，是"和平时代的最高峰"。[3] 卢梭虽然一向被现实主义视为思想后盾和理论标志，但卢梭也曾做出这样的表述，"我倾向于这么认为，一个真正热忱地相信一切皆有可能的心底幻象，也比那种尖酸可憎的对公益冷漠的理性要好，后者一向是每次试图去改善的最大障碍"。

据卡尔·施密特看来，道德在这一时期的国际关系处理中占据了基础地位。交战中立的逐渐消失以及对侵略的谴责，让美国有权决定何为侵略以及如何反击。帝国再难发动战争，转而充当了惩罚罪犯的警察角色。施密特在 20 世纪 30 年代的这一观点，从现在看来确实具有非凡的洞见力和前瞻性。有关承认的新国际法，昭示着美国世界主义和外交政策利益的一致性。对交战团体承认或不承认，完全可以用以实现对一国的干涉或孤立。对政府代表地位以及领土主权的承认，更为美国提供了一个有效的干涉途径。国际法在美国主导下发生的这些新变化，与大规模杀伤性武器结合来看，新的法律将以一种截然不同的方式对遥远地区的众多人产生影响，而这却难以以传统国际法的战争予以定义。这使得战争只能以人性的名义存在，这样的战争中敌对方不享有任何权利和保护，战争被彻底转变成善恶之争。

二 现实主义理论下的现代国际体系——以国家间竞争为核心

（一）现实主义的理论脉络

现实主义的理论奠基者通常被认为是后来加入美国国籍的德国

---

① 〔英〕华尔托斯：《国际联盟史》（上卷），汉敖等译，商务印书馆，1964，第 88～89 页。

② Verzijl, J. H. W., *International Law in Historical Perspective*, Vol. 1（Leiden：A. W. Sijthoff, 1968），p. 453.

③ 方连庆等编《国际关系史》（现代卷），北京大学出版社，2001，第 151 页。

学者汉斯·摩根索。① 摩根索则受到颇具争议的德国法学家卡尔·施密特的影响。② 对摩根索产生更重要影响的是他称为自己的"知识之父"（intellectual father）的马克斯·韦伯，③ 以及尼采。根据摩根索的观点，人类本性中就充满对权力的渴求，④ 理性的、规范的讨论的可能性值得存疑，国际社会内的人类尊严和人权简直值得仇视。⑤ 这样的观点在历史上也曾多次被提出和讨论，最经常被提及的标志性学者包括修昔底德、马基雅维利、霍布斯、卢梭。带有现实主义色彩的研究中，最经常被引用的是霍布斯的自然状态理论（state of nature）。按照霍布斯的描述，不存在最高权威的人类社会是充满暴力和战争的，是"所有人反对所有人的战争状态"（a war, as is of every man against every man）。在这种充斥着暴力和战争的自然状态下，人只能依靠自己和自己的创造力所能提供的一切。此时，不会有工业发展，因为产品销路不确定；不会有文化，不会有交通，不会有高大的建筑，不会有关于地球面貌的知识，不会有时间计量，不会有艺术，不会有社会，最糟糕的是，人的生活充满了孤独、贫困、肮脏和短缺。自我保护和生存是首要目标，没有比这更高的道德律。唯一法则如下，即最强者的权利就是最高的权利。⑥ 这一点在卢梭的著作中也得到了回应，卢梭也表述过国际关系遵循

① Hoffmann, Stanley, "An American Social Science: International Relations," in Hoffmann, Stanley, ed., *Janus and Minerva: Essays in the Theory and Practice of International Politics* (Boulder and London: Westview, 1987), p. 6.

② Koskenniemi, Martti, *The Gentle Civilizer of Nations* (Cambridge: Cambridge University Press, 2004), pp. 422 – 423, 436.

③ Koskenniemi, Martti, *The Gentle Civilizer of Nations* (Cambridge: Cambridge University Press, 2004), p. 447.

④ Frei, Christoph, and Hans J. Morgenthau, *Eine intellektuelle Biographie* (2nd edn) (Bern, Stuttgart and Vienna: Haupt, 1994), p. 124.

⑤ Besson, Samantha, and John Tasioulas, *The Philosophy of International Law* (Oxford: Oxford University Press, 2010), p. 3.

⑥ Knutsen, Torbjorn L., *A History of International Relational Theory* (Manchester: Manchester University Press, 1997), pp. 88 – 90.

的就是强者法则。[①] 当 20 世纪的学者们讨论国际社会时，霍布斯的自然状态甚至成了国际无政府状态的同义词。国家的自我保护和生存也是国家在国际社会上的首要目标，为了实现自我保护和生存，国家必须追求和实现权力。

现实主义理论作为对一战结束后至二战爆发之前盛行的理想主义的反击，当然是建基于对历史现实的观察和思考之上。19 世纪的英国和二战前后的美国，为现实主义提供了足够有说服力的范本，如此强大帝国的存在正是国家追逐权力的结果，而其形成之后又对暂时平复权力追逐所带来的无序和骚乱功不可没，"大英帝国和美国创造和确保了自由国际经济秩序的规则"。[②] 世界就是各国追求权力和地位的角逐场，二战以及二战结束后爆发的冷战更成为现实主义的最好注脚。在现实主义看来，冷战并非意识形态之争，而是权力之争。20 世纪 70 年代，学者们对现实主义有过短暂的疑问：其以国家为分析中心，以权力和冲突状态作为前提是否合适。而 70 年代末美苏关系恶化，"新现实主义者精选出现实主义思想的精髓，然后镶上大量科学实证主义的花边"，[③] 又使得新现实主义重返国际舞台的中心。

但是现实主义对历史的厌恶，或者说国际关系理论界固有的对历史的非喜好态度确实是非常明显的，国际关系学者 McClelland 还主张在国际关系研究中驱散被他视为正抑制该学科发展的历史学家"不散的阴魂"。

(二) 现实主义理论的核心观点

现实主义理论（或者被简化为权力政治的理论）中，各个国家

---

① 参见王逸舟《西方国际政治学：历史与理论》，中国社会科学出版社，2007，第 28 页。

② Gilpin, Robert, *War and Change in World Politics* (Cambridge: Cambridge University Press, 1981), p. 144.

③ 〔英〕巴里·布赞、理查德·利特尔：《世界历史中的国际关系——国际关系研究的再构建》，刘德斌等译，高等教育出版社，2004，第 22 页。

由于处于一个无政府体系内，或者说各主体均是在一种利己主义、生存取向的、自助单位的体系内运行，则彼此间始终处于一种竞争关系之中。可以认为，国家之间的正常状态就是竞争状态，战争永远都有可能发生。[①] 毕竟国家间的根本利益是相互冲突的，合作不过是均势的结果而且随时可以被背弃，即便签署了条约也无济于事。这种关于各自逐利的身份定位以及集体竞争的关系定位成为现实主义的整体特征。

在奠定了现实主义理论基础的《国家间政治》一书中，除了强化上述权力政治的概念，摩根索还阐释了现实主义六原则。这六项原则分别是：政治是由根植于人性的客观规律所支配的；现实主义的路标是以权力为基础所界定的利益；由权力所界定的利益具有不确定性；一般的道德原则不能简单地套用于政治领域；具体国家的道德标准并非普适标准；政治现实主义坚持政治领域的自主性。这六点之中第一点是立论的前提，第二点则是核心。基于此核心观点，国家对国家利益的追求成为各国对外政策的起点，而且这种追求并非什么见不得人的事情，而是光明正大的。

（三）现实主义理论的实践

现实主义这种光明正大的追求和实现权力的核心观点，对美国战后的外交实践以及整个国际政治都产生了影响。毕竟，国家间政治基本是上层政治，并尤其体现在国家的对外关系中。而且历史上，国际政治理论主要就是围绕国家的外交和国家间斗争展开的。许多研究国际政治的学者也希望自己充当帝师的角色，教会国家的决策者和统治者以屠龙术，实现国家利益。这一点，在现实主义的研究中尤为明显。[②] 理论研究带有明显的现实主义色彩的斯坦利·

[①] Morgenthau, Hans. J. , *Die Internationale Rechtsflege*, *ihr Wesen und ihre Grenzen* (*The International Judicial Function. Its Nature and Limits*) (Leizig: Noske, 1929), p. 77.

[②] See Dunn, Frederick. S. , "The Scope of International Relations," in Hoffmann, Stanley, ed. , *Contemporary Theory in International Relations* (New Jersy: Prentice-Hall Inc. , 1960), p. 15.

霍夫曼曾直言，"有些学者，尤其是那些将着眼点盯在国家决策上的人，视自己为当然的马基雅维利主义者——他们为国王们巩固自身权力和强化国家利益之举出谋划策"。

现实主义者希望在美国的主导地位之下出现一个相对稳定的国际秩序。① 换言之，霸权稳定论由美国予以实践。在霸权稳定论中，国家即便进行短暂、有限且脆弱的合作，也不过是为了实现均势。美国在二战后从经济领域、军事领域以及政治领域主导国际秩序的再构建，也是为了实现霸权和均势。在经济上，美国积极推进马歇尔计划，主导成立世界银行、国际货币基金组织和世界性的贸易组织。在军事上，美国利用西欧对苏联势力的恐惧，积极笼络，要让"欧洲自由国家认识到，倘要经济复兴获得成功，必须采取某种对付内部和外部侵略的保护性措施"，② 由此主导成立了北大西洋公约组织，将西欧和北美协同纳入其对苏联实施的遏制战略；在亚洲与中国周边的国家形成军事同盟对中国形成基于第一岛链的封锁。在政治上，美国积极促成了联合国的成立。凡此种种，都是以冷战这一最能体现现实主义理论现实性和说服力的事实为背景。美国和苏联很难进行亲密合作，却很容易形成冲突和隔阂。③ 美国成为战后的超级大国，并在冷战结束后成为唯一的超级大国。其间，虽然经历了 70 年代的霸权衰弱，以及由于美国的霸权衰弱出现这样一种讨论：霸权崩溃后将出现新的资本主义世界秩序，或者是世界社会的革命性重构，又或者是搏斗中阶级和国家的共同毁灭。但最终，美国成为霸权国家却是一个显而易见的事实。

（四）学界对现实主义理论的评判

观察到战后美国在对外关系上的举动，施密特在 1955 年对国

---

① 〔美〕罗伯特·基欧汉：《霸权之后：世界政治经济中的合作与纷争》，苏长和等译，上海人民出版社，2001，第 7 页。

② Keesing's Limited, *Kessing's Contemporary Archives, 1946 – 1948* (Bristol: Kessing's Publications Limited, 1949), p. 9188.

③ Kennan, George, "The Sources of Soviet Conduct," *Foreign Affairs* 25 (1947): 580 – 582.

际秩序的未来发展做出预测。他提出了三种可能：其一是掌握超级权力的世界帝国（即美国）体系。这当然是个悲剧，是经济和技术及其掌握者的彻底胜利。其二是美国取代英国，成为体系内的平衡者、欧洲内部和平的外来保卫者，当然随之而来是美国在欧洲无可争议的优势地位。其三，也就是施密特最倾向的一种体系，则是少数大国集团间基于领土上的区分，相互承认对方并排除外来干涉的多极体系。在其鲐背之年，施密特发表了一篇重要论文并提出，第一种最为可能实现。他对此提出了毫不留情的评判，世界政治临世的那天，世界警察权力也随之出现。① 今时今日来看，施密特的分析的确极为富有远见和洞察力。

现实主义理论虽然对理解"二战"后的国际秩序极为有益，但现实主义学者或者现实主义理论遭遇的争议也极其明显：一方面现实主义被视为代表着智慧的高度，因为无论是学说理论还是学者对世界的理解还原了其本真之相貌；另一方面现实主义就是失败之兆：现实主义在道德上无动于衷、历史上不合时宜、政治上缺乏理解力和想象力、社会发展前景上一片惨淡。美言之，现实主义将人引入歧途；恶言之，则现实主义将人置于死地，土崩瓦解。②

冷战的结束让现实主义不得不转攻为守：一则现实主义竟然完全没有预测到这一重大历史事件；二则超越国家主权界限的大量事实（诸如非国家行为体的增多、环境问题、恐怖主义、国际刑事责任）挑战着现实主义理论的边界和极限；三则 20 世纪 80 年代兴起的全球化以及 90 年代中期之后世界贸易组织的正式成立，使得国际经济发展一派繁荣，新自由主义的理论论说似乎更合乎国际社会

---

① "The day world politics comes to the earth, it will be transformed into a world police power." Schmit, Carl, "Die Legale Weltrevolution: Politischer Mehrwärt als Prämie auf juridische Legalität," *Der Staat* 3 (1978): 321 – 339, [Trans. by G. L., Ulmen, "The Legal World Revolution," Telos 72 (1987): 73 – 89, 80]. 此处参照英文译文。

② Williams, Michael C., *The Realist Tradition and the Limits of International Relations* (Cambridge: Cambridge University Press, 2005), p. 1.

的发展趋势,现实主义是否已经终结的命题也成为现实。^① 新自由主义学派的代表学者罗伯特·基欧汉与约瑟夫·奈在《权力与相互依赖》中提出,"统治了战后时期的政治现实主义者的假定,不足以分析相互依赖的政治问题"。^② 但 2008 年世界经济危机之后,美国的做法又出现了对现实主义理论的倚重。新兴国家——尤其是中国的和平崛起让美国抛开了原本一直坚持的全球化和贸易自由化,转而寻求了 TPP 和 TIPP 之下的区域化路径以对抗全球化。2015 年 12 月中国正式接任 G20 主席国,2016 年中国倡议成立 G20 贸易投资工作组,并提出了相关议题,包括加强 G20 贸易投资机制建设、促进全球贸易增长、支持多边贸易体制等。2016 年 9 月在中国杭州召开的 G20 峰会,中国则提出了坚持贸易自由化和反对贸易保护主义。现实主义和自由主义的交锋远未结束。

三 自由主义理论下的现代国际秩序——以国家间合作为核心

(一) 自由主义的起源以及核心观点

1819 年,英语中第一次出现"自由主义"一词。^③ 此时,自由主义主要是在政治领域中使用,是关注个人权利以及私权利对公权力限制观点的理论表达。之后自由主义在经济学领域以及国际政治领域开始使用,尤其是 20 世纪 70 年代末以罗伯特·基欧汉和约瑟夫·奈的《权力与相互依赖》出版为标志,再度兴盛的被命名为新自由主义的理论重新占据国际政治研究的一席之地。20 世纪 60 年代之前,世界政治研究范式以国家和权力为中心;或者也可以说现实主义理论主导了国际关系研究。美国霸权的衰弱以及战后国际组

---

① Zakaria, Fareed, "Is Realism Finished?" *The National Interest* 30 (1992): 3.
② Keohane, Robert O. and Joseph S. Nye, Jr., *Power and Interdependence: World Politics in Transition* (Cambridge: Harvard University Press, 1977), p. 23.
③ 〔挪〕托布约尔·克努成:《国际关系理论史导论》,余万里、何宗强译,天津人民出版社,2004,第 188 页。

织和机构的大量产生使得学者对国家间相互依赖的加强开始重视，①研究者意识到各种非国家行为体对世界政治产生影响，意识到合作机制的产生未必如现实主义所言不过是为了实现权力的平衡，意识到共同利益的存在价值及其对合作的促进甚至是决定性影响。随着20世纪80年代兴起的全球化和贸易自由化对自由主义理论的佐证，自由主义理论在与现实主义理论的交锋中一时显赫，成为主导20世纪末期的国际关系理论。

基于对现实主义各种基础观点的批判，新自由主义从个体权利和个体自由的角度出发，论证了国际社会各个行为体的合作是如何产生和运作的。新自由主义认为作为主要的国际关系行为体，国家间必然存在某种共同利益。至于这种共同利益如何产生，自由主义理论并未回答，而是直接将其限定在发达市场经济国家间。② 因为在这些国家间，共同利益最多，国际合作的收益最容易被实现。历史上，列宁曾判断资本主义列强间的矛盾是根本的、无法克服的，考茨基则认为这种矛盾可以通过长期的国家间联盟克服。历史支持了考氏的观点。一如基欧汉所提出的，"由国际机制的效应而培育出来的发达资本主义国家间的共同利益，足以使持续的合作成为可能，虽然并不一定是必然的"。③

为了使这种可能成为必然，即霸权即使衰落而各方基于共同利益之需要仍保持合作，自由主义理论认为国际行为体应该看到国际制度的价值和意义。基于现实主义理论，冷战之后，国际制度将会衰落和崩溃。而事实上，这个情形并没有立刻发生，甚至联盟在后冷战时代继续存在并得以强化。具体的表现是各种国际制度得以确

① Keohane, Robert O. and Joseph S. Nye, Jr., *Power and Interdependence*: *World Politics in Transition* (Cambridge: Harvard University Press, 1977), pp. 1–3.
② 〔美〕罗伯特·基欧汉:《霸权之后：世界政治经济中的合作与纷争》，苏长和等译，上海人民出版社，2001，第5页。
③ 〔美〕罗伯特·基欧汉:《霸权之后：世界政治经济中的合作与纷争》，苏长和等译，上海人民出版社，2001，第51页。

立、合法化或者强化。诸如世界贸易组织正式成立、国际贸易自由化得到大多数国家的认同，欧盟成立和扩大、北约不断扩大都证明了新自由主义的合理性，即在国际社会中，制度产生后将形成强大的外部作用力和惯性，制度的力量将影响到国家以及其他行为体的行为。

在新自由主义者看来，现实主义理论将世界政治简化为权力游戏的战场，认为世界政治处于战争与和平的死循环中不得解脱，这未免过于悲凉。新自由主义理论中，国际冲突是原始时代的返祖性遗留，应该以理性化的国家间体系安排、国际经济和利益调和去解决。国际法可以利用委员会、大会以及正式的争端解决机制调和和缓解国际政治紧张关系。国际制度是有价值的，当然制度的价值受其合法性决定。基欧汉对合法性的理解是"规则所具有的强制性和精确性，以及在多大程度上解决冲突的权力能够委托给第三方来实施"。[1]需要指明的是，基欧汉虽然强调制度的价值，却对制度中最为稳定的国际法"拒绝承认其意义"。[2] 这一点上，他倒是和所批评的现实主义具有同一种观点。

（二）新自由主义的影响以及学界评判

正是新自由主义理论关注个体以及共同利益，"普适的人权观念"和经济全球化也就构成了自由国际秩序的主要内容。"普适主义"以共通的人性为基础，主张可以寻求跨越文化和族群的共同价值或者"普适价值"。国际社会的秩序应该以此为基础构建，并最终实现。当然，现实主义认为这不过是个幻觉。社会科学界一直存在这样一个论战，即在某一个社会中，在何种程度上存在着或的确存在着一致的价值观，在多大程度上存在着这种一致性，它的存在

---

[1] 〔美〕罗伯特·基欧汉：《霸权之后：世界政治经济中的合作与纷争》，苏长和等译，上海人民出版社，2001，序言，第23页。

[2] Burley, Anne-Marie Slaughter, "International Law and International Relations Theory: A Dual Agenda," *American Journal of International Law* 87 (1993): 219.

与否又在多大程度上实际构成了人们行动的主要决定力量。简言之，"普适主义"是否存在，是否有价值。

新自由主义对此的回答是肯定的。也正是在自由主义理论下，美国在其影响力开始衰弱之后，强化了与其他国家的合作，其中尤为重要的是在经济领域大力推进自由贸易。在这一贸易自由化过程中，非国家行为体对国际秩序构建的参与远远超出历史上的其他时代。这一点，也可以使我们理解冷战结束后国际机制的强化以及国家间合作的深化。

对于新自由主义的主张，现实主义以新现实主义的面貌重新回归国际政治理论中心时也一一做出了评判。在新现实主义者看来，战争虽然被遏制但从未消失，而有关经济上的相互依存已经改变了世界政治的观点更要打上问号，因为经济上的合作并未从根本上改变国家间的竞争关系现实。国家在追求自我利益实现的基本目标上，也从未有任何变化。①

四　建构主义理论下的现代国际秩序——以国家间条约体系为核心

（一）建构主义理论的核心观点

对于新现实主义的这种核心内容与现实主义没有任何变化的主张，有一个晚近发展的学派表示无法赞同。这就是近些年产生的以温特为代表的学者的建构主义理论学派。②

温特提出，现实主义所就强调的无政府状态除了解释国家的利己主义、注重生存以及依赖自助机制之外，并没有什么实质意义。而且，国家的各自逐利的身份定位以及集体竞争的关系定位必须在

① 参见王逸舟《西方国际政治学：历史与理论》，中国社会科学出版社，2007，第157～159页。
② 关于本学派的其他主要代表人物和代表作，参见王逸舟《西方国际政治学：历史与理论》，中国社会科学出版社，2007，第151～152页。

他们相互之间产生互动之后才能确定，彼此孤立的国家间不会产生这样的身份定位以及关系定位。由此，现实主义所建基的前提以及方法论根本是一种谬误。① 事实上，国际体系的结构与各主权国家所构成的整体结构就是同一个事物，体系和单位之间的关系是相互构建的。体系内的各个主权国家在确立身份定位和关系定位之前，将经历一段"互动的历史"。这种互动会导向这样一种结果：各国将形成一种更少竞争、更多规则管理的观念，并将最终形成合作。而且，各国独立身份的基础：主权，其本身就是一种由规则的执行所决定的制度。主权不是简单地被安排和想象出来的，是在一个长期的行为体互动过程中理念与现实不断砥砺后形成的规则的结果。此后，构成国际体系秩序的规范性架构对各个主权国家产生影响和约束，并且被主权国家所依赖。鲁杰（Ruggie）在 20 世纪 70 年代又将国际机制的概念引入国际政治之中，将其定义为"由一群国家接受的一系列相互的预期、规则与规章、计划、组织的能量以及资金的承诺"。80 年代，国际政治学界对此的共同概念是"一系列围绕行为体的预期所汇聚到的一个既定国际关系领域而形成的隐含的明确的原则、规范、规则和决策程序"。

简言之，建构主义所重视的是国际规则和国际制度约束的重要性，而且这种规则和制度的约束力更重要的是源于行为体内心的认同感。建构主义讨论的，是国际关系和国际政治结构如何经由规则、制度以及内心认同所共同建构起来的，并且在规则演进、制度变化以及文化变迁的漫长历史时段中被塑形及变化的。

（二）建构主义理论的基础

建构主义理论的这一观点，是基于这样的历史事实。即威斯特

---

① Wendt, Alexander, "Anarchy is What States Make of It: The Social Construction of Power Politics," *International Organization* 46 (1992): 391 – 425.

伐利亚秩序进入 20 世纪中期之后，开始呈现出规则化的特点：① 大量的国际法规范、国际组织得以建立。国际法随着内容的扩张和成熟，约束力也越来越强。当然，习惯于现实主义理论的美国对国际法的态度十分纠结：一方面美国基于国内历史的传统而有着尊重法律权威的习惯；另一方面由于其"二战"后成为超级大国以及冷战结束后的唯一霸权大国对国际法的约束和制约也会感到不耐烦。这其实揭示了现代国际秩序发展进入规则社会阶段时，习惯于丛林社会或者霍布斯世界规则的主体的不适应。但无论如何，即便如美国这样的超级大国也无法直接将国际法弃之不用，而总是要为自己的各种行为寻求国际法依据，这反而佐证了国际法规则的建构性力量。

一位极富洞见力的学者约翰·伊肯伯里曾指出，美国在小布什时代一心反恐，对重建规则不再重视；许多政府官员对美国所缔造并领导过的基于规则的多边体系表露出敌意，实则愚蠢而危险。美国必须加强西方秩序体系的建设，这是美国应对中国崛起的最强大战略武器。② 伊肯伯里虽然被人认为是现实主义学派学者，但此时提出的观点更为倾向于建构主义：利用制度的力量实现威斯特伐利亚体系的持续成长，中国或者任何其他国家崛起也只能在这样一个体系内完成。

五 21 世纪海上丝绸之路背景昭示的现代国际体系理论的片面性

正如一句古老的西方谚语所说，通往东方的道路必然途经西方。如果我们要对中国如何参与当今国际体系的建构做出回答，其前提则应该是对已有的解读国际体系理论的理解和评判。事实上，

---

① 〔美〕约翰·伊肯伯里：《中国崛起与西方世界的未来：自由体系能否继续维持？》，《国外理论动态》2012 年第 11 期，第 27 页。
② 〔美〕约翰·伊肯伯里：《中国崛起与西方世界的未来：自由体系能否继续维持？》，《国外理论动态》2012 年第 11 期，第 28 页。

一如英国学派所主张的，国际体系太过复杂，很难以一种一元论的方法和理论予以解释，应该尽可能以一种多元的视角，并且尽可能以最广泛的结构理解国际体系。已有的理论体系，除了英国学派之外，在实现这一点上都有所欠缺。这种片面性体现在已有理论的分析范围过于集中于西欧，这就使得其地方性特征十分明显。英国学派认为：均势、外交、国际法和主权这些观念，仅仅盛行于欧洲国家体系中。① 但即使是已经察觉这种地方性特征的英国学派，其研究中也还是不可避免地被如此烙印。无论是其研究对象还是研究依据，仍是以西欧或欧洲为主。也正是因为如此，才更显得如何克服这种地方性特征，实在是一个难以从内部攻克的命题，以及作为持有非西方立场和视角的研究的必要。

其次，这种片面性体现在主流的国际关系理论中对历史研究法的忽视乃至轻视。美国的国际关系各学派虽然在核心观点上诸多分歧，却都认为理解国际体系，必须超越对行为体个体的认识，应该抽象出一种行为模式或理论。这也就意味着历史在国际关系研究中是无关紧要甚至是毫无益处的。这就使得其研究为了追求科学性和学科独立性以及客观普适性，是以牺牲事件发生时的实际背景以及该背景提供的生命力基础为代价的。20 世纪 50 年代末，以赫伯特·巴特菲尔德和马丁·怀特创建英国国际政治理论委员会为肇始，英国学派进入国际关系研究学界并随着赫德利·布尔以及巴里·布赞获得了国际性的影响力。英国学派不同于一直被美国人主张和主导的现实主义和自由主义理论，强调历史在国际关系中的作用，强调非西欧国家在国际社会内的参与和资格，强调对国际关系的研究应该关注伦理和道德，而不只是权术和工具。② 因为根据英

① 〔英〕巴里·布赞、理查德·利特尔：《世界历史中的国际关系——国际关系研究的再构建》，刘德斌等译，高等教育出版社，2004，第 25 页。
② 参见任东波《从国际社会到国际体系——英国学派历史叙事的转向》，《史学理论研究》2014 年第 2 期，第 107 页。

国学派代表学者巴里·布赞的观点，英国学派和美国国际关系理论最大的不同在于：英国学派认为为理解国际体系，必须了解体系内各国的文化观，了解各国基于自己独有的历史所产生的文化观。此后，历史研究法在国际关系中开始有了一定的地位，但在美国主导的这一领域中，始终未得到足够的重视。其原因也不难理解，在具有长久历史背景和基础的欧洲看来，历史当然是具有不容忽视的意义以及对当今事项的启示价值；对于历史尚浅的美国来说，转回头找历史等于自曝其短，不如专注于"现在"，这既现实，又理想，而且充满了自由。但需要注意的是，英国学派虽然主张历史研究法，其研究却将历史延展到了6万年的时间长河内，并且更像是完成历史的叙事而非对今日的判断以及对未来的前瞻。

最后，这种片面性体现在这些国际关系理论关注到了国际社会演进过程中的某一个阶段，却未注意到国际社会实际上是在不断的发展或者演进，且这种演进中各阶段的关系并非阶梯式的泾渭分明，而是阶段间融合性突出的混同式进化。即一个历史时段进入另一个历史时段时，二者的重叠期将占据相当一段时间。在这段重叠期内，前一段的特征会继续表露，甚至在消失一段时期后重新凸显，后一段的特征也开始显现但也会重新归于沉默。此时，最容易出现各种理论的论争。虽然学者提出过霍布斯世界、格劳秀斯世界和康德世界的划分，但并未明确国际社会其实是经常处于多重世界结构中，既会显示霍布斯世界的丛林社会特征、也会显示格劳秀斯世界的规范特征，甚至某些时候显示出康德世界的"普适主义"特征。其中的关键在于特定时期内某个主要特征的主导性。

第三节　21世纪海上丝绸之路对现代国际体系的战略性影响

一　建设21世纪海上丝绸之路的战略意义

（一）21世纪海上丝绸之路的国际秩序背景

21世纪海上丝绸之路建设是中国与沿路逾20个国家经贸合作的战略构建预想，此战略构想的背景是一个极为微妙且令人深思的时间及空间重叠期。从时间维度看，此时正是欧美等传统发达国家经历2008年金融危机后的经济缓慢复苏期[1]与新兴经济体国家保持经济快速增长期的重叠时期。[2] 从空间维度看，21世纪海上丝绸之

---

[1] 根据国际货币基金组织统计，新兴市场和发展中经济体在2014年世界经济增长中继续贡献了2/3以上的增长，参见国际货币基金组织《国际货币基金组织2014年年报》，http://59.77.230.22/www.imf.org/external/chinese/pubs/ft/ar/2014/pdf/ar14_chi.pdf，第14页。关于世界主要经济体经济数据，参见国家统计局《2014年世界经济形势回顾与2015年展望》，http://www.stats.gov.cn/tjsj/zxfb/201502/t20150227_686531.html，2015年6月15日访问。截至2016年3月，此为所公布的最新信息。根据国际货币基金组织2015年10月发布的《世界经济展望：大宗商品价格下跌环境下的调整》，以美国和英国的复苏为代表，发达经济体经济增长有所增强；新兴市场和发展中经济体增长有所减弱，但在世界产出中所占比例不断提高，在世界增长中仍将占最大份额。根据《国际货币基金组织2015年年报》，中国经济在2014~2015年的放缓已经为全球经济所感受到，增速放缓是中国政府再平衡努力的一部分，这一转变成为世界关注的重心和基金组织风险评估的要素。参见《国际货币基金组织2015年年报》，第94页。

[2] 关于2011~2015年中国国内生产总值及其增长速度，参见国家统计局《2015年国民经济和社会发展统计公报》图1，http://www.stats.gov.cn/tjsj/zxfb/201602/t20160229_1323991.html，2016年3月16日访问。

路建设所依托的"一带一路"所涉沿线国家恰恰与欧美日等主导的 TPP 及 TIPP 成员国形成对比。易言之，此乃欧、美、日等试图掌控下一轮贸易规则制定权而中国重视外向的国际发展战略所形成的国际秩序调整域和折冲地。① 鉴于此，21 世纪海上丝绸之路建设可理解为国际经济及政治秩序进入战略调整时空时，中国为因应国际环境变化和实现民族复兴而为自己设定的待解决命题。

（二）当前国际秩序的理论依据

意欲理解此命题所处的国际经济秩序及政治秩序是如何进入当前的战略调整时空，则需探究既往及当今大国依据何种理论构建或重构了国际政治秩序和国际经济秩序。首先从国际政治秩序构建理论层面看，美国作为二战后迅速崛起以及苏联解体后唯一的超级大国，凭借海洋战略学家马汉所提出的海权理论，重构并于很大程度上主导了战后国际秩序。② 根据马汉的分析，海权的历史，从其广义来说，涉及了促使一个民族依靠海洋或利用海洋强大起来的一切方面。③ 自 17 世纪起崛起的世界强国，概莫能外地借助利用海权实现国家崛起。此后，又有英国的历史地理学家麦金德以及美国的地缘政治学家斯皮克曼分别提出了世界岛理论和边缘地带理论，论证通过实现陆权或对边缘地带的控制进而实现在国际政治秩序内的地

---

① 霍建国：《"一路一带"战略构想意义深远》，《人民论坛》2014 年第 5 期（下），第 33 页；另可参见毛艳华《"一带一路"对全球经济治理的价值与贡献》，《人民论坛》2015 年第 3 期（下），第 31 页。

② 参见刘佳、李双建《从海权战略向海洋战略的转变——20 世纪 50–90 年代美国海洋战略评析》，《太平洋学报》2011 年第 10 期，第 82 页；刘中民、黎兴亚《地缘政治理论中的海权问题研究——从马汉的海权论到斯皮克曼的边缘地带理论》，《太平洋学报》2006 年第 7 期，第 37 页；〔美〕罗伯特·基欧汉《霸权之后：世界政治经济中的合作与纷争》，苏长和等译，上海人民出版社，2001，第 31 页；Rehman, Scheherazade S., "American Hegemony: If Not Us, Then Who?" *Connecticut Journal of International Law* 19 (2003–2004), p.420。

③ 〔美〕阿尔弗雷德·塞耶·马汉：《海权论》，范利鸿译，陕西师范大学出版社，2007，第 22 页。

位。① 其次从国际经济秩序构建理论层面看，沃勒斯坦在 20 世纪 70 年代提出的世界体系理论解释了当前的国际经济体系特征。② 即当前的世界体系已经进入了世界经济阶段，此阶段的基本逻辑是对剩余产品的非平等分配。③ 在此阶段内，世界经济呈现出中心国家的中心化过程与边缘地区被边缘化过程的重叠。中心国家凭借所占据的优势资源获得优势地位，由此对仅占有弱势资源的劣势地位国家形成明显的资源和地位差。这种资源和地位差实质影响到各国在世界经济体系内的地位，并且依据看似公平的"比较优势理论"获得合法性外衣，将各方的"比较优势"分别"合理"定位于国际产业链条的上游、中游和末端。依据此产业链条，欧、美、日等发达国家稳居于产业链上游，向国际社会供应货币发行、产品设计以及规则设计，其中以货币发行为核心；居于中游的国家则负责提供劳动力和产品生产；居于末端的国家仅负责供应原材料。④

从理论上来看，国际政治秩序和经济秩序是两条进路；现实中，通常会出现一个国家同时主导两种秩序，并不得不承受两种秩序纠缠在一起带来的巨大成本，即既需要维持经济优势以支持强大的海军，又需要维持强大海军以保障经济优势。⑤ 从根源上看，则在于如何保持其来自经济上的优势地位。易言之，一旦既有的经济

---

① 参见〔英〕巴里·布赞、理查德·利特尔《世界历史中的国际关系——国际关系研究的再构建》，刘德斌等译，高等教育出版社，2004，第 50～51 页。

② Wallerstein, Immanuel, *Modern World System*, Vol. 1 (New York: Academic Press, 1974), pp. 37–38.

③ 邓正来：《中国法学向何处去》，商务印书馆，2011，第 2 版，第 22 页。

④ 典型的即非洲等原被殖民化的国家。西方发达国家不单在殖民时代从非洲攫取人口资源以及自然资源，还在战后以所谓的"资源诅咒"理论为其将非洲等国的末端定位予以正当性辩护。参见 Burton, Eli G., "Reverse the Curse, Creating a Framework to Mitigate the Resource Curse and Promote Human Rights in Mineral Extraction Industries in Africa," *Emory International Law Review* 28 (2014): 425。事实上，资源诅咒理论也遭到质疑，参见 John, Jonathan Di, "Is There Really a Resource Curse? A Critical Survey of Theory and Evidence," *Global Governance* 17 (2001): 167。

⑤ Kennedy, Paul, *The Rise and Fall of the Great Powers* (London: Unwin Hyman Limited, 1988), xvi.

强势国家失去了经济上的优势地位，由其所主导的国际经济秩序也将进入变动期；相应的，国际政治秩序也就随之进入调整期。

二战结束后至今所确立的国际经济秩序维护的产业链条中，居于中游的国家是链条中最不稳定的因素。由于其在产品生产过程中不可避免地涉及产品设计，有能力触及甚至修改相关规则，由此将使其有可能进入产业链的上游。[①] 而在进入产业链上游时，此类国家将受到原居于上游链条端国家的排挤甚至压制。也正是源于此种排挤与压制，国际经济秩序变化的原动力成为现实。追根溯源地看，这种原动力之所以产生及强大是源于发达国家制造业过度外包产生的"实体经济空心化"。实体经济空心化或者说去工业化之后，[②] 此类国家宿命地遭遇到工业生产减少带来的就业岗位下降以及本国制造能力不完整等问题，[③] 最终也就不可避免地会遭遇到来自产业链中游国家的挑战。一旦经济秩序上遭遇挑战，政治秩序上的挑战也相伴而生。这就是前文提及的两种秩序变更期。

（三）国际秩序调整形成的中国发展战略机遇

此秩序变更期成为中国战略机遇期。所谓的战略机遇，意指中国将有可能借由对原有产业链条的修正获得重大发展机会，中国也正是因此设定了"一带一路"这一时代命题。经历史及现实之映照与启示，实现此命题要求中国重视经济发展以及调整经济发展模式。"一带一路"强调沿线国家间的经贸合作是核心，强调以相互间联通实现经济再次发展。中国官方将"一带一路"视为亚洲腾飞

---

① 张明之、梁洪基：《全球价值链重构中的产业控制力》，《世界经济与政治论坛》2015年第1期，第2页。

② 发达国家已经意识到去工业化带来的不利后果，并开始了再工业化进程。参见王晋斌、马曼《对当前世界经济十大问题的判断》，《安徽大学学报》（哲学社会科学版）2015年第2期，第7页。

③ See Pollin, Robert, and Dean Baker, "Reindustrializing America: A Proposal for Reviving U. S. Manufacturing and Creating Millions of Good Jobs," *New Labor Forum* 19 (2010): 17 - 34; See also Baily, Martin Neil, "Adjusting to China: A Challenge to the U. S. Manufacturing Sector," *Brookings*, No. 179, January 2011.

的两翼,① 民间将其视为中国逐步迈入主动引领全球经济合作和推动全球经济治理变革的标志。② 这两种解读方式均明示了其所具有的经济含义,或者说对国际经济秩序可能产生的影响。

综言之,21 世纪海上丝绸之路建设选择传统上不被发达国家重视的产业链中游及下游国家为主要合作对象,以国家间经贸合作为基础实现共同经济发展这一核心任务,修正既有国际经济秩序所维护的单向产业链条,去除"边缘化"国家被表面合理化的压制;最终通过推动国际经济秩序朝向更为合理的共同发展目标完成国际政治秩序的优化。

二　21 世纪海上丝绸之路背景下分析现代国际关系的阶段化

在英国学派巴里·布赞的著作中提及国际社会被区分为霍布斯世界、格劳秀斯世界和康德世界。当然,这种区分的观点更早是见于克莱尔的论文中。继续向前追溯,则可以看到英国学派另一位代表学者赫德利·布尔在 20 世纪 70 年代提出世界是处于一种多层次的社会化和组织化状态的观点。③ 事实上,这种观点隐含着国际社会阶段化发展的观念。即早期的国际社会(即霍布斯世界)全然是权力角逐的场合,国家间受到共同价值以及规则和体系约束不过是一种幻象或虚构,根本不可企及;然而这种理念下的国际社会终将走向自我毁灭的世界性冲突,两次世界大战已经以一种极其惨烈的方式让国际社会意识到这一点。国际社会也是自此迈入尊重规则的阶段。迈入尊重国际规则并不意味着前一个阶段完全结束,相反

---

① "如果将'一带一路'比喻为亚洲腾飞的两只翅膀,那么互联互通就是两只翅膀的血脉经络,是优先发展的领域。"习近平主持加强互联互通伙伴关系对话会并发表重要讲话,http://politics.people.com.cn/n/2014/1109/c1024 - 25997460.html,2016 年 3 月 30 日访问。

② 毛艳华:《"一带一路"对全球经济治理的价值与贡献》,《人民论坛》2015 年第 3 期(下),第 32 页。

③ Bull, Hedley, *The Anarchical Society: A Study of Order in World Politics* (London: MacMillan, 1977), p. 13.

的，前一阶段的影响仍然会持续相当一段时期，一如现代国际体系开始之后，教皇权威和神圣罗马帝国的势力依然在衰弱过程中持续了三百年。

（一）丛林国际社会阶段

现代国际社会开始形成的 16 世纪，被经济学者视为欧洲经济在近代崛起的起点，也是产权私有制和自由市场竞争这两大推动欧洲经济发展的动力形成时期；沃勒斯坦将此观点进一步深化，提出这样一个观点，"至少在 16 世纪初，并延续至 18 世纪，国家在欧洲世界经济体中起着经济中心的作用"。或者可以说，国家控制着资本的力量推动了欧洲的崛起。依照沃勒斯坦的观点，16 世纪不仅是一个通货膨胀的世纪，而且是一个结构上的革命时代，人民愿意接受新的革命思想，人文主义和宗教改革的思想使那些不顾一切要摆脱控制的人们具有了激烈的品质。17 世纪虽然被认为是一个平和与冷静下来的时代，国际条约保障的国家间关系却被视为始终充满了暴力与战争。18 世纪是一个复杂的时代，神圣罗马帝国和教皇代表的传统体制更加衰弱，世界主义开始产生，民主革命的意识也在扩散，法国自 17 世纪后期获得的优势延续至 18 世纪初，英国成为获利最丰的国家，强者对弱者的支配仍然是最突出的特征。

16 世纪那种激烈的彼此竞争的思想诉求反映在政治上，人们开始重新发现修昔底德作品的价值，[①] 关于强权、战争、联盟、毁约，凡此种种都重新回归人们的视野。国家间在获取资源上的竞争关系被视为天然存在的，马基雅维利成为此时期最重要的思想家和政治哲学家。在马基雅维利的描述下，代表着一个国家的君主可以不择手段地行使权力，以实现国家利益和社会福利。道德和守信，在君

国际法新命题

---

① Knutsen, Torbjorn L., *A History of International Relations Theory* (Manchester: Manchester University Press, 1997), pp. 30 – 33.

主的世界里和在普通人的世界里全然不同。①

17 世纪的国家间状态，由于其脱离了最高权威的控制而呈现国际无政府状态。在这种状态下，"拥有至高主权的国王在独立性的驱使下，陷入无休止的彼此猜疑，就像古罗马的角斗士。他们的武器瞄准对方，目光注视着对方，在边界上布满堡垒、要塞和大炮，他们秘密地侦察对方，这就是战争的姿态"。② 可以说，国家间的战争状态，就是自然状态。这一点，成为 20 世纪现实主义理论的核心观点之一。

18 世纪虽然萌发了关于平等和契约的观念，国家间的关系准则却依然无例外的是强者法则。

19 世纪上半期，西欧经历快速的经济发展，各国彼此间关系更为密切。新的有关免除关税和其他税费的条约得以达成，贸易自由化得以实现；国际水域内实现自由航行。铁路、电报以及邮政等技术手段，使得彼此间观念交流更具效率。国际性的协会和大会也在举行，国家间在各专业领域的合作都在向前推进。新的金融体系使得资本流动更加便捷，国家间相互依赖的程度远远超出以前可以实现甚至想象的程度。③ 在 Vergé 看来，人类的自然发展历程就是从独立到一体化，从爱国到爱全体社会成员。④ 这样的发展是"新时代的象征，世界法律的象征"。欧洲国家间的合作以及相互依赖，将会产生一个和平的国际体系：为弱者提供保护，对强者形成掣肘。

---

① 参见王逸舟《西方国际政治学：历史与理论》，中国社会科学出版社，2007，第 23 ~ 24 页。

② Knutsen, Torbjorn L. , *A History of International Relations Theory* (Manchester：Manchester University Press, 1997）, pp. 88 – 90.

③ Vergé, Charles, "Le droit des gens avant et depuis 1789 (The Right of the People Before and Since 1789）," in De Martens, G. F. , ed. , *Précis de droit des gens moderne de l'Europe*, 2 Vols. (2nd French edn.) (Paris：Guillaumin, 1864), pp. i – iv.

④ 维多利亚时期，社会风气崇尚道德修养，试图消除自私和自我主义，这些被视为原始欲望，应予以教化。See Collini, Stefan, *Public Moralists. Political Thought and Intellectual Life in Britain 1850 – 1930* (Oxford：Clarendon, 1991), pp. 210 – 211.

战争却并没有因为这种积极乐观就此消失，先是克里米亚战争，此后普法战争的爆发，使得这一时期军国主义再次兴盛。[①] 德意志帝国的建立使得国家间关系发生了由国际道德秩序转向政治。[②] 有学者指出：公众情感不一定都是倾向于和平。[③]

整体而言，16~18世纪，是典型的丛林国际社会。在这样的社会状态下，没有权威，没有道德，法律规则随立随废。国家之间的自然状态就是竞争甚至战争，这种状态下，强者就是规则的制定者，却随时可以更改甚至废弃规则；而强者的地位并不容易保持，今日的强者明日就会被取代，唯一不变的是国家可以用一切手段追求和实现国家利益。战争不但合理，而且有益，可以保持一个国家的活力，可以实现国家的统一，可以引导历史的前进。从19世纪开始，国际社会开始显现条约规则力量的不容忽视，甚至在中后期出现过彼此融合的观念，但这种无政府状态下的国家间竞争却始终是最突出的特征。

（二）规则国际社会阶段

19世纪作为丛林国际社会的最后阶段，终于将所有的矛盾集结成了20世纪最严重的国家间战争，并由此催生了解释国家间关系的学科。毫不令人意外的，这一学科是以理想主义和现实主义两种极端理念的冲突为起点，并且是以更符合短期历史事实的现实主义的暂时胜利为后续。当然，这种胜利不过是暂时的，因为丛林社会的最终恶果已经显现，国家也意识到在追求和实现利益时若全然地不择手段，将会是全然的自我毁灭。理性的回归，带来了约束国家行为的制度和规则体系的建立。

---

① Bond, Brian, *War and Society in Europe 1870 – 1970* (London: Fontana, 1983), pp. 26 – 28.

② Chadwick, Owen, *The Secularization of the European Mind in the 19th Century* (Cambridge: Cambridge University Press 1995 [1975]), pp. 134, 132 – 137.

③ De, Laveleye Emile, *Des causes actuelles de guerre en Europe et de l'arbitrage* (Brussels and Paris: Muquerdt and Guillaumin, 1873), p. 11.

国际法新命题

一战还未结束时，国联创始人之一 Alfred Zimmern 就有创建国家间联盟的想法。此时，大西洋对岸的美国，其最大的社团"执行和平联盟"（the League to Enforce Peace）也有类似的想法,① 还提出应该建立一个法律机制，以确保各国在国际法院处理法律争端、在调解委员会处理非法律争端，任何成员如果在没有提交此争端解决程序即发动战争，则可视为联盟的敌人。这种激进到甚至是空想的提法，其实可以从一个侧面证明当时的主要国家已经意识到对国际社会进行规范的必要，只是由于战争的惨烈而使得此意识超出了国际社会实际可承担的国际规范高度。国联的成立，在此意义上也的确可被视为国际社会从无序进入有序、从政治进入法律的重大起步。②

二战之后的制度建设和安排尤为盛行，在政治、金融、国际海洋、国际贸易等诸多领域，协议大量产生。制度主义和现实主义都根据自己的理论做出了解释。对于制度主义而言，一领域合作的成功将外溢到其他领域；对现实主义而言，美国这个战后霸权大国的存在构成了相关机制的基础。60 年代中期之后，欧洲开始复兴并联合以对抗美国，日本经济飞速发展，经济依赖加强，美国对世界经济的参与度越发深入。这种现象：相互依赖加深、权力分散、美国经济优势衰退、合作以及机制运行出现衰落的迹象，制度主义和现实主义都无力解释。有学者对此现象提出资本主义国家间存在强大的共同利益，足以维持其在竞争之中的合作。基欧汉认为这种合作很脆弱，必须依靠国际机制才能维持。作为国际机制的重要构成部分的国际法，正发挥越来越强的约束力，无论是对大国还是对小国

---

① Alfred Zimmern 本人其实视当时美国的这种主张为对其理念的最大威胁，因为这些主张太过激烈，是一种空虚基础上的世界政府的设想，没有相应的社会制度以及社会意识为依据，所谓的国际法院不过是个形式上的虚构。See Zimmern, Alfred, *The League of Nations and the Rule of Law*, *1918 – 1935*, 2nd edn.（London：MacMillan, 1939），pp. 124 – 125, 161 – 165. 他本人又被人视为乌托邦主义者，是一个和 Edward Carr 对立的学者。

② Kennedy, David, "The Move to Institutions," *Cardozo Law Review* 8 (1987)：841 – 988.

而言。著名的国际法史学者 Wilhelm Grewe 在 1998 年出版的《国际法纪元》英文版前言中指出，冷战结束后的时代，美国或许不可能再像以前的霸权国家那么容易对国际法基础进行重塑。其原因在于国际社会基于相当一段时间的合作已经形成一个真正的国际社会，这个国际社会远远超出传统的民族国家的范围，国际社会形成的共同利益对于国际法的演进将发挥实际作用。相应的，国际法规范国际关系的作用也越来越明显了。[①]

为什么合作？合作作为一种途径，其目标是什么？很多文明国家的学者自然不能赞同富裕和强大的国家间合作"是为了剥削贫穷和弱小的国家"。[②] 合作是实现更好生活的必要不充分条件。"合作是与纷争相对的……需要积极的努力去调整政策，以满足其他人的需要。"合作不只是利益的问题，共同利益存在，纷争依然可以存在。由此定纷止争的规则的价值就开始显现。也正是在此一时段，强国和大国之间的战争被控制在很低的烈度，和平的争端解决机制发挥越来越重要的作用。

国际关系的不同阶段之间，当然不存在孑然矗立的断崖，前一个阶段的遗产会持续影响下一个阶段。即便是规则国际社会，不遵守国际规则的事情依然会发生，战争状态也还是会持续，甚至丛林国际社会时期的超级大国依然会在本阶段发挥影响力。但一如教皇权威和神圣罗马帝国权威的衰落不可能避免一样，丛林国际社会时期的超级大国也将越来越多地受到国际规则的约束，并且在此一阶段内不断地衰弱。

（三）融合国际社会阶段

在丛林国际社会阶段，尤其是 19 世纪英国维多利亚时期的经

---

① Cai, Congyan, "New Great Powers and International Law in the 21ˢᵗ Century," *European Journal of International Law* 24 (2013): 765 – 766.

② 〔美〕罗伯特·基欧汉：《霸权之后：世界政治经济中的合作与纷争》，苏长和等译，上海人民出版社，2001，第 10 页。

済快速发展、西欧国家间开始呈现一定的融合现象，这催生了世界主义的理念。这一理念在 20 世纪两次世界大战期间，以一种奇特的姿势出现在世人面前，即大战之后的和谐错觉。一战是"结束战争的战争"，是创造一个能保障民主国家安全的世界战争。二战将"结束多边行动体系、排他性的联盟、均势和所有其他已尝试了许多世纪但总是遭到失败的权术"。取而代之的是，我们将有"一个所有热爱和平的国家"（富兰克林·罗斯福语）组成的世界组织和永久和平结构的开端。冷战之后，学者们提供了一些世界政治的地图或范式。弗朗西斯·福山提出了历史的总结的命题，"我们可能正在目睹……这样的历史终结，即人类意识形态的演进的终结点和作为人类政府最终形式的西方自由民主制的普及"。20 世纪爆发的三次重大冲突结束时的异常欢欣时刻，都流行过如此类似的和谐错觉，当然也都很快就被证明确实是错觉。

只是这样的冲突和和谐错觉如此集中的出现，其实也隐含着这样一个事实，即丛林式国际社会也即将结束，规则国际社会正逐渐成形，融合国际社会的理念也会偶发地呈现出来。尤其是 20 世纪 80 年代兴起的全球化理念、非国家行为体对国际秩序的积极参与、自由贸易理念得到更多人的认同等，均使得融合型国际社会出现了萌芽。

三 21 世纪海上丝绸之路背景下对现代国际秩序非完备性的判断

（一）欠完备国际体系观点的提出

"欠完备的国际体系"的说法，是由巴里·布赞提出的。① 巴里所谓的不完备，主要是指基于主权平等国家的国际社会忽视了非

---

① 〔英〕巴里·布赞、理查德·利特尔：《世界历史中的国际关系——国际关系研究的再构建》，刘德斌等译，高等教育出版社，2004，第 15 页。

国家行为体，忽视了非西欧国家的作用，忽视了历史的地位和意义。在国际关系研究中，英国学派和美国的各个学派间尤为明显区别的一点，正是在于英国学派主张应在具体的历史和文化背景下研究国际关系，而不是一如美国学界基于一种将学科科学化的追求，试图抽象并弱化历史和文化背景对国家的影响。这种典型的非历史主义，即认为原则上社会理论可以应用于所有时代和所有地点的观点却忽视了这一事实：人们自己创造自己的历史，但是他们并不是随心所欲地创造，而是在"选定的条件下去创造，在直接碰到的、从过去继承下来的条件下创造"（马克思语）。历史之于任何学科，尤其是社会科学的各学科，具有的意义绝非其他背景和研究方法所能替代的。当我们回顾一个学科经历的轨迹，我们才能反思其不足，才能明确如何改进，才能前瞻性地预定未来的发展方向。不借助于历史，我们才会自满地认为此阶段就是最好的阶段，甚至是最终的阶段。这一不完备且有意或无意地被主流国际关系研究者忽视其非完备性的国际体系概念，对学科的影响就如同普罗克汝斯特斯之床一般。① 其结果就是我们得出了一个扭曲的事实映像，并以这样一个被扭曲的映像为起点设计如何分析和理解国际体系的路径，其结果也就可想而知地会偏离。

（二）21 世纪海上丝绸之路背景彰显出的现代国际体系非完备性

21 世纪海上丝绸之路的建设，让我们从上述的束身衣中解脱出来，让我们从非历史主义和欧洲中心主义解脱出来。② 让我们可以观察到在更长久的历史时段中，中国曾长期是世界体系的中心的事实。让我们意识到在非历史主义和欧洲中心主义的解读下，一些理论上被确认为享有平等权利的国家是如何被边缘化甚至被漠视。让

---

① 妖怪普罗克汝斯特斯以善人面目出现，邀请过往的旅人去家里休息。当客人入睡后，如果客人身长于床，他会把客人的腿或脚砍掉。如果客人不够高，他就把客人生生拉长，所有人身长都和他的床一样。

② 欧洲中心主义，是一种把世界历史和国际政治的过去与现在理解为它们似乎仅仅是欧洲历史和国际关系威斯特伐利亚形式派生物的倾向。

我们意识到，在占据社会科学研究主流语言和主流逻辑的欧美研究中，是有着怎样的偏见、傲慢、自大和不尊重；有着怎样的"我即标准、我即规则、我即世界"的狭隘与不开放。易言之，21世纪海上丝绸之路的建设让我们意识到丛林国际社会存在诸多可以提升和改善的空间，中国在国际社会未来的改善和提升中，可以做出的贡献正在于我们天然地处于这种体系之外，有一个合适的观察距离之后，有着对历史的理解之后形成对将来的发展方向的预测，这将是一个以融合国际社会为目标的规则国际社会。

以规则国际社会为中国致力于实现的国际秩序，则需对过往的规则予以整体和发展轨迹的理解。

小 结

本章以21世纪海上丝绸之路这一战略命题为背景，审视1618～1648年欧洲三十年战争结束后确立的现代国际体系。基于此，笔者提出下述观点，即现代国际体系基于其起源，天然地具有地方性特征。这一特征深刻地烙印于现代国际关系理论，使其出现系列缺陷，诸如以西欧国家间关系为刻画国际体系的唯一样本，以西欧国家的民主模式为政治唯一模式并强行推行至世界范围内，以西欧和复刻西欧体系的国家为核心国家，凭借其工业革命后形成的暂时性技术优势掠夺资源从而对非体系内的国家形成绝对优势地位，并借助此优势地位将其他国家逐渐边缘化。事实上，21世纪海上丝绸之路战略的提出，让传统上的非西欧体系国家获得参与国际秩序的全新路径。此战略的提出，让我们意识到现代国际秩序并不终结于欧洲中心的现代国家间关系，国家间关系可以出现另一种模式。而且，作为现代国际秩序存在基础和最高判准的价值和原则是否获得各参与者的认同，其制度安排能否和于多大程度上反映各参与方的利益，都值得深思。简言之，其合法性问题值得审慎思考。

第一章 21世纪海上丝绸之路背景下的现代国际体系演变脉络

第 二 章

21 世纪海上丝绸之路背景下的现代国际法体系的演变脉络

第一节　21 世纪海上丝绸之路背景下维护现代 国际体系的国际法溯源

一　21 世纪海上丝绸之路背景下透视威斯特伐利亚体系 的地方性特征

（一）近代国际法到现代国际法

1618～1648 年的欧洲三十年战争结束后，当时的神圣罗马帝国皇帝与法国国王和瑞典女王代表各自的同盟分别在威斯特伐利亚地区的小城明斯特签订了条约，这就是影响近代国际法的《威斯特伐利亚和约》的缔结。和约的缔结，标志着建基于独立主权国家的国际法律秩序开始形成。① 国家主权平等原则和谈判途径解决争端，可以被认为是和约对国际法的最大贡献，② 并自此成为现代国际法的基石。

18 世纪尤其是世纪末期，法国对国际法的发展做出重大贡献，在包括领土的取得、国际河流制度、引渡和庇护等方面都产生了重

---

① 关于相关论述，可参见王铁崖《国际法引论》，北京大学出版社，1998，第 276 页；梁西主编《国际法》，武汉大学出版社，2000，第 26 页；张乃根《国际法原理》，中国政法大学出版社，2002，第 8～9 页；杨泽伟《国际法史论》，高等教育出版社，2011，第 54～58 页。

② 杨泽伟教授认为和约也促进了外交关系法的发展，可参见杨泽伟《国际法史论》，高等教育出版社，2011，第 56～58 页。

要影响。英美之间 1794 年缔结的《友好通商航海条约》所确立的设立联合委员会仲裁解决彼此争端的方法，对于以非武力途径解决国家间争端奠定了基础，并成为近代国际司法制度的源头。而其丰富的实践经验，也为后来创建常设仲裁院提供了实证基础。①

19 世纪是近代国际法发展最为重要的一个时期。这一时期，国际法以西欧为中心，开始蔓延至全部亚欧大陆以及非洲。在原中心地区的西欧，一种以康德为代表的"普适主义理念"开始兴起，人道主义观念也源于此时产生。在近东、东欧以及远东地区和非洲，国际法的适用空间大为增加，其中尤以近东和东欧为主。其间由战争引发了领土占有、领土租借、海上通行、民族自决等问题，由国家间势力均衡引发了国际谈判、成员国定期协商、和平解决争端、外交关系等问题，这些均得到国际法的回应。

在西欧这一条主线上，此时产生了一种"普适主义观点"。19世纪，英国基本上处于维多利亚女王时期（1837~1901）。此时期英国国力鼎盛，几乎同一时期，即 19 世纪上半期，欧洲出现了历史上最为持久的一段和平时期，西欧各国经济快速增长，也有学者称之为"欧洲文明朝向不可逆转的经济和精神进步征程的证明"。②这一时期，自由主义、宗教宽容、言论自由、贸易自由等成为一种具有代表性的观点。此时期有两大显著特征：一方面，民族精神在觉醒并在全欧洲得以强化；另一方面，一种国际主义精神伴随民族精神而生，这是一种全新的理念，试图让教会各民族和各种族在处理相互关系以及国内立法时遵守一套确定的共同原则。各国在保有其独立自治的同时，还要彼此合作，并承认"伟大人类社会的至高统一"。③各国自此开始不再视彼此为仇敌，并开始为推进共同目标

---

① 参见杨泽伟《国际法史论》，高等教育出版社，2011，第 59~64、86 页。

② Koskenniemi, Martti, *From Apology to Utopia*（Cambridge：Cambridge University Press, 2006），p. 11.

③ Koskenniemi, Martti, *The Gentle Civilizer of Nations*（Cambridge：Cambridge University Press, 2001），p. 13.

而合作。在此背景下，各国也对战争中的伤病员救护问题给予了考虑。1864 年《改善战地武装部队伤者病者待遇日内瓦条约》缔结后，人道主义理念开始在限制战争以及伤病员待遇上发挥影响。

在近东和东欧一线上，上半期最为关键的是 1815 年维也纳和会。这被视为威斯特伐利亚和会之后欧洲国际法体系形成过程中另一个重要时间点，因为此次和会前后，正是欧洲国家间实现均势的时期。英、俄、普、奥等自视为和平守卫的大国以及后续通过外交说服成功加入的法国，通过举行会议、定期协商、达成协议，初步形成了一种具有连续和一定程度稳定性的协商制度。这便是欧洲协作制度。欧洲协作制度由数个关键性的条约构成，包括 1814 年《肖蒙条约》、1815 年《维也纳会议最后议定书》、1815 年《四国同盟条约》等。许多现行的国际法基本原则、制度和程序都确立于此时期，包括实体内容和程序内容。实体国际法内容渊源于此时期的包括现在已是国际条约和组织常规内容的成员间定期协商制度、国际河流自由航行以及国际河流的管理、取缔贩奴贸易、中立、外交人员等级或位次；程序上渊源于此时期的内容包括国际会议东道国任主席国、委员会处理具体问题、条约签字国依字母次序签字等。①

19 世纪下半期，有三个对国际法发展产生重要影响的时间点。第一个在此时期国际法发展中具有相当重要地位的时间点是 1856 年。② 此时，由俄国和奥斯曼帝国为争夺巴尔干半岛控制权而起，最后演化成以俄国和英法为争夺地中海和黑海控制权的克里米亚战争结束。奥斯曼帝国虽然在此时期已然衰落，英国和法国等西欧国家却不愿意任由俄国势力蔓延过黑海而扩张至地中海，由此加入土耳其一方对俄国作战。英国对俄宣战，使得原本于 1815 年缔结的

---

① 参见杨泽伟《国际法史论》，高等教育出版社，2011，第 65~70 页。

② Nussbaum, Arthur, *A Concise History of the Law of Nations* (2nd rev. edn.) (New York: MacMillan Company, 1954), p. 190.

《四国同盟条约》面临破裂，普鲁士对此前 1850 年的普奥争端中俄国偏向奥地利已然不满，奥地利也支持土耳其一方，最终此次战争以俄国战败告终。此后召开的巴黎和会，各方签订了《法国、奥地利、英国、普鲁士、俄国、撒丁和土耳其和平友好总条约》，即《巴黎和约》。与秘密进行的 1815 年的维也纳和会相比，巴黎和会由于其前所未有的公开度被视为一种巨大的进步。和会缔结的和约承认土耳其可以参与欧洲秩序之内，适用欧洲的国际法；并为限制俄国的势力确认了黑海永久中立地位和排除军舰通行。此后又有 1878 年为修改 1877 年俄土之间的圣斯蒂芬罗预备媾和条约的柏林会议以及《柏林条约》。

在非洲一线上，1884 年，为协调欧洲各国在非洲的利益区分，俾斯麦在柏林召开了刚果会议并缔结了《总议定书》，但事实上此次会议的参会国除了美、俄、土耳其，其余均为欧洲国家，非洲不过是会议讨论的对象和客体，没有代表参会丝毫不令人意外。会议虽然承认刚果为独立国家，其君主却是由比利时国王利奥波德二世（Leopold Ⅱ）兼任。[1] 这种让人啼笑皆非的自我矛盾，在欧洲各国、欧洲的衍生国美国以及兼具欧亚特征的土耳其以及俄国看来，并无任何不妥。此次会议之后，欧洲各方正式开始了在非洲的殖民瓜分活动。国际法上的领土取得需经有效占有也源于《总议定书》的规定，一国占有非洲领土或宣布设置一个新保护国时，应通知其他缔约国，而且所占领的土地，必须确实占领才有效。此后国际法上有关领土占有的系列制度，包括保护地、租借地等均是渊源于此时期。[2]

在远东一线上，中国、日本、暹罗、朝鲜均被上述国家武力突破原先的闭关锁国状态。领土租借、开埠通商、领事裁判权等原本闻所未闻的国际法制度，接替强行突破的武力，继续将这些国家裹

① 参见杨泽伟《国际法史论》，高等教育出版社，2011，第 71~75 页。
② 参见杨泽伟《国际法史论》，高等教育出版社，2011，第 75~76 页。

国际法新命题

挟进入国际法体系之内。这些国家面临着一套与历史上全然不同的行为规则,有的国家不得不被动接受并成为实际上的国际法客体,以期获得极其有限的一点权利;有的国家则选择主动被同化而谋求在此体系内的主体地位。前者如中国,后者如日本。

经由近代国际法至现代国际法发展历史的简要梳理可知,西欧的旧基督教国家间的习惯和条约,是现代国际法的渊源。彼时的国际法,经常被称为欧洲国际法。① 欧洲殖民后的美洲国家以及欧洲之外的基督教国家成为第二批成员,其主体性虽然也受到一定限制,但基本品格并未丧失。1856 年缔结的《巴黎和约》,标志着非基督教国家的成员(即土耳其)开始成为国际社会成员;但要注意到的是其地位受限,其文明程度被认为不及西方国家;在土耳其,领事裁判权的条约持续有效,并一直延续至 1923 年。之后的日本、印度、巴基斯坦因主动寻求同化而迅速被接受为体系内成员,当然其权利在很大程度上停留在理论上和纸面上;实际上则经常受限于体系内的主导成员。② 中国在此时期内基本被国际法客体化,主体性仅仅在极其有限的范围内存在并随时有丧失的危险。非洲则被彻底客体化。

基于此历史,我们也就可以理解国际法的非普遍性之争为何始终存在。甚至可以说,这一争论延续至今已经颇有渊源,也丝毫不令人觉得新奇和意外。③ 毕竟,现代国际社会以及维系其运行的国际法的初始阶段,就是欧洲五个国家(葡萄牙、西班牙、荷兰、英国和法国)之间的相互关系及行为规则。瑞典此时虽然也是独立王国,在国际关系中却未占据重要地位。进入 19 世纪后又有德国、

---

① Weiss, Edith Brown, "The Rise or the Fall of International Law?" *Fordham Law Review* 69 (2000):347。关于现代国际法的欧洲中心主义,可参见徐崇利《软硬实力与中国对国际法的影响》,《现代法学》2012 年第 1 期,第 153 页。

② 〔英〕劳特派特修订《奥本海国际法》上卷第一分册,王铁崖、陈体强译,商务印书馆,1989,第 32~34 页。

③ 〔英〕劳特派特修订《奥本海国际法》上卷第一分册,王铁崖、陈体强译,商务印书馆,1989,第 35 页。

意大利、俄国、土耳其、美国以及日本渐次成为体系内成员。[①] 20世纪初，被普遍认可为国家的政治实体不过 34 个；联合国成立时，国家数目也才 51 个。[②] 这 51 个国家被称为创始成员国；此后会员国逐年增长，至今拥有 193 个会员国。其间，以 50 ~ 70 年代增加的数目最大。[③] 新增的国家虽然现在在理论上均被认可为国际法主体，但绝对多数属于此前被客体化的国家。要实现从理论上的主权平等国家到实际上的国际法主体国家之转变，却并不会因为国家有独立之名就即可功成。

（二）学界对国际法的基本分析

国际法的这一发展历史决定了其是具有欧洲文化特征的历史产物，系统的国际法规则也是威斯特伐利亚条约体系所确立的。据克斯肯奈米看来，现代国际法学更是源于 19 世纪后半期知识界为"教化"西欧各国对种族和社会的观点而确立的。[④] 在此之前的国际法研究中，国际法规则和国际法研究融为一体。学者们除了担任教授职位之外，往往还担任政府或政府要员的法律顾问，由此决定了其研究大致分为两类。[⑤] 或者是纯粹为阐述哲学或法学理论而研究，譬如 17 世纪的代表人物苏亚利兹、18 世纪的代表人物卢梭和康德；或者是为解决国家在外交上遭遇的问题而为国家的行为做正当性辩护，譬如 16 世纪的代表学者维托利亚、真提利斯，[⑥] 17 世纪

[①] 王正毅：《中国崛起：世界体系发展的终结还是延续?》，《国际安全研究》2013 年第 3 期，第 5 ~ 6 页。

[②] 联合国第一次年报时，会员国数目为 55 个。Weiss, Edith Brown, "The Rise of the Fall of International Law?" *Fordham Law Review* 69 (2000): 345.

[③] 关于联合国会员国数目变化情况，参见 http://www.un.org/zh/members/growth.shtml#text。

[④] Koskenniemi, Martti, *The Gentle Civilizer of Nations* (Cambridge: Cambridge University Press, 2004).

[⑤] Koskenniemi, Martti, *The Gentle Civilizer of Nations* (Cambridge: Cambridge University Press, 2004), pp. 19 ~ 22.

[⑥] 关于这两个学者的论著及内容概要，参见杨泽伟《国际法史论》，高等教育出版社，2011，第 44 ~ 45、48 ~ 50 页。要注意的是杨泽伟教授对于维托利亚的概括并不全面，可结合 Anghie, Antony 教授的观点，见 Anghie, Antony, *Imperialism, Sovereignty and the Making of International Law* (Cambridge: Cambridge University Press, 2004), pp. 13 ~ 31。

的代表学者格劳秀斯，18～19 世纪的马顿斯（George Friedrich Von Marterns）、① 克鲁博（Johann Ludwig Klüber）。② 当然，为国家外交行为做正当辩护的研究中也有相当一部分内容是借助于对自然法或法学一般理论的探讨而完成。这就导致国际法研究者对国际法规则的观点分为两类：要么认为国际法规则就是人类理性的体现，源自希腊时代，后随着罗马帝国衰落而被遮蔽，启蒙运动之后的欧洲各国重拾了这种理性；要么认为国际法规则就是某种类似于棋类游戏规则的纯粹技术规范。而无论是理性还是技术，国际法都只要被制定出来即可，无须发展，无须变革，并且可以通行至世界各地。

这种观点将欧洲社会的历史完全平面化和抽象化，似乎寻求世界通行的理性规则就是最高目的，其他的文化、政治、经济发展都可以无关紧要。欧洲社会就是国王和外交官的社会，历史则是战争和王朝更替的历史，政治就是如何寻求均势与平衡。19 世纪中期兴起的自由解放运动及其拥趸，对这样的观点显然不能接受。因为自由运动的拥趸探讨的是经济进步、人性发展、民族自决以及国际公众观点的至高约束力。更何况，此时民族主义的兴起以及黑格尔哲学也开始倾向于对民族精神的赞赏。萨维尼的历史法学派也在表达同样的观点，即法律是民族精神的历史沉淀。法国的孔德也开始强调抽象的思考应该让位于具体的观察，英国的约翰·斯图尔特·米勒也以一种和孔德观点基本一致的理论代替了边沁的抽象哲学。在 19 世纪 60 年代之后，国际法研究中的这种固化和教条主义开始转

---

① George Friedrich Von Marterns（1756—1822），1808 年之前任教于哥廷根大学，担任威斯特伐利亚和汉诺威法庭的顾问。George Friedrich Von Marterns，Vergé of the Précis du droit des gens moderne de l'Europe（Introduction to European International Law）。

② Johann Ludwig Klüber（1762—1837）是海德堡大学公法教授，并且担任巴登大公的顾问。曾参加 1814～1815 年维也纳和会谈判，后出版了九卷本的概览。他主张历史教条主义的研究方法，强调准确文本记录和词句参照。他认为公法教育的对象是外交官和公共事务官员，成为当时欧洲最受欢迎的教授者。

变，既往的研究被人视为一种老派过时的做法。① 斯塔桥（Carl Baron Kaltenborn Von Stachau）（1817—1866）被视为对此传统提出批判的代表学者。他强调，国际法是一门历史性学科，并试图在国际法研究中引入一种科学的方法，所谓科学，即观念的合理组合。② 据斯塔桥看来，欧洲各国为主权国家，同时这些国家也处于一个历史和文化上的共同体之中。在这样的共同体中，国家作为法律主体，在特定客体（诸如领土、商业）上彼此产生关系，并以法律形式（条约或外交文书）表现出来。这一理论中既关注主权，也关注国际社会共同体。由此也回应了其他人对国际法究竟是不是法律的疑问：国家就是立法者和司法者，战争是最终的执法手段。法律是历史中的潜在因素，战争是其主要的推动者。当既有秩序与现实不一致时，战争就是更新秩序的手段。③

国际法研究在此时获得了进展，即由原来以彼此独立和不同的主权国家为基础的理性主义抽象，纳入了对国际社会的考量。当然，国际法还应该发挥更大的作用，明确如何构建一个更好的国际社会秩序，以及为确认什么是一个更好的国际社会提供支持和论证。

西欧国家间虽然订立条约等国家法实践已有相当一段时间的历史，但是国际法理念对各国的约束力并非源于条约或法律的形式，这些毕竟都是国家的行为，可由国家自行决定。真正对国家行为产生约束力的是国际社会的公众观点。在国际法中，"这种观点（公众观点）才是真实的王和立法者，这就是理性本身在发声……"，④

---

① Koskenniemi, Martti, *The Gentle Civilizer of Nations* (Cambridge: Cambridge University Press, 2001), pp. 23 – 24.

② Cotterell, Roger, *The Politics of Jurisprudence: A Critical Introduction to Legal Philosophy* (London: Butterworth, 1989), p. 47.

③ Stachau, Carl Kaltenborn Von, "Zur Revision der Lehre Von internationalen Rechtsmitteln," *Zeitschrift für Staatswissenschaft* 17 (1861): 69 – 124.

④ Rolin-Jaequemyns, "De l'étude de la législation comparée et de droit international," *Revue de droit international et de législation comparée* (*RDI*) (1869): 225 – 226.

当然所谓的公众观点并非无所指的。它意指基于普遍正义的特定原则而产生的严肃冷静的观点，具备一致恒定的要素，并且逐渐在判决中得以确认和抽象化。① 基于此理念，当国家有违约行为时，他们也会为了寻求公众观点的支持而自我论证，以获得国际法上的守法国家形象。而公众观点的表达，需要通过科学的方式实现；因而国际法学作为公众理念的科学化表达在此时期十分重要，也是一项学者们应该担负起的任务。毕竟在缺乏国际法学研究指引和评判下的国际法，其发展实在不能令人满意。譬如 1815 年维也纳和会的各参与大国，声称要保卫和平，其实和约所写下的各项规则中的扶弱抑强不过是纯粹的理论。神圣同盟将康德的世界主义理念导向了绝对主义，并饰以神秘的长袍。而这造成欧洲两大阵营对立：民众间同盟和贵族间同盟。因此真正独立于国家法独立于自然法的国际法研究，其实是源于 19 世纪下半期。

19 世纪，伴随殖民战争和帝国主义的扩张，国际法显示出了强迫其他地区接受的力量。这在一些学者的美化描述中，成为国际法自希腊时代的理想的实现。文明（西欧文明）取代了自然法，成为国家间交往规则的至高判准；欧洲的扩张将文明带至其他地区，国际法就是文明拓展的保障。② 而这样的文明拓展中却伴随着文明间的优劣划分、当地人口的被灭绝和当地规则的被废弃。

进入 20 世纪，欧洲的衰落和美国的崛起成为当时国际社会的主要特征，同时，欧洲的衰落也导致内部矛盾激化。19 世纪末期兴盛的实证国际法思想高度赞赏国家以及主权，③ 不再理会中期兴盛起来的普适主义和国际社会观念。这种理念与颇具侵略意味的民族

---

① Rolin-Jaequemyns, "De l'étude de la législation comparée et de droit international," *Revue de droit international et de législation comparée* (*RDI*) 1 (1869): 225; Lieber, Francis, *On Civil Liberty and Self Government* (Philadelphia: Lippincott, 1859), pp. 405 – 416.

② Koskenniemi, Martti, *The Gentle Civilizer of Nations* (Cambridge: Cambridge University Press, 2001), pp. 102 – 103.

③ 关于 19 世纪的实证国际法思想，参见杨泽伟《国际法史论》，高等教育出版社，2011，第 121～130 页。

主义结盟，使得欧洲的矛盾最终外溢演化成为世界大战以及两次战争间的二十年危机，或者说是倒退的年代。① 劳特派特这位奉康德为其精神之父的传统和现实国际法学者，在 1938 年于剑桥大学发表的任职演讲中，以"国际联盟"为题，表达了他对国际法的担忧：② 在完成其首要目标上，国联已经失败，所余下的仅仅是希望，缺乏信心的希望"在长久的历程中，人类的真正精神最终得以自我宣张"。国际法要被抛弃、修改？内容和范围要基于政治现实调整？这一实然和应然之间关系的问题当然也十分古老且宏观。在此时，更为确切或具体的是对于国际联合主义内在理性的关注，是对集体安全之下法律和秩序的关注：此时的国际情形显示国际社会最为基础方面的进步被限制，时钟被倒回。劳特派特回顾了 1851 年首届伦敦国际博览会上阿尔伯特亲王的致辞：

> 任何人关注到我们这个时代，都片刻不会质疑我们正生活在一个最精彩的过渡期，这一时期将朝向全部历史切实指向的伟大目标——实现人类统一。

回顾之后，劳特派特感慨，我们看起来从那个无尽乐观的时代倒退不知几何？

危险年代的法律规则，也陷入了效力被质疑的危险境地。法律如何解释至关重要，解释高于内容，过程高于规则。因此，国际法中最为关键的问题就是谁有解释权。据劳特派特看来，已有国际法秩序的关键就在于国家的自我判准义务，即国家要能够自我辨识其义务何在。这种自我辨识义务应受限于国际公众观念、国家间依

---

① Lauterpacht, Hersch, "International Law after the Covenant," in Lauterpacht, Elihu ed., *International Law: Collected Papers*, Vol. 2 (Cambridge: Cambridge University Press, 2009), p. 145.

② Lauterpacht, Hersch, "The League of Nations," in Lauterpacht, Elihu, ed., *International Law: Collected Papers*, Vol. 3 (Cambridge: Cambridge University Press, 2009), p. 575.

赖、共同利益，以及和平的一体性。正是在这种理念之下，劳特派特虽然目睹两次大战对国际法的破坏却依然坚持，国际法和国际社会在此期间的倒退只是暂时的，最终必然还是要朝向联合的方向。[①]当然，他的这种理念也使得劳特派特对殖民活动的评判存在两方面的内容：以军政府专断为保障的帝国扩张当然是对土著人口最无情的经济剥削；[②] 与此同时，英国外交中的自由传统的确废除了奴隶制，并且最终形成保护当地居民的条约，国际法主体基于国联的委任制度也得以扩大和实现。[③] 劳特派特对国际法的贡献也在于此，他沟通了原本截然对立的国际法实证观念与国际法自由解放观念。

1920 年，奥本海提出，国家间平等是"国际社会不可或缺的基础"（the indispensable foundation of international society）。[④] 后来担任国际法院法官的 Bruno Simma 也指出，"世界上的所有国家都拥有至高无上的权力，由此并不居于任何等级制度之中，国际法必须以国家间主权平等为基础前行"。

卡尔·施密特（1888～1983）这位备受争议的德国法学家提出，欧洲规范（欧洲国际法）渊源于发现新世界以及欧洲列强处理其与殖民地关系的过程中。这一时期的欧洲公法即欧洲国际法呈现

---

① The disunity of the modern world is a fact; but so, in a truer sense, is its unity. The essential and manifold solidarity, coupled with the necessity of securing the rule of law and the elimination of war, constitutes a harmony of interests which has a basis more real and tangible than the illusions of the sentimentalist or the hypocrisy of those satisfied with the existing status quo. The ultimate harmony of interests which within the State finds expression in the elimination of private violence is not a misleading invention of nineteenth century liberalism. See Lauterpacht, Hersch, "The Reality of the Law of Nations," in Lauterpacht, Elihu, ed., *International Law: Collected Papers*, Vol. 2 (Cambridge: Cambridge University Press, 2009), p. 26.

② Lauterpacht, Hersch, "The Mandate under International Law in the Covenant of the League of Nations," in Lauterpacht, Elihu ed., *International Law: Collected Papers*, Vol. 3 (Cambridge: Cambridge University Press, 2009), p. 39.

③ Lauterpacht, Hersch, "International Law and the Colonial Question 1870 – 1914," in Lauterpacht, Elihu, ed., *International Law: Collected Papers*, Vol. 2 (Cambridge: Cambridge University Press, 2009), pp. 101 – 109.

④ Oppenheim, Lassa, *The Future of International Law* (Oxford: Clarendon Press, 1921), p. 20.

两个特征：对欧洲内部，以彼此承认对方主权的民族国家为基础区分各自的空间边界；对欧洲之外的其他地区，则将其界定为可自由占有（free for appropriation）的陆地及向所有人开放的公海。① 美国成为国际社会一员之后，对国际法的发展产生了非常重要的影响。1890～1918 年，欧洲国际法开始衰落。基于海洋的、由经济驱动的盎格鲁美国的世界主义（universalism）放弃了原本的空间边界明确的、以主权为中心的国际法规范。到 1939 年，传统国际法的势力范围已被大大削减，直至成为"空洞的形式规则"。原本大国间切实存在的秩序已然消失，却没有任何可见的替代秩序产生。经济实力第一的美国虽然原本是欧洲秩序外的国家，但经济地位让其有能力参与到每次国际政治讨论之中。在美国开始参与国际秩序的初期内，经济与政治分离，政治屈服于经济，美国在与欧洲所有事务的交锋上，均占据了优势。

（三）国际法演变中地方性特征的不断被强化

根据学者们对国际法的分析可知，国际法规则和国际法研究并不是应民族国家的出现而自然生成的，而是国际关系最初的主体西欧国家根据其知识体系构建，并在国际关系的活动中予以实践的。② 在这一实践过程中，由于其起源以及后续发展中对边缘中心国家模式的强化，国际法的地方性特征虽然改变了其具体表现形式，却从来没有消失。

美国这种注重经济发展和经济力量的做法，也使得国际法研究在二战结束后发生了基本品格的变化，即力求在世界范围内推行一致的"普适主义"和人权主义。为推行美国的"普适主义"和人权主义，国际法研究也受到重大影响。既往的国际法，注重于对条

① Schmitt, Carl, *Der Nomos der Erde im Völkerrecht des Jus Publicum Europaeum*（Berlin：Duncker & Humblot, 1950），pp. 112 – 183.
② 邓正来：《工铁崖与中国国际法学的建构——读〈土铁崖学术文化随笔〉》，《中国法学》1997 年第 6 期。

国际法新命题

约、案例以及外交的研究，此时的国际法转向更广层面上的国际合作与冲突。国际法学科受到新兴的国际政治学科研究影响，试图以建议者、政府决策者的身份被重新定位为制定国际政策的参与者。国际法学者也开始从国际权力角度看待国际法，国际法所要规范的国际社会是一个充满竞争和敌意的社会。新的国际法秩序自此产生：一如施密特和麦克道格（McDougal）主张的，国际法被明显地工具化。① 在随后的全球化中，这种品格日益强大，至今已经成为国际法发展的引领力量。经济领域追求全球自由市场、政治领域追求个人人权，这种趋势对传统国际法确立的国家间的领土边界以及主权平等造成了根本冲击。主要以族群间冲突为特征的国内战争，在传统国际法年代被消除，而今却再度成为军事冲突的主要领域。②

国际法的这种变化，其实也正是哲学上"普适主义"与特殊主义分野的体现。传统国际法以明确的国家边界、分享同一历史文化背景的特定族群、代表其不同于其他族群利益诉求并有能力与其他国家建立联系的主权政府为基础，③ 这种基础确认了各个国家间的身份和利益的独立性，主权平等、民族自决、互不干涉等国际法基本原则均以此为基础衍生。④ 美国对国际法的重大影响在于将传统国际法从价值相对主义引领进入价值普遍主义的方向：尤其是经济领域的全球化和政治领域的普遍人权，使得国际法面临着主权平等被冲击、人道主义干涉合法性等新问题。

---

① Koskenniemi, Martti, *The Gentle Civilizer of Nations* (Cambridge: Cambridge University Press, 2001), p. 481.

② Mann, Michael, *The Dark Side of Democracy* (Cambridge: Cambridge University Press, 2005), p. 2.

③ 国家的四个构成要素被认为存在于国际习惯法中，美洲国家在 1933 年 12 月 26 日于乌拉圭蒙特维多签署的《国家权利义务公约》第 1 条明确规定了国家的构成要件。Article 1 The state as a person of international law should possess the following qualifications: (a) a permanent population; (b) a defined territory; (c) government; and (d) capacity to enter into relations with the other states.

④ Brown, Chris, *Sovereignty, Rights and Justice International Political Theory Today* (Wiley & Sons Ltd., 2002).

体现"普适价值"的人权本身是一个值得认可和肯定的概念，而问题是人权这一语言经常被用作帝国扩张时最称手的语言和工具，尤其是经济帝国主义的扩张。美苏冷战时期，"人权"一词被美国垄断性地援引，被用作攻击苏联及其盟国的外交武器；而这暗指苏联不可能具备实现人权的能力，甚至在侵犯人权。人权这个原本在源头上用于否定君权神授以及用于对抗贵族或资本特权的词，被美国使用时却是用于标注敌人。^①更为值得关注和思考的是，美国基于普遍主义主张的国际法，事实上一如摩根索在批判美国外交政策时指出的：适合于美国全球主义外交的国际法秩序，将是一元的和绝对的，而非多元的和相对的。美国的全球主义认为，一个有效的法律秩序必然是由美国决定其内容并且映射的是美国外交政策的目标。由此，美国的全球主义将在美式或美国霸权治下的和平环境中最终实现，其中美国的政治利益和法律价值将等同于"普适的利益和价值"。^②这种观点和西班牙进入新大陆印第安人的居住地时推行的做法何其相似！

格里·辛普森（Gerry Simpson）对此观点（国际法必须以国家间主权平等为基础）提出了质疑，并认为国际法的运行方式，至少某些时刻，是基于系争当事方的身份而定。辛普森试图重新在一个国际合法等级体系内阐释主权，并认为主权包括形式主权平等、实际存在的和法定的平等。对主权的理解，不应该仅仅将法律平等和政治不平等对照来理解主权平等问题。

西欧国家在威斯特伐利亚体系之前的经历，即主权国家之外另有一个最高权威以及启蒙时代之后被广泛接受的平权思想，影响到了学者和官员对国家间关系的认识。国家间平等因此获得了基础性

国际法新命题

----

① Koskenniemi, Martti, *The Gentle Civilizer of Nations* (Cambridge: Cambridge University Press, 2001), p. 434.

② Morgenthau, Hans, "Emergent Problems of United States Foreign Policy," in Deutsch, Karl and Stanley Hoffmann, eds., *The Relevance of International Law* (Schenkman Publishing Company, 1968), pp. 55 – 56.

的牢不可破的地位。然而，辛普森指出，1815 年之后的国际关系，已经出现了平权社会和一定程度的大国特权下的等级制度并存的特征。① 1815 年之后的国际社会，在四个时间点上出现这种倾向：1815 年的维也纳和会，1907 年海牙和会，1945 年旧金山和会，1999 年的科索沃战争期间。

这种观察和国际社会的现实较为接近。

维也纳被视为现代国际法的发源地，自此开始出现协调各国的国际组织的努力。而且，非欧洲的国家也自此进入国际社会。但这些非欧洲国家名义上被纳入平权者的国际法体系，实则陷入了一种中心—边缘国家的结构模式中。在这种结构中，后进国家意欲获得中心地位，则必须和已经在关键原料、主要市场、领先技术以及贸易结算手段上占据优势地位的中心国家竞争。② 这样的竞争，对于许多新兴国家而言，都是无法承担的。基于此，结构的稳定性进一步增强，合法性也得到不断的认可。由此，原本只是源于西欧地方的国际法虽然具备明显的地方特征，却因为其强大的优势而被各国接受。

二 21 世纪海上丝绸之路背景下国际法主体范围的局限性

（一）国际法主体范围的争议及其背后假定

理论上，国际法主体范围当然应该是及于所有的主权国家；尤其是二战结束之后，原本只是西欧的国际政治组织形式的现代主权国家拓展至全世界；冷战结束之后又使得这一范围在地理上攻破了最后一个区域苏联；这也就使得源于西欧地方的现代国际法范围也拓展至了全世界。建基于主权国家体系之上的国际法，也随之扩展

---

① Simpson，Gerry，*Great Powers and Outlaw States*（Cambridge：Cambridge University Press，2004），p. 9.

② 〔美〕罗伯特·基欧汉：《霸权之后：世界政治经济中的合作与纷争》，苏长和等译，上海人民出版社，2001，第 39 页。

至世界范围内。① 基于此可以产生一个很自然的逻辑推论，即所有采用现代主权国家形式的国际政治单位都在理论上成为国际法的主体。

　　基于前文的分析，我们很容易对这一推论产生质疑。而且，这一推论还面临如下两大问题。其一，所谓的现代主权国家原本就是一种欧洲现象，这一现象是否符合所有地方的政治习惯。从当前国际实际情形来看并非如此，一如亨廷顿所言，采用了民主国家形式之后，由于缺少强大的政府或者说成熟的政治秩序，许多新兴国家反而出现了政治衰朽的问题；许多经济富足、生活水平提高的国家，也出现了政治动荡、暴力频发甚至政变的险象。② 为解决这样的问题，却产生更大的国内暴力，甚至进一步对国际社会秩序的和平稳定形成冲击，最终的结果是许多这样的国家被直接定性为危险国家，对于这样的国家，基于主权平等而产生的豁免原则当然可以有伸缩性，其元首被追究国际法上的责任。这在一定程度上使得这些新兴国家再度成为国际法的客体而非主体。其二，深受现实主义国际关系理论影响的国际法，为确立本身的科学性而遵从了这样一种研究方法，即区分实然状态的是什么和应然状态的应该是什么，把目标现实地、"谦虚地"定位在研究实然状态上而不寻求将自己视为万能神药的虚无目标。③ 简言之，这种研究方法为国际法打上明显的工具化、技术化、客观化和价值中立化标签。若真能实现此目标，国际法作为一套技术性质的行为规则即便渊源于西欧地方，也能普适于世界各国；然而现实则是法律本身不可能和价值道德以及文化完全无关，国际法的扩张中更伴随着西方国家试图教化其他非欧洲国家的目标。甚至可以说国际法本就是西欧文化的产物、天

　　① Brierly, J. L. , *Law of Nations* (Sir Humphrey Waldock, 1963), pp. 7 – 16.
　　② 〔美〕塞缪尔·P. 亨廷顿：《变化社会秩序中的政治秩序》，王冠华等译，生活·读书·新知三联书店，1989，第 1 ~ 4、39 页。
　　③ 〔英〕爱德华·卡尔：《20 年危机（1919—1939）国际关系研究导论》，秦亚青译，世界知识出版社，2005，第 9 页。

生地具有歧视其他非西欧文化的特征。于是非西欧国家和西欧国家谈及彼此间的文化差异时，西欧国家用技术性的国际法应对；谈及技术手段可予以调整以便纳入非西欧国家的诉求时，西欧国家反过来重申这套国际法乃是现今的西欧文明社会的产物，是落后的其他国家将来必须达到的目标。

有鉴于此，国际法的主体范围，成为国际法中最富争议的一点。主体限定在西欧国家及其盟国而排除其他国家背后的理论在于此：国际法体系内的主体由相似思维的国家组成，或者排除"非文明国家"有多大好处？① 有学者指出，国际法的前提就是在相同文化和利益背景下，具有同等权力的独立世俗国家彼此间经常性地联系。②

从理论上看，这种具有相同文化和利益背景的同质性国家间达致统一的法律规则，较之异质性国家间实现这一目标面临的障碍更少。这也符合各学科中有关普遍主义和特殊主义的区分。从实践中看，这一区分也更容易确定所谓的共同利益，并且在利益纠纷产生时以更小的成本获得解决。一如学者对国际法院的研究所揭示的，国际法院成立之后，解决欧洲国家间纠纷的数量和效率都远远超出欧洲国家与非欧洲国家间的纠纷。

于是，限制国际法的主体范围似乎是一件理所当然的事情。而这种理所当然的背后隐喻着这样一个假定：欧洲已经确定的法律就是全世界适用的法律。如果其他地区的国家不能适用这种法律，则是这些国家的问题，而非该法律规则本身的问题。若果真如此，被殖民过被否定了国际法主体资格的非欧洲国家，则要对经"文明化国家"带来的国际法顶礼膜拜，因为最终是这一国际法赋予本国以

---

① Simpson, Gerry, *Great Powers and Outlaw States* (Cambridge: Cambridge University Press, 2004), preface, xiii.

② Von, Franz Liszt, *Das Völkerrecht: Systematisch dargestellt* (5th edn.) (Berlin: Häring, 1907), pp. 15 – 38.

国际法资格，至于当时被帝国扩张时侵略和剥削的历史，不过是已经过去的历史，不过是历史长河中不足为道的些许代价。这一观点产生在西欧国家间的学者也许不足为奇，若非欧洲的学者也认同这一观点，则威斯特伐利亚体系真可谓无往不利，在遭遇昔日西欧及其盟友的强大军事力量压制之后，今时我们的思想也被人压制，我们也许不自觉地已经成为西欧力量的同盟。这是否适当，即使是西方的国际法学者也已经在质疑并且在思考。[①] 作为非西方背景的学者，若还对此无知无觉，真是落入了让自己的头脑成为他人思想跑马场的地步。

（二）实现国际法主体资格的道路有多远：主权国家到主体国家

从国际法的发展历史看，主权国家的地位只是一国参与国际法语言体系的理论资格，经由接受此体系，国家获准进入此法律体系内。只是要实现此资格，却仍然有一条漫长的道路要跋涉。这种渊源于西欧的地方法律规则，天生地对非西欧国家具有歧视，尤其是在文明程度上区分先进的西欧文明和落后的非西欧文明的做法更将这种歧视正当化和合法化。

西欧国家在 19 世纪下半期进行武力征服殖民地活动的同时，也就消弭西方和非西方国家间的文化差异做出了努力，即推行所谓的"文明"标准。最终推行的结果，非西方国家被认为并不满足这些标准，殖民化和半殖民化进程推进的同时，这些国家也就因此"全部或部分被剥夺了作为国际社会成员的资格，沦为国际法的客体"。[②] 19 世纪的国际法视野中，西欧国家自然是主权平等的国家，是国际法的主体；而殖民地国家则被视为主权阙如的国家，或者说是主权不完整国家。[③] 既然是主权阙如或不完整的国家，自然不可

---

① Anghie, Antony, *Imperialism, Sovereignty and the Making of International Law* (Cambridge: Cambridge University Press, 2004), pp. 5 - 6.

② 蔡从燕：《国际法上的大国问题》，《法学研究》2012 年第 6 期，第 190 页。

③ Anghie, Antony, *Imperialism, Sovereignty and the Making of International Law* (Cambridge: Cambridge University Press, 2004), p. 5.

国际法新命题

能是具有充分完整资格的国际法主体。

主权不完整国家要获得充分的主权，经历的要么是民族解放战争，要么是被委任托管之后走民族自决的途径。从第一个被托管的领土出现在历史上到联合国托管委员会终结，其间经历了数十载。获得充分主权资格之后，意味着一国必须全然接受规则体系的约束，但要进一步获得对此规则体系的正当性和发展前景发言和对话的资格，却仍需受到其他约束。这种约束经由二战后大量产生的国际组织和国际合作机构以及相关条约体系而制度化和正式化。政治层面的联合国，经济上的国际货币基金组织、世界银行和关税与贸易总协定/世界贸易组织，军事上、环境上的类似国际组织，再加上不胜枚举的区域性组织以及条约体系，诸如此类国际组织的存在，导致国际社会上出现类似于俱乐部的现象。这种立体互动的国际制度结构和条约体系，使得完整主权的西欧国家与要实现完整主权的非西欧国家间的中心边缘关系被确定化。意欲在这样确定的体系中实现真正的主权平等，一国需要层层通关，并完成体系核心成员的终极考验，只有在更进一步获得了俱乐部资格，承担新进国家的重重义务并承认核心国家的既有权利，一国才真正获得对相关规则体系的平等对话者地位。

简言之，一国成为主权国家，不过是获得了体系内成员的法理资格；这一资格要成为现实，则分别需要在国际政治、国际经济、国际环境以及国际军事甚至国际文化方面一一落实。然而，事实上的情形一如 Anghie 所指出的，被人视为解放非欧洲国家以及赋予其主权资格的国际法机制，最终反而是削弱这些国家的能力并最终将这些国家驱逐在外。① 这不禁让人提出这样的疑问，"是否有可能建

---

① Anghie, Antony, *Imperialism, Sovereignty and the Making of International Law* (Cambridge: Cambridge University Press, 2004), p. 6.

立一种不是帝国主义的国际法"。①

三　21 世纪海上丝绸之路建设背景下现代国际法体系内容的非成熟性

对国际法的这种反问，意味着国际法依然存在诸多令人不满意之处。或者说，国际法的发展经历了近四百年，若就此断言此规则体系已经成熟，则不能令人信服。这种不信服在国际关系学界和国际法学界一直存在。在国际关系学界，尤其是在现实主义学派中，国际法始终处于被轻视甚至被忽视的位置。② 其基本观点就是国际法仍然是一种很原始的法律，③ 国际领域内的无序状态以及危险也不能通过国际法化解。④ 如果考虑到美国国际政治学界的许多有影响力的学者都是具有法律教育背景的，⑤ 这种轻视甚至忽视就值得国际法学人给予足够的重视。在国际法学界，学者对国际法的发展阶段也存在类似观点，即"国际法从出现之初直到现在，一直呈现着一种初级法的状态"。⑥ 事实上，关于国际社会的秩序发展水平，早在《奥本海国际法》中就有相应的提法，当然，作者以及后来的修订者都否定了将国际社会归为原始社会的说法。⑦ 其否定的原因

① Anghie, Antony, *Imperialism, Sovereignty and the Making of International Law* (Cambridge: Cambridge University Press, 2004), p. 317.
② 何志鹏：《国际法哲学导论》，社会科学文献出版社，2013，第 32 页。
③ Morgenthau, Hans, *Politics among Nations: The Struggle for Power and Peace* (New York: Knopf, 1948), pp. 295 – 296.
④ Kennan, George, *American Diplomacy* (Chicago: University of Chicago Press, 1984), p. 95.
⑤ 其中具有代表性的学者包括 Hans Morgenthau, John H. Herz [提出安全困境 (security dilemma) 的命题], Karl Wolfgang Deutsch [提出安全共同体 (security community) 的命题]。See Söllner, Alfons, "Vom Völkerrecht zum science of international relations. Viertypische Vertreter despolitikwissenschaftlichen Emigration," in Ilja Srubar, ed., *Exil, Wissenschaft, Identität: Die Emigration deutscher Sozialwissenschaftler 1933 – 1945* (Frankfurt: Suhrkamp, 1988), pp. 164 – 180.
⑥ 何志鹏：《走向国际法的强国》，《当代法学》2015 年第 1 期，第 152 页。
⑦ 〔英〕劳特派特修订《奥本海国际法》上卷第一分册，王铁崖、陈体强译，商务印书馆，1989，第 6 页。

在于作者认为国际社会的主要成员已经是文明国家，由文明国家组成的国际社会自然不可能处于原始社会阶段。这种说法隐含着一个观点，国际社会是由文明国家构成的，非文明国家不被考虑。

西方主权国家模式拓展至殖民地的初衷，并非毫无善意，而最终的结果却与推行者和为此高唱赞歌的学者背道而驰。[1] 意欲以具有强烈地方特征的文明，经由资本和强力所开辟的道路进入世界其他地区并就此成为"普适文明"，实在有些勉强。这种天真的意图，加之规则本身的种种不成熟，国际法时常被人左右、被人操纵、被人轻视、被人恶意利用也就不足为奇。

主导了国际法发展的西欧国家，当然也会对国际法发展的非成熟性予以反思。在 20 世纪和 21 世纪之交时，国际社会出现了很多新情况。这包括国际刑事法庭对米洛舍维奇、卡拉季奇、姆拉迪奇等人的定罪，国际法中非国家行为体参与度的提高，WTO 被抗议，世界银行以及国际货币基金组织被指责忽视社会成本和环境成本，非政府组织在推动环境保护条约缔结上发挥重大影响等。人们对国际体系以及国际体系所应倡导的规则或者国际法开始发出不同的声音。[2] 詹姆斯·克劳福德（James Crawford）提出，我们为平等而进行的斗争具有一种很强大的价值。在这样的价值下，我们应竭力反对出现一国有权动用武力而另一国无权动用的局面，反对西方文明成为或已经成为法律人格的判准。[3] 这是真正具有学者社会责任感的观点，也是对于当前国际法非成熟性以及需要进一步发展的判断。

---

[1] Koskenniemi, Martti, *The Gentle Civilizer of Nations* (Cambridge: Cambridge University Press, 2001), p. 3.

[2] Weiss, Edith Brown, "The Rise or the Fall of International Law?" *Fordham Law Review* 69 (2000): 345.

[3] "We should struggle against the view that civilisation (and Western civilisation at that) ever could be, or could have been, a criterion for legal personality." See Simpson, Gerry, *Great Powers and Outlaw States* (Cambridge: Cambridge University Press, 2004), viii.

第二节 21 世纪海上丝绸之路背景下维护现代国际体系的国际法演变

一 21 世纪海上丝绸之路背景下分析现代国际法"体系外国家"的体系内进程

(一) 国际法上国家间的"异我之分"传统之下的内容

国家间的内外之别或者优劣之别，在国际法的源头就有体现了。16 世纪上半期的弗朗西斯科·维托利亚在论及西班牙在美洲的战争时，留下两篇著名的讲义，即《最近发现的印第安人》和《西班牙人对野蛮人的战争法》。[①] 这两篇讲义被卡内基基金会出版的国际法经典系列列为开篇之作。[②] 在国际法研究的历史中，学者一般认为维托利亚的这两篇讲义宣示了一种平等适用于所有人的国

[①] 弗朗西斯科·维托利亚 (1480~1546) 在萨拉曼卡大学授课的讲义，死后由其学生汇编出版，即 1557 年的《神学感想录》(*Relectiones Theologicae*)。书中包括的这两篇讲义题目分别是 De Indis Noviter Inventis 和 De Jure Bellis Hispanorum in Barbaros，杨泽伟教授将其译为《最近发现的印第安人》和《西班牙人对野蛮人的战争法》，另外杨泽伟教授将其名字译为维多利亚。参见杨泽伟《国际法史论》，高等教育出版社，2011，第 45 页。一般来说，其名字写作 Francisco de Vitoria，也有写作 Franciscus de Victoria，通常使用的是前者，故此处译为维托利亚。另外所谓的野蛮人，其意指的是印第安人并非基督教信徒，未受到基督教教义的感化。当然，此时期很多人将印第安人视为奴隶、罪人、异教徒、野蛮人、少数人、非正常的人以及兽类。

[②] Anghie, Antony, *Imperialism, Sovereignty and the Making of International Law* (Cambridge: Cambridge University Press, 2004), p. 13.

际法的诞生，认为西班牙人对印第安人的战争应受到人类社会通行
的战争法约束，①弱小的印第安族群也是法人，享有与欧洲国家的
同等权利。②事实上，印第安人并未被视为构成如同欧洲国家般的
主权国家，而是在假定其与西班牙人平等的前提下，西班牙人以物
交易印第安人黄金的做法是平等主体间的自由契约行为，西班牙人
有权在此旅居；倘若印第安人拒绝西班牙人进入其居住地，则会构
成西班牙人动用武力的正当理由。而且，由于其文化与"普适适
用"的西班牙文化不同即应被拯救。当然，担任拯救使命的必然是
为世界确立了行为规则的西班牙。西班牙就此获得了干涉印第安的
权利，可以代表受印第安规则迫害的人采取行动，包括军事行动。③
这显然是西班牙以己为判准的强权结论。

1568～1648 年，西班牙和荷兰卷入一场旷日持久的欧洲战争之
中，史称八十年战争。这场冲突最终导致荷兰的贸易公司与经教皇
亚历山大六世敕令获得全球海洋控制权的葡萄牙和西班牙东亚海上
利益的冲突。④ 其间发生了东印度公司下属公司捕获葡萄牙的凯瑟

---

① 杨泽伟：《国际法史论》，高等教育出版社，2011，第 45 页。See also Kooijmans, Pieter Hendrik, *The Doctrine of the Legal Equality of States*: *An Inquiry into the Foundations of International Law* (Leyden: A. W. Sijthoff, 1964), p. 57.

② Kooijmans, Pieter Hendrik, *The Doctrine of the Legal Equality of States*: *An Inquiry into the Foundations of International Law* (Leyden: A. W. Sijthoff, 1964), p. 57.

③ Anghie, Antony, *Imperialism, Sovereignty and the Making of International Law* (Cambridge: Cambridge University Press, 2004), pp. 22 - 23.

④ 关于教皇敕令对全球海洋控制权的划界，可参见〔法〕雅克·阿尔诺《对殖民主义的审判》，岳进译，世界知识出版社，1962，第 125 页；也可参见杨泽伟《国际法史论》，高等教育出版社，2011，第 27 页。葡萄牙实力在 16 世纪有所下降，且由于海外殖民地的扩张致使大量具有野心和才能的子民前往海外，农业被忽视。国王塞巴斯蒂安在征服摩洛哥时战死，且没有继承人，其叔祖继承王位，但也于 1580 年无嗣死去。自 1385 年统治葡萄牙的阿维兹（Aviz）王朝告终，西班牙的菲利普二世是葡萄牙国王曼纽尔的孙子，成为王位直接继承人。虽然遭到一些反对，菲利普二世最后还是征服了里斯本，于 1581 年进入里斯本，成为葡萄牙的菲利普一世。由此，葡萄牙在 1581～1640 年间被西班牙统治。西班牙与荷兰在 1609～1621 年处于休战期间。参见威尔·杜兰《世界文明史》第七卷"理性开始时代"，幼狮文化公司译，东方出版社，1998，第 224～225、368 页。

琳号事件。① 基于此事件及后续的东印度公司内部争议，格劳秀斯在 1605 年写成了其首部著作——《捕获法及战利品评论》。在相关评论中，格劳秀斯将葡萄牙描述为"极端残忍的敌人"（exceedingly cruel enemies）。② 此后，在欧洲对抗路易十四时，路易十四被描述为怪物、亵渎神明的人，更甚于土耳其人的野蛮人。③

18 世纪，欧洲对非洲的态度很极端地分为两类：要么基于其人文不同于欧洲共享的价值观念而将其彻底定位于国际法客体的角色上；要么将其彻底理想化为高贵的原初状态，是欧洲已经遗失的黄金年代的代表。④ 无论是哪种态度，都隐含着对非欧洲族群的自我隔阂。

19 世纪中期，文明国家与非文明国家的划分（civilised and uncivilised nations）将这种对国家间的区别对待正式推入国际法的领地。19 世纪 70 年代，社会人类学和进化社会学理论的基础假说得以确立，即人类社会是不断地由原始社会阶段化地进化至文明社会。⑤ 欧洲国家当然自视为先进的、文明化的国家，从其渊源于西

---

① 1604 年，阿姆斯特丹的一家捕获法院宣布，此次捕获是合法的，此船属于荷兰公司。由于公司股东有一部分人是主张生活简朴反对兵役反对战争的门诺派教徒，因此对此判决很不满意，认为不能掠夺他人财产，拒绝接受其收益。并且威胁要在法国成立一家竞争性公司。See Wight, Martin, *Western Values in the International System*（A），Butterfield, Herbert and M. Wight, eds., *Diplomatic Investigations*: *Essays in the Theory of International Politics*（Harvard University Press，1968），pp. 104 – 105.

② Grotious, Hugo, "De jure praedae commentarius（1605），" in Scott, J. B., ed., *The Classics of International Law*（Washington D. C.: Carnegie Institution of Washington，2010），p. 1.

③ 参见威尔·杜兰《世界文明史》第八卷"路易十四时代"，幼狮文化公司译，东方出版社，1998，第 142 页。

④ Rousseau, Jean-Jacques, *A Discourse on Inequality*, trans. with introduction by M. Cranston（London，Penguin，1984），pp. 143 – 145；Burrow, J. W., *Evolution and Society*: *A Study in Victorian Social Theory*（Cambridge: Cambridge University Press，1966），pp. 4 – 6，75 – 76. 将其理想化的描述，White, Hayden, *Tropics of Discourse. Essays in Cultural Criticism*, Baltimore and London（Johns Hopkins University Press，1985），pp. 183 – 196。

⑤ 在康德看来，世界历史就是"内在和基于此目的的外在完美政治体系这一自然隐藏计划的实现"。See Kant, Immanuel, *Idea for a Universal History with a Cosmopolitan Purpose*, *Political Writings*, trans. by Hans Reiss（Cambridge: Cambridge University Press，1991），pp. 41 – 53.

国际法新命题

方长久历史中的某个理论，譬如斯多葛学派的"普适主义"获得文明发展理论背景。^① 论证欧洲经由此后漫长年代的不断发展和完善，已经到达了此时的文明高度。尤其是英国维多利亚时期的繁荣，使得此理论看上去简直完美。而其他国家，包括非洲、亚洲以及远东地区的国家尚未进化至如同欧洲这样高度的文明和法治。为了传播"文明"，为了拯救落后地区的人民和国家，西欧各国以教士、教会和学校为微观载体，以军事攻击突破目标国的抵抗，以政治管理为宏观控制，对这些地区实施殖民统治。

20世纪初期，这种殖民统治仍在继续，一战结束后，战败的同盟国不得不放弃其海外殖民地，而这种放弃最终衍生出来的就是委任领土。在国际法院1950年7月11日发表的西南非洲国际地位咨询意见中，国际法院指出：西南非洲是德国海外属地之一，依照《凡尔赛和约》第119条，德国放弃对它的一切权利，并移交给主要协约国。就西南非洲的地位问题，法院最后指出：国际法院认定在与联合国一致的情况下行事时，南非联邦有确定和改变该领土国际地位的权力。20世纪中期开始，由于二战结束后美苏之间的对立以及冷战爆发，这种异我之分愈演愈烈，甚至达到生死之争的地步。

20世纪后期，继续出现了所谓流氓国家、邪恶轴心；西欧国家则将自己定性为有"良好教养"的国家，或者真善美的国家（virtuous states），不符合其要求或期望的国家则被定性为不好的、不自由的罪犯国家，甚至是无赖国家（pariah states）。^② 反恐战争更是这样的体现，甚至是一种极端体现。有学者将其视为对基于主权平等和权力克制的国际秩序的致命一击，以至于国际法就此被终结。在

---

① Despagnet, Frantz, *Cours de droit international public* (2nd edn) (Paris: Larose, 1889), pp. 5 – 26.

② Rawls, John, "The Law of Peoples: A – M Slaughter, International Law in a World of Liberal States," *European Journal of International Law* 6 (1995): 503 – 538.

反恐战争语境下的国际社会，已经演变成了敌人和朋友的国际社会，不再是主权平等国家间的社会。① 这种大国、大国的朋友和大国的敌人的语言，其实自 1815 年就开始在国际法体系内发声，与国家间主权平等这一语言共同影响着国际法的发展脉络。

（二）"拯救异化国家"的历史

维托利亚描述的印第安，像一个患上"精神分裂症"的病人一般亟待拯救。理论上，印第安人和西班牙人一样，他们也是具有理性的族群，也可以理解万民法（jus gentium）的普遍约束力；实际上，印第安人的行为方式与由西班牙确立的普适规则要求的行为方式相去甚远。因此，印第安人需要被拯救，即使是通过战争的方式。战争，在拯救印第安人的意义上，是一种正义之战。

> 如果西班牙人在行为和言辞上已经竭尽全力，表明他们不会干涉当地原生居民的和平和安宁，而后者无论如何都固守其敌意且竭力摧毁西班牙人，他们（西班牙人）就可以对印第安人作战，且不再是对良民而是对伪饰的敌人，可以对其行使一切战争的权利，掠夺其财产，剥夺其自由，废黜其君主且再立新君。②

借着战争的力量，印第安人的土地和财产最终转化成了西班牙的土地和财产，土地上的原居民则沦为奴隶，这就是所谓的拯救。诸如此类的拯救在西欧各国的扩张中一再重复，被"拯救"的殖民地不断出现。先期的地理探险者被描述为"旅行者"，紧随其后的是负责精神净化野蛮人的传教士，负责武力消除抵抗的军队，负责

国际法新命题

------

① Simpson, Gerry, *Great Powers and Outlaw States* (Cambridge: Cambridge University Press, 2004), preface ix.

② Victoria, Franciscus De, *De Indis et de Ivre Belli Relectiones*, in Ernest Nys, ed., trans. by John Pawley Bate (Washington D. C.: Carnegie Institution of Washington, 1917), p. 155.

在当地繁衍和建设的农民、矿工以及工程师。① 这些殖民地在国际法上从来不是国际法主体，而只是国际法的客体，并随着权力在列强间的分配态势被不断地转手，譬如菲律宾先是被西班牙殖民，而后成为美国主政的国家，二战之中又成为日本的殖民地。另一个典型的拯救例子是国联时期的委任及其延续至联合国时期的托管制度。这种自我宣称为文明国家的世界责任的法律制度，其实不过是以一种救世主姿态出现的傲慢与偏见的产物。

（三）国家间"异我之分"传统对国际法发展的影响

这样的傲慢与偏见，让国际法中出现的强烈被工具化的倾向获得支持。在国际法发展的初始阶段，国际法是存在价值上的追求的，即对抗帝国和教皇权威，实现主权平等的分权以及主权在国的权力世俗化。然而，这一价值诉求的前半段在如前文所述的对外扩张中逐渐被废弃，国际法成为征服和殖民的语言以及工具，并且越来越近于权术、远离道德，并最终在二战前后目睹国际法无力维系和恢复国际秩序的危机。二战之后，国际法虽然被重新重视并且在国际制度和规则不断增多的过程中得到强化，却在多个场合下再度出现被工具化的倾向。国际法被工具化，使得其对大国显得无能，对弱小国家显得霸道。国家间的异我之分令国家间关系的基础——国家平等——的说法简直令人无法信服。

国际法上国家间异我之分的典型，在于守法的良序国家和不守法的法外国家的区分。前者自然是国际法的适格主体，后者的资格却成疑问。历史上，这个被非良序的法外国家名单包括 1923 年之前的土耳其、魏玛共和国、中国、越南、苏联、伊朗、伊拉克、利比亚、叙利亚等。良序国家与非良序国家最为激烈的例证，就是冷战对国际法的影响。以冷战对国际法院的运作产生的影响为例，在国际法院初期对联合国大会提交的咨询意见的申请处理时，包括基

---

① 〔英〕哈·麦金德：《历史的地理枢纽》，林尔蔚、陈江译，商务印书馆，1985，第 44 页。

于《联合国宪章》第 4 条有关成员资格规定产生的争议，① 即接纳一国为联合国会员国的条件。联合国大会关于接纳一国加入联合国的权限，与保加利亚、匈牙利和罗马尼亚的和约的解释等均是西方和苏联及其盟国之间紧张关系的体现。② 苏联坚决反对向国际法院寻求咨询意见的观点，并且对法院做出此类咨询意见的资格表示强烈质疑。③ 当时苏联学者柯罗文（E. A. Korovin）发表了一篇论文，直指美国对国际法院的操纵。④ 也正是基于此，苏联直至 1962 年才在联合国的某些经费问题一案中，由童金教授代表苏联向法院进行口头陈述，首次参与国际司法过程。需要注意的是，俄国以及苏联对于国际司法机制的建立都曾积极推动并做出诸多贡献，无论是设立常设仲裁庭还是设立国际法院。⑤

对国际司法机构的操纵，直至今日仍然存在。最为新近的例子就是美日主导的国际仲裁庭仲裁菲律宾诉中国的南海仲裁案。此案中，仲裁庭忽视确立管辖权的前提在于法律争端的存在，忽视国际司法实践中管辖权确立的一般原则为当事双方同意，忽视《联合国海洋法公约》第 298 条允许的例外而强行确立管辖权，忽视《维也纳条约法公约》规定的条约解释方法而自行解释公约所规定的岛屿的定义、自行解释《南海各方行为宣言》的性质，无视《联合国

---

① 《联合国宪章》第 4 条：

　　一、凡其他爱好和平之国家，接受本宪章所载之义务，经本组织认为确能并愿意履行该项义务者，得为联合国会员国；

　　二、准许上述国家为联合国会员国，将由大会经安全理事会之推荐以决议行之。

② Rosenne, Shabtai, "The Cold War and the International Court of Justice: A Review Essay of Stephen M. Schwebel's Justice in International Law," *Virginia Journal of International Law* 35 (1994 - 1995): 671.

③ Peace Treaties, 1950 I. C. J. at 105.

④ Korovin, E. A., "Mezhdunarodnii Sud na sluzhbe Anglo - Amerikanskogo Imperializma (The International Court in the Service of Anglo - American Imperialism)," *Sovetskoe Gosu-darstvo i Pravo* (*Soviet State and Law*) 5 (1950): 56.

⑤ Rosenne, Shabtai, "The Cold War and the International Court of Justice: A Review Essay of Stephen M. Schwebel's Justice in International Law," *Virginia Journal of International Law* 35 (1994 - 1995): 680.

海洋法公约》规定"确认本公约未予规定的事项，应继续以一般国际法的规则和原则为准据"的内容，无视《联合国海洋法公约》第7条第4款以及第13条第1款所承认的低潮高地的法律地位，只是为了实现某种政治目的而强行确立管辖权并做出疏漏百出的裁决，明显被工具化的国际法当然不可能对国际法治做出积极贡献，反而浪费了许多国际法学人的努力和智慧。

在国际法被工具化并且承认异我之分的同时，不可避免地就会使得国际法烙上天然的效力和约束力不足的印痕。这也就可以让我们理解为何对国际法效力的否定观点伴生着国际法的所有发展阶段。国际法产生之初，霍布斯和普芬道夫以及后来的奥斯汀持有同样的观点，即国际法并非真正有约束力的法律，法律只是主权政治权威制定和执行的行为规则的总体。一战后，国际法的基础究竟是什么为学者所关注；二战前后，国际法被公然破坏的事实导致学者广泛地对国际法进行进一步的批判，[①] 以及一批学者试图回应这种批评的努力。这种批评虽然没有否定国际社会秩序中的法律性质及其约束力，却主张国际社会秩序中，政治方法而非法律方法才是适当的方法。

二 21世纪海上丝绸之路背景下分析国际法规范的国际关系重心的变迁

（一）早期（1648～1914）国际法规范重心：战争与和平[②]

建立永久和平的观念产生于14世纪初，[③] 这个理念从未消失过，甚至每次重大战争爆发之后，这种观念就会强势反弹。汉斯·

① 〔美〕汉斯·凯尔森：《国际法原理》，王铁崖译，华夏出版社，1989，序言。
② 何志鹏教授将此时间点划定在20世纪，可参见何志鹏《从"和平与发展"到"和谐发展"——国际法价值观的演进与中国立场调适》，《吉林大学社会科学学报》2011年第4期，第115页。
③ 〔英〕劳特派特修订《奥本海国际法》上卷第一分册，王铁崖、陈体强译，商务印书馆，1989，第57页。

摩根索在其重要著作中，表达了对普遍和平如何实现的关注。根据王缉思的总结，摩根索给出的是这样的思路：恢复外交传统→国际和解→国际共同体→一个有中央政府的世界国家→世界和平。这其中的关键在于如何通过实现国际社会的内聚力，或者全体成员的共同身份认定构建国际共同体。只有在世界经济稳步发展、国际生活民主化、各国人民意旨得到充分尊重的前提下，国际社会和平才能得到巩固。①

摩根索的这一理念在历史上曾多次出现。1648 年《威斯特伐利亚和约》缔结后，欧洲并没有真正结束战争。战胜了西班牙无敌舰队的英国海军，在世界海洋到处都能遇到荷兰的船队。于是一些英国人认为"无所不在的荷兰，应该被无所不在的大英帝国代替"。英国和荷兰之间的战争就此爆发，法国不久之后也入侵了西班牙属荷兰。中间虽然经历了短暂的和平，但最终战争持续了下去并以荷兰失败而告终。法国拥有当时最强大的陆军，势力席卷欧洲，激起了席卷几乎半个欧洲的法国、英国、荷兰和西班牙之间的"巴拉丁战争"。并最终爆发了 1702 ~ 1713 年的西班牙王位继承战争。

此次战争结束之后，圣皮埃尔修道院院长查尔斯·卡斯特尔（Charles Castel）自乌特勒支回国后，于 1713 年发表了永维新建和平之计划（Projet Pour vendre la Paix perpetuelle），在计划中他提出这样的设想：欧洲各国成立国际联盟、常设代表会议、建立仲裁机构、缔结国际条约、联合裁军、建立统一的欧洲金融和度量衡。②卢梭在 1760 年发表了《建立永久和平的方案》，"凭借同样的宗教、国际法和道德标准，凭借文字和商业，凭借一种均衡（a kind of equilibrium），欧洲列强构成一个体系；这种均衡是上述所有联系的

---

① 王缉思：《摩根索理论的现实性与非现实性》，载〔美〕汉斯·摩根索《国家间政治——寻求权力与和平的斗争》，徐昕、郝望、李保平译，中国人民公安大学出版社，1990，译序，第 17 页。

② 〔美〕威尔·杜兰：《世界文明史》第八卷"路易十四时代"，幼狮文化公司译，东方出版社，1998，第 157 页。

一个必然后果。"① 1795 年，康德写成了《永久和平论》，提出了关于"国与国之间永久和平的正式条款"。②

18 世纪再度引起人们关注的永久和平理念在 19 世纪上半期越发显得有吸引力和说服力。维多利亚时代中期，人们开始普遍抱有这样的信念，科学和工业革命终将带来和平与和谐。即使 1853 年爆发了克里米亚战争，这种信念依然存在。但 1870～1871 年普法战争的爆发导致这种和平信念面临被摧毁的危险。梅因称其为"最伟大的现代战争之一，或许在战争激发的暴力和情感上再也没有能超出其右者"。③ 在其所著的《国际法》一书中，梅因提出此时的国际法就是"确立规则以及可能的规则，以求消除战争的罪恶，有朝一日也可有助于消除国家间战争"。④ 耶林更在其《为法律而斗争》的书中提出，斗争而非缓慢的发展与和谐才是法律的核心。⑤ 拉森在 1871 年的著作《国际法原则和未来》中，对当时广受欢迎的康德式的观点，即国际发展会朝向一个更和平和国际性的世界方向予以抨击。他提出，国家总是对彼此充满了恐惧，渴求更大的财富、荣誉和权力。任何理性解释都不能改变存在于其本性中的这一切，幻想着另一面只会带来令人心痛的失望。梦想国家间和国家至上存在法律秩序，不过是一种混乱无脑的臆想，孕育于软弱和虚假的情感之中，其所得到的现实合理性的表象不过是源于言辞和理智的误用。⑥ 战争与和平的这种冲突，引起了学者们的思考和回应。国际法研究院就是在此背景下得以设立。⑦ 规章第一条记下了研究院的

---

① Knutsen, Torbjorn L. , *A History of International Relations Theory* (Manchester University Press, 1997), pp. 118 – 119.

② 〔德〕J. G. 费希特：《评〈论永久和平〉》，李理译，《世界哲学》2005 年第 2 期，第 58～62 页。

③ Maine, Henry Sumner, *International Law* (London：Murray, 1887), pp. 128 – 129.

④ Maine, Henry Sumner, *International Law* (London：Murray, 1887), p. 1.

⑤ Jhering, Rudolf, *Der Kampf ums Recht* (Berlin：Philo, 1925), pp. 58 – 62.

⑥ Lasson, Adolf, *Princip und Zukunft des Völkerrechts* (Berlin：Hertz, 1871), pp. 22 – 26.

⑦ Martti, Koskenniemi, *The Gentle Civilizer of Nations* (Cambridge：Cambridge University Press, 2001), pp. 39 – 41.

目的：文明世界的良知。

进入 20 世纪时，国际法学者的基本观察仍然是以武力决定人们命运的事实日渐增多。① 19 世纪中期出现的正义与平等的理想正逐渐撤离出国际法。国际法的正向发展成就自然不可否认，诸如条约法和国际私法的增加以及技术进步、仲裁的发展、国际合作机制的出现等，这些却远不足以与负向的事实相抗衡。真正的国际社会并未产生，其范围依然局限于欧洲，人民与国家的基本权利与 19 世纪相比也没有明显改进。欧洲对其他区域的姿态依然高傲：领事管辖权、领事裁判权、殖民战争几乎令人麻木。世纪之交的国际法学者发现，当他们准备以维多利亚时期繁荣富足滋生的世界主义和文明进步信念看待世界时，却发现世界历史转向了帝国主义。②

一战结束之后成立的国际联盟（League of Nations），也算得上是国际法发展历史上的一次值得注意的事件，毕竟这几乎可以认为实现了对国际社会实行法治化的理念，维持和平似乎也获得了更大的制度性支持。③

耶鲁学派代表学者麦克道格在二战前后，受摩根索功能主义法理学的影响，也提出国际法应为国家在处理国际关系和外交关系时提供制定政策的建议，耶鲁学派甚至直言，"当前法学院教育中传

---

① Catellani, Enrico, "Le droit international au commencement de XXe siècle," *Revue Générale de Droit International Public* 8 (1901): 585.

② 根据克斯肯奈米教授的研究观察，极少有人将帝国主义和国际法联系起来。帝国主义似乎太过政治化，因此不宜成为学术语言。Max Planck 国际法百科全书没有帝国主义的词条，国际法主要教科书中也没有这个词。极少使用的情形，是国际法学者将其视为领土获取历史的一部分。20 世纪的国际法学者中，只有这本书对此问题做了系统研究，Fisch, Jörg, *Die europäische Expansion und das Völkerrecht* (Stuttgart: Steiner, 1984)。21 世纪，还有一位学者做了相关研究，Anghie, Antony, *Imperialism, Sovereignty and the Making of International Law* (Cambridge: Cambridge University Press, 2004)。在有关欧洲帝国主义的历史出版物中，除了将国际法作为占领非欧洲领土获取主权的依据外，也很少提及。See Martti, Koskenniemi, *The Gentle Civilizer of Nations* (Cambridge: Cambridge University Press, 2004), p. 99.

③ Anghie, Antony, *Imperialism, Sovereignty and the Making of International Law* (Cambridge: Cambridge University Press, 2004), pp. 123 – 127.

承的大多内容都是浪费时间"。① 因为形式规则令人失望，而且不一致，模糊，处处是漏洞。由此看，这些规则不过是在记录既往决定的轨迹，对于民主社会当前自由遭受威胁、人类尊严遭遇危机的情形，这些形式上的规则根本无能为力。法律不仅仅是一套规则，还必须同时具有控制和执行的权力。但同时，麦克道格也反对摩根索提出的"纯粹权力政治"。

国际法耶鲁学派的出现，其实也显示了二战结束之时，学界对国际法关注重点发生变化的关注。传统国际法以国家间和平与战争问题为关注核心，② 随着二战结束，这一中心是否依然可保持其地位则存有疑问。

（二）中期（1945～1995）国际法规范重心：合作与发展

国际法由协调国际法转向共存国际法的说法是由弗里德曼教授提出的。以弗里德曼、亨金等为代表的哥伦比亚学派超越了耶鲁学派。哥伦比亚学派并不认同有关大国对抗的内容，而是试图发展出"人类共同法律"的概念。这一概念的重心在于，国际法可以通过联合国机构以及其他国际组织和机构，实现维护和平以及资源分配的目的。③ 弗里德曼的这个提法，其实暗含另一层含义，即国际法基础发生了变化：由传统国际法上的主权平等以及共同同意转向基于共同利益实现的主权限缩。他们试图将国际法界定为一套成熟的技术手段，通过此手段可以缓和主权以及国际共同社会间的张力关系。

在弗里德曼看来，战争与合作都是实现国家利益的工具。二战

① McDougal, Myres S., and Harold Lasswell, *Legal Education and Public Policy: Professional Training in the Public Interest*, [1943], in McDougal, Myres S. and Associates, *Studies in World Public Order* (New Haven Press and Nijhoff, 1987), p. 57.

② McDougal, Myres S., and W. Michael Reisman, "The Changing Structure of International Law: Unchanging Theory for Inquiry," *Columbia Law Review* 65 (1965): 811.

③ Friedmann, Wolfgang, *The Changing Structure of International Law* (New York: Columbia University Press, 1964), pp. 60–71, 82–95.

后，国际社会的整体环境发生了变化，这使得合作实现国家利益的观念得到更大的认同。这一观念毫不令人意外地遭致麦克道格的批评，认为其不过是重复了施瓦曾伯格有关互惠国际法和协调国际法的区分，认为其是规则导向的法学观念，因而天生地具有此学术研究流派的缺点，即对于现实的忽视。① 麦克道格教授的批评显然不足以撼动合作或共同利益的作用，同一时期国际法院法官杰赛普也表达了类似观点，即国际规范机制乃基于国际社会共同福祉而确立，各国在维护该机制上存有共同利益。② 关于国际社会共同利益的存在，国际法院的其他判决中也有类似观点和表述。③ 而战后国际组织、国际合作机制以及促成国际合作的条约的大量增多，也佐证了国际法规范重心的转移。

国际法规范重心转移并没有立刻得到国际法学界的一致认同。需要注意的是，处于由关注战争与和平关系向关注合作与发展关系转型时期的国际法，呈现两种路径并行的特点：工具主义（instrumentalism）和规范主义（normativism）。前者强调国际法是用以解决国家间彼此关系的各种问题，国际法规范与外交决策息息相关，是实现外交目标的技术途径。因此国际法应强调功能与效率，或者一如美国国际法协会所表示的，国际法即"承诺与守诺"。④ 所有的法律问题都是技术问题，法律就是一种功能性技术手段。如果形式上的国际法不够灵活或有疏漏，则可以一种更宽泛的政策守则、非正式守诺机制、软法甚至是自由民主的各项价值予以补救。

① McDougal, Myres S. and W. Michael Reisman, "The Changing Structure of International Law: Unchanging Theory for Inquiry," *Columbia Law Review* 65 (1965): 812.

② See Schachter, Oscar, "Philip Jessup's Life and Ideas," *American Journal of International Law* 80 (1986): 892.

③ Abi-Saab, Georges, "The International Court as a World Court," in Lowe, Vaughan and Fitzmaurice, Malgosia, eds., *Fifty Years of the International Court of Justice* (Cambridge: Cambridge University Press, 1996), p. 7.

④ Shelton, Dinah, ed. *Commitment and Compliance: The Role of Non-Binding Norms in the International Legal System* (Oxford University Press, 2000).

一如麦克道格所言，如果有效就认定其是法律，只要有效就认定其是该法律。这也是社会科学经常采用的：将目的之争转化为手段之争，将具象实践之争转化为工具技术之争。这种工具化法学与19世纪末期的机械法学可谓殊途同归，法学远离道德而被简化为权术，则法律也就变成了权力的面纱。这很可能引发巨大的问题甚至危机，一如二战后进入美国的大量德国学者所经历的。[①] 而且还有国际法学者将冷战的存在作为最大的例子，以证明国际法所规范的国际关系中冲突依然占据主要的地位。

对此，我们应该意识到合作的存在并不意味着国家间完全没有冲突，冲突是国际关系的一个重要组成部分。合作应该被视为一种过程，是各方基于纷争的事实相互调整政策的一个过程。[②] 冲突的存在反而证明了合作的价值和意义。合作的进一步发展，是国家间共同利益的广泛认同，国际法对此也做出了回应，这就是与冲突对应的国际社会秩序的另一个极端，国际宪政。

（三）近期（1996 年至今）国际法规范重心：一定限度的宪政

国际宪政意味着国际法与国内法处于同一法律体系，并且具有优于国内法的地位的现象。此命题所规范的国际关系虽然与霸权稳定下的国际关系存在一致性，即国际关系的垂直性，但其根本不同在于权威的最高点是由国际法占据还是由某一个国家占据。

当前的国际法中已经包含有一定数量的垂直内容。在《一个更安全的世界：我们共同的责任》中，"《宪章》规定由几个最强大的国家担任安全理事会常任理事国并享有否决权。作为交换条件，强国要用它们的力量来增进公共利益，弘扬和遵守国际法"。国际刑事法院规约中，包含类似的内容。这样的合法霸权，或者可以经

---

① Scheuerman, William E., *Between the Norm and the Exception*: *The Frankfurt School and the Rule of Law* (Cambridge: Mass. MIT Press, 1997), pp. 74 - 78, 93 - 96, 140 - 147.

② 〔美〕罗伯特·基欧汉：《霸权之后：世界政治经济中的合作与纷争》，苏长和等译，上海人民出版社，2001，第 54 页。

由这一观点予以理解："小国固然有理由担心国际组织沦为大国行使霸权的新场所，但大国担心国际组织成为众多小国损害其国家利益的工具也并非完全没有道理。"①

1970 年国际法院做出判决的巴塞罗那电车公司案中，法院指出，一国对整个国际社会所负的义务应区别于该国对另一国由于外交保护所负有的义务。② 在 1971 年 6 月 21 日发表的针对南非不遵守安全理事会第 276〔1970〕号决议的咨询意见中，法院指出南非继续驻留纳米比亚（西南非洲）是非法的，南非有义务立即从纳米比亚撤出其行政当局，结束对该领土的占领。联合国会员国有义务承认南非继续驻留的行为是非法的，非会员国也有责任协助联合国关于纳米比亚所采取的行动。这也就意味着，国际法优越于国内法是得到了国际法院的认可和维护的。国际法优于国内法，是法律一元论中的主流观点。这种观点真正体现在国际社会的实践中却是在 20 世纪 80 年代才出现的。

20 世纪 80 年代兴起的全球化，使得国家间边界不再像以前一样牢固，人员、资本、货币以及文化的跨界交流更加高效且频繁，非国家行为体参与国际关系越来越深入，③ 国际社会由平权者社会开始产生一定限度的垂直趋势。④ 如果要追根溯源，国际社会的垂直结构并非此时出现的全新事物。神圣罗马帝国时期，帝国与诸王国之间也存在一定的垂直关系，⑤ 国际关系领域现实主义理论所主张的霸权稳定理论也隐含着对国际秩序垂直现象的解释，美国在对

---

① 蔡从燕：《国际法上的大国问题》，《法学研究》2012 年第 6 期，第 197 页。
② I. C. J Reports 1970，p. 32，para. 33.
③ 蔡从燕：《私人机构性参与多边贸易体制》，北京大学出版社，2007。
④ 进入 21 世纪后，国际社会其实同时出现了融合和碎片化，国际市民社会也开始出现。参见 Weiss，Edith Brown，"The Rise or the Fall of International Law?" *Fordham Law Review* 69（2000）：347 - 351. 杨泽伟 2005 年在其论文《论国际法的政治基础》中提出，把现今的国际社会称为无政府状态不是十分准确。
⑤ 至于罗马帝国究竟是不是名副其实的帝国，可参见吴于廑、齐世荣主编《世界史·古代史编》（下卷），高等教育出版社，2001，第 341 页。

外关系处理中追求的霸权地位也不是完全与实现帝国地位和权势无关的。

冷战结束后，美国确立了国际体系内的单极大国地位，这种地位下美国的诉求毫不令人意外地反映到学术研究中。国际法学者提出主权平等其实是一种形式障碍，阻碍对动态的真实生活的理解。① 由此，美国国际学术界爆发了一场主权大辩论：辩论的核心就是欧洲国际法语言中的核心概念主权是否已经过时，是否已经阻碍了国际关系的进一步发展。毕竟，冷战结束后实现了自由民主的国际社会内，将以一个类似跨政府间网络的形式取代主权、外交、法律等形式，一种全新的国际秩序由此产生。各种主体，包括诸如法官、政府官员、公司管理层、政府组织以及非政府组织成员、利益集团等，彼此协调政策，其方式与固有的国家间合作相比将更迅速、更灵活且更有效。② 传统国际法仍然强调彼此间权利平等、权力限于领土边界之间的空间分裂，将无法适应自由贸易以及人权逻辑下生产各要素自由流通以及非国家行为体参与构建国际秩序的需求。③

美国如此公开和直白地要求大国在国际法中的特殊地位和作用，其实也是历史上出现过的大国与国际法关系的翻版，只不过是以一种似乎以推进国际关系演进和国际法发展的大旗为自身正名。

虽然有美国这种试图以一国占据权威并以国际法为名义的做法，我们却不能忽视随着国际社会治理水平的提升，国际社会的确会进入横向的平权者社会和一定程度的纵向宪政社会共存的阶段。

---

① Slaughter, Anne-Marie, "International Law and International Relations: A Dual Agenda," *American Journal of International Law* 87 (1993): 205 – 239.

② Slaughter, Anne-Marie, "The Real New World Order," *Foreign Affairs* 76 (1997): 193.

③ Slaughter, Anne-Marie, "International Law in a World of Liberal States," *European Journal of International Law* 6 (1995): 504.

此阶段内，国际法必须回应新出现的纵向关系的处理。① 这种回应，当然不应该仅限于在法律上对大国行动的约束，国际经济法领域内由于世界贸易组织的作用而产生的宪政倾向。同时，国际法必须小心谨慎地回应这一命题，即大国对国际法的超越能力越来越强导致的霸权主义或单边主义。联合国集体安全机制在 2011 年利比亚政局变化中的应用，正是这一命题的实例。2011 年 3 月 17 日，联合国安理会第 1973〔2011〕号决议，针对利比亚局势对国际和平与安全的威胁，启动了集体安全程序。这一做法的国际法意义有几点：其一，国际法对国家的约束力可以超越主权平等的限制；其二，自《联合国宪章》所明文记载的国家间垂直性得到了很明显的实践；其三，非西欧文明国家被体系内但排除在主体范围之外时，对国际法只有遵从而无发言的权利。

---

① 关于大国承担特殊法律义务的讨论，参见蔡从燕《国际法上的大国问题》，《法学研究》2012 年第 6 期，第 199～201 页。

第三节　21 世纪海上丝绸之路背景下现代
国际法演变脉络的启示

国际法始终处于不断的演进过程，这一点在国际法院的判决中也不断得到体现。① 当然，这也是一般法理学所承认的命题。

一　21 世纪海上丝绸之路背景下解读国际法的变化

（一）国际法规范范围的变化

国际法发展的四百年间出现了许多变化，从中国提出的建设 21 世纪海上丝绸之路的背景看，有几个变化尤为值得注意。其一，国际法的主体在 20 世纪中期之后急剧增多。传统国际法除了理论上认可其主权平等和国际法主体资格之外，在促成这些新兴国家——包括新兴大国在内，积极地、建构性地参与国际法发展进程上却作为不大。其原因一如前文分析所提出的，固有的地方性偏见以及文明间歧视是一种无力从内部克服甚至也不愿意从内部克服的根本性障碍。其二，国际法规范的国际关系内容也大量增加。传统国际法，或者说处于欧洲时代的国际法，更像是源于自然法而以实证法为主要表达方式的一系列外交规则、战争规则、缔约规则的技术手

---

① 国际法院：《国际法院判决书、咨询意见和命令摘录（1948－1991）》，第 88 页，ht-
tp://www.icj－cij.org/homepage/ch/files/sum_1948－1991.pdf，2016 年 8 月 1 日访问。

段。欧洲国际法时代具有明显的双重特征，即既蕴藏着国家间权力界限分配以及国家间平等的价值理念，又具有明显地以抑制战争之恶实现世界和平的技术性特征。美国主导的国际法，价值理念发生了变化，即以贸易自由化和普遍人权为关键概念取代此前的主权平等；技术规则范围也由国家间外交中的战与和扩大到了许多领域：包括贸易、金融、投资、劳工标准、知识产权保护、环境保护等多个突破国家边境的国际法规范大量产生，21世纪初出现的反恐以及打击海盗等更是完全放弃了国家边境的一种国际法语言。其三，美国主导的国际法语言，促成了非国家行为体在传统的以国家为唯一行为体的领域的参与。贸易、金融、投资以及劳工标准、知识产品保护标准以及环境保护等领域，非国家行为体的贡献甚至可以与国家的贡献相提并论。

在国际法的这些变化中，我们可以看到国际关系民主化的倾向。国际关系民主化的观点得到联合国的实践，《一个更安全的世界：我们共同的责任》中提出，"改革应让更能代表广大会员国——特别是发展中国家的国家，参加决策进程"。① 国际关系民主化对国际法的价值在于确保其主体范围的正当性，不再将国家间关系处理规则的制定权集中在甚至垄断在西欧国家和西欧化国家手中。有学者指出，由于国际关系追求的价值并不唯一，民主化应该和其他价值相互平衡，譬如国际政治效率。然而国际政治的效率和国际法的效率并不相同。国际法的效率要受制于其他价值目标：譬如公平与正义。

（二）21世纪海上丝绸之路背景下解读国际法规范重心变迁的隐喻

在国际法的上述变化中，我们也可以看到国际法已经反映出国际社会最终会形成阶段化发展的事实。国际法在最初主要服务于各

① 参见蔡从燕《国际法上的大国问题》，《法学研究》2012年第6期，第191页。

国如何彼此相处的基础上，将转向如何促成所有主权国家相互合作的方向，并且将逐渐发挥作用推动国际秩序朝向全球联合的方向发展。① 在这个方向上，国际法的作用将不可忽视。

欧洲学者基于其国际法传统，对主权平等极为重视，尤其是去殖民化的完成至少在形式上使得渊源于欧洲的现代国家体系获得了世界性的胜利，使得国际法的适用范围也拓展至全世界。欧洲国际法具有明显规则导向的特点，但此一时期的国际法实现的是有限主体间的共处，即欧洲国家与欧洲国家的衍生和模仿国。

作为欧洲的衍生国，美国在二战后成为国际权力中心，并且在国际法研究上和欧洲分庭抗礼。美国的国际法研究和欧洲截然不同，直接提出了对主权的限制甚至否定，且大肆推行人权和经济发展这一类具有帝国性质的语言和逻辑，这明显增强了国际法的垂直向特征。然而美国所追求的国际法垂直特征却并非对国际法权威的尊重，或者说并非基于国际法权威之下的垂直，而是基于美国霸权地位之下的垂直型国际体系。美国的国际法研究，论证此垂直合法性的声音在冷战结束后达到顶点，即主权大辩论。这一过程非常值得研究者警惕，因为其很可能演变成为由以往的可质疑其合法性的军事侵略转成具有合法性的制度性约束，而这一制度性约束的结果将使得原本处于国际体系边缘的国家被固定化甚至法定化，最终形成一种难以被突破的制度牢笼，我们自己在此体系内的自主性彻底被削弱甚至被抹杀，成为被此体系完全裹挟而身不由己的被动同盟者。

21 世纪海上丝绸之路建设，为我们审视国际法规范中心变迁背后的隐喻提供了一个适当的距离和背景。这一战略的实施，可以让我们冷静地反思国际法的发展过程，也可以让我思考对于国际法的发展我们究竟可以做出怎样的建设性贡献。当然，首先，我们还需要对现代国际法遭遇的困窘之境有一个适当的评价。

---

① Morgenthau, Hans, *Politics among Nations: The Struggle for Power and Peace* (New York: Knopf, 1948), pp. 211, 229–230.

二 21 世纪海上丝绸之路背景下透视现代国际法的困境

（一）二战后国际社会现实与理论描述上的激烈冲突

二战后的国际社会现实，可以从两个层面予以梳理：超级大国处理与其他国家间关系的实践，以及世界性的国际立法实践。

1965 年 4 月 28 日，美国总统林登·约翰逊披露 400 名海军陆战队队员已登陆多米尼加共和国，"以保护当地的数百名美国人并护送其回国"。随后不久，撤侨变成了一场大规模的逾两万名士兵的入侵，目的是防止多米尼加共和国当选的左翼政府掌权。5 月，总统宣称此次行动是正当的，因为美国必须"防止西半球出现另一个古巴"。之后其更直接地指出：多米尼加共和国出现共产主义政府，对于西半球和美国的和平与安全都很危险。① 时任美国国务院法律顾问的米克尔（L. G. Meeker），直接宣称美国在西半球有权力运用军事力量对抗"外国意识形态"。这种典型的以法律面具掩饰其下政策立论直接遭致国际法学者弗莱德曼（Friedmann）的批评。弗莱德曼指出，美国的这种辩解，其实是将违反国际法的行为以政治途径正当化。批评的同时，弗莱德曼又联系至美国卷入越南的行为，对美国的行为不免有些疑问：美国是不是觉得遵守国际法让其左支右绌。②

1968 年捷克斯洛伐克发起布拉格之春改革，苏联认为其有脱离社会主义阵营的倾向。8 月 20 日晚 11 时，以民航客机出现机械事故要求迫降布拉格机场为借口，数十名苏军组成的"暴风突击队"冲出客机并迅速占领机场。一场由苏联领导，民主德国、保加利亚、匈牙利以及波兰很快加入的对捷克斯洛伐克的军事入侵就此发生。

类似的事件此后在多处发生，包括在美国、格林纳达、黎巴

---

① See Harrelson, Max, *Fires all around the Horizon: The UN's Uphill Battle to Preserve the Peace* (New York: Praeger, 1989), p. 182.

② Friedmann, Wolfgang, "United Sates Policy and the Crisis of International Law: Some Reflections on the State of International Law in 'International Co-operation Year'," *American Journal of International Law* 59 (1965): 868 – 871.

嫩、利比亚、阿富汗、柬埔寨、安哥拉以及尼加拉瓜等地从事的各种军事或准军事活动。①

除了如此简单粗暴地直接侵入或干涉他国的事例，还存在另外一种显得温和且不至于太过引人注目的事例，即在自我宣称为"文明国家责任"的委任和托管制度下所发生的对"不克自立"族群的利用甚至事实吞并。瑙鲁磷酸盐采矿案以及前文提及的西南非洲（纳米比亚）案即此类实例。瑙鲁先是被国联委任后又被联合国托管，并委任了三个合作政府负责瑙鲁行政事务：澳大利亚、新西兰和英国。事实上，相关事务则由澳大利亚负责。瑙鲁磷酸盐资源丰富，澳大利亚在接受委任后很快开始开采，并对当地造成严重破坏。瑙鲁人极为反对这一点，并宣称三国政府对此损害均负有责任。独立之后，瑙鲁重申其主张，当然遭到三国政府的否认。1986年，瑙鲁设立了一个调查委员会，并要求委员会审查磷酸盐工业的法律、历史以及科学方面的问题。根据调查委员会的结论，瑙鲁政府向三方政府寻求赔偿。

美国如此简单粗暴的干涉他国的传统，从来没有间断。奥尔布莱特（Madeleine Albright）在克林顿第一任期担任美国驻联合国大使，在涉及美国和伊拉克问题时，奥尔布莱特女士声称，华盛顿的行事方式就是"我们可以就多边，我们必须就单边"。后来她担任国务卿时，重申了这种立场。克林顿更直接说，如果伊拉克没能通过华盛顿所定下的一致性考验，"每个人都会理解，彼时美国以及很有希望我们全部的盟友都将有权单边回应，时间、地点和方式由我们选择"。②

---

① 〔美〕路易斯·亨金等：《真理与强权——国际法与武力的使用》，胡炜、徐敏译，武汉大学出版社，2004，第 1~4 页。

② Everyone would understand that then the U. S. and hopefully all of our allies would have the unilateral right to respond at a time, place and manner of our own choosing. See Chomsky, Noam, "Defying the World—America: The Outlaw State," *Le Monde Diplomatique*, 2 August 2000.

进入 21 世纪，美国这一传统仍然在持续。当然，此时美国依然试图首先以国际法为自己正名。9·11 事件发生后，美国向联合国安理会要求授权，以武力解除并推翻伊拉克萨达姆侯赛因政权。美国敦促安理会采取行动，以确保国际法治。如果安理会不授权使用武力，美国将率领自愿同盟，守卫法治保护国际安全。美国最终未得到安理会授权，而是采取了单边行动，这被学者视为超级大国不耐烦于国际法实施的外交细节，且基于国际法的灵活性和实用性特征，国际法要适应新的发展动因。① 当然，也有学者评论美国自此也受到违犯国际法舆论的影响。②

在二战后众多的国际立法实践中，最具代表性且最为重要的国际立法成果当属《联合国宪章》。《联合国宪章》明文规定了国家间的主权平等原则，这称得上是国际法的重大进展。然而，"宪章虽然宣称以各国'主权平等'③ 原则为根据，但包含有与公认意义上的国家平等概念大相径庭的规定"。④其他譬如国际组织中的国家间投票权差异，国际环境法上的"共同但有区别的责任"等，这些基于国家间实力差异⑤而出现的国际法现象也都与传统的国际法理论相背离。

这一事实与我们所接受的国际法基本理论几乎存在根本矛盾，毕竟在国际法理论体系中，尤其是在去殖民化完成之后，国家间的

---

① Allen, T. Mills, "US Plans Anti-Terror Raids," *Sunday Times*, 4 August 2001; See also Glennon, Michael, *The Limits of Law, Prerogatives of Power: Interventionism after Kosovo* (New York: Palgrave, 2001).

② Reus-Smit, Christian, ed., *The Politics of International Law* (Cambridge: Cambridge University Press, 2004), preface ⅻ-ⅻ.

③ 关于国际法上的主权平等原则的起源和演变简述，参见蔡从燕《国际法上的大国问题》，《法学研究》2012 年第 6 期，第 193 页。

④ 〔英〕劳特派特修订《奥本海国际法》上卷第一分册，王铁崖、陈体强译，商务印书馆，1989，第 17 页。对于宪章内容与主权平等原则相矛盾的内容，详见第 303 页。

⑤ Cai, Congyan, "New Great Powers and International Law in the 21ˢᵗ Century," *European Journal of International Law* 24 (2013): 757.

形式平等至少已经实现，并已经成为当前国际秩序的主要特征。[①] 而美国作为超级大国对国际违法成本的承受能力以及绕开国际法单边行动的能力，却导致国际法继续坚守平权者社会这一基本假设以及主权平等这一推论遭遇重重挑战。国际法面临着再度被否定的风险。[②]

于是，国际法学者试图重新界定主权一词的含义，认为主权应该是三种"语言"交织在一起共同作用的结果：大国特权、法外国家以及主权平等。[③] 辛普森又对主权平等予以了重新界定，认为其包括三个方面的内容：形式平等、法律平等（legislative equality）以及实际平等。虽然形式平等是确定的，却经常受限于法律（合法霸权）和实际上的不平等（体系内外之别）。当然，这三者的共存并不和谐，有时候相互间难免有些龃龉。这一观点很有启发意义，它指出了国际社会的非平权事实。

国家间在物质力量（包括诸如领土大小、人口数量、经济总量、军事实力）和非物质力量（包括诸如国际政治影响力和国际话语权等）上差异非常明显，然而由于此种差异产生的大国现象以及大国对国际法的主导和影响，却长久以来并未被国际法研究所关注。[④] 其中一个很重要的原因，就是国际法的西欧地方性起源。这种起源之下，国际法一开始就被认为是具有独立平等主权的国家间

---

① Crawford, James, *The Creation of States in International Law* (Oxford: Clarendon Press, 2006), ⅵ.

② 美国对国际法的态度其实并不是真正的尊重，See Posner, Eric A. and John Yoo, "International Law and the Rise of China," Chicago Public Law and Legal Theory Working Paper, No. 127, 2006, p. 3。2001 年 9·11 之后，美国迅速宣布的反恐战争导致国际法学界出现国际法已死的论点。See Žižek, Slavoj, "Are We in a War? Do We Have an Enemy?" *London Review of Books*, 23 May 2002. See also Patrick, Stewart, "Irresponsible Stakeholders? The Difficulty of Integrating Rising Powers," *Foreign Affairs* 89 (2010): 53.

③ Simpson, Gerry, *Great Powers and Outlaw States* (Cambridge: Cambridge University Press, 2004), preface.

④ Simpson, Gerry, *Great Powers and Outlaw States* (Cambridge: Cambridge University Press, 2004), p. 165.

关系处理规则，或者说是西欧大国间的关系规则；未达到这种独立平等主权标准的国家，自然不被国际法所考虑。新兴大国的出现，才打破了这种状态。原被流放在体系外的国家，[①] 不仅有能力进入这种国际法体系，甚至要对此国际法体系主张自己的话语权。

国际法学界面对国际法主体范围扩大之后国家间权利并不平等的现实，发现以固有的基础性原则"主权平等"解释不通之后，干脆撕掉了这一理论的温情脉脉的面纱，直接宣称这种平等理念不过是一种理想，根本不是法治的根本要素。[②] 主权平等和国家权力平等并不等同。主权平等仅仅是理论上的状态，实际上要靠各国的权力。权力平等，不过是虚构的世界。[③] 甚至有国际法学者更直白地指出："国际法就是权力的对话，国际法对不同国家的不公平是原则而非例外。"[④] 更甚的是，还有人直接提出主权根本是根源于一个不幸的错误，是一个不好的词，是个多余之物。[⑤] 又或者继续保留着这层面纱，而后表示这种不平等虽然违反主权平等却是正当的，或者根本就不违反主权平等。这种牵强之词不断重复，甚至隐约有被普遍认可的趋势。

的确，法律只是上层建筑，是对社会事实和社会需求的滞后回应。但法律如果仅止于此，则法律将沦为被人操纵的工具，而非可以促成一种更好的社会秩序的体现价值追求的重要制度。的确，一

---

① Simpson, Gerry, *Great Powers and Outlaw States* (Cambridge: Cambridge University Press, 2004), Foreword by James Crawford.

② Dickinson, Edwin DeWitt, *The Equality of States in International Law* (Harvard University Press, 1920), p. 335.

③ "虽然所有国家都是主权国家，它们在彼此关系上并不平等，虽然理论如此。" See Weiss, Edith Brown, "The Rise or the Fall of International Law?" *Fordham Law Review* 69 (2000): 349.

④ "International law is a dialogue of power, and its uneven application to different states is fundamental, not accidental," See Simpson, Gerry, *Great Powers and Outlaw States* (Cambridge: Cambridge University Press, 2004), Foreword by James Crawford.

⑤ 〔美〕路易斯·亨金：《国际法：政治与价值》，张乃根等译，中国政法大学出版社，2005，第9～10页。本书是基于亨金教授1989年在海牙国际法研究院所讲授的系列内容，并在1995年出版。

如塞缪尔·亨廷顿所言，没有一个范式是永久有效的。虽然社会科学领域中"带有实证主义癖好"的研究者，总是冀望能发现或创设出一种足以超越时间限制的永久有效的理论，试图证明历史因其重复而丧失意义的非历史主义者与历史主义者的争论总是存在的。国际关系的学者也接受了类似观点：行为模式反复出现，事件永无休止地重复发生，但这确实是一种"巨大的视觉上的幻想"。① 瓦泰尔提出的国家主权平等理论，在现今的国际社会语境中，究竟应该如何理解或者如何促成其朝向一个更好的方向，将是一个十分重大的命题。

（二）国际法的价值困境

国际法朝向一个更好的方向发展，或者说朝向一个更能体现多数国际法主体追求的方向、一个更能包容所有主体利益实现的方向发展，是一个涉及价值取向的问题。特定社会内是否可能以及在多大程度上可以产生一个共有价值，决定着此社会内相关行为是否能被成员自愿接受，决定着其合法性。这一点，在国际法上同样成立。

根据布坎南的观点，与国际法直接相关的有两种道德标准：跨国道德原则，即适用于政治体内部的道德；国际道德原则，适用于不同政治体之间。人权被视为兼具两种属性。对此当然有怀疑，其一是怀疑是否存在这样的道德标准；其二是道德标准如果存在，范围和内容究竟是什么。尤其是第二种。这种对于国际法合法性基础是否存在的怀疑也导致国际法的效力来源一直处于争议核心。在继承孟德斯鸠和瓦泰尔的功利主义理论学者看来，② 国家遵守条约，

---

① 〔英〕巴里·布赞、理查德·利特尔：《世界历史中的国际关系——国际关系研究的再构建》，刘德斌等译，高等教育出版社，2004，第16~17页。

② "The law of nations is naturally founded on this principle, that different nations ought in time of peace to do one another all the good they can, and in the time of war as little injury as possible, without prejudicing their real interests," *The Spirit of the Laws*, trans. by Thomas Nugent (New York: Hafner, 1949), p. 5.

是源于主权的荣誉与尊严，是源于国家的健全和切实利益。① 各国在这一点上即便存在某种共同追求，却也因为受制于资源有限性下的竞争关系而败在彼此间的对立性上。在自然法学者看来，国际法的效力则源于神圣的、原生的法则之中。② 这种神圣的、原生的法则在理论上固然可以是所有国际法主体都认同的，而在具体的解释上由于各主体的历史文化不同也将出现极大差异的价值观。总而言之，理论上的共同价值固然可以实现，而现实中却难以存在。国际法不可能只是为了价值或者理想，忽视国家间彼此竞争资源以寻求本国利益最大化的现实。

这一争论，几乎是每一个国际法律人都会遭遇到的：国际法究竟应该顺从甚至于依附国际政治以追求其现实性和可实现性，并就此丧失其独立性，还是就应该脱离于国际政治现实，追求一种乌托邦式的理想。③ 有意思的是，二者对彼此的指责居然会使用共同的论据，即国际法律体系缺乏统一立法机构以及强制执行力。彼此间的指责虽是空穴来风但并非无因，以至于试图回答这两种批评的国际法学人遭遇两端的共同围堵：如果竭力否认前者，就会顺势成为后者批判有理的注脚；如果竭力否认后者，又很容易成为证成前者的依据。国际法究竟是否存在某一共同价值目标，几乎是一个无解的命题。

从国际法发展历史看，当国际法处于欧洲国际法时期时，共同价值目标不存在太大问题。毕竟，数目众多的西欧列强间通过均势形成的国际法规则产生时已经获得了各方的认同，较小的欧洲国家一般也认同这种规则，使得其合法性基础进一步扩大和强化。欧洲

---

① Rayneval, Gerard De, *L'honneur du souverain, sa dignité, le salut, l'intérêt véritable de l'Etat* (Paris: Leblanc, 1803), pp. 145 – 147.

② Hautefeuille, L. B. , *Des droits et devoirs des nations neutres en temps de guerre maritime* (3rd edn.) (Paris: Guillaumin, 1868), p. X.

③ Martti, Koskenniemi, *The Politics of International Law* (Oxford: Hart Publishing Ltd. , 2011), p. 40.

之外的其他国际行为体此时尚未进入西欧的现代国家形式，对于这种地方性规则当然是置身事外。而且一如前文所述，教会在中世纪长达数百年对欧洲的影响，使得彼此间具备了产生共同价值的基础：共同的宗教、共同的语言、共同的逻辑等。进入美国主导的国际法时代之后，国际法虽然发生了如前文提及的品格变化，由于美国的产生背景具有浓烈的欧洲因素以至于美国被视为欧洲衍生国的事实，使得共同价值仍具备较坚实的基础。但是，新兴独立国家的产生，其背景、文化以及语言和逻辑是截然不同于欧洲的对应体系，原生于西欧的国际法却坚持着地方性特征、地方性特征下的文明歧视以及异我之分，这就使得传统国际法的价值目标是否依然成立成为疑问。

(三) 国际法的发展困境

基于国际法理论与国际社会现实间的重大冲突，基于国际法的价值困境，国际法学者不得不在这样的张力关系中进行研究：① 一方面，国际法上的国家间形式平等原则已经成文化，《联合国宪章》第 2 条第 1 款明确规定，"本组织系基于各会员国主权平等之原则"；另一方面，国家间事实上的权力差异以及就此造成地位差异却是现实。通常，这种差异现实被研究者们有意或无意地驱逐出国际法研究领域，认为这是国际政治或临近其他学科的研究对象，似乎如此即可保障学科的纯洁性和权威性。而且，大国的兴衰更替似乎也能证明国家间的确是平等的：不过是帝王轮流做，明年到我家。而事实上，王座轮流的范围和频率或许远远低于我们的想象。这种形式上的主权平等，其实也是权力国家书写下的规则，一种确保其优势地位和权力以及地方价值的规则；如果规则能够形成机制，其力量更是超出最初的预计和设计。由此形成的合法霸权，即通过法律形

---

① Simpson, Gerry, *Great Powers and Outlaw States* (Cambridge: Cambridge University Press, 2004), Foreword by James Crawford.

式实现的大国特权，将进一步强化大国的话语权，使其在实现自我利益时，往往能够以国际社会价值甚至更神圣的全人类共同价值或者说"普适价值"为名。如此，在基于国家实力不同而形成的国家间边缘—中心结构将被固化，不愿意进入此结构的国家将被标识为疯狂的、败坏的以及危险的一方。国际法对于这些国家，一方面以不承认其国际法主体地位的做法将其驱逐在外，另一方面通过国际条约或其他的形式限制其为生存和发展获取国际资源的空间和能力。

现代国际法规则、现代国际法主体以及现代国际法学研究都是处于主权平等与大国合法霸权之间的张力关系之中。这种张力关系反映了这样一个事实，即国际法在经历了早期横向平权型阶段，已经进入了具有明显纵向型阶段。这个纵向阶段，或许早在维也纳和会之后就开始了。现今，国际法需要一个新的发展动力源，以确定其未来的发展朝向，这个方向是一种综合的方向，对平权结构和纵向结构予以组合的综合方向。平权结构难以实现规则化和秩序化，以至于国际法于很大程度上是分散的、非系统的，并且可以由主权国家任意解释；最终即演化为如同两次世界大战的巨大悲剧。纵向结构虽然有利于实现规则化和秩序化，而其基于边缘—中心结构将某些国家彻底体系外的做法，却是试图在国际社会形成一种超然的地位：或许是如同美国寻求的世界霸权地位，或许如同格劳秀斯学派主张的法律规则约束世界，或许以表面合法化的宪政国际社会维护实际上处于霸权地位的某一个国家的权力。这最终将会形成对主权平等的彻底破坏。国际社会需要主权平等，也需要规则和秩序；既能体现横向特征又能回应纵向需求的国际法，才应该是国际法的未来发展方向。

小　结

　本章承接第一章有关国际秩序的论述，着重探讨维护现代国际秩序的国际法演变历程。国家间互动产生了国际秩序或国际结构，处于此秩序或结构内的各国存在共同利益则会促成国家间共有知识的出现，并进而固化为国际法。各国须有共同利益，国际法律秩序才得以建立。各国都能从秩序中获益，它们才会选择服从秩序。鉴于此考虑，笔者对现代国际法的演变予以梳理，并且提出下述观点，由于现代国际法所维护的国际体系具有地方性特征，国际法也就不可避免地自源头看是一种地方性规则。凭借西方国家自工业革命后在国际社会获得的优势资源和优势地位，这种地方性规则被强行推销至世界各地，并借力于非优势地位区域的被动依赖或主动依赖，成为普适的"普适行为规则"。这种过程决定了各国参与现代国际法的过程并非完全基于自愿，国际法困境由此而生。

第 三 章

21 世纪海上丝绸之路背景下的现代国际法规则体系的非完备性

第一节　现代国际法规则体系的构成

一　谁是现代国际法的制定者

（一）学说法年代

国际法的制定和实施，并没有一个类似于国内统一的立法机构和执法机构是一个事实。[①] 在这一事实基础上，国际法的渊源以及效力和约束力基础，如前文所述，于很大程度上要依赖公众观点。公众观点的表达途径或代表，则是各个时代的公法学家。这个名单大多情形下从格劳秀斯开始，当然也有人向前追溯至真提利斯，而后延续至今。学说法年代自 1625 年《战争与和平法》开始，至 19 世纪中期有一个显著的特点：国际法的程序特征很突出，集中于条约如何缔结、领土如何获得、战争如何开始；国际法也显得很固化：国家区分为主权国家和半主权国家，海洋国家与大陆国家，民主国家、贵族统治国家和独裁国家，其下可继续区分更细致的内容。国际法与政治、道德以及礼让习惯等截然不同，研究中的教条

---

① Hedley Bull 对国际关系研究的最大贡献就在于他指出了国际秩序的无政府特征，这种特征并不意味着国际秩序的混乱或无序，而是因为国际秩序内没有中央性的立法和执法权威。See Bull, Hedley, "Society and Anarchy in International Relations," in Butterfield, Herbert and Wight, Martin, eds., *Diplomatic Investigations: Essays in the Theory of International Politics* (London: George Allen & Unwin, 1966), pp. 35 –60.

主义十分明显;① 同时与各国在外交中遇到的切实问题相关:关注点太狭隘且没有什么远见,很多著作甚至只是提出问题却未能提供解决方案。②

国际法的这种程序性特征与国际法的产生渊源密切相关。国际法起源于西欧国家间处理彼此关系的事实,决定了西欧主导下的国际法以实现国家间共处以及国家间均势为主要目的。由此,国际法就难免趋于程序性;程序的成形也是完全掌握在欧洲法律学人手中。

从 16 世纪起,欧洲大陆实际上开始出现数个独立的国家。1648 年《威斯特伐利亚和约》的缔结更确认了这一事实,当然这个事实是长久战争的结果。从当时可知的历史看,战争是国家间的常态,只是这一常态的破坏性过强且似乎毫无顾忌。格劳秀斯《战争与和平法》正是为了解决这一问题被创作出来,即"寻找一种能够指导并处理战争问题的伟大原则"。③ 格劳秀斯的著作问世后,其中的规则逐渐为各国处理彼此关系时所参照,以至于 17 世纪末期,"国际法的大部分规则就是格劳秀斯的规则"。④ 格劳秀斯的国际法以自然法为基础,论证战争如何合法地进行,国家间交战应遵循怎样的规则。

与格劳秀斯的自然法国际法相对应,英国学者查理斯·苏支1650 年发表了《国际法与法院》,支持实在国际法,并首次将这个法律部门称为国家间法律。

德国学者萨缪尔·普芬道夫 1672 年发表了《自然法与国际

---

① Klüber, Johann Ludwig, Europäisches Völkerrecht (2nd edn.) (Schotthausen: Hurter, 1851), pp. 10 – 11.

② Koskenniemi, Martti, *The Gentle Civilizer of Nations* (Cambridge: Cambridge University Press, 2001), p. 19.

③ 〔荷〕胡果·格劳秀斯:《战争与和平法》,〔美〕A. C. 坎贝尔(英)译、何勤华等(汉)译,上海人民出版社,2013,第 2 页。

④ 〔英〕劳特派特修订《奥本海国际法》上卷第一分册,王铁崖、陈体强译,商务印书馆,1989,第 58 页。

法》，强调自然国际法之外，并没有任何具有真正法律效力的意志或实在国际法。

荷兰学者范·宾刻舒克在 1702 年发表了《海洋主权论》，后续又于 1721 年发表了《使节论》、于 1737 年发表了《公法问题》，主张国际法的基础是体现在国际习惯或条约中的各国共同同意。

初期的国际法学说依然以欧洲（尤其是西欧）学者为主，以至于形成"欧国公法"学派（School of "European Public Law"），并自瓦泰尔开始直至 19 世纪中期主导了国际法的著书立说。19 世纪中期后，研究者逐渐包括来自北美的学者，偶尔出现几个东欧学者的著作。① 至于其他国家和地区，从来都没有能够进入这一国际法学术圈，遑论提出有影响力的国际法学说。

（二）制定法年代

以公众观点作为国际法约束力来源的普遍观点，在 1914 年 8 月德国入侵中立的比利时之后摇摇欲坠。德国入侵比利时的事件，导致一些人不再信任国家间条约或国际法本身的约束力，另一些人则开始反思，认为国际法的约束力还不够，留下可供政客们利用的空间还太大，应该要弥补司法解决国家间争端的裂缝。这就产生了对国际组织尤其是具有立法者地位的国际组织的需求。② 这样的国际组织可以继承第一次海牙和会和第二次海牙和会的立约传统，并进而弥补两次海牙和会留下的空白，尤其是在司法解决国际争端上的空白。

1. 国际公约/一般条约

追溯国际法法典化的观念，我们可以上溯至 18 世纪末，即 1794 年英美之间的《友好通商航海条约》，其被视为司法解决国家

---

① 关于国际法学者以及英国、法国、德国以及北美等地区学者的国际法著作，参照〔英〕劳特派特修订《奥本海国际法》上卷第一分册，王铁崖、陈体强译，商务印书馆，1989，第 12 页。

② Wertheim, Stephen, "The League of Nations: a retreat from international law?" *Journal of Global History* 7 (2012): 212.

间争端的起点法律文件。① 1871 年美英之间签署了《华盛顿条约》，要求英国在美国内战期间保持中立，次年英国因违反其战时中立义务被美国申请仲裁，仲裁结果要求英国为违反其条约义务支付赔偿金，英国也执行了仲裁裁决。这一条约被视为仲裁解决国家间争端的源头。

国际法的大规模成文化实现于 19 世纪末，即 1899 年俄皇尼古拉二世发起的第一次海牙和平会议。此次会议产生了《关于在海战中适用日内瓦公约原则的公约》以及另外两个重要的国际公约——《和平解决国际争端公约》和《陆战法规与惯例公约》。根据《和平解决国际争端公约》，成立了常设仲裁院。当然，此所谓的常设仲裁院的仲裁员来自公约的各成员国。②

1907 年的第二次海牙和平会议产生了 13 个公约，除了更新第一次会议的 3 个公约，另外 10 个公约包括限制使用武力催索契约债务和战争的开始，其余的是规定陆战和海战中的战争和中立规则。

一战之后的公约，包括一部分涉及战争的公约，另外的则是和平法。在 1918 ~ 1941 年间，国联主持了法典编纂，记录在案的多边条约为 61 部。③ 国联在此方面的努力推动了国际法的发展。④ 1924 年 12 月，国联行政院任命了国际法专家成立"国际法渐进编纂委员会"（Committee for Progressive Codification of International Law）。委员会建议适合国际法编纂的主题：包括国籍、领海、国家责任、海盗以及外交特权与豁免。有关前三项的建议被采纳，后两项则被删除。1930 年，国联国际法编纂会议在海牙召开，在第一项上取得

---

① Hon, Justice Jens Evensen, "The International Court of Justice Main Characteristics and Its Contribution to the Development of the Modern Law of Nations," *Nordic Journal of International Law* 57 (1988): 3.

② The International Court of Justice, ICJ The Hague 1986, 3rd ed., p. 12.

③ Edith Brown Weiss, "The Rise of the Fall of International Law?" The Robert L. Levine Distinguished Lectures Series, 2000, p. 351.

④ S. K. Kapoor, International Law, Allahabad 1992, p. 100.

国际法新命题

成效，并产生了四项生效公约；后两项则几乎没有任何实质进展。以至于学者认为，国联此次会议以其准备的时间和耗费的人力与最后成果相比，应该是令人失望的。[1] 但从国际法成文化的意义看，却也算得上是国际法历史上值得认可甚至赞赏的一次尝试，[2] 并且为此后的国际法编纂留下了可借鉴参考的前例。

此一时期，美洲国际法学会也主持了一系列的公约编纂。民间团体也为国际法成文化做出了一定的贡献。[3]

二战结束后，国际法的编纂进入一个较为繁荣兴盛的时期，国际条约大量增加。以《联合国宪章》为基础，国际人权法领域产生了被誉为"国际人权宪章"的三大法律文件，即 1948 年《世界人权宣言》，1966 年《经济、社会、文化权利国际公约》以及《公民以及政治权利国际公约》。在去殖民化、新兴国家的承认与继承、海洋法领域、环境保护领域、国际经济领域、集体安全机制、人道主义干涉、反恐等各个领域，都产生了重要的国际条约；当然在传统的战争法领域、条约解释、外交豁免等方面也有新发展。[4]

2. 国家间双边公约/特殊条约

与多边或一般国际公约类似，国家间的双边条约也是主要集中在欧洲的国家间条约汇编上，其中当然也涉及非欧洲国家作为缔约一方时，最为常见的是作为被殖民一方签下的和约。以中国与外国订立的以及有关中国的条约和协定为例，这一时期涉及中国以及中国和外国订立的条约，战后的割地赔款条约为数不少。

综合来看，在国际法成文化开始的 19 世纪末至二战之前，对于国际法中哪些主题适合成文化，其话语权是完全掌握在欧洲国家手中；二战之后，相关条约的制定、条约草案的拟定、提案的产生

---

[1]　周鲠生：《国际法》上，商务印书馆，1976，第 34 页。

[2]　Stark, Joseph Gabriel, "The Contribution of the League of Nations to the Evolution of International Law," in Starke, *Studies in International Law* (London: Butterworths, 1965), p. 151.

[3]　参见杨泽伟《国际法史论》，高等教育出版社，2011，第 174～176 页。

[4]　参见杨泽伟《国际法史论》，高等教育出版社，2011，第 212～254 页。

仍然基本是由欧洲和美国所掌控。这也符合一般的规律，即占据经济和政治优势的国家，通常也会成为规则制定的引导者甚至是主导者。

二 谁决定了现代国际法的语言体系和内容

国际法作为一套规则体系，需要借助适当的形式予以表达，其中的关键即语言和表达方式。确定了语言和表达方式之后，选取国际生活中哪些内容作为国际法的规范领域，则意味着对国际利益维护秩序的决定权。

（一）国际法的语言和逻辑

语言作为一种表征符号，是人们认知过程中表达所观察对象的有效工具。由于语言及其指代物体之间的关系，即用以描述事实的一句话和被描述的事实之间必然有共同的东西，[①] 语言不仅仅描述事实，甚至可以创造和更改事实，包括对一个社会的共同意识的塑造。[②] 创造事实以及塑造社会共同意识，可以说是语言较之其他表达工具譬如音乐、绘画具有的独特功用，也是语言之所以可以代表社会权力的原因。语言的基本单位——文字——被视为语言的根源。一切事物、人类现实的一切层面都源于文字，都经由文字表达和创造。[③] 由此，文字及相应的表述是社会在形成共同意识以及基于共同意识进行交流不可或缺的工具。这也就意味着，语言的掌握者事实上掌握了对社会现实描述的权利/权力，也掌握着如何塑造社会共同意识以及如何沟通的权利/权力：其中包含着对关键概念的选取和界定、对问题应该如何提出以及如何回答的方式的选定。

---

① 〔英〕路德维希·维特根斯坦：《逻辑哲学论》，郭英译，商务印书馆，1985，导论，第 3 页。

② Beaulac, Stéphane, *The Power of Language in the Making of International Law* (Leiden/Boston: Martinus Nijhoff Publishers, 2004), p. 1.

③ Beaulac, Stéphane, *The Power of Language in the Making of International Law* (Leiden/Boston: Martinus Nijhoff Publishers, 2004), p. 7.

在国际社会上，语言的多样性将使得上述功能的发挥、权利/权力的行使遭遇重大障碍。此时即需要一种统一的语言和表述方式，因为任何一种跨文化的对话和沟通，都需要以可比较、可通用的语言系统为媒介。① 这也就意味着以哪一种系统为标准将决定彼此间的对话和沟通具有一种基础性意义。

一如前文所述，教会在中世纪对于欧洲的教化为这一切提供了现实基础：同一的拉丁文成为学科关键词以及关键概念的来源，同一的宗教根源为塑造社会共同意识提供依据。最先崛起的葡萄牙、西班牙，此后的荷兰，之后的法国，再之后的英国和德国，所有国家自己的语言均属于同一语系，即印欧语系：西班牙、葡萄牙、法国的语言同属于拉丁（罗曼）语族，荷兰、英国以及德国的语言同属于日耳曼语族。这一切使得国际法在这些国家间的产生具备了充分的基础。

同一的语言体系使得西欧国家制定国际法时具有了更为实在的基础。在学说法年代，无论是西班牙的维托利亚还是荷兰的格劳秀斯，或者法国、德国以及英国后来的学者，均是在语系内交流。其间的国际法期刊语言包括英文、法文、德文、意大利文、西班牙文、希腊文；其中主要的语言当然依然是英文和法文。从对语言的垄断上看，称这些西欧国家为现代国际大家庭的"创始成员"也是符合事实的。

二战之后，新兴独立国家的产生，使得西欧的语言在塑造国际社会共同意识以及国际共同社会上遭遇了其表征意义的极限挑战。现有的国际社会已经不再是理论上的国际社会或者假设的国际社会，也不再局限于西欧、欧洲以及欧洲的衍生和模仿国之间，而是一个真实的由具有多重文化、国际法行为能力明显不同的多个国家以及多种国际行为体所组成的真实存在，其间的沟通和表达工具

---

① Jackson, Robert H., *Quasi-States: Sovereignty, International Relations and the Third World* (Cambridge: Cambridge University Press, 1990), pp. 141 – 142.

不再单一。

(二) 国际法内容的选取

如前所述，根据蒂利的观点，塑造现代国家的要素主要是强力/军事实力和资本/经济实力，二者的媾和是现代国家碾压其他国际政治行为体形式的主要原因。除此之外，笔者认为还应包括借助语言所表达的观念。此三者可以以其中之一为主，也可以两者并重或者以理念统筹资本和强力。当三者主次固化分离时，注重资本的国家可以迅速获得成长成为经济强国，但这种强大由于缺乏权力的支持将难以持久，如荷兰的遭遇；注重权力的国家将有条件成长为帝国，如同中国历史所昭示的；注重理念的国家容易陷入极端，如同军国主义或纳粹主义的消除异己。

从前文对国际法发展历史看，国际法最初以战争与和平为主要内容，是基于西欧国家间为寻求彼此间均势的主要追求。此时，国家间关系的决定性要素在于一国的军事实力，因此战争法是此时期的重要内容不足为奇。此后，国际法转向以合作为主要内容，是基于西欧国家间均势已经达成，领土边界明晰、主权政府相互独立已经成为基本事实，战争作为实现国家利益、推行国家政策的工具受到极大限制。国家间经济往来日渐增多需要对此予以回应，决定了国际法内容在二战后以经济合作为主要内容。现代国际经济法成为国际法的主要内容，是基于此时的大国需求。

得益于二战后美国的努力，现代国际经济制度不断增强并产生广泛的包容性。这与历史上长久以来存在的经济—政治独立的事实相符。毕竟，国际经济领域的驱动力主要是资本，国际政治领域的主要驱动力则在于权力。前者与后者既可以媾和，也可以分离。在媾和的情形下，二者将迅速带动社会的发展，一如欧洲在进入16世纪之后迅速在世界范围内扩大了其体系的影响力；一如美国在19世纪末期开始崛起并在二战后迅速成为超级大国。当然，欧洲传统中，资本在多数情形下仍然要屈服于权力；在美国，资本与权力则并行向前，两方势均力敌。有时候资本会超出权力的限制，此时人们会认为基于资本的支持，"没有任何真正解决不了的问题"。①

可以说，西方国家在国际经济领域中的主导性十分明显。国际货币基金组织（IMF）中，美国的投票权鼎盛时达到30%，现在虽降低至17%，却依然对相关事项具有控制权。成员国中有10个欧盟国家，因此占据了绝对的话语权地位。中国虽然在2006年IMF新加坡会议之后，获得了IMF的更多话语权，达到3.8%，却依然处于弱势地位。②

三　现代国际法是如何被国际社会所接受的

历史上，国际法曾是西方大国征服非西方国家和地区的工具。当然，从征服者自己的立场看，国际法则是为了教导和教化非文明地区的国家和人民的。③

（一）国际法作为"文明世界的法律意识"④

如前所述，16～18世纪是典型的丛林国际社会。在此阶段，国

---

① 〔美〕汉斯·摩根索：《国家间政治——寻求权力与和平的斗争》，徐昕、郝望、李保平译，中国人民公安大学出版社，1990，第12页。

② See Runnels, Michael B. , "Rising to China's Challenge in the Pacific Rim: Reforming the Foreign Corrupt Practices Act to Further the Trans-Pacific Partnership," *Seattle University Law Review* 39 (2015 – 2016): 109.

③ 参见杨泽伟《国际法史论》，高等教育出版社，2011，第339页。

④ The Statutes of the Institute of International Law Article 11. The Institute of International Law is an exclusively learned society, without any official nature. 2. Its purpose is to promote the progress of international law: a) by striving to formulate the general principles of the subject, in such a way as to correspond to the legal conscience of the civilized world; b) by lending its co-operation in any serious endeavour for the gradual and progressive codification of international law; c) by seeking official endorsement of the principles recognized as in harmony with the needs of modern societies; d) by contributing, within the limits of its competence, either to the maintenance of peace, or to the observance of the laws of war; e) by studying the difficulties which may arise in the interpretation or application of the law, and where necessary issuing reasoned legal opinions in doubtful or controversial cases; f) by affording its co-operation, through publications, public teaching and all other means, in ensuring that those principles of justice and humanity which should govern the mutual relations of peoples shall prevail.

际法虽然兴盛于学说法且存在一定数量的成文条约，背约却时常出现在国家之间。19 世纪上半期虽曾出现过一定程度的国际主义，后半期爆发的一系列欧洲战争，尤其是 1870 年爆发的普法战争，却让很多人对国际法的效用表示担忧。作为当时国际法重要组成部分的战争法，几乎被交战各方废弃，战争中出现滥用红十字、伤病员无法照顾等非人道主义行为。当时日内瓦大学的法学教授 Gustave Moynier 指出，他时常感到痛苦，因为规范敌对行为的国际法律规范效力几乎无法确定，而这又使得已经被激发的剧烈情绪更加紧张，使得战争的野蛮超出文明国家所应准许的限度。① 他认为应该召集一次由首屈一指的法学家参与的会议。之后，他和欧洲的 Rolin-Jaequemyns 联系，得知其他人也有类似的提议，包括在美国内战时为联军起草 "利伯守则" （Lieber Code）的 Francis Lieber。Rolin 认为应该成立一个常设的机构，这就是国际法研究院成立的渊源。国际法研究院作为一个机构，是代表了文明世界的法律意识，甚至是文明世界的良知。

文明世界或者先进国家，譬如当时的基督教欧洲世界，所制定或者产生的法律规则，不仅规范彼此间的行为，而且有时候规范了其他国家。尽管在这些国家中，尚未有司法机构或者法律职业来执行这些法律，② 因为在文明世界看来，法律在根本上是一致的，各国的法律不过是 "普适法律" 的某一方面或某一阶段。

（二）非欧洲体系国家接受国际法的过程

基于这样的逻辑，由欧洲或者更确切地说西欧所发展的法律，就具备了成为 "普适法律" 的正当性。即便没有共同主权，欧洲也被认为是一个政治社会，国际法作为欧洲历史与意识的结果，是其

---

① See Durand, André, The Role of Gustave Moynier in the Founding of theInstitute of International Law (1873), (1994), 34 *ICRC Review*, p. 544.

② Savigny, Friedrich Carl Von, *System des heutigen römischen Rechts*, Vols. 1 (Berlin: Veit, 1840), pp. 33 – 34.

组织中密不可分的一部分。^① 欧洲意识是国际法渊源的渊源，承认欧洲意识作为国际法效力来源的国家，都可以成为国际法世界的一员。^②

这一逻辑的基本矛盾：欧洲国际法律作为欧洲意识和历史的结果，是否具备足够的正当性以代表普适的意识和历史，在欧洲的对外殖民扩张中显露无遗。为解决这一矛盾，或者为了证明其具备充分的正当性，欧洲的对外扩张中充满了前文提及的暴力与冲突，即欧洲意识借助其强力和资本上的优势，强迫其他地区的政治行为体接受国际法中明显对欧洲有利而对被征服地区不利的内容。

以中国接受此国际法的过程为例，不平等条约制度是鸦片战争后的中国接受国际法的主要内容。^③《中英南京条约》《中美望厦条约》《中法黄埔条约》等一系列不平等条约签署后，中国在领土完整、关税自主、司法独立、贸易管理等方面均遭到制约。条约成为列强"对中国行使'准统治权'的特权制度"，^④ 成为约束中国行为的章程。而事实上，条约在当时的西欧国际法中，并不被认为是国际法效力渊源。根据当时颇具盛名的英国国际法学者韦斯特雷克的观点，国际法效力渊源来自习惯法、理性以及罗马法。^⑤ 这种观点和当时认为法律是历史和理性的结果的观点一致，罗马法既代表历史也代表理性。条约则类似于合同，其本身并不创制法律，而只是规定了双方的义务。列强加诸中国的不平等条约，则只是规定了中国的义务。

著名国际法学者陈体强如下的论述恰如其分地揭示了非欧洲体系国家是如何接受国际法的："当西方国家来到中国时，它们首先

---

① Koskenniemi, Martti, *The Gentle Civilizer of Nations* (Cambridge: Cambridge University Press, 2001), p. 51.

② Rivier, Alphons, *Lehrbuch des Völkerrechts* (Stuttgart, Enke, 1889), pp. 3 – 5.

③ 参见杨泽伟《国际法史论》，高等教育出版社，2011，第342页。

④ 杨泽伟：《国际法史论》，高等教育出版社，2011，第342页。

⑤ Westlake, John, *International Law*, 1 Vols., (2nd edn.) (Cambridge: Cambridge University Press, 1910), p. 14.

用武力压下中国的抵抗，然后将中国置于不平等条约制度之下。与中国的一切关系都是按照这些条约进行的，而并不适用在它们之间的国际法。"①

总而言之，条约制度以国际法的名义强迫其他地区接受其中的不平等义务，这一工具进入殖民地时，并不完善，且更不完美。然而，被征服地区的人们面对这一陌生的规则体系先是手足无措，而后只能低头虚心学习，并不可能立刻具备审视并评判其发展程度以及优劣形式的能力。这就是何以第三世界的学者们面对国际法时，只能将其视为稳定的欧洲中心规则体系，② 而并不能立时质疑其内容或基础是否具备正当性，甚至准确地对其予以批判。

---

① 王铁崖：《中国与国际法——历史与当代》，《中国国际法年刊（1991 年）》，中国对外翻译出版公司，1992，第 44 页。

② Anghie, Antony, *Imperialism, Sovereignty and the Making of International Law* (Cambridge: Cambridge University Press, 2004), pp. 4 – 5.

第二节　现代国际法规则体系的前提性缺陷

一　现代国际法能否体现国际社会的理性或所有成员的意志

(一)　国际法的效力来源

国际法的效力渊源或者说国际法为何有约束力,是一个法学基本理论问题在国际法层面的体现:法律的效力渊源是什么。对这一问题的不同回答形成了不同的法学流派,最为法律研究者所熟知的是自然法学派与实证法学派。概要而言,自然法学派认为,法律的约束力来自体现为神的意志或人的理性的恒久存在的某种规则具有的约束力。而实证法学派则认为法律的约束力来自基于法律主体的人的合意所产生的立法机构具有的权限正当性。前者最经常遭到攻击的点在于这种恒久存在的规则是先验的,或者说既无法证成也无法证伪的;后者易于为人所诟病的则在于法律主体的合意从何而来。而二者所遭遇的共同挑战在于,这种理性和意志以及合意由谁表述,谁能代表这种理性或合意。

在国际法层面,国际法的约束力来源也长期占据国际法研究的中心地位。对这一问题的回答也存在自然国际法学派与实证国际法学派的分歧。前者如国际法的先驱维托利亚以及国际法之父格劳秀斯,都主张自然国际法的存在,以及基于自然法所产生的国际约束力的观点。这一观点在普芬道夫的《自然法和万国法》

中甚至演变成自然法是国际法的唯一根据；① 在劳里默的观点中，国际法是"在个别国家关系上实现自然法"。② 后者包括苏支、宾刻舒克、摩塞尔、马顿斯、惠顿、菲利莫尔、孟西尼、马尔顿斯以及奥本海等。所有实证国际法学派的学者的共同点，在于主张国际法的约束力完全来自国际社会的共同意志，而非其他。另外还有纯粹法学的凯尔森，他认为国际法的效力基础源于基础规范：条约必须信守，这其实又与他自己所批判的卢梭契约论一脉相承。受此影响的劳特派特则继受英国国际法学者希斯勒克的想法：认为"世界国家"的概念比"契约"的概念也许更好些。凯尔森的纯粹法学派中，有阿·菲德罗斯、阿尔夫·罗兹、约瑟·孔兹，并影响到劳特派特、罗伯特·塔克尔，日本的横田喜三郎也接受其学说。

（二）国际社会内理性或合意的代表

国际社会第一份国际法期刊《国际法与比较法评论》的创刊人摩伊涅尔（Gustave Moynier）和罗林（Rolin-Jaequemyns）③ 在刊物首期发文指出：通常被认定为国际法渊源的文书，其约束力源自同一点：表达于启蒙后人类共同意见的人的意识。这一意识并不固化，而是始终在演进。④ 这一意识的代表，当然是欧洲社会。如前所述，摩伊涅尔之所以联系罗林，是因为对当时战争之恶以及条约无法抑制战争之恶的强烈体会和反思。其反思的结果是认为意欲实现国际法的约束力，还是应该向内寻求人内心的观念或者道德律。

---

① 参见杨泽伟《国际法史论》，高等教育出版社，2011，第 111 页。

② 日本国际法学会：《国际法辞典》，世界知识出版社，1985，第 117 页。

③ Rolin-Jaequemyns 没有国际法背景，也不是传统上研究国际法的哲学家，此人是行动派政府议员，后来在 1878～1884 年间担任 Frère-Orban 政府的部长。他当时在欧洲颇具盛名，被认为是可以成就大事的人。See Koskenniemi, Martti, *The Gentle Civilizer of Nations* (Cambridge: Cambridge University Press, 2001), pp 16, 39.

④ Rolin-Jaequemyns, "De l'étude de la législation comparée et de droit international," *I RDI*, (1869): 228.

这种观点得到当时一批国际法学人的认可。① 瑞士的法学家布朗切利（Johann Caspar Bluntschli）作为即将成立的国际法研究院规约起草者，和罗林以及韦斯特累克碰面后讨论研究院规约时，提出其所起草的规约第一条即是"国际法研究院应作为文明世界共同法律意识的科学机构"。② 而所谓的文明世界，其实指的就是欧洲世界，是由欧洲国家与美洲国家加上其他地方的少数基督教国家，诸如"夏威夷群岛、利比亚以及奥兰治自由邦"。③ 这是一个"先进国家大家族"，其习俗、地位、思想……家庭生活以及社会生活构成了国际法的基础。④

在意大利学者菲奥里（Pasquale Fiore）的观点中，国际法的终极渊源，就是欧洲人的法律意识。⑤ 菲奥里在其著作《国际法的编纂和法律制裁》（*Le droit international codifié et sa sanction juridique*）中，对国际法的编纂则是使用了双重路径：科学重述以及修订建议。其修订建议，则是以建基于当时所知最为高等的文明形式上的共同欧洲意识为基础。虽然政治精英以及民众的利益时常会冲突，公众意见却日渐重要，并且使得政府考虑到他们。

概要言之，在自然国际法学派的公式中，各国对法律理解的不同，不过是一种"普适法律"在各国具体的体现，"普适的法律"意味着"普适的意志"，"普适意志"则是经由文明国家表达的，

---

① Koskenniemi, Martti, *The Gentle Civilizer of Nations* (Cambridge: Cambridge University Press, 2001), pp. 39 – 40.

② "The Institute de droit international shall act as the scientificorgan of thecommon legal consciousness [dem gemeinsamen Rechtsbewusstsein] of the civilized world." See Bluntschli, J. C., *Denkwürdiges aus meinem Leben, auf veranlassung derFamilie durchgesehen und veröffentlicht von Dr. Rudolf Seyerlen* (Vol. 3) (Nördlingen: Beck, 1884), p. 331.

③ Westlake, John, *Chapters in the Principles of International Law* (Cambridge: Cambridge University Press, 1894), p. 81.

④ Lieber, Francis, *On Civil Liberty and Self Government* (Philadelphia: Lippincott, 1859), p. vii; See also Westlake, John, *Chapters in the Principles of International Law* (Cambridge: Cambridge University Press, 1894), p. 101.

⑤ Fiore, Pasquale, *Le droit international codifié et sa sanction juridique* (Paris, Pedone, 1890), p. 9.

文明国家就是欧洲国家。因此，欧洲的意志即"普适的意志"，欧洲的法律即"普适的法律"。

在实证国际法学派中，采用的论证方式和自然国际法学派并无不同。如前所述，实证国际法学派的共同观点是认为国际法约束力来自国家间意志的合一，或者说国际社会的共同意志。在国际司法实践中，这一点也得到多次确认。常设国际法院在 1927 年的莲花号案件中表述了这一观点，"（国际法）对各国的约束力源于他们的自由意愿"。[①] 在此后的国际法院审理的数次案件中，包括接纳一国为联合国会员国的条件，庇护权案等均有所体现。

奥本海在其留下的影响深远的著作《奥本海国际法》中，明确提出"共同同意是国际法的依据"，[②] 而且这种共同同意不必证明。因为这是个事实，且对于共同同意可能形成挑战的新国家，在经由承认而成为国际社会一员时，就已经同意了在加入时已经有效的全部国际行为规则。

新国家产生之后必须在被"承认"之后才被认为具有国际法上的独立人格。一如英国法学家威廉·爱德华·霍尔在《论国际法》中表述的，"国际法是现代欧洲特定文明的产物……欧洲文明之外的国家必须正式进入法治国家的行列。他们必须在欧洲国家（或者其中一些国家）的默许下做些什么，以达到完全接受法律而避免一切可能的误解"。

而这实际上就是国际关系学者的霸权，"个体的权力首要的是以各方共同同意的形式而出现的"。

由以上分析可知，欧洲国际法学者论证由欧洲代表国际社会的

[①] The rule of law binding upon States therefore emanate from their own free will as expressed in conventions or by usages generally accepted as expressing principles of law and established in order to regulate the relations between these co-existing independent communities or with a view to the achievement of common aims.

[②] 关于相关著述，参见〔英〕劳特派特修订《奥本海国际法》上卷第一分册，王铁崖、陈体强译，商务印书馆，1989，第 68~82 页。

意志或共同同意时，采用了一种及其简化的通约公式。这一公式是否成立面临如下挑战：在一个社会之内实现法治是一个有前提的命题，即规范该社会各方行为的法律规则是客观公正的。① 在一个具有明显地方性特征的国际体系内，客观公正的法律规范几乎是不可能实现的理想。国际层面上法律规范的客观公正，在 Martti 看来是指国际法独立于国际政治。不仅如此，更直白地讲应该是其国际法不受单一力量的影响或决定。如果单一力量对国际法规则发挥绝对的影响，则笔者认为做出这样一个结论是可以接受的：国际法的客观公正几乎不能得到保证。

法律和政治的含义，不能脱离人对这两个词语的感受。人的感受，则源于基本的心理需求：自我表达和被社群承认。在国际法层面上，这一点同样适用。国际法如果脱离非欧洲各国对此概念的看法，忽视其表达和被承认的需求，则这一"国际法"是否具备"普适约束力"即应予以检视。

二 现代国际法的价值目标是如何被确定的

（一）价值目标对于国际法的意义

"我们都渴望生存，我们觉得大自然生生不息地制造人类与心灵，而其目的却只是待他们发展成熟时一举而消灭之，诚难理解。科学给予人越来越大之权力，但反而使人越来越微不足道；它改进了人之工具，但疏忽了他的目的；它对人类终极之起源、价值与目的，不发一言；它未赋予生命与历史以意义或价值，这些是不因死亡或悠长时间而消失的。"②

威尔·杜兰的这段话揭示了这样一个观点：价值或意义，是一

---

① Koskenniemi, Martti, *The Politics of International Law* (Oxford: Hart Publishing Ltd., 2011), p. 38.

② 〔美〕威尔·杜兰：《世界文明史》第六卷"宗教改革"，幼狮文化公司译，东方出版社，1998，第3页。

个看上去虚无缥缈事实上却影响深远的概念。因为它决定了我们的方向和取舍。相应的，国际法的价值目标也是一个决定国际法发展方向和取舍标准的概念，是一个哲学性的概念。所谓价值目标，即国际法所努力实现的善的好的目标。这个基于道德的词语，对于国际法的发展至关重要，因为它反映了法律主体为其他主体利益计而对其所负有的义务，如果违反了这种义务，就容易被第三方解读为应感到内疚，应予以指责以及应接受惩罚。这是决定国家和其他主体是否以及于多大程度上服从国际法的基本依据。[1] 与此同时，价值观是一种充满感情的判读结果；[2] 而且明显受到一国软实力的影响。[3]

（二）国际法的价值目标

以前文分析的国际法产生的实际环境看，这种价值目标最初被确定为体现平权思想的主权平等以及不受其他主体约束的自由。或者也可以说，威斯特伐利亚体系下的国际法，反映的哲学价值是自由市场（laissez faire）价值，各国享有平等权利以实现其国家利益，至于其经济上和政治上差异则无关紧要。

之所以存在这样的价值目标，是因为最初产生的欧洲各国在经济上和政治上的差异其实并不大。葡萄牙、西班牙、荷兰、法国以及英国，先后成为欧洲的权力中心，它们强调彼此间的平等和自由竞争，是与其实现国家利益能力基本相当的背景相一致。欧洲共有的语言体系以及宗教背景，让这些国家间实现共同价值观念具有了基本基础。更何况除了欧洲文明，其他的文明并不被承认的论证公式保证了其基础不曾遭遇任何实际挑战。

当美国主导国际法发展时，由于新兴独立国家大量产生，国家

---

① Besson, Samantha and John Tasioulas, *The Philosophy of International Law* (Oxford: Oxford University Press, 2010), p. 13.

② 高岚君：《中国国际法价值观析论》，《法学评论》2005 年第 2 期，第 76 页。

③ 徐崇利：《软硬实力与中国对国际法的影响》，《现代法学》2012 年第 1 期，第 151 页。

间的差异成为最显著的时代特征。这就产生了一个新的政治命题：具有不同特征的人群不应该而且最好不要生活在同样的政治安排之下，因为他们的伦理标准和文化习惯无法兼容；不仅如此，国际社会还必须坚持不干涉内政原则和民族自决原则，以保护人类社会的多样性不受强权的损害。① 这一政治命题，相信人类的多元化本身就是一种不证自明的价值。由此民族自决成为国际法中必须予以承认的。国家或者民族国家的独立性应予以承认，但这并非绝对，否则"国际"类的学科都将遭遇基础性挑战。为克服这样的挑战，以美国为主导的国际法研究开始主张反映基础需求的价值目标，诸如基于所有人均享有基本的生存发展权利的概念而降低国家间边界的意义，在国际法禁止种族屠杀、追究国家元首的国际责任（其实并非所有国家的国家元首责任，根据辛普森的观点，大国的行政人员还是享有绝对豁免权的）、实现环境保护等。在这样的价值目标下，普遍人权成为二战后尤其是冷战后国际政治两大变化之一（另一个是全球化），强调国际政治以"人"为单位。国际政治的基本规范着眼点从民族国家向公民个人过渡，并长期占据了国际政治哲学研究的中心位置。一向追随国际政治研究步伐的国际法，也将人权视为其价值目标；基于此，人道主义干涉成为国际法中的新兴问题。而且由于人权几乎和国际社会的任何具体领域都会发生联系，人权概念几乎影响到了国际法的所有领域，诸如贸易与人权、环境与人权、人员以及资本流动与人权等，都成为国际法的前沿。

这种普遍人权以及全球化价值观念，其实和欧洲主导国际法时期的价值目标存在明显冲突：主权独立与人道主义干涉与国家元首的国际法责任；国际自由市场与产业保护；国际经济合作与文化独特性等非经济价值，代际公平与当代不同区域人之间的际内公平。西方民主国家意欲推动普遍人权成为国际社会的共同价值，这不过是西方国

---

① Nardin, Terry, *Law, Morality, and the Relations of States* (Princeton University Press, 1983), pp. 311, 318 - 324.

家基于其内部民主政治逻辑意欲在国际社会上推而广之的结果。一如布朗所言，① 基于社会契约论的民主体制，其合法性和合理性论说十分充分，因而被视为无可指摘。这种做法遭遇到集体人权的挑战。所谓集体人权，指的是一个基于共同历史文化背景、共同价值观念的族群所共同享有的安全、生存、发展等基本权利，这样的权利不应该低于其他族群的同等权利。而美国推行的人权却不能保证这一点，而是借由人权之名，行干涉他国基本权利之实。根据亨廷顿的观察，美国并未经历过民主革命的痛苦直接享受了民主的成果，即其建国之初就引进了英国 17 世纪后的政府形式、整体和实证方法（托克维尔）。所以，美国人从未担忧过如何建立一个政府。历史经验的差距，导致美国人无法观察到现代化过程中国家要奠定有效权威的问题。美国人的思路并非创造权威和集中权力，而是反向的：限制权威与分散权力。② 浅薄的历史基础导致其幼稚地认为，保障了民主自由的美国经验可以抽取出适用于世界的基本公式，即政府应建立在自由和公正的选举之上。这种幼稚的观念导致美国在输出其公式时，忽略了世界各国的最显著差别在于政府有效统治的程度而非统治形式。换言之，美国有意或无意地忽略了国家政治成熟与否才是政府间的差异所在。由此导致国际社会时常出现混乱状态。

国际法的首要目的之一，即维持一个有秩序的国际社会，弱小者有所庇护，强大者有所约束。而美国入侵伊拉克，要求巴萨尔政府下台，以色列入侵黎巴嫩，恐怖主义对平民的无差别攻击，反对恐怖主义战争中的毫无法则，凡此种种，都让人难以避免地产生这样的想法，国际法是否已经没落。国际法的基本价值目标究竟是什

---

① Brown, Chris, *Sovereignty, Rights and Justice: International Political Theory Today* (Blackwell Publisher, 2002), p. 190. 有关主权在各个时期各个学科的含义争议，见 Nagan, Winston P. and Craig Hammer, "The Changing Character of Sovereignty in International Law and International Relations," *Columbia Journal of Transnational Law* 43 (2004): 143 – 145。

② 〔美〕塞缪尔·P. 亨廷顿：《变化社会中的政治秩序》，王冠华等译，生活·读书·新知三联书店，1989，第 7 页。

么。而且，国际法存在受现实主义理论影响下的工具化倾向。[1] 国际法的理论探讨作为国际法哲学的内容之一，长久以来落后于其他法哲学部门，甚至被边缘化。[2] 现代国际法哲学一直为法哲学研究所忽视，理由自然有多重，[3] 但这其中国际政治强调的"价值中立"，尤其是现实主义强调的追求权力影响深刻。首要的，就是让人注意到美国的行事方式而开始怀疑主权平等原则是否真的已经过时，已经成为国际法进一步发展的最大障碍而应予以抛弃。

三　现代国际法形式公平下的实质不公平：主权平等原则的争议

或许没有任何一个概念，其含义之争议会超出主权一词。一个无可争议的事实就是，此概念自其被引入政治科学至今，就没有一个一致同意的含义。[4] 基于主权所产生的主权平等原则之争议也不遑多让。

（一）主权平等原则的渊源以及轨迹

主权平等有两层含义：其一是法律的平等保护，或者说所有主权国家在国际法面前的平等；其二是所有主权国家获得权利的资格是平等的。[5] 由此看，主权平等理论的意义：其一在于否定世界性的帝国（如神圣罗马帝国）存在时的情形；其二在于确认各国独立地生存于由国际法规制的国际社会之内。在此意义上，若认为主权

---

① Weiss, Edith Brown, "The Rise of the Fall of International Law?" *Fordham Law Review* 69 (2000): 347.

② Koskenniemi, Martti, *From Apology to Utopia* (Cambridge: Cambridge University Press, 2006), p. 1.

③ Besson, Samantha and John Tasioulas, *The Philosophy of International Law* (Oxford: Oxford University Press, 2010), p. 2.

④ Oppenheim, Lassa, *International Law*, Vol. 1, (4th edn.) (London: Longmans, Green Co., 1928), p. 137.

⑤ See Dickson, Edwin Dewitt, *The Equality of States in International Law* (Cambridge: Harvard University Press, 1920), pp. 3 - 4.

平等原则是渊源于《威斯特伐利亚和约》则有些令人难以信服。①
正如《威斯特伐利亚和约》开篇所陈述的：和约是由神圣罗马帝国
皇帝与隶属于帝国的法国国王和瑞典女王共同签订。意指和约的缔
约者身份并不平等。而且，主权平等原则源于此的观点在国外学者
的著述中也并未体现。②

  20世纪初，欧洲国际法学界主流观点认为主权平等源于格劳秀
斯的《战争与和平》；狄更生否定了此观点。笔者也认同狄更生的
看法，毕竟格劳秀斯只是在特定的具体情形下才提及国家间平等，
这些情形包括通行自由和贸易自由。③ 狄更生还进一步指出，在权
利资格平等层面上，格劳秀斯是否认国家主权平等的。④ 这一点，
如同前文提及国际法上国家间异我之分传统时引证内容所显示的，

---

① 杨泽伟教授在《国际法史论》中论及《威斯特伐利亚和约》对国际法的发展意义中
  提到：《威斯特伐利亚和约》承认国家主权平等原则。如果以主权平等是指主权国家
  之上再无更高权威这一通常理解的意义讲，杨泽伟教授的观点是存在瑕疵的。和约承
  认的是帝国之下的各王国的平等权利，王国之上仍然有帝国权威。基于此考虑，作者
  采用的是狄更生的观点，即该原则由普芬道夫提出，并经自然法学派学者共同努力在
  国际法学中予以确立。

② 在王铁崖教授、陈体强所译的《奥本海国际法》这一权威教科书中，奥本海教授本人
  甚至没有提及主权平等。参见〔英〕劳特派特修订《奥本海国际法》上卷第一分册，
  王铁崖、陈体强译，商务印书馆，1989，第96~101页。奥本海教授在书中只是概要地
  勾画出了主权的发展历史，还提到有关主权可分性的理论，以及主权国家和非完全主权
  国家的划分。这很显然是受到19世纪实证法学派否定主权平等原则的影响。James
  A. Caporaso 只是认为主权的观念是萌芽于《威斯特伐利亚和约》。See Caporaso, James
  A., "Changes in the Westphalian Order: Territory, Public Authority, and Sovereignty," *Inter-
  national Studies Review* 2 (2000): 1. 另外，蔡从燕教授提及主权平等原则，也是将其溯源
  至瓦泰尔。参见蔡从燕《国际法上的大国问题》,《法学研究》2012年第6期，第193页。

③ 没有任何人不公开宣称，所有人都有权管理和处置其个人财产；没有人不坚持所有市
  民都有平等不受歧视的权利利用河流与公共地；没有人不用尽全力捍卫通行和贸易的
  自由。如果一个我们称为国家的小社会在不利用这些原则时都无法生存，当然无法生
  存，为什么这些同样的原则对于维系全人类的社会结构和其和谐会不必要？ See Groti-
  us, Hugo, *Mare Liberum* (*The Freedom of the Seas*), trans. by Magoffin, Ralph Van De-
  man (Oxford: Oxford University Press, 1916), p. 3。

④ See Dickson, Edwin Dewitt, *The Equality of States in International Law* (Cambridge: Har-
  vard University Press, 1920), pp. 34, 35. 19世纪时，研究格劳秀斯的一位法国学者
  Pradier-Fodéré 也未提到格劳秀斯对国家间平等的贡献，他认为是 Vattel 将自然法中的
  平等原则应用于国际社会的。Dickson, Edwin Dewitt, *The Equality of States in Interna-
  tional Law* (Cambridge: Harvard University Press, 1920) p. 51。

格劳秀斯依据道德标准对国家进行了区分。格劳秀斯之前的学者们，无论是维托利亚、瓦斯奎兹、阿亚拉还是苏亚利兹，均未提及过国家间权利平等。

普芬道夫作为格劳秀斯之后自然法学派的代表人物，是首次将自然法中个人平等类比至国际社会的国家间关系的学者。他认为国家是一个"复合道德人"（a compound moral person），主张国家作为拟制的人和自然人完全是一样的，国家间是天然平等的。① 普芬道夫及其后继者（包括德国的 Christian Thomasius、法国的 Jean Barbeyrac、英国的 Thomas Rutherforth 以及瑞士的 Burlamaqui）确立了国际法中的主权平等原则。普芬道夫的国家平等理论贯穿于整个 17 世纪的欧洲大陆国际法研究，进入 18 世纪后，许多原则经由其他学派吸收逐渐成为国家间法律的共同规则。

国际法中的实证法学派基础，通常被认为是源于真提利斯而最终由苏支所奠定的。苏支认为国际法是由未成文的国家间习惯和成文的国家间条约构成的。苏支并不接受自然法学派有关国家间平等的理论。相反的，他认为位次秩序就是不平等的，主权或地位也是不平等的。根据苏支的观点，主权是"决定国家间和平和战时有关国际社会问题的普遍至高权力"，这种权力并非不能摧毁。由此看，主权可受到保护权或依赖关系的限制。② 17 世纪末期，德国出现了一股对自然法学派强烈反对的力量，包括 Rachel 和 Textor 在内都否认了自然法的原则。他们认为，在自然法状态下各国的平等地位完全可以由经国家同意的成文条约限制或更改。这种论点为西欧国家的殖民活动提供了理论依据，不平等条约制度简直是必然的结果。18 世纪，实证法学派的引领性学者为摩塞尔和马顿斯，前者甚至被

---

① Dickson, Edwin Dewitt, *The Equality of States in International Law* (Cambridge: Harvard University Press, 1920), pp. 80 – 81.

② Dickson, Edwin Dewitt, *The Equality of States in International Law* (Cambridge: Harvard University Press, 1920), pp. 90 – 91.

誉为实证国际法之父。① 摩塞尔将国家区分为主权国家和半主权国家，甚至半主权国家一词就是他首次在国际法著作中系统使用的。主权原则仅适用于完全主权国家，半主权国家与主权国家之间本就是不平等的。② 马顿斯承认自然法下的国家间平等，同时认为自然法不足以处理文明国家间的关系，因此实证法产生之后对自然法状态的修改也是可以理解的。

在自然国际法学派和实证国际法学派之间，有一个综合法学派试图将二者结合起来。最具代表性的就是 18 世纪的德国法学家沃尔夫（Christian Von Wolf）。沃尔夫对国际法有两大贡献：其一是指出了直接将自然法中的个人平等类推至国家间是行不通的，③ 应该基于国际社会特征予以调整；其二是指出国家之外共同国际社会的存在。作为其仰慕者，瓦泰尔将沃尔夫的理论广为传播。瓦泰尔认为，比起格劳秀斯，霍布斯才是第一个提出何谓国际法的学者，沃尔夫则是第一个真正指出人际自然法与国家间自然法关系的学者。沃尔夫以其极为简洁清晰的语言论及国家间平等：人是天然平等的，其个人权利与义务也一样。作为自然的产物，由人所组成的且可被视为众多自由人共同以自然状态生活其中的国家，也是天然平等的，并且天然地拥有同样的义务和权利。在此意义上强大或弱小无关紧要。如同一个侏儒和一个巨人同样是人，一个小共和国也拥有不弱于最强大王国的主权。基于此平等，必然而来的就是对于一个国家合法或非法，对于其他任何一个国家也同样是合法或非法的。④

---

① 杨泽伟：《国际法史论》，高等教育出版社，2011，第 116～118 页。

② Dickson, Edwin Dewitt, *The Equality of States in International Law* (Cambridge: Harvard University Press, 1920), p. 94.

③ 这一点也得到越来越多国际法学者的认可。See Thomas, Ann Van Wynen & Thomas, A. J., "Equality of States in International Law: Fact or Fiction?" *Virginia Law Review* 37 (1951): 793.

④ Vattel, *Le Droit des Gens* (1758), as trans. by Fenwick, *Classics of International Law* (3) 1916, p. 7; See also Dickson, Edwin Dewitt, *The Equality of States in International Law* (Cambridge: Harvard University Press, 1920), pp. 98–99.

19 世纪，主权平等这一为自然国际法学派坚持的国际法原则，开始遭到此时期占据优势地位的实证法学派的攻讦。一如杨泽伟教授提到的，19 世纪的国际法学很少提到自然法的学说，并将国际法与神学、哲学、政治学或外交完全分开，关注国家间缔约实践的国际法学者成为 19 世纪最主流的国际法学者。但此原则的影响并未因此消失，以此自然法观念、自然状态中的国家、国家和人之间的类比为基础，主权平等理论发展进入 19 世纪依然是国际法的正统理论。1825 年安特洛普案（Antelope Case）中，美国最高法院首席大法官马歇尔直言：没有任何一个一般法律原则，比国家间绝对平等得到更为广泛的承认。①

19 世纪末 20 世纪初，被确认为实证法学派的学者奥本海对国家主权平等的这一论述，也广为人知。② 1951 年，国际法院 Basdevant 院长更直白地说：在本法院面前，没有大国或是小国。③ 20 世纪的国际法教科书更是一再重复这样的观点。《联合国宪章》以及《友好关系宣言》中对此原则的一再强调，让有些学者甚至认为主权平等已经成为普遍国际法。但这一原则在 20 世纪末却遭遇到重大挑战，主要是美国一批国际法学者，开始主张废弃主权一词，主权已经成为有害的国际法概念，阻碍了国际法进一步发展。

（二）主权平等理论的成文化与国际实践

概要来说，主权平等原则在国际公法学者论著中的历程是这样的：17 世纪产生、18 世纪成为国际法学界在主权问题上的主流观点。这种主流地位虽然在 19 世纪遭遇过挑战，却并未被动摇并持续至 19 世纪末，甚至在 20 世纪的民族解放运动和大量新兴独立国家产生背景下，一时间地位越发稳固。20 世纪末，此理论再度遭遇

---

① No principle of general law is more universally acknowledged, than the perfect equality of nations. See The Antelope, 23 U. S. 66, 122, 6 L. Ed. 268（1825）.

② Oppenheim, Lassa, *International Law*, Vol 1, （3rd edn.）（London: Longmans, Green Co., 1920）, p. 15.

③ I. C. J: I. C. J. Yearbook 1950 - 1951, p. 17.

挑战。可以说，主权平等的争议也在阶段性的产生，尤其是在美国国际法学者引领国际法研究之后，此争议有扩大的趋势；而受此影响的国际实践也出现了不一致的趋势，并再度反馈至国际法研究，使得国际法研究中有关主权平等的争议更加热烈。这一论点的基础正是以下的实践历史脉络。

19 世纪的条约制定实践中，虽然没有开宗明义地以缔约国主权平等为背景，却可以看出对此观念的认同。1814 年英国、俄国、普鲁士和奥地利四国缔结的《肖蒙条约》，规定为保卫欧洲和平，四国同意协商，以协调彼此政策。这就意味着四国之间是相互承认对方的地位是与自己平等的。甚至沙皇本人也信奉国家平等。① 而且，虽然大国控制了和会过程，最终的条约文本还是获得了参与和会小国的认可。② 1856 年的《巴黎条约》缔结后，土耳其政府被允许进入欧洲国际法规则体系内，各大国尊重并集体保证奥斯曼帝国的独立和领土完整。③ 同时由于土耳其的文明被认为不如欧洲文明，土耳其的司法权受到领事裁判权的限制。1885 年的刚果会议所缔结的《总议定书》，议定书承认刚果独立，但未确认其主权和其他国家主权平等。

20 世纪是国际立法活动最为兴盛的一个世纪。在相关条约中，主权平等理论一再得到重申。1907 年第二次海牙和平会议上，法国代表团首席代表致辞：每个国家都有主权人格，与其他国家在道德高度上平等，无论大小，无论强弱，都可平等地要求对其权利的尊重，都有履行职责的平等义务。④ 这应该是主权平等在国际立法实践中的首次体现。1933 年第七次美洲国家国际会议上，《国家权利义务公约》得以通过。该公约第 4 条明文规定：国家在法律上是平

---

① Klein, Robert T., *Sovereignty Equality among States* (University of Toronto Press, 1974), pp. 13 – 14.

② 蔡从燕：《国际法上的大国问题》，《法学研究》2012 年第 6 期，第 194 页。

③ 杨泽伟：《国际法史论》，高等教育出版社，2011，第 71 页。

④ Dickinson, Edwin DeWitt, *The Equality of States in International Law* (Harvard University Press, 1920), p. 181.

等的，享有同样的权利，并在实践中享有同样的资格。每个国家的
权利并不有赖于其拥有确保其实践的权力，而是赖于其作为国际法
上的人这一简单事实。

1945 年《联合国宪章》第 2 条第 1 款明确规定，"本组织系基
于各会员国主权平等之原则"。1970 年联合国大会全体一致通过的
《关于各国依〈联合国宪章〉建立友好关系及合作之国际法原则宣
言》，重申了各国主权平等的原则。"各国一律享有主权平等。各国
不问经济、社会、政治或其他性质有何不同，均有平等权利与责
任，并为国际社会之平等会员国。"之后又详细列举了主权平等所
包括的内容。此后在其他重要的国际公约中，包括《联合国海洋法
公约》《联合国气候变化框架公约》等，都直接援引了此规定。

由上述有关主权平等的成文化实践概要可见，19 世纪实证国际
法思想否定主权平等的观点以及此前一直得到学者认可的主权平等
观念，都得到缔约国家的认可，即承认欧洲国家间的主权平等，限
制或否认欧洲国家与非欧洲国家（前者是土耳其、后者是非洲）间
的主权平等。这也符合一些学者主张的 1815 年后大国政治的现
实，① 以及前文提及的 19 世纪维多利亚时期的繁荣催生的统一国际
法观念和后半期推行文明国家与非文明国家划分的事实。

二战结束后，大国虽然接受了理论上的国家间主权平等以及
《联合国宪章》以及其他法律文件对主权平等的确认，在如同前文
所述的美苏这两个超级大国对外交往中施行颇具侵略意味的外交政
策时，却几乎毫无收敛。可以说在国际实践中，主权平等始终遭遇
着理论与国际实践不一致的问题。

在国际司法实践中，此问题也一直存在。1996 年国际法院在就
联合国大会关于"以核武器相威胁或使用核武器的合法性"发表咨

---

① Levi, Werner, *Law and Politics in the International Society* (California: Sage, 1976),
p. 122; Armstrong, David, "Law, Justice and the Idea of World Society," *International
Affairs* 3 (1995): 548.

询意见中，法院 7 票对 7 票认为以核武器或使用核武器一般将违犯适用于武装冲突的国际法规则，特别是人道主义法的原则和规则；弗莱施豪尔法官指出，如果简单地认为使用核武器即违犯适用于军事冲突的国际法——尤其是人道主义法律的原则和规则，也就意味着军事冲突适用的法律，尤其是人权法，将在效力上高于每个国家基于主权平等且由《联合国宪章》第 51 条明文规定的天然的单独或集体自卫权。法院因此指出：鉴于国际法现状，国际法院并不能确定地断定在自卫的极端情况下，即在国家生存本身处于危险之中的情况下，以核武器相威胁或使用核武器是合法还是非法。

在涉及投票权问题上，最大的国际政府间组织联合国的确确认了投票权平等，而安理会以及常任理事国的投票权却存在着例外。这种例外在如同 IMF 一样的国际经济组织中，更为明显。主权平等，在奥本海看来意味着平等的代表权和豁免权；在劳特派特看来则是国家间投票权平等。二者的共同点在于强调基于主权平等，主权政府代表国家出席国际会议以及在其中进行自我权利表达和伸张的权利是平等的，然而事实却并非如此。

可以说，第三世界国家依据欧洲的现代国家模式获得主权，表面上看既是威斯特伐利亚体系的成功，又是西方文明的胜利，更是国际社会组织形态向前发展的结果。事实上，主权平等却并非如同理论描述的那么美好，新兴独立国家的主权和西欧国家以及类西欧国家的主权存在明显区别。[1]

（三）主权平等原则的有限性

主权平等，核心在于任何国家都不会在法律上优越于其他国家，国家之间作为平权者不服从于任何一方，当然也不在国内事务上接受其他国家的评判。唯一高于国家权威的，就是国际法；而且

---

[1] Anghie, Antony, *Imperialism*, *Sovereignty and the Making of International Law* (Cambridge: Cambridge University Press, 2004), p. 4.

是经国家同意过的国际法。

一如前文所述，主权理论确立之时，就已经遭遇到实证法学派的挑战甚至否定。此后在 19 世纪这个实证国际法学派占据优势地位的年代，来自韦斯特雷克、洛里默以及劳伦斯的质疑更为强烈。[①]他们认为这一理论及其相关内容几乎毫无逻辑，不过是三段论的文字游戏，与国际现实完全不符，已经成为国际法朝向现代化发展道路上的一个大障碍。当然，这种主张也遭到绝对支持此理论的学者的反驳。因为这是国际法必须为之奋斗实现的一个目标，如果没有此理论，国家间就再无正义可言。[②]

经由对主权平等原则历史发展轨迹的考察可知，在欧洲国际法时代主权平等原则的地位是得到普遍承认的。二战后，美国开始引导国际法制定和国际法实践，主权平等一方面由于既往理论的持续性影响而继续得到支持和实践，一方面又因为美国开始推行与欧洲国际法不同逻辑和语言的人权问题和贸易自由被削减。二者的共同作用导致主权平等原则也有一定的生存空间和拥趸；否定此原则的观点也有一定的空间和追随者。

需要注意的是主权平等理论原本仅仅局限于西欧数国之间，是为反抗中世纪教皇权威和帝国皇帝权威而寻求的横向型社会模式表达。[③] 即便是实证法学派提出了半主权的说法，即便是提出主权平等可受到国家间条约的限制，这一表达模式在国际法仅仅局限于欧洲五国以及后来的德国、意大利和欧洲衍生国美国，甚至是仍保持帝国模式的俄国以及非欧洲地区的土耳其以及日本时，这种理论依然是主流观点，未曾遭遇任何重大挑战。毕竟此原则的实践范围仅

---

① Dickson, Edwin Dewitt, *The Equality of States in International Law* (Cambridge: Harvard University Press, 1920), p. 131.
② 这种观点起初主要源于拉美的国际法学者。See Herrera, "Evolution of Equality in the Inter American System," *Political Science Quarterly* 61 (1946): 90, 94.
③ Lauterpacht, Hersh, "The Grotian Tradition in International Law," *British Yearbook of International Law* 16 (1946): 93, 99 – 100.

限于欧洲国家和美国，亚洲国家要么成为殖民地，要么成为被保护国，要么接受种种不平等条约实际限制几乎全部主权。① 非洲被各欧洲国家划分为不同的势力范围。② 故而在此期间，虽然 1815 年维也纳和会被学者视为大国权力的开端，以及实证国际法学派学者也力证此理论之不符合现实，但在国际立法以及实践仅涉及上述相关国家时，主权平等依然是主流理论。

19 世纪中期的统一国际法观念以及后期的文明比较观念产生之后，欧洲以及上述国家才真正面临如何处理它们与殖民地之间关系的难题：是将主权平等理论推行至殖民地，由此自我限制可在殖民地从事的种种活动，限制主权平等理论，以确保可从殖民地获得的利益，还是理论上承认主权平等，但限制其成为国际法主体获得主权的条件？两次世界大战期间，国家主权平等更是遭遇到现实的重重攻击，大国之间对殖民地肆意转手，从来也不曾顾及国家主权平等理论。冷战开始后，国际社会的突出特征就是两个超级大国及其阵营之间的赤裸裸对抗。苏联可以因为布拉格之春改革而入侵捷克斯洛伐克；美国可以因为共产党政府上台或可能上台执政而武装入侵多米尼加共和国、入侵尼加拉瓜。冷战结束后对于美国形成的"大胜利"时代，美国更加无视此理论，可以因为怀疑伊拉克拥有大规模杀伤性武器直接入侵伊拉克、可以因为怀疑中国的银河号货轮上装运了武器而直接要求对其进行检查。主权平等理论更是几乎要被引领国际法研究的美国国际法学者直接归入历史故纸堆。

简言之，主权平等理论自普芬道夫于 17 世纪确立开始，在 18 世纪成为最广为接受的理论并延续至 19 世纪。19 世纪初的维也纳和会，在一定程度上改变了威斯特伐利亚体系下主权国家各自独立、彼此承认主权、尊重对方领土边界的横向特点，产生了一定程

① Wright, Quincy, *Legal Problems in the Far Eastern Conflict* (New York: Institute of Pacific Relations, 1941), p. 30.

② Wright, Quincy, "The Equality of States," *Cornell International Law Journal* 3 (1970): 3–4.

国际法新命题

度上大国对小国的安排以及小国对大国的依赖，但这种横向的平权关系基本得以维持。直至 19 世纪末期，西欧各国遇到如何以国际法处理本国与殖民地关系时，主权平等理论才第一次遭遇到重大挑战。① 这一挑战并未对主权平等理论做出任何实质动摇。此后，国际法引入了国家的构成要素理论以及具体的国家承认制度，将国际规则重心放在一国要获得主权必须达到的资格要求上，由此排除了被殖民国家要求主权平等的可能性。冷战中，两大阵营基于意识形态而产生的权力对抗，是对此理论的切实挑战；冷战结束后形成的唯一超级大国现象，彻底引发了主权大辩论。然而，此辩论也不过是 1815 年维也纳和会之后国际法学界否定主权平等说法的翻版。当然，一种学说或观点重复出现是社会科学研究中的常态，我们需要注意的是支持主权平等的理论与实践和挑战主权平等观点的理论和实践的共同作用，会产生怎样的影响并促使主权平等理论朝向哪个方向发展。

有学者提出，相对主权已经成为现今的主流观点。② 所谓的相对，其一是指国家仍然是主权国家，但基于国家间互动如此之强，一国主张主权时应尊重他国主权；其二是指国家主权受到国际法约束。因此，所有国家处于一个彼此平等但要遵从国际法的结构之中。但同样，美国一直极力主张的人权以及贸易自由逻辑和语言却是要以突破主权的空间边界为目标，彻底实现合法霸权以取得制度性胜利为目的。或者说，在美国主导的国际法语言和逻辑中，仅仅限制主权是不够的；这一点在其近来推行的 TPP 以及 TIPP 中再度得以体现。而这才是值得高度警惕的。毕竟，现代国际法对于超级大国的薄弱约束以及对于弱小国家话语权的忽视是深刻存在于其体系之中的。

---

① Wright, Quincy, "The Equality of States," *Cornell International Law Journal* 3 (1970): 1–3.
② Simpson, Gerry, *Great Powers and Outlaw States* (Cambridge: Cambridge University Press, 2004), p. 41.

第三节　现代国际法规则体系的内容缺陷

国际法中的国家概念，是一种抽象的法律概念，其标准既不是超级大国，也不是弱小国家，而是被抽象为具有完全行为能力，能以其独立行动为本国创设权利、承担义务并实现其国家利益的形象。基于这种形象，国家间的平等是完全符合逻辑的。

然而，在国际社会的现实中，各国由于物质资源和非物质资源的明显差异，具备完全实现本国国家利益能力的国家并不多。反而更多地出现超出此法律标准的超级大国与无法达到这一标准在实现国家在国际社会上的利益时甚至实现其国内利益时，都不得不依靠其他大国的小国的存在。国际法对于这种现实，由于要一直坚守理论上的抽象平等原则，经常陷入捉襟见肘的地步而被人宣称为不是法律甚至法律已死也不足为奇了。

大国特权，自 1815 年之后就一直存在了。① 大国对国际法的影响力，可直接以合法霸权来透视。② 值得警醒的是，当大国通过法

① Simpson，Gerry，*Great Powers and Outlaw States*（Cambridge：Cambridge University Press，2004），x.
② 大国和小国对国际法的影响，有奥本海主张的往往由于小国的提议促成国际法进步的说法，但更多的是大国对国际法的重要影响，因为厘定和重新厘定国际法规则的往往是大国。关于合法霸权（legalised hegemony），即大国通过法律形式实现其特权的论述，See Simpson，Gerry，*Great Powers and Outlaw States*（Cambridge：Cambridge University Press，2004），x.

律形式使其霸权合法化的时候，更值得关注的是如何确保今后的国际法发展方向不是当今单边主义的变形，即以名义上代表所有国家甚至全人类价值，将体现其单边利益的诉求合法化的倾向，并将与其诉求不同的国家流氓化、非法化。[1] 这种将国际法完全工具化的取向，既不利于国际法本身的发展，甚至是根本否定国际法存在的价值和意义，也不利于国际社会朝向一个能令行为主体更满意的方向发展的目标。

一　国际法对超级大国的薄弱约束力

（一）超级大国对国际法的工具主义传统

超级大国对国际法以及国际政治都会产生很大的影响。[2] 超级大国甚至可以影响或修改国际法的基础。西班牙成为第一个日不落帝国时，借助维托利亚的论著界定了法律的普适性，为其武力征服印第安以及印第安人正名；法国崛起于欧洲时，国际法上的国家间边界概念得以明晰；英国成为新的日不落帝国后，为确保其海外殖民地与本土的顺利交通往来，海盗罪、战时中立、与殖民地间的不平等条约制度等成为国际法上的内容。超级大国对国际法的影响，有些是国际法为适应大国出现后国际社会情势的变化而进行调整的，有些则是超级大国的有意主导。国际法和大国之间处于一种交叉关系中，有时一致，有时背离。由于国际法是基于抽象的国家和国家利益概念而建立的，当此概念与超级大国一致时，超级大国会成为国际法的坚实维护力量；当超级大国要实现的利益超越抽象的

---

① 关于美国制造出的类似论点，参见余潇枫、张泰琦《"和合主义"：建构"国家间认同"的价值范式——以"一带一路"沿线国家为例》，《西北师范大学学报》（社会科学版）2015 年第 6 期，第 7 页。法外国家被认为疯狂、恶劣且危险，也无法对国际法抱有正确的态度。有关论述，See Simpson, Gerry, *Great Powers and Outlaw States* (Cambridge：Cambridge University Press, 2004), preface X, 4.

② Grewe, Wilhelm, *Epochen der Völkerrechtsgeschichte* (Baden-Baden：Nomos, 1984)；See also Wight, Martin, Hedley Bull and Carsten Holbraad, *Power Politics* (London：Royal Institute of International Affaris, 1978), pp. 30 – 40.

国家和国家利益概念时，超级大国要么会引领国际法发展的趋势，要么会受到国际法的强烈约束而出现不合法的单边行为。相应的，为了对此单边行为进行正当性辩护，超级大国也会试图修改国际法的基础概念甚至基础理论；修改不成时，甚至直接放弃国际法，不惜以违反国际法的形象出现，西班牙、英国、美国都曾如此行事。

根据 Koskeniemi 教授的研究，在 19 世纪中期之前，欧洲并不存在独立的国际法研究，国际法被学者并入法哲学研究或者国家行政法或公法的研究之中。因此，John Austin 在 1832 年提出国际法并不是法律的观点实在不足为奇。而且，对于当时的英国，其国内体系的法律正当性是不证自明的，根本就不需要超出主权之外的任何国际法，更何况国际法作为法律强调的是权利义务间的平衡，这对于英国而言，简直可以算作一种负担而不是任何国家行为的依据或合法性来源。

对于看起来只能是帝国野心和欲望障碍的国际法，从来得不到帝国的支持。一如时任英国首相 Salisbury 所言（1887），据通常理解的法律一词的意义看，根本就没有什么国际法。它总体上依赖于教科书编写者的个人观点。没有法院能执行，由此以法律这个术语来指称国际法于一定程度上是具有误导性的。[①] 这种观点当然不只是因为作为当时唯一的超级大国，英国对国际法并不感兴趣，更重要的原因是帝国完全可以通过领土、经济和权力的扩张，获取比遵守国际法带来的更多的利益。

基欧汉曾在其著作《霸权之后：世界政治经济中的合作与纷争》的中文版序言中提到，他所做的一项研究中，"在考察美国自 1776 年到 1989 年对国际承诺的遵守问题时，我发现存在着比我最

---

① International law has not any existence in the sense in which the term "law" is usually understood. It depends generally upon the prejudices of writers of text-books. It can be enforced by no tribunal, and therefore to apply to it the phrase "law" is to some extent misleading. See Walker, T. E., *The Science of International Law* (London, Clay, 1893), p. 1.

初想象的、更多的不遵守现象"。①

　　美国在冷战期间以直接出兵或者封锁的形式，对其认为属于苏联及其阵营在西半球扩大势力的行动予以阻击，诸如前文提及的对多米尼加共和国、格林纳达、越南、柬埔寨等地的入侵，这一系列行动最终引发了 1986 年尼加拉瓜向国际法院提起诉讼。国际法院的 15 位法官，在法院成立之初，主要来自西方国家。从 80 年代开始，有多位来自新独立国家的国际法学人入职成为法官，这些法官对美国并不友好。当法院做出了不利于美国的判决后，美国拒绝了这一判决并撤回了原本接受国际法院强制管辖权的声明，而后在新现实主义的理论论证下，认为自己所做的是合法的。时至今日，这一案例时常被拿来作为美国违犯和不遵守国际法的实例。

　　事实上，美国认为国际法的某一具体发展不合乎其利益需求即置之不理并不止于此。1981 年 3 月，里根政府决定退出几乎快要完成的第三次联合国海洋法谈判，并宣布美国不会签署该条约（即 1982 年《联合国海洋法公约》），不再参加未来任何此类的策划以及活动。美国国内对于这一决定十分惊讶甚至愤怒，以至于有人提出，对里根总统的行为只能做出三种解释：他无知；他极端理想化；他以上二者都是。② 事实上，美国之所以做出这样的决定，只是因为对公约所规定的在所有国家管辖权之外的国际洋底探矿的条款不满，因为该部分条款规定了国际洋底的矿物资源属于全人类共同继承的遗产，而这不符合美国因掌握深海探矿技术所具有的优势地位及相应的利益需求。

　　1998 年通过的《国际刑事法院规约》得到 120 票赞同，7 票反对。而主要的反对者就是美国。而这一次，和美国站在一边的是一

---

① 〔美〕罗伯特·基欧汉：《霸权之后：世界政治经济中的合作与纷争》，苏长和等译，上海人民出版社，2001，第 23 页。

② 参见 Robert A. Goldwin《共同理念与"共同遗产"》，张相君译，傅崐成等编译《弗吉尼亚大学海洋法论文三十年精选集 1977－2007》第一卷，厦门大学出版社，2010，第 24 页。

向被标签为"非良序国家"的叙利亚、伊朗、伊拉克、俄罗斯以及中国。①

2001 年 3 月，美国单方面退出《联合国气候框架公约》下的《京都议定书》。2001 年 12 月，美国总统布什宣布退出 1972 年与苏联签署的《反弹道导弹条约》。其退出的理由是此条约作为冷战的产物已经过时，但事实上只是因为美国认为此条约"妨碍了政府寻求有效方式"保护美国免受攻击，此条约已经让美国觉得自身正处于一项阻止美国获得有效防务能力的条约中。② 或者更简单地说，美国认为继续军控已经不符合美国作为唯一的超级大国的利益，此条约带来的利益已经消失，约束太大，美国不愿意再受这样的约束。

2003 年美国发动伊拉克战争以及此后长久的反恐战争，由于其绕过安理会进行单边行动，由于其针对恐怖分子的行动让其无视国家间边界，更被视为美国对国际法的彻底抛弃。

2006 年 3 月 2 日，印度总理与美国总统在印度首都新德里宣布，双方达成一项"划时代"的核协议，布什总统也承认，双方达成的这项协议与《核不扩散条约》（*Nuclear Nonproliferation Treaty*）的相关限制原则并不契合。③ 实际上，这项协议隐藏着钳制中国的意味。④

2013 年，由美国富力·霍格（Foley Hoag）律师事务所的律师雷切勒、马丁、罗温斯坦（Paul S. Reichler, Lawrence H. Martin, Andrew B. Loewenstein）为主，包括迈阿密大学法学院的奥克斯曼（Bernard H. Oxman）教授、伦敦矩阵厅（Matrix Chambers）的桑兹

---

① See Simpson, Gerry, *Great Powers and Outlaw States* (Cambridge: Cambridge University Press, 2004), p. 8.

② 参见朱锋《美国退出反导条约：原因及其影响》，《国际经济评论》2002 年第 5 期，第 46 页。

③ 《印美同意共享核技术》，新华网，http://news.xinhuanet.com/mil/2006 - 03/03/content_4250589.htm，2016 年 8 月 1 日访问。

④ 阎学通：《变化中的世界与中国》，《现代国际关系》2006 年第 9 期，第 7 页。

（Philippe Sands Q. C.）教授，埃塞克斯厅（Essex Court Chambers）的博伊尔（Alan Boyle）教授在内的法律服务团为菲律宾提供诉讼服务，使得菲律宾根据《联合国海洋法公约》附件7提起了针对中国在南海的仲裁申请。仲裁案在最终裁决宣布之前，美国的律师就提前宣告了仲裁结果，日本驻柬埔寨的大使似乎也知道了仲裁结果。在仲裁裁决宣布前，美国派出了两大航母战斗群进入南海被解读为仲裁结果背书。不仅如此，在中国宣布不接受不参与和不承认此次仲裁后，美国一直敦促甚至命令中国要遵守国际法，似乎自己就是国际法的维护者。但事实上，正如中国外交部的回应一样，"美国官员开始重视国际法了，这很好。而且，我们也说过多次，我们确实希望美方能早点批准并加入《联合国海洋法公约》，这样会使美方以后在谈到这个公约的时候听起来更加有说服力一些"。[①]

2013年4月2日在联合国大会上通过的《武器贸易条约》虽然被评价为"是一个历史性的外交成就，长久期盼之梦想与多年的努力最终得到了实现，国际法治由此向前迈出了可喜的一步。全球军火贸易规则的制定是一个世界人民的胜利"。[②] 但同样的，位列世界武器贸易首位的美国并没有批准该公约，[③] 与其一道的是被美国视为"不守法国家"的俄罗斯和中国。

结合前文美国在一战后以及二战后推动国际秩序朝向国际法法治化方向发展的努力看，我们似乎可以看到美国对国际法的爱恨交

[①] 《外交部：美国官员开始重视国际法了，这很好》，人民网，http://world. people. com. cn/n1/2016/0511/c1002 - 28343264. html，2016年7月28日访问，另可参见 http://www. fm-prc. gov. cn/web/fyrbt_673021/jzhsl_673025/t1362338. shtml，2016年7月28日访问。

[②] 《潘基文〈武器贸易条约〉的通过是一个历史性的外交成就》，http://www. un. org/chinese/News/story. asp? NewsID = 19524，2016年12月12日访问。

[③] 美国虽然已经于2013年9月25日签署该公约，但截至2016年12月12日，并未批准。参见 https://treaties. un. org/Pages/ViewDetails. aspx? src = IND&mtdsg_ no = XXVI - 8&chapter = 26&clang = en，2016年12月12日访问。

加。一方面，美国的外交的确具有明显的法理主义传统，[1] 成熟的国际法研究也为其对外交往的规则或说理提供了坚实的法理依据；另一方面，美国时常出现对国际法的不尊重。美国作为冷战结束后的唯一的超级大国，对国际法的影响甚为明显。这种影响在伊拉克战争爆发之后达到顶点，即关于国际法是否过时，超级大国有能力边缘化国际法，不需要国际法的论点甚嚣尘上。[2] 美国这种举动，被学者解读为"想使美国不受约束地单方面执行国际法"。一些学者也提出美国与传统国际法是否能融洽存在的命题，是否要发展出新的国际法规则，或者是否直接承认其维护核心利益的行为与传统国际法不一致，只能违法行事？[3] 还是要等到有一天，美国不再如此强大，它才会感谢国际组织以及国际法所提供的以弱抗强的保护力？[4] 或者更简单地说，美国这个曾一时独步全球的超级大国如同它的先祖英国一般，对于国际法的利用继承了强烈的工具主义传统。

（二）超级大国主导的国际社会合法等级制

超级大国对国际法的态度显示了政治渗透国际生活的每个领域。也正是基于此，摩根索直接宣称：国际法一直以来都是一种很脆弱的结构。这种观点在国际法研究中时常得见，学者们或者质疑其根本不是法律，或者顶多同情地认为国际法是一种很原始粗糙的法律，因为其效力、责任以及渊源都成问题。[5] 毕竟，在一个缺乏统一的国际社会中，能保有一点秩序、实现最低的道德价值，都有

---

① 金灿荣：《对时代基本特征的几点思考》，《现代国际关系》2002 年第 7 期，第 14 页。
② Walts, Arthur, "The Importance of International Law," in Byers, Micheal, ed., *The Role of Law in International Politics—Essays in International Relations and International Law* (Oxford: Oxford University Press, 2000), p. 7.
③ 〔美〕路易斯·亨金等：《真理与强权——国际法与武力的使用》，胡炜、徐敏译，武汉大学出版社，2004，第 11~12 页。
④ Posner, Eric A. and John Yoo, "International Law and the Rise of China," Chicago Public Law and Legal Theory Working Paper, No. 127, 2006, p. 3.
⑤ Hart, H. L. A., *The Concept of Law* (Oxford: Clarendon Press, 1961), p. 3.

赖于国家在其权力范围内维护秩序和实现道德价值的能力。"国家间关系真正重要的并非国际法,而是国际政治。"① 摩根索的这一论断,如果考虑到国家实现所追求利益能力的不同,以及国际法对这种不同无法做出如同国内法那种程度的调整和回应,的确是成立的。如果从国际社会演进或动态发展的角度看,则其成立是严格受制于一个前提的:国际社会将始终处于权力斗争而无法获得真正的发展。这将从根本上否认理性的存在以及人类社会进步的可能。

在国际社会永远陷入权力斗争无法前进的丛林状态和所有人都将突破国家边界而因共同利益的存在成为融合世界的公民之间,更为现实的是尊重国际法的国际规则世界。这一规则世界与丛林状态国际社会的过渡阶段,将呈现为由于超级大国具有的强大影响力而形成的合法等级状态。所谓合法等级也就是国际法律秩序中不同国家所拥有不同权利的状态,某些超级大国有能力且有合法的权利使用武力,其他国家则不能这样做,另外一些国家则根本就是法外国家,甚至不能享有最基本的保护主权的权利。② 这一概念时常被国际关系学者使用,用以描述国家虽享有形式上的平等权利,却由于彼此间政治、经济以及社会状态高度不同而形成的一个互动能力不同的体系。③ 现实主义者尤为接受这一概念,国际体系内的等级以及霸权状态,对于现实主义者而言是一种可欲可求的状态。因为这种状态允许超级大国的主导:要么是大国彼此间的均势以及大国集团对弱小国家的单向压制,④ 要么是超级大国基于其有能力为国际社会提供诸如安全、秩序、汇率稳定、机制、合作途径以及新议题等公共产品,而对国际政治秩序、经济秩序有能

① Morgenthau, Hans, "An Intellectual Autobiography," *Society* 15 (1978): 65.

② Simpson, Gerry, *Great Powers and Outlaw States* (Cambridge: Cambridge University Press, 2004), p. 62.

③ Clark, Ian, *The Hierarchy of States: International and World Order* (Cambridge: Cambridge University Press, 1989), pp. 13–30.

④ See Hurrell, Andrew, "Security and Inequality," in Hurrell, A. and Woods, N., eds., *Inequality, Globalization and World Politics* (Oxford: Oxford University Press, 1999), p. 254.

力实现单极锚定。

对于国际法学者而言，由这一合法等级制的定义也可知道此阶段的不足以长久存在的理由，其地方性过强，且排斥异于自身的一些对象。这种排斥异己的特征，在美国推行全球化的过程中被有意地隐藏，表露在台面之上的都是堂而皇之的"普适理想"和"普适价值"。似乎，所有人的理想和价值均被考虑在内和体现出来。实际上，却是从自己的视角出发，将体现私利的理论隐蔽地推销至国际社会并试图以此约束国际社会。这就形成了哈贝马斯所批判的老牌帝国的"普适主义"。① 当然，最主要的推销对象则是一项被其标签为法外国家的非欧洲体系国家。

二 现代国际法对发展中国家和最不发达国家话语权的忽视

（一）排除异己的基础：良序国家理论

在推销老牌帝国的"普适主义"过程中，不可避免的是如何否定对方已有体系的正当性，最终其所依据的理论就是所谓的良序国家理论。良序国家，即自由民主制度的国家加上非自由民主的正派国家。良序国家之中，康德的世界主义哲学得到推崇。在这一哲学理念中，制度设计包括法律制度设计的基础应该建立在参与主体的对话基础之上。这意味着参与主体的范围以及话语权力分配，对于制度设计将产生决定性的影响。

在参与主体范围上，国际法以国际冠名似乎应该囊括国际社会所有成员，一般而言以国家为主要单位。但根据本章第一节和第二节的分析可知，国际法的主体范围并不如字面含义上那么广，而是局限在特定国家间。或者更直白地说，国际法所适用的国际社会，依照罗尔斯的理论，是一个由所谓"良序国家"组成的国际社会。

---

① See Habermas, Jügen, "Was Bedeutet der Denkmalsturz?" *Frankfurter Allgemeinen Zeitung* 17 (2003).

这样一个社会中，存在五种类型的国内社会：其一是理性的自由人民的社会；其二是正派人民的社会［前两种被认为是良序人民的社会（well-ordered peoples），或者说是良序国家社会］；其三是法外国家；其四是担负不利环境的社会；其五也是最后一种是善良的专制主义社会，即尊重人权，但其成员切实参与政治决策的渠道不存在，因此并非良序社会。① 只有良序人民的社会或者良序国家才能获得制度设计对话的主体资格。

在话语权力分配上，根据福柯的权力话语理论可知，谁在说和怎样说是最为关键的内容。根据福柯的理论："我们生活在一个符号和语言的世界。……许多人包括我在内都认为，不存在什么真实事物，存在的只是语言，我们所谈论的是语言，我们在语言中谈论。"② 可以说，语言对于对话主体的制约正是语言的力量之所在。当这种语言被完全掌控在某一个或某一类参与对话的主体手中时，对话能力也就被限定了。国际法也是一种语言，是一种有关国际社会应该朝向何处发展以及依据何种规则发展的语言体系。在国际法语言被构建时，包括中国在内的非良序国家是处于构建主体范围之外的；当国际法语言演进时，非良序国家被暴力裹挟进入并被迫接受此语言规制而不享有相关权利的准客体；当中国这样一向被标签为非良序的国家实行改革开放自愿加入这一语言体系时，一开始也只是处于接受者和学习者的地位；当加入世界贸易组织之后，中国虽然参与到世界秩序以及国际法语言规则演进中，获得了对话者的理论资格，却仍然欠缺对话的能力。最为典型的是中国加入世界贸易组织15 年之久，履行相关承诺之后，却始终在"市场经济地位"这一资格问题上被刁难。这更说明话语权力的获得以及对话能力的构建，需要中国对什么是中国所意欲实现的国际规则体系和内容有设计蓝图。

---

① Rawls, John, *Law of Peoples with the Idea of Public Reason Revisited* (Cambridge: Harvard University Press, 1999), p. 4.

② 刘北成编著《福柯思想肖像》，北京师范大学出版社，1995，第 92 页。

需要我们注意的是，即便进入全球化时代，依然有不少国家被定性为不正派的（indecent）、不自由的（illiberal）和罪犯（criminal）国家。① 尤其是冷战结束后，西方国家对于自由民主制度的信心越发膨胀，似乎整个世界不过是在其折冲樽俎之间即可制胜在两楹。一时之间，被其定性为法外国家的名单也随之增长。国际法针对这些法外国家的制度和规范越发严厉，简直是要以洗刷国际法"软法"之不体面名称为目的，国际法的执行力一时间大为增加。而这些，不过是国际法参与主体以及话语权权力配置上存在不均衡的体现。

（二）"良序国家"利用理论优势意欲实现的正当压制

"良序国家"在不均衡获取国际法主体资格以及话语权力后，通过创设规则体系以及国际组织的形式将这种优势转化为正当合法的制度化优势，或者说将其本来偶发的优势转化为具有长久稳定性的制度保障。一如卢梭所言，"最强者并非永远能保持其主人的地位，而是能将力量化为正义，将服从化为责任"。国内的组织和程序的制度化就是这样的过程，此过程使得脆弱多变的组织和程序获取价值观和稳定性。这一点，在国际社会同样适用。国际组织和国际组织程序的适应性与国际制度化水平呈正向变化。1815 年之后的欧洲协作、一战后建立国联以及二战后联合国的建立以及世界银行、国际货币基金组织的建立、关税与贸易总协定的事实上建立、国际法院以及国际海洋法庭的建立和国际刑事法院的建立等，均是国际组织和程序的制度化。这种制度化是否成功与其职能适应性（转变能力）成正比，其领导者的平稳更迭也是一个重要的衡量标准。这一点，国际组织为提高其职能适应性上始终在努力，诸如联合国改革、安理会改革、关贸总协定向世界贸易组织的转化、国际货币基金组织纳入并提高中国的投票比重，凡此种种，都可以看到

---

① Slaughter, Anne-Marie, "International Law in a World of Liberal States," *European Journal of International Law* 6（1995）: 510; Tesón, F., "The Kantian Theory of International Law," *Columbia Law Review* 1（1992）: 92.

国际组织成立后并非一成不变。而国际组织是否稳定且具有自主性，是否具有足够的内聚力，是否足够成熟有足够的适应性，都是政治制度化的标准。① 在这些方面，国际组织的统一化和碎片化趋势之间的紧张关系也可获得解释。尤为关键的是，创建政治制度的能力就是创建公共利益的能力。

欧洲以及继承并改进了欧洲传统的美国，正是以良序国家理论为基础，以创建国际政治制度为保障，试图将其优势完全稳定并正当化。在这一过程中，国际法充当了其稳固和正当化优势的最有利且有力的语言。至于这些老派的帝国与新兴国家以及新兴大国间的冲突，也时常为其所利用。毕竟，在一个完全不存在社会冲突的社会里，政治机构便失去了存在的必要，而在一个完全没有社会和谐的社会里，建立政治机构又是不可能的。复杂的社会里，道德和谐与互惠互利是政治共同体的两个方面；除此之外，它还有第三个方面，就是建立起能包容并反映道德和谐性和互惠互利原则的政治机构。②

然而，根据目前的发展倾向看，美国在推进全球化实现互惠互利上，颇有成就；在构建全球和谐道德上只是一味地以人权为基础则显得薄弱；在第三个方面即包容性上却欠缺太多。这一点，从新近出现的美国开始转向保守而中国开始坚持贸易自由的语言上，也可得见。反映在国际法上，也就是美国一方面通过种种机会指责中国这样的新兴大国不遵守国际法，试图将中国的主体资格以及对话能力彻底否定并保有自身在此体系内的超级优势地位；另一方面，美国也开始将重心从促进全球化的 WTO 转向地区性的 TPP 以及TIPP，试图重新转向具有地区性和对抗性的冷战思路上，却忽视了

---

① 〔美〕塞缪尔·P. 亨廷顿：《变化社会中的政治秩序》，王冠华等译，生活·读书·新知三联书店，1989，第 11 ~ 22 页。

② 〔美〕塞缪尔·P. 亨廷顿：《变化社会中的政治秩序》，王冠华等译，生活·读书·新知三联书店，1989，第 9 ~ 10 页。

国际社会在扩展至容纳多种政体、多重文化以及多层理念的今天，并且是在中国经济实力日渐与美国缩小、亚洲经济实力与美国实力持平并且亚欧基于天然的地理连通并借助已经出现的高速铁路技术可以成为一个统一市场的背景下，再转回原本的思路已经不可能适应当前的发展趋势了。

国际社会由具有特定的共同利益和共同价值的国家形成，国家的互动行为受到共同制度运行中产生的共同规则的制约。国际社会是一组国家，不可能只存在一个体系。国际体系内，每个国家的行为是其他国家考量的因素，其建立是通过国际法/对话和一致同意的规范国家间共同规则和制度形成，各方在维持此规则和制度安排上具有一致利益。当代国际社会有五种关键制度：均势、国际法、外交、战争和大国管理。国际社会秩序水平会得到不断提升：丛林社会，是基于敌意和战争可能性的国际社会，制度水平最低，不需要共享价值观，生存是主要动机和目的；共存体系，也可称为威斯特伐利亚体系，国家间核心价值是均势、主权、领土、外交、大国管理、战争和国际法，开始追求秩序；合作体系，此时各国需要有一个共同追求的特定目标，合作形式有多样、取决于共享价值观的类型；融合体系，各国存在大量的共享价值观，也包容各方采取相似或不相似的政治形式、法律形式和经济形式。无论是最不发达国家或者弱小国家，还是强大的国家，即便前者在国际关系理论和国际法理论中均不足以和大国相提并论，但其有参与对话的主体资格以及一定的话语权力。

在这样的背景下，国际法天生的地方性在欧洲和美国主导国际法发展的四百年间无法得到克服的事实，都提醒着我们应该重视这一问题，并努力拿出解决此问题的可行方案。当然，在解决问题之前，我们必须对问题予以深入分析，以了解问题的根源以及表现，为设计解决方案奠定一个可行和可信的实际基础。

小　结

本章承第二章国际法困境的阶段性观点，提出现代国际法规则体系并不完备，仍存在可进一步实质发展的空间的观点。现代国际法的范式，是基于主权国家作为基本构成单位的国际社会是一个平权者社会的特点而确立的，它假定所有国家基于主权平等相互并不享有管辖权。然而，国际法的生产者并不是国际社会所有成员，而是某些特定的成员，或者说是西方的"文明国家"。非西方文明国家的其他成员，则在很大程度上是接受者。国际法议题和相关规则的提出也多由此类"文明国家"主导，这就导致国际法在前提上和内容上存在缺陷。一如塞缪尔·亨廷顿所言，没有一个范式是永久有效的。21 世纪海上丝绸之路战略提出后，我们可以获得一个对既有国际法范式反思的正当背景和视角，审视现代国际法是如何在哲学基础、文本表达以及司法实践上存在的不足之处。

第 四 章

21 世纪海上丝绸之路背景下的现代
国际法规则体系非完备性的法哲学分析

第一节　审视现代国际法规则体系的价值目标

罗斯科·庞德在 1923 年出版的《哲学理论与国际法》（*Philosophical Theory and International Law*）中指出：国际法诞生于法理思考，并且因为这种思考给予人某些东西而成为现实，正是基于"某些东西"，国际法律制度才得以制定和成形。[①] 此所谓的某些东西，其实正是我们对国际法应实现目标的理性思考结果。若表述得更为直白，即什么样的国际法规则才是好的规则，至少对大多数国际法主体而言是一个愿意遵守的规则，因为它能促成实现一个对于大多数主体而言都认为比现在更好的未来国际社会。

在探讨这一"某些东西"究竟是什么之前，我们应先了解一个事实。即国际政治对于价值观念并不重视，[②] 甚至在现实主义理论中，更认为国际政治无须讨论道德，当然更无须讨论价值。其理由在于，道德——尤其是政治道德具有明显的国内特征，极少成为国际政治道德，这就使得在国际法层面研究价值这一课题显得有些言

[①] International Law was born of juristic speculation and became a reality because that speculation gave men something by which to make and shape international legal institution. See Pound, Roscoe, *Philosophical Theory and International Law* (Bibliotheca Visseriana, 1923), p. 71.

[②] 〔美〕罗伯特·基欧汉：《霸权之后：世界政治经济中的合作与纷争》，苏长和等译，上海人民出版社，2001，第 28 页。

之无据。① 时下的西方国际关系学者认为，现代国际体系以及国际机制在道德上是可以接受的，或者说至少是可以有条件地接受的。且认为基于国家自主权，国际体系的道德依据是正当的。② 占据国际法研究的主流西方国际法学者通常也都认为，国际法可以体现各国的共同意志。③ 国际法乃系国际团体间发达之现行法则，并非自然法、哲学，或道德主义之谓。④ 亚当和夏娃是通过婚姻纽带联合到一起的，但是他们的后代却是基于某种共同的血缘和谱系以及基于亲缘关系而联系更为紧密，不过应该承认的是，基于亲缘关系的纽带在远离共同世系的那些人中是逐渐削弱的。⑤ 尤其是在丛林国际社会阶段，各个主体都是一座孤岛的状态。主权国家是现代国际法最重要的主体，在不存在国际统一立法机构的国际社会中，也是最重要的规则制定主体，而对于主权国家而言，决定行为的决定性因素就是国家利益，并不是价值观，因而现代国际法规则体系的价值目标是以国家利益的最大化为基础的。其中最为重要也最为基本的是疆土的利益。

一 现代国际法体现的"先到先得"价值观

（一）现代国际法中"先到先得"价值理念的背景

先占先得之所以能成为现代国际法中的一个基本价值，是与15世纪末的地理大发现以及此后的对外扩张密切相关的。

---

① See Besson, Samantha and John Tasioulas, *The Philosophy of International Law* (Oxford: Oxford University Press, 2010), p. 3.
② 〔美〕罗伯特·基欧汉：《霸权之后：世界政治经济中的合作与纷争》，苏长和等译，上海人民出版社，2001，第18页。
③ Weiss, Edith Brown, "The Rise of the Fall of International Law?" The Robert L. Levine Distinguished Lectures Series, 2000, p. 346.
④ 〔日〕岩井尊闻口述，熊元翰、熊元襄编《国际公法》，李伟芳校点，上海人民出版社，2013，第8页。
⑤ 〔德〕塞缪尔·冯·普芬道夫：《自然法与国际法》第一、第二卷，罗国强、刘瑛译，北京大学出版社，2012，第13页。

15 世纪末的地理大发现有这样一个背景。在 1150 年前后，欧洲国家进入"间接农业消费"时代，至今我们仍处于这一时代。所谓的间接农业消费或直接农业消费，指的是农业经济是否定位于农民的自给自足。① 之所以此时被视为进入间接农业消费时代，是因为此时的农业生产开始进入扩张：生产力提升、耕种面积增加、人口增加。但是在 14 世纪的某个时间，经济的扩张停止、耕种面积缩减、人口下降，欧洲出现了以战争、疾病和经济困难为标志的危机。

对危机的解释有多种，爱德华·佩鲁瓦从经济学观点解释，认为扩张达到了最优点，人口已经饱和，即提高的生产力水平已经达到可支撑的最大人口量。② 古斯塔夫·厄特斯特罗姆从气候的观点解释，认为，农业社会向工业社会转变的一个很重要的因素是气候变化，气候变化对欧洲转变的早期阶段可能具有特殊意义。"总的来说，人类繁荣时期出现在大冰川期之间的气候温暖时期。正是在这些时期，经济生活和人口数量都得到最大的进展。"当温暖时期结束之后，经济发展即开始下滑。沃勒斯坦自己的解释是，危机是定期趋势下一个直接的周期性危机和气候条件恶化共同作用引起的衰退汇合在一起形成的危机局势。或者说，一切现象都是历史和地理的共同作用。

这个危机成为以葡萄牙和西班牙为起点的欧洲对外扩张的契机。1337～1453 年爆发英法百年战争，欧洲进入战时经济体系：增加税收、征收实物、消费削减、生产和货币流通缩减、王室负债、信用危机、黄金囤积、国际贸易格局被破坏、物价飞涨、民生艰难、人口减少。土地失去了农民（耕种者），手工业者失去顾客，

---

① Van Bath, B. H. Slicher, *The Agrarian History of Western Europe*, *A. D. 500 – 1850* (New York: St. Martin's, 1963), p. 24.

② Perroy, Edouard, "À l'origine d'une économie contracté e: les crises du XIV siècle," *Annales Économies Sociétés Civilisations* 4 (1949): 168.

耕地变成牧场。"1350 年以后日趋严重的庄园生产开始分解，经济在停滞的坡道上不断下滑。"①13～15 世纪，许多大地主扩大了土地生产，以便向市场出售更多农产品，结果劳役增加甚至是呈倍数增加。欧洲出现一连串的农民起义。欧洲恰如一个贫血的病人，必须寻找到新鲜的血液供给并输入才能解决这次危机。地理大发现为欧洲带来的"新世界"，正好成为"基督教—欧洲诸民族共同体"②向外扩张并汲取资源的最好时机。"新世界"意味着一个崭新的无限空间出现在欧洲人面前，一个非基督教的空间就如同无主之物，就应该属于他们这帮第一批欧洲掠夺者。③

（二）先到先得的意义

如卡尔·施密特所言，任何一种基本秩序都是一种空间秩序。法律作为最典型的秩序，当然也是基于特定空间所确立的。当欧洲未对外扩张之前，欧洲的空间是由陆地所决定的。④ 或者可以说，欧洲的法律，是基于划分陆地的法律。

"基督教—欧洲诸民族共同体"突破欧洲的限制之后，其相互之间经过长久战争所确立的陆地边界以及维持此边界稳固的秩序并不适用于新发现的空间，唯一适用的是对陆地划分的基本精神。新发现的空间（新世界）无论是否已经有人居住，无论是否已经形成自己的政治组织形式，在欧洲的语言中都属于待占领的无主地；当原有的政治组织力量太过于强大，不得不暂停这种空间占领（有形

---

① Perroy, Edouard, "À l'origine d'une économie contract é e: les crises du XⅣ siècle," *Annales Économies Sociétés Civilisations* 4 (1949): 182, [republished in English translation as: At the Origin of a Contracted Economy: The Crises of the 14th Century] in Cameron, Rondo, ed. , *Essays in French Economic History* (Homewood, Illinois: Richard D. Irwin, 1970), p. 105.

② 〔德〕卡尔·施密特：《陆地与海洋：古今之"法"变》，林国基、周敏译，上海三联书店，2006，第 42 页。

③ 〔德〕卡尔·施密特：《陆地与海洋：古今之"法"变》，林国基、周敏译，上海三联书店，2006，第 42 页。

④ 〔德〕卡尔·施密特：《陆地与海洋：古今之"法"变》，林国基、周敏译，上海三联书店，2006，第 32 页。

国际法新命题

的土地空间以及无形的文明空间）时，即以在野蛮民族中传播欧洲
文明使命为借口。如果一个民族与这种文明标准不符合，就不能成
为这个国际法共同体的一员，只能成为客体，比如殖民地或者被保
护国，其实质上也就是说这些民族只是属于欧洲文明中某一个民族
的财产。① 具体归属于哪个民族或国家，则必须有一个标准。最终
的标准，即先占先得这种典型的丛林式规则。

"先到先得"价值观植根于国家领土的最原始的取得方式。波
斯纳曾推论：最佳的财产权制度可能是占有和非占有（或使用）权
利的结合。② 先占云者，即一国以领有之意思，占有无主土地而增
加领土之行为。③ 发现某物不仅仅是目光捕捉到了它，而且还要实
实在在地占有它。④ 先占取得制度首先强调的是占有的事实，其次
强调的是占有的持续。然而我们必须看到的是，先占取得制度在传
统国际社会中具有较大的生存空间，是因为过去的生产力水平较为
低下，人类利用自然、改造自然的能力都较差。但当资源变得越来
越稀缺后，在此之上所附加的劳动越来越不被尊重，当各方都势均
力敌时，平均原则就会取代先占原则，这意味着先占事实若要转变
成先占原则，还取决于资源的状况、先占者与他方的力量对比、是
否需要合作、信息费用、权利的维护成本等诸多因素。⑤ 植根于该
原则的"先到先得"价值观一方面是国家力量差异化的对比结果，
另一方面是各国追求国家利益最大化的目标同一化必然。这一价值
观在国际社会的空间意识由陆地转向海洋以及进一步转向太空时，

---

① 〔德〕卡尔·施密特：《陆地与海洋：古今之"法"变》，林国基、周敏译，上海三联
书店，2006，第43页。

② 〔美〕理查德·波斯纳：《法律的经济分析》，蒋兆康译，法律出版社，2012，第50
页。

③ 〔日〕岩井尊闻口述，熊元翰、熊元襄编《国际公法》，李伟芳校点，上海人民出版
社，2013，第93页。

④ Hugo Grotius, *The Freedom of the Seas*, trans. by Ralph Van Deman Magoffin（Oxford University Press，1916），pp. 11 - 12.

⑤ 纪建文：《法律中先占原则的适用及限度》，《法学论坛》2016年第7期。

都在持续适用，即表现在海洋上的大陆架制度、公海自由制度以及太空中卫星频率制度等。

在现代国际社会，"先到先得"价值观不仅仅体现在物质的攫取上，还表现为精神的控制上。对于物质的攫取，先到者占据的优势不仅仅是先得，还包括物质的滚雪球式的扩展效应。这一点透过资本的原始积累来解释再合适不过了。马克思在《资本论》中"资本的原始积累"章节的开篇这样描述资本主义资本的原始积累："那末，资本来到世间，从头到脚，每个毛孔都滴着血和肮脏的东西。"随后又引注托·约登宁的《工联与罢工》中的一段话来描述资本的残暴的逐利本性：资本逃避动乱和纷争，它的本性是胆怯的，这是真的，但还不是全部真理，资本害怕没有利润或利润太少，就像自然界害怕真空一样，一旦有适当的利润，资本就大胆起来。如果有10%的利润，它就保证到处被使用；如果有20%的利润，它就活跃起来；如果有50%的利润，它就铤而走险；为了100%的利润，它就敢践踏一切人间法律；有300%的利润，它就敢犯任何罪行，甚至是冒着绞首的危险。如果动乱和纷争能带来利润，它就会鼓励动乱和纷争，走私和贩卖奴隶就是证明。[1] 在殖民主义时期，先到者的影响力较之物质层面更甚于精神的控制，被殖民地的本土文化遭到破坏甚至被侵蚀，被动性重构社会，在精神层面被洗脑。所以，历史传统和现实需要使得植根于先占取得原则的"先到先得"价值观从传统国际规则体系延续到了现代国际规则体系中。

二 现代国际法推崇的"文明国家"观念

17世纪以来，西方逐渐形成了现代的国家理论，其中最为突出的特征是以个体权利为基础的国家理论。霍布斯将传统的自然法与自

---

① 漆琪生：《资本论大纲》第一卷，人民出版社，1985，第587页。

然权利相区别，法的力量在于约束人，而权利的概念在于伸张人的自由。政治权力莫不来自每一个人的"自然权利"。基于权利的转让，形成了"主权"概念以及由此而来的国家理论。国家理论的发展过程经历了从"民族国家"到"文明国家"的演变，"民族国家"以帝国为主要模型，"文明国家"是现代国家的形态。相伴而生的，国际法的价值变迁也经历了从秩序价值到效率价值再到正义价值的发展变化，不难看出，传统国际法创造了主权制度来服务于"民族国家"的现状，而"文明国家"观念在现代国家法中则备受推崇。

"文明国家"就自身而言是一个更为完整的意义体系，作为"文明国家"，其价值形态、生活方式、礼法制度、文明理想等各个方面都有自己的系统，是完整的"意义世界"，同时具有一种向善的典范性，其包容性和普适性也是民族或者民族文化的概念所容纳不了的，这些特点恰恰是中华文明所不可或缺的。对于西方的现代世界来说，在个体、民族、文明与世界的文化价值的序列中，现代的个体观念与现代的民族概念之间获得了很好的呼应，"民族"成为建构基于平等个体的现代国家的一个很好的文化中介，并以"民族国家"的方式得到表达，在民族之上则以国际的关系表达世界概念。在这个序列中，文明并没有得到一种实质性的安置。尽管盎格鲁－撒克逊人、法兰西人、日耳曼人或者斯堪的纳维亚人在民族上分属不同国家，但这并不妨碍他们共享西方文明，共享基督教文明。可是文明在这里并没有得到政治性支撑，只是沦为一个更为模糊的概念，这是西方历史铸就的国家样态所决定的。现代世界体系是西方文明框架下欧洲民族国家体系的放大版，它淡化了西方人共享的"文明"色彩，而强化了在西方文明内部的"民族"色彩；并在西方现代性话语形成的过程中，通过将西方文明在理性层面上的"普遍化"而为世界提供了一种"现代文明"。①

---

① 孙向晨：《民族国家、文明国家与天下意识》，《探索与争鸣》2014 年第 9 期，第 64 页。

杰里特·W. 龚（Gerrit W. Gong）已经指出，"文明"概念在19 世纪国际法的全球扩张中具有两重功能：①它是为了回应保护居住在欧洲之外的欧洲人生命、自由和财产这一现实问题而出现，"文明"标准保证了欧洲人的某些基本权利能够在全球范围内得到保障，这导致领事裁判权制度的兴起；②在一种更为宏大的视野中，它是为了回应哪些国家能够获得国际法的承认与人格这一问题而出现，"文明"标准提供一种对"国际法共同体"成员及其候选人予以有效限制的学说。① 一个国际社会如果要维持其存在，就必须保持某些共同的观念、利益与规范，否则这个社会将面临瓦解，国际社会将可能重新回到霍布斯式的弱肉强食的丛林法则支配下的丛林社会。也就是在这个意义上，"文明国家"这一共存性和共益性极强的观念得到了现代国际法的推崇。

殖民过程的文明国家和非文明国家的对立，对国际法的发展至关重要，尤其是对国际法的基础性概念主权而言，更是如此。新独立的民族国家被纳入体系内，似乎获得了在国际法体系内的对话权利。然而，原殖民国和宗主国在撤出殖民地时，留下的殖民活动的后果之一，就是对殖民地的重新划界。当然，这种划界并不依据聚居人口的文化宗教或民族传统，而是基于相互间利益平衡和牵制的考虑予以划界，由此留下的"历史伤痕"② 昭示着当地所承受的苦难和恶意，也再次让人对国际法产生不信任感。

三　现代国际法推崇的"形式公平"

与"形式公平"相对应的法学概念有"形式正义"和"程序公正"，强调的是一种看得见、摸得着的公平。佩雷尔曼认为，对

---

① Gong, Gerrit W., *The Standard of "Civilization" in International Society* (Oxford: Clarendon Press, 1984), p. 24.

② Makonnen, Yilma, *International Law and the New States of Africa* (Interprint Limited, 1983), p. 9.

每个人来说，正义总是意味着某种平等，从亚里士多德以来全部正义概念的共同思想可以引申出一个形式正义的概念，笼统来说就是要求以同样的方式对待人，正义就是同等待人。我们可以把形式公平解释为一项活动原则，根据这个原则，凡属于同一基本范畴的人应当受到同等的待遇。由此，要适用该原则，首先要确定基本范畴，以便把具有某些共同特征的人进行归类，其次是要确定对属于同一基本范畴的人执行公平的标准。

在国际法中得到推崇的"形式公平"，本意在于强调主权国家间的平等，也就是 1648 年威斯特伐利亚体系之后的国际社会是一个衡平社会，并非霍布斯式的强伐弱从的丛林社会。每个主权国家都应该被平等地对待，每个国家的公民都应该在国内外得到平等的发展，至少在形式上应该是这样的。然而我们必须要认清的是，各国间由于国家实力的差异，在国际社会的话语权必然是不相同的，但是国际法所要做的是起码保证他们都能够享有话语权。

然而，法律中的形式公平并非目的，而是为了实现直至平等的一种程序保障。当法律片面地注重形式公平忽略实质平等时，法律很容易陷入一种自我矛盾的窘境。这也是当前国际法面临的最大问题。因此，善于思辨和勇于承担研究者社会责任的国际法学者，也对此问题进行了思考。

根据托马斯·弗兰克等人的观点，对于国家或者人民而言，国际法要得到遵守，则必须被视为是衡平的（equitable）。[1] 因为，在威斯特伐利亚体系确立了形式平等的数百年来，国际社会内的不公平是在显著增长。[2] 工业化国家和发展中国家 GDP 差距并非在缩小反而是在增大。[3] 主权平等，成了形式上的平等。这种形式平等被

---

[1] Franck, Thomas, *Fairness in International Law and Institutions* (Oxford: Clarendon Press, 1995).

[2] Weiss, Edith Brown, "The Rise or the Fall of International Law?" *Fordham Law Review* 69 (2000): 370.

[3] Sharma, Ruchir, "Broken BRICs Why the Rest Stopped Rising," *Foreign Affairs* 91 (2012): 3.

进一步利用，成为"大国建立的一种工具，以确保和延续他们的权力"。① 当这种形式平等遭到实质正义的挑战时，美国的反应则是对形式平等的坚持。一如在第三次联合国海洋法谈判中，美国因为对国际海底区域的矿藏被定性为全人类共同继承遗产不满，而退出条约谈判一样。根据美国学者的观点，海底矿藏被定义为人类共同继承遗产，既没有法理依据，也不可能实现，甚至不会得到任何资金支持。② 美国实业界也认为，基于对第十一部分的不满意而不签署海洋法是一种幸运。③ 无论是哪种观点，其强调将公平限制在书面上或理论上的意图都是十分明确的。这就将形式公平这一手段当成了目的，或者说在有意虚化国际法的目的之后，将国际社会的注意力有意地引导至关注形式公平上借以实现美国在国际法中的实质单边主张，或者说是例外主张。

美国极其强调自己的例外主义，并且将历史上不接受其他国家标准加之于美国的门罗主义，极端化至不承认美国法律之外的其他任何法律权威，而利用自己的超级大国实力将自己确立于所有权威的最顶端地位。④

现代国际法推崇"形式公平"的最直接体现就是在国际规则的制定上和内容上充分重视"程序正义"的实现。道格拉斯曾说过，权利法案的大多数规定都是程序性条款，这一事实绝不是无意义

---

① Formal equality is a device established by the powerful in order to underwrite and prolong their power. See Simpson, Gerry, *Great Powers and Outlaw States* (Cambridge: Cambridge University Press, 2004), Foreword.

② 参见 Robert A. Goldwin《共同理念与"共同遗产"》，张相君译，傅崐成等编译《弗吉尼亚大学海洋法论文三十年精选集 1977 - 2007》第一卷，厦门大学出版社，2010，第 29 页。

③ 参见 Richard J. Greenwald《关于修改 UNCLOS 第 XI 部分的争议》，刘先鸣译，傅崐成等编译《弗吉尼亚大学海洋法论文三十年精选集 1977 - 2007》第一卷，厦门大学出版社，2010，第 253 页。

④ 参见曾丽洁《国际法领域的美国例外主义》，《当代世界与社会主义》2006 年第 4 期，第 91 页。

的，正是程序决定了法治与恣意的人治之间的基本区别。① 程序正义自产生以来就具有独立的价值，但是程序公平和形式公平并不是等同的概念。实际上，实质正义的反对概念是形式主义，而程序并不等同于形式，程序的基础是过程和互动关系，其实质是反思理性，程序是相对于实体结果而言的，但程序合成物也包含实体的内容，程序在使实体内容兼备实质正义和形式正义的层次上获得一种新的内涵，这就是新程序主义的观点。②

在国际社会中，要实现实质公平，存在着太多的阻却因素，甚至几乎是不可能的。因而形式公平被寄予了极大的期待。格劳秀斯在论述荷兰对葡萄牙控制的海域的海上贸易权利时实际上就是从形式公平的角度入手，进而为国际贸易自由权和海洋自由提供合理性依据。在自然法和神法中都有一项著名规则：己所不欲，勿施于人。因此，下文也就顺理成章，既然航行不会伤害除航行者本人以外的任何他人，任何人就不能或不应禁止他从事这样的行为，免得说那自由自在并对自身带来最少伤害的大自然阻止了航行自由，并由此触犯了公认的格言和规则：不为明文禁止者，应为允许也。此外，欲阻止这样的航行自由不仅与自然法相违背，而且我们还得反其道而行之，即有责任通过任何我们可采取的方式来帮助这样的航行，如这样做对自己无任何损害。③ 在国家间发展水平参差不齐的现今国际社会，出现了一系列弱者保护的国际规则，与其说是为了实现弱者诸如难民等的生存权与发展权，不如说是在倡导互相帮扶以期实现国际帮扶的形式公平理念。

---

① William O. , "Douglas's Comment in Joint Anti-Fascist Refugee Com M. V. Mcgrath," in *Untied States Supreme Court Reports* (New York: The Lawyers Cooperative Publishing Company, 1951), p. 858.
② 季卫东：《法治秩序的建构》，商务印书馆，2014，第74页。
③ 〔荷〕雨果·格劳秀斯：《论海洋自由或荷兰参与东印度贸易的权利》，马忠法译，上海人民出版社，2005，第54页。

第二节 现代国际法规则体系的运行方式

一 现代国际法话语体系的有限性

话语权是现代民族国家在参与国际事务和国际秩序构建中，进行自我认同、利益表达的重要手段和必要环节。① 国内社会对话语权的探讨，一般从两个角度予以谈论：公民政治权利角度的言论自由以及表达技术角度的语言学。在国际社会层面，尤其是新兴独立国家大量产生的去殖民化过程中，话语权往往与权力或者实力联系起来，成为一种权力运行方式；在此基础上，话语权还意味着掌握者获得的发言者地位和被听从的权力。因此，话语权的强弱可以视为一个国家软实力在国际舞台上的直接体现，是一个国家政治、经济、科技、军事等硬实力的综合反映，它往往承载着话语权国的国家利益。西方发达国家凭借其政治优势、经济优势、军事优势和文化霸权，掌握着国际舞台的话语权，使得国际格局在价值取向、法律体系、制度安排、舆论导向等方面更多体现着发达国家的意志和利益。

如前所述，在国际法中，对话语权的掌握一般有三层意义：谁在制定国际法，如何制定国际法，国际法的约束力从何而来。第一

---

① 阮建平：《话语权与国际秩序的建构》，《现代国际关系》2003 年第 5 期，第 31 页。

层面上的谁在制定国际法，意指的是代表权问题；第二层面上的如何制定，指向的是思维逻辑和表达方式；第三个问题则是规则的适用范围。具体言之，国际法中的话语权所指的正是国际法的欧洲传统问题。① 在这个传统中，总有国家以"普适价值"代表的名义发言，甚至是向全世界发号施令。似乎它这个个体就足以代表全世界，并且全世界也都应该以追随者的身份认同并接受它的这种代表，而忽略自我赋予的代表身份是否足以弥合普遍性与特殊性之间存在的永恒对立；或者如果不能弥合就以暴力手段对沉默者甚至抵抗者予以裹挟。

（一）现代国际法话语体系中的普遍性与特殊性对立

一个失败的国度被一个暴政的政府所统治。针对宗教少数派的屠杀报道在欧洲各国流传。外交活动狂热进行。国际社会能否阻止战争？谈判被证明无用，欧洲的政治家依然不愿采取行动。最终，一个超级大国再不能袖手旁观。它自认为有义务亮剑，以"确保值得所有文明国家同情的公认利益"。其他大国震惊。他们指控干涉国意图非法推进其领土利益。②

美国人民和我们的朋友和盟友不会生活在一个非法政权的仁慈之下，因为这个国家拥有大规模杀伤性武器，它会威胁和平。……我的同胞们，我们会跨越对于我们国家和整个世界的这次危险。我们会走过这一个危险的时代，带来和平。我们将为我们的自由而战。我们将给别人带来自由。我们会被众人所理解。③

---

① Koskenniemi, Martti, "International Law in Europe: Between Tradition and Renewal," *European Journal of International Law* 16 (2005): 113.

② Martens, Friedrich, "Étude historique sur la politique russe dans la question d'Orient," *Revue de droit international et de législation comparée* (*RDI*) 4 (1877): 49.

③ Martens, George W., Martens, "Battle for Iraq, Birmingham Evening Mail (England)," 20 March 2003, https://www. questia. com/article/1G1-99015737/battle-for-iraq-we-will-pass-through-this-time-of, 2016 年 8 月 20 日访问。

第一段描述的是 1877 年俄国对土耳其发动战争时的情形，第二段则是 21 世纪美国对伊拉克发动战争时时任美国总统布什的战前宣言。虽然时隔一百多年，其意思却惊人地相似："我"代表着世界的正义向邪恶的一方作战。这其实正是欧洲即世界以及欧洲法即国际法的体现。①

欧洲国际法的提法肇始于 18 世纪摩塞尔提出的欧洲国家间法律（European Law of Nations），② 之后成为欧洲公法（public law of Europe），③ 至 19 世纪得以正式发展起来。其基本含义即指向国际法是借助欧洲的条约以及习惯发展起来，非欧洲国家几乎没有参与到此演进进程。④ 或者如第二章第一节所分析的，国际法原本就是一个起源于西欧的地方性规则，但却总是自我宣称为代表这"普适的价值和规则"。而这一规则之所以被其他的国际政治单位接受，早期依靠的是武力和不平等条约形成的强制性力量，后期依靠的则是国际组织以及国际规则形成的制度性力量。基于这种历史背景，欧洲现下处于这样的一种两面性立场：一方面在不断地通过自身或其内部代言人否定其武力征服以及殖民历史，宣称自己只是希望按照市场的逻辑从事商贸和交流；⑤ 另一方面却又始终认为自由民主

---

① See Koskenniemi, Martti, "Legal Universalism: Between Morality and Power in a World of States," in Sinkwan Cheng, ed. , *Law, Justice and Power: Between Reason and Will* (Stanford University Press, 2004), pp. 46 – 48.

② Orakhelashvili, Alexander, "The Idea of European International Law," *European Journal of International Law* 17 (2006): 317.

③ Wihelm. G. , Martens, trans. and revised by Byers, Michael, *The Epochs of International Law* (New York: Walter de Gruyter, 2000), pp. 40 – 50.

④ Alexandrowicz, Charles, "The Afro-Asian World and the Law of Nations: Historical Aspects," in *Hague Academy of International Law* (Leiden: Brill Nihoff, 1968), pp. 123 – 125. 对于这一观点，美国的一位国际法教授 Alexander Orakhelashvili 并不认同，他认为国际法的起源并不在欧洲，且国际法的发展阶段也从未仅局限于欧洲。See Orakhelashvili, Alexander, "The Idea of European International Law," *European Journal of International Law* 17 (2006): 315 –347.

⑤ 张维迎：《不要用强盗逻辑思考国际关系》，http://money. 163. com/16/0811/14/BU 6Q29E5002557RH. html，2016 年 8 月 20 日访问。

国家作为和平的代表以及保障者是历史不可避免的选择。① 这就不可避免地使欧洲及其衍生国美国陷入这样一个矛盾之中：一个个体何以能代表"普适的规则甚至价值"，无论这种规则或价值是和平、正义还是人权。

这种普遍性和特殊性的对立，在任何一个体系内都不可避免。这种对立可以体现在技术层面上具体的语言选择，虽然具体语言的选择本身并不必然意味着它不可能表达"普适规则和价值"，但其中的微妙和危险之处就在于，具体语言的选择容易使人误以为自己的偏好和利益代表着传统，代表着历史演进的结果，甚至代表着"普适规则和普适价值本身"。② 就如同在国际法中，因为国际法院源于西欧，多以英语和法语为正式表述语言，使得欧洲以及欧洲衍生国美国自以为自己足以代表国际法的发展。而更为危险的是，当欧美以这种"我即世界"的身份，利用所掌握的发言权发出声音并得到附和和响应时，非欧美地区的附和者以及响应者忽视这种特殊性和普遍性的对立而接受了发言者的主张，成为其无意甚至有意的同谋者时，国际法就真的沦为一个局限性十足的规则，丧失了其生命力。而名义上的参与者也就成为了提线木偶，却还自以为获得了广阔的舞台，做出了精彩的表演。事实上，却是在一个封闭的局限的国际法强制力之下，生活在被挤压的越来越小的空间之内。

（二）现代国际法话语体系对非欧洲国家的裹挟

当前的国际法力量日趋增强，名义上的参与者是真正的国际性甚至世界性，所谓国际性，意指参与者是所有的主权国家；所谓世界性，意指参与者包括全球治理概念提出后的所有非国家行为体。作为调整国际关系——特别是国家间关系的国际法，其发展变化对

---

① Pagden, Anthony, *The Idea of Europe: From Antiquity to the European Union* (Washingtong, D. C. , Cambridge: Woodrow Wilson Center Press and Cambridge University Press, 2002), p. 11.

② See Koskenniemi, Martti, "International Law in Europe: Between Tradition and Renewal," *European Journal of International Law* 16 (2005): 115.

国际社会的影响日益具有决定性，其作用日益增强。主要体现在以下四个方面。

第一，国际法对国际社会的约束力明显增强。强制力是法律的本质因素。国际法虽然对一切国家都具有约束力，但在传统上这种约束力主要是以"自助式"的方式来实现的。

第二，国际法的全球化趋势日益增强。传统观点认为，国际法是所有文明国家间的行为准则，并普遍适用全世界的国际关系领域。但是随着全球化趋势的不断发展，国际法的全球化趋势日益增强。

第三，国际法日益向国内法渗透。依传统见解，国际法在一国国内的效力问题原则上属于国内法问题，应由国家依据其国内法予以处理，而且在实践中，国际法与国内法又是经常发生冲突的。

第四，国际法正在成为建立国际政治、经济新秩序的重要内容。当今世界，迅猛发展的科技、和平发展的世界主题和国际社会的共同利益日益成为影响国际法新发展的重要因素。科技的发展促进了国际造法过程，加快了国际法规则的产生，扩大了国际法的影响力；和平发展、多元发展的世界主题和国际社会共同利益的扩大，使国际法由过去被大国控制以及作为其垄断利益服务的工具，逐渐变为发展中国家反对强权政治、制约大国行为、维护自身利益的重要武器。国际社会的共同利益比以往更深刻地渗透到国际法中，国际法的原则内容愈益朝着国际民主化、平等化的方向发展，正在成为建立国际政治、经济新秩序的重要内容。[①]

在某种意义上，拥有国际话语权是制定国际规则的基础资源。国际话语权听起来比较抽象，但其实际意义很明确，就是一国在国际社会中掌控国际舆论和影响国际局势发展的能力和权力。一个国家是否拥有话语权，大体要看两方面的要素，第一是这个国家是否

① 李英芬：《关于话语权的国际法思考》，《前沿》2010 年第 5 期，第 50 页。

有实力,第二是其如何运用自己的实力。这两个因素需要稍微详细的解说才不至于引起误解。

首先,没有实力就没有话语权。实力在国际政治上可以被定义为影响他国的能力,包括硬实力和软实力。有形的硬实力包括国家的规模(人口、领土大小、国民生产总值)和能力(国民受教育程度、健康水平和科技发展水平等),还包括军事能力和情报能力。此外,硬实力还包括一些无形因素,比如国家的组织动员能力,政府团结人民的能力,人民的牺牲精神等。国家综合能力还包含一国的软实力。具体到与话语权相关的软实力,首先涉及一国在国际层面的意识形态号召力。一个国家如果能提出一套能够使世界上多数国家在经济和安全上受益或潜在受益的国际价值观或理论,并且该国自身以可持续性和可预测性的行为方式践行和维护这套理论,那么该理论就很可能成为国际社会的某种意识形态。这就给了意识形态提出国莫大的影响力和控制力,"因为改变另一行为主体的愿望是整个影响过程的关键"。意识形态就是关于世界是怎么样的、什么是对与错、世界怎么可以变得更好的一套说辞(Discourse),被他人接受后,就会内化为后者内心坚定不移的信念。"使一个或数个其他行为主体采纳你想要他们接受的观念,通过控制他们的想法和愿望来使他们处于从属地位,这难道不是行使实力的最高明的方式吗?"

与话语权相关的软实力还包括制造思想及将思想转化为规则的能力。必须承认,在过去几百年里,国际社会在各个方面的行为规则都是西方国家制定的,在冷战以后,几乎所有的重大规则都是美国主导制定的。细究任何一个规则,比如国际经济法中的国际货物买卖合同订立、合同履行、违约补偿、最惠国待遇、国民待遇、知识产权保护、投资者补偿、准入前国民待遇、负面清单等规则,国际公法中的国家主权、自然资源利用、领土获得、政府继承、国家豁免、国际组织法律人格、人权与人道主义干涉、国家保护责任等法律原则，这些绝不仅仅是几句话、几段文字描述得那么简单，每个原则背后都有其深刻的思想渊源和复杂的理论体系，而世界上绝大多数国家既没有制造思想的能力，也没有以思想为基础发展出理论体系的能力，更没有将思想转换成有意义的规则的能力。①

国际法话语体系的限制性就是指在国际社会中各成员间综合实力的差异性导致了在规则制定、条约遵守、义务履行等方面存在的不同。有人将国际社会比作股份公司体系，而各成员国的地位正如公司股东一般，股东所占公司股份越多，实力越强，则在公司决策中具有的发言权越大，自然在公司分红中所获利益越多。以联合国为例，安理会作为联合国的核心机构，是保障国际和平与安全的重要工具，而在安理会决策中五大常任理事国拥有其他小国难以比拟的"一票否决权"，这一特权被有的学者称为"合法化的霸权"。大国在国际社会中通过合法的形式将其权益合法化，也是将其话语权地位合法化，这种"合法化的霸权"即体现了国际法话语体系的限制性。

国际法经济领域的话语体系的差异与限制性最主要的体现是国际货币基金组织加权表决制度。加权表决是指根据一定标准给予国际组织成员国以不同票数或不等值的投票权的一种表决制度。这种表决权是与一国一票的制度相反的。在这种表决制中，分配表决权所依据的标准包括成员国的人口、对该组织的出资金额、贡献、责任、利害关系等。国际货币基金组织建立后为加权表决制发展的第二个阶段。国际货币基金组织加权表决制度是在英、美两国主导下的为了避免完全按照份额比例分配投票权，挫伤其他国家参加该组织的积极性而确立的一种投票表决制度。最后决定国际货币基金组织的表决制度基本上根据各成员国向该组织缴纳的资金份额比重进行加权，同时，每一成员国可得到一个基本投票权。显而易见，

① 王江雨：《地缘政治、国际话语权与国际法上的规则制定权》，《中国法律评论》2016年第2期，第40页。

美、英两国是想通过控制投票权的方式来控制决策程序，进而确保其主导地位的稳固。

国际货币基金组织所确立的表决制，对以后的国际经济组织表决制度产生了重大影响。1956 年成立的国际金融公司，1960 年成立的国际开发协会，以及一些区域性组织（如 1959 年设立的泛美开发银行、1964 年建立的非洲开发银行和 1965 年建立的亚洲开发银行），均采用加权表决制。可见，在国际经济领域国际法各成员间的话语权也是严格受限的。

二 现代国际立法中的非典型代表性

在一国之内，立法一般可以理解为由高度专门化和程序化的政治机构颁布"法律"，这一概念在研究更加复杂、更加多样化的国际立法活动时并不合适。大部分的国际法并不是由一个正式的立法机构制定的，专门化和程序化的国际组织机构参与到国际法的制定过程当中来常常是一种被边缘化的立法方式。例如，参加草拟《联合国宪章》的各国政府中绝大多数反对赋予联合国制定具有约束力的国际法规则的立法权力。因而，它们也必然拒绝接受赋予大会通过某种多数票形式规定各国应遵守某些一般性公约的权力的建议，它们仅仅赋予联合国"提倡国际法之逐渐发展与编纂"的权力。

数以万计的非政府间国际组织参与国际立法，在制造出国际立法民主化大趋势的同时，导致国际社会混乱不堪，国际立法出现了"碎片化"现象。例如，尽管国际立法的民主化实现了国际立法权利的分享，但也增加了国际法适用的不确定性和不规范性，这带来了正式司法机构和其他解决问题机构法律上适用的差异。这种现象影响了人们对于国际司法机构和国际法的信任感和依赖度。国际立法的多层次性以及不同法律机构的适用给国际法学者也带来了困惑，对于国际法效力的理解在不同国家甚至同一国家的学者之间已经产生了分歧。在这个不断迅速变化的国际社会中，如何对非政府间国际组织加强管理，来应对国际立法主体"碎片化"这种现象呢？国际社会可以采取以下三种管理模式。

（一）以联合国管理为核心的"积极管理模式"

以《联合国宪章》第 71 条构建的"咨商模式"为基本框架，在联合国框架内构建一个清晰且适当的机制来协调和管理非政府间国际组织参与国际社会事务的行为。自从 1996 年经社理事会第〔1996／31〕号决议将专门咨询和注册咨询地位扩大到非政府间国际组织以来，非政府间国际组织在联合国举办的各项国际事务中的参与愈加深入，但是这些年来，再也没有一项专门的决议对于非政府间国际组织的法律地位进行进一步的界定。在国际社会与时俱进的今天，这种"不作为"无疑是国际立法的一个缺陷。所以，联合国应当考虑以目前的"咨商模式"为基本框架，对当下各种国际机构与非政府间国际组织所建立的各种制度化的联系进行深入调研，广泛征求各国和政府间国际组织及非政府间国际组织的意见，制定有关非政府间国际组织的法律地位的统一准则，并与此同时建立一个相对全面的框架来对其参与各项国际事务进行规范管理。

（二）以非政府间国际组织自我约束为核心的"自我管理模式"

20 世纪 90 年代中期，人权非政府间国际组织以"提高自身的责任性和合法性"为导向，创建了一套规范其行为的国际标准，进行自我管理。红十字国际委员会（International Committee of the Red Cross）、红新月会（Red Crescent Movement）、协同国际明爱会（Caritas Internationalist）、天主教救济服务团（Catholic Relief Services）、乐施会（Oxfam）以及世界基督教联合会（The World Council of Churches）一起制定了参与国际灾难救助的非政府组织的国际行为准则（The Code of Conduct）。在第二十六届红十字与红新月国际大会上，该行为准则被提交并得到了与会者的接受。截至 2004 年 8 月，已经有 307 个非政府间国际组织成为该行为准则的签署者。

（三） 以联合国为主导、非政府间国际组织积极参与的 "复合管理模式"

实践证明，现存的 "咨商模式" 已经受到了 "非政府间国际组织参与各项国际事务" 事实的挑战，国际社会呼唤一种针对非政府间国际组织的更为 "名实相副" 的管理模式。鉴于联合国为当今世界上最大的普遍性政府间国际组织，众多的非政府间国际组织参与国际立法的行为主要围绕着联合国举办的各种活动进行，所以有的学者把这种二者结合而成的模式命名为 "以联合国为主导、非政府间国际组织积极参与的'复合管理模式'"。

在当下对于国际法研究的各种理论中，针对国际立法的研究具有 "相对的滞后性"。这主要是由两个方面的原因造成的：其一是因为由各种非国家行为体参与的国际立法活动复杂多变，其中既有法律因素，也有政治因素和经济因素，甚至还有文化因素，种种因素牵扯入其中，必然会造成国际立法 "非线性"、"多主体" 和 "多层次" 的发展之势；其二是因为国际法作为国际关系的准则，本身就是对国际社会各种行为体交往关系的理论总结，这需要一个 "提炼" 和 "融合" 的过程。所以，国际法基础理论的落后，既是一种客观现象，也是一种历史的必然。

总之，在国际社会各项事务趋于全球化的今天，整个人类社会已经结成了一个 "共生共存" 的系统。国际立法是这个系统中重要的一环，它代表着人类对于规范秩序的期冀和追求。各种政府间国际组织以及非政府间国际组织在国际立法的过程中起到了重要的作用，这造成了国际立法民主化的大趋势。①

科学化与民主化是衡量立法的两个最主要的方面，国际立法中

---

① 李俊文：《国际立法民主化的趋势与国际社会应对策略之研究——以全球化为视角》，《云南大学学报》（法学版）2010 年第 1 期，第 129 页。

同样遵循这一原则。就国内法而言，立法的科学化主要体现为三个方面：立法权的行使科学化、立法方法的科学化、立法内容的科学化。其中立法权行使的科学化是指不同机构的立法是否符合宪法或其他基本法对立法权限的规定。立法方法的科学化主要涉及在设置权力、权利、义务和责任方面，注意原则性与灵活性相结合，精确性与模糊性并用，稳定性与适应性统一。立法内容的科学化要求法律尽可能准确地反映经济与社会发展的客观规律，体现人民的意志，符合社会公众的需求。立法的科学化与民主化是对立统一关系。科学以民主为前提，但民主并不一定代表科学。[①] 但在国际法平权社会的法律背景下，在立法方式与立法形式上都是与国内立法大相径庭的。国际立法的科学性主要体现在国际法创设过程中程序的合法性、法律依据与原则适用的合规性以及对事实分析与法律方法论证的合理性等方面。国际立法的民主性主要体现在立法的准备和立法的通过两个方面。在国际立法的准备中，应尽可能地做到参与主体的广泛性，包括地域上的广泛与代表上的广泛；在国际立法的通过程序中，在表决权上应该合理分配，表决结果生效的效果上应严格区分，条约对投赞成票的国家生效而对投反对票的国家没有法律约束力。现行国际立法中的非典型代表性是阻碍国际立法科学性与民主性的重要因素。只有保证立法中主体参与的广泛性，各成员国集思广益、在法定程序下自由行使权利，才能保证立法的科学性与民主性。

三　现代国际司法奉行的"对抗式"模式

现代国际司法仍然奉行旧的"对抗模式"，即在法院中立的指导下，当事国双方采取对抗而非协商的方式进行正常的国际诉讼程

---

① 潘德勇：《学派视角下的国际立法科学性》，《甘肃政法学院学报》2013 年第 127 期，第 94 页。

序。在（严格的）对抗模式中，国际法院对国际司法程序的进行保持一种距离和"概不参与"的姿态，它唯一的任务在于下判决，在事实调查过程中它只被赋予一种极其有限的权限。这种纯粹由当事国来推动的对抗式程序的特征在于"（当事国）对事实与法律论据之有序、系统及主要是对抗式的展示，各个案件有赖于此，（国际）法院也有赖于此来作出判决"。在事实领域，国际法院的作用限于对当事人提交之证据进行的监控、采信和评价。所以基本上只有当证据被提交之后，国际法院才会介入。只有当事国才有义务来证实它们的提案并提交相关的证据。尤其是国际法院并不存在官方的事实调查义务。这是与询问模式的关键性区分。依照对对抗原则的严格理解，即使因为指定法院协议的存在而赋予法院自身某项权限（例如《（常设）国际法院规约》第 50 条），在正式程序（有别于缺席程序或鉴定程序）中缺乏双方当事国的同意，法院也不得行使之。从而对于事实调查的既定授权规范被缩减为对具体证据的纯粹容许性规定。这样来理解，那么像《国际法院规约》第 50 条就并没有授权（常设）国际法院以官方途径要求提供鉴定的做法，而只是确认，国际法院可以采纳由当事国提交的专家证据。可以说在这种模式中"当事国是证据的主人，而（国际）法院扮演着消极角色"。①

国际司法程序旨在化解国家与国家之间、国家与国际组织之间的矛盾与争议，因而，问题的焦点在于各成员间就具体事实问题的不同意见与观点，而不是关于国际社会整体秩序与价值的方面。基于这种问题争议的焦点，国际司法呈现出对抗式的特点。国家间处于平等的地位，法院并无积极干预案件事实的必要；而国际司法机构由于并未被赋予实质有效的权利因而也不具备查明案件事实的能

---

① 冯洁：《论国际司法程序中的事实调查——以国际性司法机构与当事国的权限划分为核心》，《证据科学》2015 年第 23（5）期。

力。另一方面，如果法院在争议问题中的过多干涉，势必会造成对国家主权的干涉，引起主权国家的不满。法院扮演过于积极的角色有损其中立性的义务，至少也会引人怀疑它的独立性与无偏私性。这最终会影响到法院化解国家间争议的实际效果，损害其维护和平的使命。①

① Schwarzenberger, George, *International Law as Applied by International Courts and Tribunals*, Vol. 4 (London: Stevens and Sons, 1986), p. 593.

第三节 探讨现代国际法规则体系的 作用后果

一 国际法成为"软法"：对超级大国的无能为力

国际法除国际强行法以外作为规范整个国际社会的法律规则，由于缺乏专门的执法机构而成为"软法"。国家间经济实力、政治实力的悬殊也导致了各国在国际社会话语权的差距，例如老牌的政治、经济强国美国在国际社会上话语权比其他传统小国大得多。同样的，这种所谓的强国在国际社会中的行为也显得更"随心所欲"，而国际法也逐渐成为超级大国操纵国际社会的工具。在美国对阿富汗发起的战争中，美国不惜违反国际法中和平解决争端原则在未经联合国授权的情况下对阿富汗策动了军事行动。美国这种单边主义的行为是对国际法的恶意践踏。而在随后的伊拉克战争中，美国仍以"自卫权"作为托词和借口，扭曲国际法律规则，以一种"先发制人"的策略发动其所谓的自卫战争，这种行为显然是对自卫权的滥用和对国际法的无视。

面对美国等超级大国对国际法的肆意践踏，国际法表现得有些无能为力。一方面，作为国家间政治沟通平台的联合国，随后也并未对美国违反国际法的这些行为作出过多指责；另一方面，国际法软法的特性也决定了联合国对美国行为的指责仅限于也只能是形式上的，并无太多实质意义。在评估对美国袭击所采取的反应的合法性问题时，有必要区分纯粹的法律规则分析与大国在国际组织中的实际特殊地位。这些大国已经明确声明它们具有法定的特权与豁免权（安理会五个常任理事国的地位），更大的规则制定权（"受到特殊影响的国家"理论），以及更自由的法律适用裁量权（行使"预防性"自卫权）。[①]

超级大国在政治、经济上占有绝对优势地位，在国际社会上的话语权也是举足轻重的。国际政治的走向决定了国际法规则的制定，超级大国在国际政治中的地位决定了其成为国际法规则的制定者与主导者。超级大国在国际社会中既是运动员也是裁判员的双重身份，使其可以不受国际舆论的导向而随心所欲、恣意妄为。而在执行程序上，国际法缺乏一个强有力的执行机构，因而，即使是有效的处罚文件也无法得到最终执行。国际法的软法特性决定了其在超级大国面前显得无能为力。

二 国际法丧失"建构性"：对国家间恶性竞争的纵容

随着经济全球化向全球范围内的深化，竞争已经成为各国在国际交往中的重要主题。现代市场经济条件下，竞争已成为促进创新、深化经济发展、保证国家福利和社会进步的有效工具。竞争的国际化带来了亟须建立统一规则的国际竞争法的现实问题，而现行国际法对此并无具体对策。以各国相继制定颁布竞争法为例，各国在国际竞争中认识到了竞争法作为规制国际竞争、解决国际竞争争议、保护本国在国际竞争中的地位方面的巨大作用，相继制定并实施竞争法。但因国家利益的不同，以及经济体制、法律体系、传统观念等方面的差异，一国竞争法虽能较好地反映本国政治经济发展要求，却难以有效表达和满足经济全球化对国际竞争秩序保护的诉

---

① 〔澳〕杰里·辛普森：《大国特权与法外国家——国际法律秩序中不平等的主权》，朱利江译，北京大学出版社，2008，第389页。

求。这客观上要求现代竞争法应跨越国境、兼容国际元素，体现并发挥规范功能，以确保国际市场有序竞争。①

国际法在竞争中的中立地位缘起于国内法实践，最早由澳大利亚在 20 世纪 90 年代提出并付诸实践，近年来一直由美国积极推行。"竞争中立"规则最初是指本国政府在国际经济领域中保持中立的立场，不对本国国有企业、跨国公司不同于私营企业、外资企业以不同的待遇、不公平的竞争条件。衍生到国际领域的"竞争中立"则是指国际法对待国家间的竞争保持中立的立场，不偏袒任何一方的原则。国际法在对待国家间竞争中的中立立场有利于维护国际法的权威，树立国际法不偏不倚的威信，但同时，国际法也在另一个方面纵容了国家间的恶性竞争，丧失了国际法的建构性。举例而言，就超级大国美国来说，当前的国际法规则无法制约美国权力的滥用。美国作为安理会常任理事国之一，否决权的设计赋予了其足够的行动自由，保证其特殊利益，在其卷入军事行动的情况下，安理会也不能对其采取任何强制措施。因而，在国家间陷入恶性竞争的情况下，国际法就显得无能为力了。

三 国际法的独立性遭到质疑

国际法不可能是一种孤立的存在，它深受国际社会各个方面，特别是国际政治的制约。国际法的发展在理念上是国际社会中"法治"的发展，但又存在着一个辩证关系：在没有统一立法机关的国际社会，国际条约和习惯法中国际法规则的生效最终来源于国家的同意，国家政策可以影响国际法的发展。另外，国际法只有在中立和理性的逻辑体系发展和运行，排除政治因素影响，才能为国家行为和国际争端解决提供公正的评价。国际关系和国际法跨学科研究不能淡化国际法的独立性和独立价值，而将国际关系中权力和利益

---

① 参见金善明《困境与路径：竞争法国际化的规范分析》，《社会科学》2012 年第 11 期，第 104～112 页。

的哲学等同于法律的哲学。

从历史的回溯中，我们不难看出国际法对国际政治有一种畸形的从属性。国际政治中国家力量间的变化是推动国际法发展的直接动力，国际法在发展上由合作到共益性的发展正是国际政治由两极格局向多极化发展的必然结果。在国际法发展的这一规律中，逐渐出现了令人担忧的问题：国际法的独立性遭到了质疑。

在当代国际法中，我们随处可以看见国际政治对国际法的影响。

（一）冷战与联合国

在冷战对峙的格局下《联合国宪章》的宗旨和原则没有得到很好的遵守，联合国几乎被变成了冷战双方的工具。在冷战形势下，联合国该做的事不能做；而不该由联合国做并明显违反《联合国宪章》宗旨和原则的事，却被加到联合国的头上。结果出现了许多扭曲的现象，正确的原则往往被灌注以错误的内容。例如，大会的民主原则一度被当成了"表决机器"：中小国家如果在联合国的投票没有使一个大国感到满意，它们就要受到公开的威胁！强权政治严重地伤害了联合国，使其难以尽其所能地发挥作用。在冷战背景下，联合国只能在美、苏对抗的夹缝中发挥作用，只能在远离冷战或冷战火药味不浓的领域施展影响。

此外，联合国还是战后国际政治关系的一面镜子，否决权使用的情况也从一个侧面反映了国际政治的风云变幻。从 1946 年至 1955 年，美国独领风骚，基本上可以稳定地控制联合国会员国中的大多数，因而在这一时期苏联共使用 79 次否决权，美国则一次也未使用。从 1956 年到 1965 年，美、苏两极进入相互争斗与缓和的新阶段，因此苏联行使否决权的次数显著下降，仅为 26 次，与前 10 年的 79 次相比形成鲜明对照。另外，20 世纪 60～70 年代随着大批新独立国家先后加入联合国，它们不但形成联合国成员的绝对多数，而且对联合国产生了重大影响。联合国力量对比的这种重大变化，标志着美、苏都难以利用联合国来贯彻它们的旨意，特别是美国多次被置于被告席位，因而美国一反常态，从过去强调发挥联合国作用转而攻击联合国出现"暴民政治"。从 1970 年美国第一次行使否决权开始到 1985 年，美国共行使了 49 次否决权，成为行使否决权次数最多的国家。特别值得注意的是，1990 年安理会针对海湾危机陆续通过 12 项决议。在此过程中，安理会的五大常任理事国没有直接行使过一次否决权，这种情况在安理会表决的历史上是罕见的。这无疑也反映了进入 20 世纪 90 年代后国际政治与形势变化的若干显著的特点。

（二）《联合国海洋法公约》的修改

《联合国海洋法公约》是国际社会各种力量长时间反复较量后达成的调和与折中的产物。其中，关于国际海底区域的开发制度是海洋法的新问题，涉及所有国家的利益，广大发展中国家和欧美发达国家对此有重大的立场和利益分歧。《联合国海洋法公约》第 11 部分所规定的"平行开发制度"，则明显强调了发展中国家的利益，而不利于发达国家的利益。因此，美国、英国、德国等发达国家对《联合国海洋法公约》第 11 部分不满意。它们不但不愿意加入该公约，反而针对《联合国海洋法公约》第 11 部分专门出台了一个《深海底多金属结核开发暂行规定》。为了让《联合国海洋法公约》在被广泛接受的前提下尽早生效，联合国秘书长连续多年在发展中国家与发达国家间进行协调。在联合国秘书长的推动下，经过长达 5 年两轮 15 个回合的艰苦谈判，发展中国家与发达国家在如何执行《联合国海洋法公约》第 11 部分方面取得了基本一致，并于 1994 年 7 月在联合国总部签订了《关于执行 1982 年 12 月 10 日〈联合国海洋法公约〉第 11 部分的协定》，对《联合国海洋法公约》第 11 部分作了根本性的修改，从而在发展中国家做出巨大让步与牺牲的情况下，弥合了发展中国家与发达国家之间的诸多严重分歧。《联合国海洋法公约》第 11 部分的修改，从国际政治的角度来看，在世界竞争异常激烈的情况下，谁有雄厚的资本和技术，谁就能获得较大份额的权利/权力与利益。各国自身的综合国力，是建立各种世界秩序的一个极其重要的背景。它明显地反映了国际政治对多边条约的立法过程的影响。

小　结

本章承接第一部分所提出的现代国际法非完备性观点，分析国际法的非完备具体体现。这种非完备性从源头上体现为国际法的基础和最高判准的价值取向是一种先到先得、后到不得的敌对式价值，是局限于欧美所谓"文明国家"间的共同价值，导致国际法在运行方式和作用后果上均存在问题。最严重的问题则是国际法遭遇了究竟约束力如何或者说国际法究竟有多大价值的根本质疑。

第 五 章

21 世纪海上丝绸之路背景下的现代
国际法规则体系非完备性的立法分析

第一节　国际贸易领域条约演进分析
第二节　国际海洋领域条约演进分析
第三节　国际环境保护领域条约文本分析

第一节　国际贸易领域条约演进分析

一　GATT 到 WTO 的演变：政治与法律之间的较量过程

（一）国际贸易组织谈判中的政治主导性

众所周知，二战后重建的三大支柱分别是负责稳定汇率的 IMF、负责新兴国家发展的世界银行以及负责国家间贸易逐步自由化的国际贸易组织（International Trade Organization，ITO）。ITO 的重要内容之一，即国家间关税减让议题，此议题上产生了 GATT。最终，ITO 并未成立，作为其组成部分的 GATT 以一种临时适用的法律地位得以留存，并影响到战后至 1995 年的国际贸易。

二战尚未结束时，英美即开展谈判，以确定战后建立怎样的国际经济组织促进经济发展和战后重建。当时参与谈判的很多人是外交官和政客，尤其是，普通法国家的代表基本上是经济学家，甚至完全没有法律人，[①] 他们希望以政治以及经济的方式成立 ITO。当时英国的谈判代表之一——著名的经济学家凯恩斯提出："我们的计划不就是把事情做好，还是你们只是希望让一大批学法律的人因此得以维生?"[②]

[①] Rubin, S. J., "The Judicial Review Problem in the International Trade Organization," *Harvard Law Review* 63（1949）：97.

[②] Skidelsky, R., *John Maynard Keynes：Fighting for Britain, 1937 – 1946*（Cambridge：Cambridge University Press, 2009）, p. 65.

美国谈判代表阿奇森的印象中，凯恩斯不喜欢法律人。[①]

事实上，不只是凯恩斯不喜欢法律人，当时许多国家的谈判代表对于 ITO 中法律的作用都存有疑问。在起草 ITO 宪章草案过程中，就宪章条款的解释或适用出现争端应该诉诸何种途径，谈判代表间也出现了激烈的讨论。依据美国的提案，可以向国际法院寻求咨询意见。而欧洲以及受欧洲影响的普通法传统国家代表则认为，此举扩大了国际法院的管辖权，应该限制为将法律问题提交至国际法院；如果是政治类或经济类的争端，则 ITO 负责即可;[②] 因为 ITO 的专家比法官在这种问题上更为可靠。[③] 法国、比利时等民法传统的国家代表则认为国际法院可以就某些事实问题以及法律问题享有管辖权。

ITO 虽未正式成立，各方就货物贸易以及关税减让上所达成的协定却并非全然无效：GATT 以一种"临时"适用的协议获得了各方的认可，并且自 1948 年 1 月 1 日起规范国际货物贸易直至 1995 年 1 月 1 日 WTO 正式成立。临时适用的 GATT 因为其临时性，或者说因为其没有令那些参与谈判的政客以及经济学家所讨厌的规则扩张性以及非专业性，[④] 反而得到了各方的认可。GATT 下的争端解决所采用的方式，包括最初的主席裁判以及自巴西国内税收争端开

---

① Acheson, Dean, *Present at the Creation: My Years in the State Department* (New York: W. W. Norton, 1969), p. 83.

② Report of the First Session of the Preparatory Committee of the UN Conference on Trade and Employment (London Report), Oct. 1946, p. 792. See also Marceau, Gabrielle, ed., *A History of Law and Lawyers in the GATT/WTO* (Cambridge: Cambridge University Press, 2015), pp. 4 – 5.

③ Rubin, S. J., "The Judicial Review Problem in the International Trade Organization," *Harvard Law Review* 63 (1949): 81.

④ "也许有人认为，法庭会自我限定在处理法律问题上，但据我与法律人共事的经验看，他们通常认为一个问题之中的法律部分即是该问题的全部内容，然后我们就会发现自己身处这样一个境地，我们将原本只是一个经济的问题，从完全有能力且其本身就是为了解决该问题而设立的机构提交至另一个其目的完全不同、而且也没有适当资格的机构。" See UN Economic and Social Council. Second Session of the Preparatory Committee of the UN Conference on Trade and Employment. Corrigendum of verbatim report of twenty – sixth meeting of Commission B. E/PC/T/B/PV/33, 22 July 1947, p. 54.

始的工作组调查，所采用的解决方式都是非法律的。由于参与解决过程的大多是 GATT 以及 ITO 谈判代表，他们自认为对各条款的准确含义都十分了解，这种情形下，法律意见以及法律解释当然都不是必要的了。[①] 这种解决方式顾及了各方的意愿，最终达成的解决方案自然可以为各方所接受。由此看，GATT 秘书处没有法律人反而更好些。[②] 如果有国家准备启动 GATT 第 23 条所规定的争端解决程序，则很容易被视为一种非友好举动。[③]

这种具有政治主导性的争端解决方式，直至 1952 年缔约方第七会期才予以改革。此次会期内，申诉小组（Panel on Complaints）设立，以负责听审会期内产生的所有申诉。[④] GATT 内争端解决方式的此次转变，被学者视为朝向一个更为客观、更为专业、更与专家所来自国家政府无关的方向迈出的重要一步。[⑤] 此方式在第八和第九会期同样适用。1955 年，此方式进一步发展为多个特设小组各自负责特定领域内的申诉，以确保各小组能进行更为客观的分析，确保协定在有利于各缔约方的基础上公平使用。1958 年，对听审问题有利益的第三方可以申请加入听审程序。争端解决机制的运用中，客观、公平以及基于规则的特性越来越明显。

GATT 就是在这样一种既没有正式法律地位又逐渐重视法律作

---

① Hudc, R. E., "The Role of the GATT Secretariat in the Evolution of the WTO Dispute Settlement Procedure," in J. Bhagwati and M. Hirsh, eds., *The Uruguay Round and Beyond: Essays in Honor of Arthur Dunkel* (Berlin: Spring – Verlag, 1998), p. 106.

② Hudc, R. E., "The Role of the GATT Secretariat in the Evolution of the WTO Dispute Settlement Procedure," in J. Bhagwati and M. Hirsh, eds., *The Uruguay Round and Beyond: Essays in Honor of Arthur Dunkel* (Berlin: Spring – Verlag, 1998), p. 111.

③ General Agreement on Tariffs and Trade: Disputes Settlement and the GATT, PW/yd, 3 March 1976. See Marceau, Gabrielle, *A History of Law and Lawyers in the GATT/WTO* (Cambridge: Cambridge University Press, 2015), p. 12.

④ General Agreement on Tariffs and Trade: Disputes Settlement in International Economic Agreements: Factual Study by the Secretariat, MTN/SG/W/8, 6 April 1976, p. 3. See Marceau, Gabrielle, *A History of Law and Lawyers in the GATT/WTO* (Cambridge: Cambridge University Press, 2015), p. 12.

⑤ Marceau, Gabrielle, ed., *A History of Law and Lawyers in the GATT/WTO* (Cambridge: Cambridge University Press, 2015), pp. 12 – 13.

用的过程中维持运作。这一过程中对法律作用的这一态度被人视为具有典型的双面性：一方面是以追求实际运作效率以确保国际贸易顺利往来的对法律不屑的实用主义；另一方面是希望多边贸易体制规则化、透明化且可预测的希望借助法律力量的规范主义。虽然ITO最终并未生效，这一过程却揭示了权力和规则之间的角力。这也符合前文提出的国际社会由丛林阶段向规则阶段演进的论点。

（二）临时适用近半个世纪的 GATT 对国际货物贸易的促进

GATT 对国际货物贸易的贡献非常明显。根据 WTO 官网的数据，1950~2000 年，是世界贸易增长极其迅速的半个世纪。货物出口年均增长率高达 6%，贸易总量增长了 22 倍。[①]

临时适用近半个世纪的 GATT，对国际贸易更大的贡献在于其相关条款主要内容都适用至今，包括最惠国待遇、国民待遇、数量限制、补贴、反倾销等。GATT 存在的 47 年，历经八轮谈判，前五轮促成了商品关税大幅减让；第六轮的肯尼迪回合历时近五年，除关税减让议题外，谈判开始涉及非关税贸易壁垒，并制定了第一个反倾销协议。之后爆发的经济危机使得一些主要的贸易国家收紧了进口配额，实施一定程度的贸易保护主义。[②] 这不禁使得很多人担心 GATT 这一本来就只是临时适用的机制能否继续幸存，毕竟最主要的推动者英国和美国都似乎要退出这个秩序了。我们如今当然很清楚当时历史的走向，该秩序不但得以存续，且其适用范围被进一步拓展了。发展中国家甚至计划经济的波兰都加入了这个体系，给予发展中国家优惠待遇的条款被纳入，成为"贸易与发展"的具体内容。而在当时，这个本就是临时适用的国际贸易规范体制的独轮车，能否继续前行不被危机所倾覆则并无定论。最终的发展，显示

---

① The WTO in Brief: Part 1 "The Multilateral Trading System: Past, Present and Future," https://www.wto.org/english/thewto_e/whatis_e/inbrief_e/inbr01_e.htm, 2016 年 8 月 12 日访问。

② Jackson, John H., *World Trade and the Law of GATT* (Indianapolis: The Bobbs-Merrill Company, Inc., 1969), p. 2.

了国家间合作的趋势和力量。之后，国际贸易规范机制进展更为顺利，第七轮谈判涉及内容更广，包括补贴与反补贴、技术壁垒、政府采购、海关估价、进口许可证等都有了具体规定，而且达成了牛肉协议、奶制品协议以及民用航空器协议。第八回合的意义则如何强调都不为过，这一决定了 WTO 产生的谈判回合无论从内容还是从参与谈判的国家数量上看，都使得国际贸易规范的发展获得了重要契机。

（三）WTO 正式成立后的内容扩增

WTO 正式成立之后，一方面促进国际贸易的进一步增长：服务贸易出口总额在 1995 年为 11790 亿美元、2005 年达到 25160 亿美元、2014 年达到 48720 亿美元；货物出口总额在这三个时间点分别是 51680 亿美元、105090 亿美元、190020 亿美元。另一方面，WTO 所规范的范围几乎涵盖了所有与贸易有关的内容，除了传统的货物、服务以及农产品外：知识产权、投资、劳工标准、环境保护、人权等，几乎所有能想象得到和贸易有关的领域都被纳入了 WTO 之内。称 WTO 为国际经济领域的宪法性文件，也毫不为过。WTO 的这种毫无节制的扩张，为日后谈判停滞甚至合作开始破裂留下了隐患。这些新纳入国际贸易规则体系的内容，还包括传统上被认为属于低政治领域的环境保护和知识产权保护。区分具体领域是否政治敏感领域，其原本用意是用以揭示不同政治利益的国家间合作难易程度与政治利益分歧大小之间的正向关系，以此明确可以在何领域优先达成合作。但其实，环境保护涉及相关规则以及标准的制定权，知识产权涉及私人利益与公共利益的平衡以及西方国家对非西方国家在技术上的优势，此类领域内政治分歧带来的合作裂痕并不容易弥合。发展中国家如果不对此有一个清晰的认识，很容易被发达国家的合作邀约吸引，最终则被固化在国际经济结构中的边缘地位。

整体看，从 GATT 到 WTO 的演进历史中，多边贸易体制的参与方以及利益相关方都在努力实现贸易法领域内规则与政治的平衡。GATT 以临时适用的地位存留近乎半个世纪，解释了国际法从欧洲传统转向美国主导的过渡这个趋势，也佐证了本文第一章第三节关于现代国际关系阶段化以及第二章有关国际法发展阶段化的观点，即国际关系正是在二战后进入规则国际社会，国际法规范重心也从消极共存的战争与和平转向积极合作的和平与发展。

二 WTO 法于近 10 年来的停滞

2007 年 4 月，以美国次贷危机为起点，大量从事次贷业务的机构破产，金融机构持续出现亏损，从而引发国际金融市场剧烈动荡，世界贸易急剧衰退。2009 年初，对于全球贸易，各大国际经济机构预测均为负增长：世界银行预计下降 6.1%；国际货币基金组织预测下降 2.8%；世界贸易组织预测下降 9%；经合组织预测下降 13.2%。[①] 而世界贸易组织《2009 年世界贸易报告》（2009 年 7月 22 日发布）又将下降幅度的预测调整为 10%。[②] 为了应对金融危机对本国的冲击，很多国家采取贸易保护主义，以此来减少进口产品对本国国内产品销量的威胁，继而缓解经济衰退造成的就业率低和失业率上升的情况。据世界银行统计，自国际金融危机爆发以来，20 国集团（G20）中 17 国推出或拟推出的保护主义措施大约有 78 项，其中 47 项已付诸实施。这些贸易保护措施主要包括提高关税、实施贸易禁令、出口补贴、滥用贸易救济措施以及多种形式的非关税贸易壁垒。一些国家在应对危机中还不断推出新的贸易保护措施，如在财政刺激计划中加入了歧视性采购条款、向运转不良的国内企业提供补贴等。[③]

---

① 参见商务部新闻办公室《当前商务形势系列述评之三：充分发挥 WTO 作用，应对危机》，http://www. mofoom. gov. cn/aarticle/ae/ai/200905/2009050624808. html，2016 年6 月 30 日访问。

② 参见 WTO "Keeping Trade Open in Times of Crisis," http://www. wto. org/english/news_e/pre：09_e/pr565_e. htm，2016 年 6 月 30 日访问。

③ 参见商务部《中国对外贸易形势报告（2009 年春季）》，http//www. mofoom. gov. cn/zhengcejd/bl/bx/200905/20090506225125. html，2016 年 6 月 30 日访问。

自 1995 年 WTO 建立以来，作为唯一的制定国际贸易全球规则的国际组织，其主要功能是保证国际贸易顺利自由地进行，基本宗旨是确保国际贸易的可靠性、公平性和市场的开放性，最终目标是建立一个繁荣、安全和负责任的世界经济组织并改进成员国人民的福祉。而且最为人所称道的 WTO 争端解决机制，也由于其所具有的强制管辖权，在应对金融危机之后最容易出现的贸易保护主义以及因此而产生的违背条约义务问题上发挥重要作用。① 但是从各个成员国应对金融危机的表现来看，WTO 的宗旨与现实出现了背离。

此外，多哈回合谈判自 2001 年开始直至今日仍未取得实质性进展，然而，作为国际贸易新格局的区域贸易协定（RTA）② 开始备受宠爱。根据 GATT 第 24 条和 GATS 第 5 条规定，RTA 是作为最惠国待遇原则的例外存在的。但是在国际经贸往来的实践中，RTA 却成为常态。因 RTA 注重的是双边或者区域利益的协调，这不同于 WTO 所主导的多边贸易体制，它这种自身的优势使得谈判更为容易，也因此对多边贸易体制的发展构成了威胁。

WTO 的总干事拉米在 2011 年就说过："WTO 的谈判陷入了瘫痪。"而 WTO 进展的缓慢除了国际金融危机的冲击和 RTA 的威胁外，还有一些其他的原因。

首先，法律是经济发展的产物，同时反映了经济发展的状况和要求。WTO 法律制度也是如此，它是经济全球化发展的产物，反映了世界各国经济相互依赖程度逐步加深情况下加强合作与协调的诉求，也隐藏了经济因素背后的各国政治力量较量。③ WTO 法律制

---

① Azevêdo, Roberto, "Foreword", in Marceau, Gabrielle, ed., *A History of Law and Lawyers in the GATT/WTO* (Cambridge: Cambridge University Press, 2015).

② 区域贸易协定（Regional trade agreement, RTA）是指两个或以上的国家或不同关税地区之间，为了消除成员间的各种贸易壁垒，规范彼此之间贸易合作关系而缔结的国际条约。

③ 章昌裕：《WTO 困境下的国际贸易新格局与挑战》，《对外经贸实务》2013 年第 12 期，第 4~8 页。

度受到贸易法律适用和实施因素和国际政治因素的双重制约，反映了法律体系与政治利益在国际贸易组织及其协定中的共存关系。以美国为首的发达国家在国际政治经济局势中一直处于主导地位，掌握和控制着WTO规则的制定权。因此，可想而知，他们在制定国际经贸规则时必然从自身出发。所以，WTO规则实际上只是发达国家国内贸易规则在国际贸易规则上的延伸，是其国内已经实行且证明对己有利的游戏规则在国际贸易规则中的翻版。另外，当美国成为唯一超级大国后，大量国际规则都在一定程度上走向了"美国化"。这在1999年11月WTO第三届部长会议上被充分地体现出来（又称西雅图"千年回合"），当时美国力图将自己的价值观念、行为准则、经济模式、政治模式等作为WTO谈判的原则和框架构造国际贸易新格局。WTO规则设计体现着达尔文主义的"优胜劣汰"法则的精髓，从一开始就具有强烈的"扶强抑弱"性，体现着强烈的实力主义特性和要素趋利本性。因此，在以美国为首的发达国家的主导下，WTO中的国际经贸规则不断偏离预想轨道。

另外，国际法本应当是国际交往中调整国际关系并具有法律约束力的规则、原则和制度，但是经济力量和政治势力强盛的发达国家总是更容易将自身的意愿表现在国际法中。因此，以美国为首的发达国家主宰着世界的经济和政治，一直掌握着世界经济发展的话语权。随着发展中国家大力发展本国经济，占据国际市场的份额在不断提高，以及他们积极应对国际金融危机，为世界经济复苏贡献了一定的力量，他们也希望获得一定的话语权，提高自己在国际市场中的地位。但是，发达国家并不愿意与这些后起之秀分享国际经贸规则的制定权。这使得原本就十分激烈的南北矛盾（即发达国家与发展中国家之间的矛盾）变得更加不可调和。加之WTO主导的多边贸易体制并没有照顾到发展中国家的诉求与利益，而且一些不发达国家还有被边缘化的危险。WTO中的25个发展中国家就曾于2012年集体写信要求停止多哈回合谈判。南北矛盾的进一步加剧进一步阻碍了 WTO 的发展。

此外，WTO 自身的缺陷也阻碍了其发展，具体包括以下两点。①组织结构上的缺陷。WTO 由部长会议、总理事会、秘书处组成。部长会议是最高权力机构，但在会议谈判的过程中，一些争议性比较大的问题是由贸易大国主导、决定，许多小国的部长往往发挥不了什么作用。比如，十分有名的"绿屋会议"就是例证①。②管辖范围以及职责上的缺陷。WTO 的法律体系是由一系列贸易协定、协议组成，其覆盖范围已包括世界经济生活的各个领域。但掌握话语权的发达国家为了自身利益，将大量不属于 WTO 管辖的议题纳入其中。发展中国家面对这类议题并不会真正接受，他们往往敷衍了事，这就造成执行上的困难。

上述问题的出现，导致学者直接质疑二战后确立的世界贸易机制的有效性。他们提出，当前的世界贸易机制面临着碎片化危险，国际贸易领域亟须建立一个新机制，而可替代的新机制却存在供应短缺问题。② 对于贸易机制运行不畅以及规则发展停滞的情形，国际社会成员是否应该努力寻求变革以及如何变革，答案也是捉摸不定的。毕竟，变化令人心生惧意，因为无人确知变化究竟是朝向更好还是更坏的方向；而且在一开始为人所不了解的情形下，大多已经习惯于旧事物的人也会拒绝变革所带来的新事物。③ 国际贸易机制以及规则演进，就这样陷入了彷徨不知去路的境地。

---

① WTO 总干事在日内瓦的会议室是绿色的，通常称为绿屋。由于 WTO 总干事和部长级会议的主席经常把一些多边谈判会议的主要利益集团集中在这个房间开会，协调各方矛盾，然后再将达成的意见提交 WTO 部长级会议，因此，此类具有协调性质、往往会实质性影响甚至决定多边谈判走向的会议被称为绿屋会议。

② Patterson, Dennis and Ari Afilalo, *The New Global Trading Order: The Evolving State and the Future of Trade* (Cambridge: Cambridge University Press, 2008). 在这两位学者的分析中，应该成立一个更小、更灵活、区域化的贸易委员会解决当前贸易体制上的种种问题。

③ Jackson, John H., *World Trade and the Law of GATT* (Indianapolis: The Bobbs-Merrill Company Inc., 1969), p. 3.

三　TPP 与 TIPP 意欲实现的掌控下一轮国际贸易规则制定权

TPP 源于新加坡、新西兰、智利和文莱四国在 2005 年 7 月签订的《跨太平洋战略经济伙伴关系协议》。2009 年，奥巴马在亚太经合组织（APEC）峰会上宣布，美国将参与 TPP 谈判，强调其将促进美国的就业和经济繁荣，并将对 21 世纪的贸易协定标准做出重要贡献。目前，TPP 参与国家已经从最初的 4 国扩展到了 12 国，包括美国、日本、澳大利亚、文莱、加拿大、智利、马来西亚、墨西哥、新西兰、秘鲁、新加坡和越南。总经济规模占世界经济总量的比重及贸易规模占全球贸易额的比重均为 40% 左右。① TPP 致力于建立一个"面向 21 世纪、高标准、全面的自由贸易平台"。

1995 年，欧美达成的新大西洋议程中提出了创立"新跨大西洋市场"的倡议，TIPP 就源于此。2007 年春，美国大西洋委员会（Atlantic Council）发布了一份政策报告——《新全球经济的跨大西洋领导权》（*Transatlantic Leadership for New Global Economy*）。金融危机和欧债危机后，欧美都迫切需要寻找刺激经济增长的新路径。多哈回合谈判的停滞使欧美逐渐失去推动多边机制的耐心，它们寻求双边机制发展的心情进一步加剧。在 2011 年的欧美峰会上，双方同意设立高级别工作组，以此强化欧美经济关系、挖掘跨大西洋伙伴关系的全部潜力。2013 年 2 月，工作组正式提出欧美展开谈判，而达成 TTIP 的目标就是要建成全球最大的自由贸易区。

TPP 与 TIPP 建成后，将会成为覆盖全球产业超过 70% 以上以及地理疆域覆盖美洲、欧洲与亚洲三个大陆，总共包括 39 个国家的超级自由贸易区，这为相关发达国家经济振兴提供了法律保障。更为重要的是，以 TPP 与 TTIP 为载体，发达国家将正式启动新一

---

① 孙芳、杨丹丹：《TPP 和 TTIP：美国战略与中国应对》，《国际经济合作》2014 年第 9 期，第 45 页。

轮全球贸易与投资规则制定进程。2001 年后，多哈回合谈判几乎陷入僵局，美国期望通过多哈回合谈判实现开放货物贸易和服务贸易的要求落空。同时，大量的发展中国家和新兴经济体在国际贸易中影响力越来越大，给发达国家带来了威胁。因此，美国等发达国家想要通过新机制创造新机会，建立新的投资和贸易规则。TPP 与TIPP 的建立，就是美国希望通过它们重塑全球贸易投资规则，维护其在全球经济治理中的核心地位和领导者作用的一大方针政策。

TPP 与 TTIP 的付诸实施有可能会重新改写亚太区域经济版图。随着中国等发展中国家经济的快速发展和国际影响力的快速提高，美国试图打碎以东盟为主导的区域经济一体化机制，抵制中国倡导的 APEC 自由贸易区进程，重塑亚太区域经济一体化进程，确立和维护美国在该地区的经贸利益，同中国争夺亚太经济事务的主导权。据美国《华盛顿邮报》预测，在实施 TPP 和 TTIP 后，TPP 每年将为全球经济增长贡献 2240 亿美元，TTIP 每年将为全球经济增长贡献 1330 亿美元。① 同时，两大协定倡导的"高质量"贸易与投资活动主要以单方面贸易和投资新规则做支撑，旨在维护发达国家的既得利益，为其优势产业和技术拓展国际市场保驾护航，进而最大限度地弱化新兴经济体的发展态势，并将制约广大发展中国家实现联合国千年发展目标，因而进一步拉大南北发展"鸿沟"。

从政治层面看，TPP 和 TTIP 推动制定的新规则和新标准将大大超越 WTO 现行标准，从而将大幅地加大广大发展中国家参与国际分工与合作的难度。从经济层面分析，上述两大自贸区通过海关监管和产业政策协调，势必将改变全球贸易格局和资本流动格局，导致全球供应链出现重组，最终对非成员国构成新的市场准入门槛，并通过新的贸易与投资争端解决程序和机制使后者处于不利境地。从技术层面分析，美国主导 TPP 与 TTIP 谈判，旨在垄断议题

① 《TPP 和 TTIP 助力提升美国国际领导地位》，参考消息网，http://www.cankaoxiaoxi.com/world/20150209/660154.shtml，2016 年 6 月 30 日访问。

设置和规则制定进程，致力于在农业、高端制造业、服务业、能源与环境等领域制定对发达国家有利的贸易与投资标准，最终迫使非成员国接受一揽子相关规则，从而使非成员国在"下一代贸易"和投资进程中继续处于被动跟进地位。

以 TPP 为例，具体分析其在国际贸易上提出的新规则。

1. 货物贸易规则方面

在货物贸易规则方面，与 WTO 现行贸易规则相比，TPP 提出了一些新规则：如出口许可程序规则。具体包括以下方面。①最大限度地取消或削减工业品关税壁垒以及农产品的关税和其他限制性政策，给予进口产品以国民待遇。②取消农产品出口补贴，加强现代农业生物技术相关活动的透明度与合作。③取消纺织品和服装关税，制定一套统一的原产地规则，促进贸易便利化和提高海关程序透明度以及确保海关管理一致性等规则。④重申或更新 WTO《实施动植物卫生检疫措施的协议》（SPS）规则，同意通过合作确保技术法规和标准的执行，不增设不必要的贸易壁垒，维持美国的贸易救济规则等。

2. 投资规则方面

在投资规则方面，TPP 设立了非歧视性待遇与"负面清单"的投资新规则。具体包括三个方面。①以国民待遇和最惠国待遇的非歧视投资政策与"公平公正"和"充分保护与安全"为法律保护的基本规则，同时保障各缔约方政府实现合法公共政策目标的能力，减少或消除与贸易相关的投资规则。②各方采用"负面清单"模式，此即意味着"法无禁止皆可为"，也就是说除不符措施外，市场将对外资全面开放。③为投资争端提供了中立、透明的国际仲裁机制，并通过有力的措施防止该机制被滥用，确保政府在健康、安全和环境保护的目的之下进行立法的权力。

3. 服务贸易规则方面

在服务贸易规则方面，TPP 扩大了服务贸易市场的开放度，提高了规则的透明度，设立了跨境金融服务的特别规则和通信服务新规则，并以"负面清单"形式接受 WTO 和其他贸易协定包含的核心义务。

4. 电子商务新规则方面

在电子商务新规则方面，TPP 不将设立数据中心作为允许缔约方企业进入市场的前提条件，也不要求转让或获取软件源代码；禁止对电子传输（包括不同缔约方 P2P 的内容电子传输）征收关税，不允许缔约方以歧视性措施或直接阻止的方式支持本国类似产品的生产商或供应商；同意实施并保持针对网上诈骗和商业欺诈行为的消费者保护法，并确保个人信息的隐私和其他消费者权益保护在缔约方市场得到执行等。

5. 政府采购规则与竞争规则方面

在政府采购规则与竞争规则方面，TPP 扩大了政府采购的市场准入，实行国民待遇及非歧视原则，并建立新的可执行规则以规制商业性国有企业对市场竞争的影响，建立了竞争中立规则，以及竞争法实施的程序公正规则。

6. 与贸易有关的知识产权规则方面

在与贸易有关的知识产权规则方面，以《与贸易有关的知识产权协定》（TRIPS）和国际最佳实践为标准，确保对知识产权持有人的公平公正和非歧视性市场准入的保护，加大对专利、商标、版权和包括制止网络盗窃商业秘密的保护，确保更强有力地打击假冒产品和盗版，尤其是加大涉及危害消费者健康与安全方面的惩罚，确保促进药品创新和健全竞争性仿制药品产业的新规则，促进商标与地理标志的透明度及正当程序的规则；同意提供强有力的执行体系，包括民事程序、临时措施、边境措施以及针对商业规模的商标假冒和侵犯版权等行为采取刑事程序和惩罚等。特别是缔约方将采取法律措施，防范商业秘密被盗用，建立针对包括网络窃密等方式在内的商业秘密盗窃行为和偷录制影像行为的刑事程序和惩罚制度。这些规则不仅超出了 TRIPS 规定的义务，而且与先前的《反假冒贸易协定》（ACTH）相比，不仅覆盖得范围更广，而且涵盖了实体与程序两方面的规则。

7. 劳工规则方面

在劳工规则方面，TPP 将贸易与劳工标准挂钩，规定了国内劳工法须符合国际劳工标准的承诺，以及促进国际劳工组织标准的磋商合作机制。

8. 环境规则方面

在环境规则方面，TPP 将环境管理与国际义务以及贸易争端解决机制挂钩，以此强化环境政策及国际环境公约的执行程度。加强成员国的合作和能力建设，通过发达国家的支持来提高发展中国家的能力。比如，帮助中小企业理解协议条款、利用机会呼吁缔约国政府重视各种特殊挑战等。

9. 争端解决机制规则方面

更加高效的争端解决机制规则适用于与 TPP 相关的所有争议。TPP 缔约方的公众将可以跟踪整个争端的解决进程，获得争端解决中提交的意见，参加听证会（除非争端方另有约定），还可以获得专家组提交的最终报告。在争端解决过程中，设立于任何争端方境内的非政府组织（NGO）可要求向专家组提交与争端相关的书面意见，专家组将予以考虑。这些规则突破了 WTO 现行争端解决规则对有关程序保密性和政府性的限制。

四　新兴经济体参与国际经济贸易规则制定的尝试与挫折

新兴经济体，是指某一国或地区经济蓬勃发展从而成为新型的经济实体。目前，对此并没有一个准确的定义。现在习惯用组合的形式来命名它。例如，英国的《经济学家》杂志就将新兴经济体分成了两个梯队：第一梯队为中国、巴西、印度和俄罗斯、南非，被称为"金砖国家"；第二梯队包括墨西哥、韩国、越南、菲律宾、土耳其、印度尼西亚、埃及等"新钻11国"。而在张宇燕、田丰的《新兴经济体的界定及其在世界经济格局中的地位》一文中，"E11"成为新兴经济体国家的代表。E11，指二十国集团中的11个新兴经济体，它们都是发展中国家。

当今世界，全球化进程不断加快，世界政治格局和经济格局都有了新的变化。新兴经济体的强势崛起已经成为世界经济的新态势，在全球治理中发挥着非常重要的作用。例如，以"金砖国家"为代表的新兴经济体的加速崛起打破了西方国家长期把持的世界经济增速第一位的状态。特别是在金融危机过后，世界经济整体疲软、发达国家经济遭受重创的情况下，新兴经济体成为拉动全球经济增长的新动力。随着经济力量的增强，以及在"多极化"的大背景下，新兴经济体国家为制定国际贸易规则做了很大努力与尝试，但因为新兴经济体在全球经济治理中的话语权缺失和全球经济治理的主导权仍在发达国家手中，新兴经济体在国际贸易规则指定的道路上走得并不如想象中那般顺利。

（1）在中韩FTA协定竞争政策章节中，第一次界定了"反竞争商业行为"，它是对一国市场造成或实际具有排除、限制、扭曲竞争效果的企业协议、联合决定或协同行为；一家或数家具有支配地位企业滥用支配地位的行为；在一方全国范围内或大部分地区，显著妨碍有效竞争，特别是形成或加强市场支配地位的经营者集中。[①] 协定规定应当遵循中国《垄断法》（及其修正案）和韩国的《垄断规制和公平交易法》（及其修正案）的法律规定。但是，目前《反垄断法》规定了我国反垄断执法部门对行政垄断仅有查处的建议权。另外，当前，我国对于垄断行为，采取的是事后规制模式，即只有当特定的行政垄断行为出现后，反垄断执法部门才能进行调查，并提出处理建议。这些反映出我国国内《反垄断法》、竞

---

① 张琳：《国际经贸新规则：中国自贸区的实践与探索》，《世界经济与政治论坛》2015年第5期，第153～154页。

争法法律体系、监管机制还有问题，只有对它们进行改进，才能设置出更合理、更科学的新规则。

（2）上海自贸试验区。①贸易便利化、透明度还不够，其贸易便利化领域：全球维修产业检验检疫监管、中转货物产地来源证管理、检验检疫通关无纸化、第三方检验结果采信、出入境生物材料制品风险管理等。而TPP实行的是统一的原产地规则，促进贸易便利化和提高海关程序透明度以及确保海关管理一致性，实行出口许可程序规则。②TPP中规定了电子商务新规则：不将设立数据中心作为允许缔约方企业进入市场的前提条件，也不要求转让或获取软件源代码；禁止对电子传输（包括不同缔约方P2P的内容电子传输）征收关税，不允许缔约方以歧视性措施或直接阻止的方式支持本国类似产品的生产商或供应商。如今，电子商务作为一个新兴领域，正快速蓬勃发展起来，而上海自由贸易试验区尚未对此制定相关规则，必然会对今后相关的贸易往来带来不便。③在TPP中各方采用"负面清单"，意味着除不符措施外，市场将对外资全面开放。不符措施主要包括两个方面：一是确保现有措施不再加严，且未来自由化措施应是具有约束力的；二是保留在未来完全自由裁量权的政策措施。而上海自贸区实行的是个别、有限的"负面清单"外资准入模式。关于"负面清单"的投资制度，目前尚未建立。

（3）《中国—东盟自贸区投资协议》对于公平和公正待遇原则规定笼统而模糊，给实践带来了困难。《北美自由贸易协定》第1108条规定了"保留和例外"①，列明了不适用国民待遇、最惠国待遇的具体情况，保留和例外的范围相对缩小。针对对外资实行国民待遇原则的问题上，《北美自由贸易协定》第1102条第1款、第2款规定了国民待遇：在投资的设业、收购、扩张、管理、引导、销售或处分等方面，一成员国给予另一成员国投资的待遇应不低于

① 参见《北美自由贸易协定》第1108条。

它在相同情况下给予本国投资者投资的待遇……。① 可以看出将国民待遇适用于外资准入阶段，要求各缔约国彼此间给予对方投资人或投资的待遇符合国际法，即公平和平等的待遇以及充分的保护和安全的保障，实际上是将国民待遇与最惠国待遇推行到投资准入前后的各个阶段。②《中国—东盟自贸区投资协议》第 4 条明确规定了国民待遇的范围从管理、经营、运营、维护、使用、清算、出售或对投资其他形式的处置方面，没有包含准入、设立、获得、扩大等环节。这样设置的原因可能是发展中国家对国民待遇原则持有审慎的立场，在一定程度上对完全放开外国投资进入还有顾虑。

（4）二十国集团（G20）缺乏正式的强效制约机制来应对全球经济治理。新兴经济体的经济治理依赖于二十国集团来进行，但因为二十国集团是一个非正式的领导人论坛，执行机制依赖于现有的国家货币体系来进行，尚没有一个正式的执行机制来执行会议的决议。这就使得决策的执行经常被拖延。2010 年，国际货币基金组织承诺中国份额由 3.72% 提高到 6.39%，投票权由 3.65% 升至 6.07%。但这项决定至今仍然未被美国国会批准，这是因为改革方案需要占投票权85%以上（即五分之三成员国）的同意，而作为国际货币基金组织的美国占有最多的投票权，这相当于"一票否决权"。因此，美国的拖延使中国的份额和投票权迟迟得不到落实，中国及国际货币基金组织的多次呼吁也不能促使美国尽快做出决定。没有强有力的制约机制，二十国集团的决策就不能得到及时的执行和落实，实现新兴经济体国家的诉求就困难重重。

---

① 参见《北美自由贸易协定》第 1102 条。

② 刘笋：《国际投资保护的国际法制——若干重要法律问题研究》，法律出版社，2002，第 150～151 页。

第二节 国际海洋领域条约演进分析

　　作为国际秩序的重要构成部分，国际海洋秩序的演变始终受到一对基本矛盾中双方力量较量和平衡结果的影响，即沿岸国向海主张的主权和管辖权以及海洋强国主张的海洋自由，或者也称之为从陆地吹向海洋的约束之风以及从海洋吹向陆地的自由之风。在前者的影响之下，以陆领海（land dominates sea）的基本理念得以确立，并先后产生了属于沿岸国权力所及的各个区域：主权范围的领海、四项特定权力的毗连区、三项主权权利以及三项管辖权的专属经济区、对自然资源享有专属权利的大陆架、适用于群岛国家的群岛水域。在后者的影响之下，海洋自由（freedom of the sea）的基本理念根深蒂固，并具体衍生了最古老的航行自由、捕鱼自由，飞行器出现以及海底电缆出现之后的飞越自由、铺设海底电缆及管道的自由，以及近来出现的建造人工岛屿的自由以及海洋科研自由。前者在极端情形下，曾出现过西班牙与葡萄牙签订《托德西拉斯条约》（*The Treaty of Tordesillas*）对世界领土划分，并以此实现对世界海洋的控制。

　　国际社会进入威斯特伐利亚体系之后，这两种力量间的角力结果由单一偏向海洋自由逐渐转向二者间的平衡。尤其是第三次联合国海洋法会议之后，国际海洋秩序发生的这种变化越发明显。这就导致了偏好海洋自由的海洋强国对此秩序的抵抗甚至反对。鉴于美国强大的海洋军事力量，美国对此秩序的抵抗和反对，往往收效显著。由此，美国往往宣称其所维护的是珍视海洋自由的国际海洋秩序。这其实是一个看似高尚实则不然的谎言。美国所主张的海洋自由，其实并非真正意义的海洋自由，而是其自身在海上的为所欲为。真正的海洋自由，应该是所有国家都能够依其所希望的方式和平地建构性地利用海洋，获得收益，只要这种利用和收益不会对其他国家利用海洋的权利造成威胁和贬损。而非某一个超级大国或大国集团对海洋秩序的单方主导、忽视其他国家的海洋利用需求。

一　《联合国海洋法公约》之前的国际海洋法规则分析

国际海洋法中的制度、原则或规则，是基于某一或某些国家的利益或需要而提出，以多数国家普遍同意而确立的一种共识。[①] 海洋法、战争法以及外交法，三者一并构成了国际法最初的主要内容。[②] 在海洋法于1958年第一次联合国海洋法会议成文化之前，海洋法主要体现为国际习惯法。国际习惯法时期的海洋法规则，以海洋自由为核心，沿岸国对海洋的利用则局限于对沿岸一带水域的权利。简言之，世界海洋就是由沿岸国领海以及公海所构成的。

（一）控制海洋与海洋自由之间的论争

在现代国家产生之前的欧洲，时间上看处于我们现在称为中世纪的一段历史中，经济结构上看是处于农业时期，政治结构上看是处于基于对庄园或领地土地财产权上的封建主义。这一时期的11世纪至13世纪中叶，西欧完全沿袭了古典式开疆拓土的道路。[③]西班牙从摩尔人手里收复失地；基督教欧洲收复巴利阿里克群岛、

---

① 刘楠来等：《国际海洋法》，海洋出版社，1986，第2页；另可参见〔美〕安东尼·达马托《国际法中的习惯的概念》，姜世波译，山东文艺出版社，2012，第3页。

② Tanaka, Yoshifumi, *The International Law of the Sea* (Cambridge: Cambridge University Press, 2012), p. 3.

③ Lewis, Archibald R., "The Closing of the European Frontier," *Speculum* 33 (1958): 475.

撒丁岛、科西嘉岛；诺曼人征服意大利南部和西西里；十字军向塞浦路斯、巴勒斯坦以及叙利亚、克里特群岛和爱琴群岛远征；西欧的英国扩张到威尔士、苏格兰和爱尔兰；东欧的德意志人和斯堪的纳维亚人侵入并征服了波罗的海人和斯拉夫人的土地，并使其皈依基督教。"欧洲封闭的西部边缘，领土的过大扩张受到竞争和地理界限的制约。"① 除非它们向海外扩张。

向外扩张的动机属于全欧洲，最终则是葡萄牙开始了大西洋探险，② 并因此成为现代国际社会早期最有权力的一个国家。

葡萄牙主张享有在东南亚地区航行与贸易活动的垄断权，而格劳秀斯力图证明从事这些活动的权利属于所有国家以及人类，③ 为自己的祖国荷兰辩护。

"无论是就整个主体水域来说，还是就其主要的分支水域来说，都是不能被任何人据为私人财产的。""海洋是如此广阔，以至于其足以供所有国家的利用，而不会导致国家间在行使捕鱼权、航行权及利用其他为海洋所带来的便利上的相互影响和伤害。"④

他主张，海洋同空气一样，是供所有人使用之物，应当保持原先自然形成时的法定地位；海洋浩瀚无边，不能为任何人所占有，因而不能为任何人所私有，而且其又适合于供一切人航行和捕鱼之用。因此，海洋在本质上是不受任何国家主权控制的，所有国家都可以自由地加以利用。⑤

到 19 世纪，该原则已经成为海洋法的基本规则。

---

① Kiernan, V. G., State and Nations in Western Europe, *Past and Present* 35 （1965）：p. 6.
② 关于为什么是葡萄牙最先向外扩张，沃勒斯坦的解释是除了传统上可见的寻找黄金和香料，还因为要为欧洲的一些人寻找工作，使其不再以劫掠为生。而欧洲其他国家可以进行更容易的扩张，葡萄牙则别无选择，而且具有良好的地理位置，更容易向非洲进发。另外，君主的影响也很明显。参见〔美〕伊曼纽尔·沃勒斯坦《现代世界体系》第一卷，尤来寅等译，高等教育出版社，1998，第 30～37 页。
③ 贾兵兵：《国际公法：和平时期的解释与适用》，清华大学出版社，2015，第 283 页。
④ 〔荷〕胡果·格劳秀斯：《战争与和平法》，何勤华等译，上海人民出版社，2013，第 91 页。
⑤ 刘楠来等：《国际海洋法》，海洋出版社，1986，第 4 页。

以海洋自由原则为基石的传统海洋法，是符合资本主义的发展需要的。当自由资本主义发展到垄断资本主义阶段，海洋自由原则虽然一方面仍然保留着有利于国际航海贸易的性质，但同时，它也成为少数海洋强国用于掠夺海洋资源和保证军事航行、建立海上霸权的工具，同一些国家扩大国家管辖海域以维护国家主权和保护海洋权益的要求和实践发生了冲突。许多发展中国家认为，"海洋自由已经不再为国际正义的利益服务。他已经成为少数国家无情掠夺海洋资源，对世界实行恫吓和毁坏海洋环境的时髦话和借口"。① 基于海洋自由学说之上的旧海洋法制度已经过时，"应当由一个新的、使每一个国家能正确的利用海洋资源的法律制度来代替它"。②

第二次世界大战以后，全世界范围内的经济恢复和发展，科学技术的提高，捕鱼方式的进步，第三世界国家对海洋权益的要求，大大缩小了海洋自由原则的适用范围。

（二）沿岸国的向海主权主张：领海

在领海出现的早期，当时所称的领海是为不同的目的而设置，沿岸国在领海中所享有权利的内涵也不同，如为防卫、检疫、管制航行或财政等目的。③ 领海外界的确定方法，有目视方法、岸炮射程、距离标准。目视方法是指从船桅可望见陆地时，船舶所在地点与海岸间水域即为领海。岸炮射程是指岸炮炮弹最远着地点，与海岸间的水域即为领海。距离标准是指特定的距离来确定领海宽度。进入 19 世纪，沿海国开始主张"单一领海"，在此领海中，沿海国享有主权。领海的宽度则以特定的距离来确定。

领海虽然属于沿岸国主权所及范围，却与陆地主权不同，表现在法律上即其他国家所享有的无害通过权。

---

① 坦桑尼亚代表 1974 年 7 月 2 日在第三次海洋法会议第 26 次全体会议上的发言，载第三次联合国海洋法会议正式记录，第 1 卷，英文本，第 93 页。

② 刘楠来等：《国际海洋法》，海洋出版社，1986，第 4 ~ 5 页。

③ 黄异：《海洋与法律》，新学林出版股份有限公司，2010，第 3 ~ 4 页。

外国商船无害通过领海是传统国际法公认的规则，并得到国际法理论与实践的一致支持。^① 早在 16 世纪意大利法学家真提利斯就赞同"和平通过"的概念。他认为，这包括"进入和离开"领水的权力。1613 年，英国的 W. 韦尔伍德发表的《海洋主权论》提出邻接海岸的沿岸水域必须有该国管理，这其中包括航行权。

"无害通过"最早出现在 J. 塞尔顿于 1618 年写成的《闭海论》中，在首次提出这一概念的同时，塞尔顿主张海洋并非在任何地方都是公有的，它可以被占领。"无害通过"是协调海洋自由和海洋主权之间矛盾的产物，为了保证海洋航行的同时不损害沿海国的利益，在领海赋予外国商船"无害通过权"，以此来区别公海的航行自由。随着领海法律地位的确立，"无害通过"逐渐成为各国公认和遵守的国际法原则。然而，最初的"无害通过"多是用于商业航运的目的，只适用于商船。^②

在军舰是否享有无害通过权上，争论一直存在。国际著名法学家奥本海指出"外国军舰无阻碍的通过领海的权力并没有获得一般的承认"。^③

19 世纪末期，欧洲著名的法学家里维尔、李斯特等人主张军舰和商船一样享有无害通过权。但也有一些国际法学家不同意这种主张，英国法学家霍尔主张："所有国家的船只为通商的目的而具有极大的航行自由，这是对全世界的利益都有关系的。"^④

最早涉及军舰的无害通过问题的国际文件是 1894 年的国际法学会通过的关于领海制度的规则。该规则第 5 条规定，一切船舶无区别的享有经由领海的无害通过权。但该规则第 9 条又规定，本规

---

① 刘楠来等：《国际海洋法》，海洋出版社，1986，第 72 页。
② 密晨曦：《军舰的无害通过问题浅析》，载高之国等主编《国际海洋法发展趋势研究》，海洋出版社，2007，第 121 页。
③ 转引自〔英〕劳特派特修订《奥本海国际法》上卷第一分册，王铁崖、陈体强译，商务印书馆，1989，第 31 页。
④ 转引自周鲠生《国际法》，商务印书馆，1976，第 370 页。

定不包括军舰和军舰一类的船只。国际法学会 1928 年的斯德哥尔摩会议上还通过了"军舰的自由通过可以受领土国特别规则的限制"的规则。①

（三）沿岸国向海的进一步权力/权利扩张

沿岸国向海的权力以及权利主张并未止步于领海概念。毗连区、大陆架的概念先后产生，使得沿岸国所管辖和控制的海洋区域越来越大。这两个概念前者源于英国在 17 世纪为防止走私活动出台的法案（hovering acts）；后者源于美国在二战后受到国内石油行业压力而发布的总统宣言。

大陆架的法律概念最初是由美国总统杜鲁门的《大陆架公告》提出来的。② 一经提出，许多国家纷纷支持和效仿。各国在谋求对于沿海海底资源的专属管辖权方面是一致的，但所主张的大陆架权利的内容和性质有很大不同：如美国是为了实现对大陆架自然资源的"管辖和控制"，沙特阿拉伯更是在此之上对大陆架本身提出了管辖权的要求，阿根廷、智利、伊朗等国则主张对大陆架行使主权。此外，由于不同的利益需要，各国所主张的大陆架范围也很不一样。

二战以后，发展中沿海国家为了捍卫国家主权，保卫本国沿海资源积极斗争的产物。突破了"领海以外即是公海"的传统国际法观念。③

承袭海的概念最初是智利的爱·瓦·卡里略教授在 1971 年向美洲国家间法律委员会提交的一份报告中指出的。他说"承袭海包括领海和领海以外沿海国单方面地、但不是专断的决定扩展的一个区域。沿海国对承袭海内海洋资源的勘探、保护和开发进行管理的

---

① 刘楠来等：《国际海洋法》，海洋出版社，1986，第 78 页。
② 刘楠来等：《国际海洋法》，海洋出版社，1986，第 221 ~ 223 页。
③ 刘楠来等：《国际海洋法》，海洋出版社，1986，第 184 页。

管辖权扩展至临近水域、海底及其底土"。①

1972 年在联合国范畴中,非洲国家首先提出"专属经济区"一词来代替"承袭海"。② 这个概念较好地把沿海国的资源利益同国际社会的航海利益结合在一起,从而为专属经济区作为一项新的国际海洋法律制度获得普遍承认扫清了道路。

由海洋法发展的这段历史看,海洋法发展的主导理念是海洋自由。在 20 世纪中期之前的数百年间,海洋法规则的发展动力悉数来自具有对海外扩张的西欧国家。除了在中世纪时基于教皇对世界领土所有权的观点下,西班牙和葡萄牙要求对世界海洋享有基于以陆领海的控制权外,其后发展起来的西欧国家要求的都是海洋基于其无限性的公共利用。领海制度的兴起,仍然符合第二章所分析的西欧主导下国际法发展的特点,即基于明晰边界下国家主权的横向共存下划分。美国所主张的大陆架规则,则是完全以一国在未开发资源上的优势知识下先占理念的体现。第三次联合国海洋法会议期间兴起的专属经济区概念,是新兴独立国家面对又一次海洋圈地运动时的集体反应。

二 《联合国海洋法公约》的文本分析

1967 年,马耳他驻联合国大使阿维德·帕多(Arvid Pardo)在联合国大会上发表了演讲,主旨就是海洋自由理念必须予以更新。③帕多演讲中提到 20 世纪中期之后海洋利用情况上出现了一系列新的变化,包括远洋渔业对沿海国渔业利益的冲击、海上航线日渐密集、海洋污染事故爆发、海洋开发技术提高导致出现海洋圈地运动的可能以及海洋大国军事力量的全球存在可能引发的冲突。此次演

国际法新命题

---

① 刘楠来等:《国际海洋法》,海洋出版社,1986,第 191 ~ 192 页。

② 黄异:《海洋与法律》,新学林出版股份有限公司,2010,第 7 页。

③ "The United Nations Convention on the Law of the Sea, Third United Nations Conference on the Law of the Sea," http://www. un. org/Depts/los/convention_ agreements/convention_ historical_ perspective. htm#Historical Perspective, 2016 年 8 月 15 日访问。

讲正是促成第三次联合国海洋法会议召开的重要因素。1973 年，第三次联合国海洋法会议在纽约召开。此次会议历时 9 年，160 多个国家参加，无数次讨论和妥协，最终促成了《联合国海洋法公约》这一被称为海洋宪章的文件的产生。

（一）《联合国海洋法公约》的总体评介

《联合国海洋法公约》（后文简称《公约》）被称为海洋宪章，原因在于这是一部对所有海洋利用活动予以规范的国际法律文件，其覆盖内容之全面远远超出其他领域的国际法律文件，有多项意义深远的条款。① 《公约》立足海洋法中的基本矛盾：沿岸国的国家安全与其他国家的海洋利用之间的矛盾，一方面顾及沿岸国为实现领土安全而在领海上的要求，另一方面顾及了其他海洋利用国家对海洋自由的要求。为沿岸国的利益，《公约》明确规定了属于一国主权所及范围的 12 海里领海、解决了 20 世纪初以来领海宽度始终未能确定的问题；规定了毗连区问题；规定了沿岸国享有专属经济权利的专属经济区；规定了群岛国的群岛基线以及群岛水域；规定了大陆架。为了保障其他国家的海洋利用利益，《公约》规定了在领海内的无害通过权、在海峡内的过境通行权、在群岛水域的海道通行权，在专属经济区内的传统权利保留以及剩余可捕捞量的捕获权利。并为了各方利益的平衡，避免海底遭到海洋圈地影响以及国家间因此实际获得资源的差异，《公约》规定了国际海底区域，将其定性为全人类共同的继承遗产。

《公约》讨论了在新创立的 200 海里的专属经济区内对生物资源和非生物资源的权利，并将这种权利扩大及其他经济活动，阐述了内陆国出入海洋的权利和通过自由，建立了经过修正的对大陆架权利的制度，创立了群岛水域制度。

---

① 联合国新闻部：《〈联合国海洋法公约〉的评介》，高之国译，海洋出版社，1986，第 13~15 页。

《公约》规定了共同财产"区域"，并成立了一个新的国际机构，国际海底管理局及其业务机构企业部。该机构作为包括私人企业在内的平行开发制的一部分，管理并直接从事国家管辖范围以外洋床矿物资源的勘探和开发。

　　《公约》涉及海洋环境的保护和保全，海洋科学研究、海洋技术的发展和转让及大洋水域和冰封区域的新式海图的绘制。公约规定了国家主权及其义务和责任。

　　《公约》实质上考虑了海洋利用的所有方面，差不多在每个议题上都有反对国家的意见需要解决。一个国家只有得到保证在某一问题上有所收获，才会在另一问题上做出让步。公约的 17 个部分320 条，再加上具有同等法律地位的九个附件，构成了一系列设计微妙、互相制约的均衡和妥协。各国在这个条约中均有得失。

　　《公约》为海洋建立了一项法律和秩序的制度。它确立了大家同意的共同限制，而不是由各国在任意确定的界限内，单方面地宣布主权或某种形式的资源管辖权。在提出新概念的同时，它也赋予传统的权利以条约法的确定性。为国与国之间、国家与国际组织之间提供了合作机会。公约的某些部分授权在地区性和全球性的基础上，或者在相邻国家之间进行某种合作，或者号召向发展中国家提供科学和技术援助或优惠待遇。

　　《公约》努力满足个别国家及整个国际社会的各种不同的利益。不同国家的利益诉求一一提出，而后予以衡平考虑，或争吵或妥协，但最终达成了相关条款。当然，发达国家对《公约》的影响仍然是十分明显的。最典型的例子就是《公约》第 11 部分有关海底探矿的规范，由于其规定的强制性技术转移遭到发达国家的抵制，此后不得不以修正案的形式予以调整，其实也可称为修改。①

---

① 参见傅崐成等编译《弗吉尼亚大学海洋法论文三十年精选集 1977–2007》第一卷，厦门大学出版社，2010，第 359~395 页。

（二）《联合国海洋法公约》的主要缺陷

《公约》的成就注定要被记载于 20 世纪国际法成文化历史中，但这并不意味着公约毫无缺陷。即使是对公约抱有最大赞赏的国际法研究者，也必须承认公约并不完美，仍然有许多内容留待进一步的国家实践予以澄清或发展。诸如历史性权利、岛礁的界定、专属经济区内的军事测量、大陆国家洋中群岛基线问题以及争端程序的适用等。2013 年 1 月至 2016 年 7 月，菲律宾提起的南海仲裁案将公约的这些缺陷暴露得更加明显。

从《公约》第 10 条、第 15 条、第 298 条看，公约没有明确界定"历史性海湾""历史性水域""历史性权利"。但是不少国家提出了历史性权利的主张，一些国际实践也肯定了历史性水域的存在，应进一步明确历史性权利的内涵和界定。

学者们对《公约》第 121 条有不同的解释。例如，戴克和布鲁克斯等认为，《公约》第 121 条应按照《维也纳条约法公约》第 31 条"依照其用语按上下文并参照条约的目的及宗旨所具有的通常意义善意解释"，因此不能维持常住 50 人以上生活的小岩礁，就不能主张其专属经济区或大陆架，否则就与《公约》宗旨不符。① 而查尼主张对《公约》第 121 条做宽泛的解释，并认为岩礁是岛屿的一种，只要证明岩礁"能维持人类居住"或者"能维持其本身的经济生活"，二者居其一就可以主张其专属经济区或大陆架。② 贾拉尔则强调，人类无食物和住房就不能生活，因此只要满足以下三个条件即可符合"岛屿"的规定：一是有无淡水供应，二是那里有无生

---

① See Van Dyke, John and Robert A. Brooks, "Uninhabited Islands: Their Impact on the Ownership of the Oceans' Resources," *Ocean Development and International Law* 12 (1983): 286; Song, Yann-huei, "The Application of Article 121 of the Law of the Sea Convention to the Selected Geographical Features Situated in the Pacific Ocean," *Chinese Journal of International Law* 9 (2010): 679 – 680.

② See Jonathan I., Charney, "Note and Comment: Rocks That Cannot Sustain Human Habitation," *American Journal of International Law* 93 (1999): 868.

长食物的可能，三是附近有无建造房屋的材料，反之，就是"岩礁"，只能给予领海权利。[1] 克莱格特也对"人类居住"或"自身经济生活"做了如下解释："人类居住"的标准应理解为永久居民的实际居住（或至少有这种可能性），灯塔看护人或靠外界给养的防御军队不能算；"自身经济生活"应指岩礁本身或至少其周围水域的资源（如捕鱼）能够为人类提供某种生存条件；在牺牲他国或数国利益的前提下，主张某一岩礁应领有广阔的海域，并纯粹为强化这种主张而人为地输入人口并依靠外界补充给养，企图以此方法来提高第121条第3款所说的"岩礁"地位，显然是对《公约》的滥用。[2]

《公约》第121条的模糊性，以及缺乏对该条的权威解释，导致了各国有关实践的不一致。特别是一些国家向大陆架界限委员会提交的划界案，更加剧了对《公约》第121条的解释和适用的复杂性。因此，如何界定"岛屿"与"岩礁"，如何制定"维持人类居住或其本身的经济生活"的标准，不但涉及《公约》的完善与发展，而且与包括南海在内的海域划界和岛屿主权争端的解决密切相关。[3]

根据《公约》第46条b款的规定，"群岛"是指一群岛屿，包括若干岛屿的若干部分、相连的水域和其他自然地形彼此密切相关，以至这种岛屿、水域和其他自然地形在本质上构成一个地理、经济和政治的实体，或在历史上已被视为这种实体。由此可知，群岛的构成要件有三个：一是群岛是一群岛屿；二是群岛包括若干部

---

[1] See Townsend - Gault, Ian, "Preventive Diplomacy and Pro - Activity in the South China Sea," *Contemporary Southeast Asia* 20 (1998): 57.

[2] See Clagget, Brice M., "Competing Claims of Vietnam and China in the Vanguard Bank and the Blue Dragon Areas of the South China Sea: Part Ⅰ," *Oil and Gas Law and Taxation Review* 13 (1995), 转引自李金明《海洋法公约与南海领土争议》，《南洋问题研究》2005年第2期，第87页。

[3] 杨泽伟：《〈联合国海洋法公约〉的主要缺陷及其完善》，《法学评论》2012年第5期，第58~59页。

分、相连的水域和其他自然地形；三是群岛在本质上构成地理、经济、政治或历史实体。因此，群岛不仅仅是地理概念，更属于经济、政治或历史的范畴。

世界上群岛数量繁多，且各具特色。根据群岛与大陆海岸之间的距离，群岛可分为沿岸群岛和洋中群岛。至于群岛与大陆海岸之间距离远近的标准，国际普遍观点认为，当一组岛屿与大陆海岸之间的距离超过领海宽度的 2 倍，即 24 海里时，便构成洋中群岛，反之则为沿岸群岛。[①]

沿岸群岛亦被称为近岸群岛，指位于大陆附近、可以被视为海岸的一部分，并构成测量领海出发点的海岸线的岛屿。典型例子为挪威的沿岸迂回曲折的"石垒"。

洋中群岛则指距离海岸较远、位于大洋中的一组岛屿。[②] 这类群岛又可细分为构成群岛国的群岛和大陆国家的洋中群岛，典型例子分别为印度尼西亚群岛和美国的夏威夷群岛。根据《公约》第 46 条 a 款的规定，群岛国指全部由一个或多个群岛构成的国家，并可包括其他岛屿。而大陆国家的洋中群岛则指那些同时拥有大陆领土和远离海岸线的群岛的大陆国家所拥有的群岛。

事实上，在第三次联合国海洋法会议之前，并未将洋中群岛做进一步的细分，且从地理意义上考虑，也没将其区分开的必要，而这一结果的出现，仅为各国政治博弈的产物，故而，在此之后，它们被赋予了不同的法律含义和政治含义。这种人为地对法律概念进行分割，不仅不利于维护法律体系的完整性，也损害了相关拥有洋中群岛的大陆国家的合法权益。当然，这也使得大陆国家的洋中群

---

① UN Office for Ocean Affairs and the Law of the Sea, *Baseline: An Examination of the Relevant Provisions of the United Nations Convention on the Law of the Sea* (UN: UN Publication, 1989), p. 22.

② Evensen, Jens, "Certain Legal Aspects Concerning the Delimitation of the Territorial Waters of Archipelagos," http://legal. un. org/diplomaticconferences/lawofthesea – 1958/docs/english/vol_I/17_A – CONF – 13 – 18_PrepDocs_vol_I e. pdf, visited at 28 Aug. 2016.

岛的法律地位成为了一个有待解决的、独立的海洋法问题，为其留有学术探讨的空间。

然而，学术界对《公约》第46条、第47条是否能适用于南沙群岛还存在较大争议。因此，结合南海海域特别是南沙群岛的特殊情况，创造性地解释《公约》的有关规定，提出"非群岛国的群岛水域"，也许是今后《公约》有关群岛制度的应予以完善的内容之一。

专属经济区的军事活动问题，是随着国际关系变化日益暴露出的问题，尤其是中国和平崛起以及向海发展日趋明显时，美国之前在南海的日常巡逻以及常规军事测量日益遭遇来自中国的对抗，美国往往声称中国在南海的相关行为妨碍了其航行自由，或者直接声称军事测量并非海洋科考，无须沿岸国的同意或许可。基于此，中美双方发生了一系列的冲突，严重的包括2001年4月1日发生的南海撞机事件；不甚严重的包括2009年以来的一系列事件：诸如无瑕号事件、钟云号航母护卫航行、2010年以来美日越菲联合军事演习、2014年P8A遭遇歼11B等。

为此，中国在以下领域发挥建构性力量的同时，即建立海上丝绸之路基金推进国家间经贸合作、参与沿线国家基础设施建设、建设南沙岛礁并为海上安全通行提供基础服务等的同时，一方面须释明中国在南海的行为均是符合国际法而美国的相关行为却有僭越国际法之嫌疑；另一方面也需以美国所谓尊重国际海洋法之说法要求其言行一致。首先，《公约》自1994年生效至今，已有157个签约国家，① 美国国会却迟迟不肯批准加入《公约》，不愿意受到《公约》的约束，这说明美国所谓尊重国际海洋法仅停留在口头上，且未基于国际海洋法律秩序的变化调整其态度。其次，美国未基于海洋法律秩序变化调整其态度，还表现在对《公约》确立的专属经济

---

① https://treaties. un. org/pages/ViewDetailsIII. aspx? src = IND&mtdsg_no = XXI – 6&chapter =21&Temp = mtdsg3& clang = _en#4，2016年8月17日访问。

区法律地位的有意曲解上。依据《公约》规定，专属经济区是一个自成一格的海洋区域（an area sui generis），既不是领海也不是公海，[①] 或者说如同美国所宣称的国际海域，[②] 沿岸国享有明确的三项主权权利和三项管辖权，其中就包括对海洋科学研究的管辖权。即便如同美国一向宣称的，其军方的电子侦察机和军事测量船从事的是军事调查活动而非海洋科学研究，[③] 对于此类未明确列为沿岸国享有的权利也未明确赋予其他国家的权利，当双方对此行为是否为正当行使权利有争议时，《联合国海洋法公约》也有明文规定，即应"参照一切有关情况衡平"解决。[④] 这说明美国一再宣称的其此类行为是在国际海域自由合法的活动其实是对既有国际海洋法律秩序的否认。再次，国际法的基本原则就是各国主权平等。主权平等意味着任何国家均不得干涉他国内政。中国在主权岛礁上的陆域吹填完全是一国内政，美国却一定要在国际场合的香格里拉对话会上予以"批评指责"以及派遣军机抵近，显然丝毫未顾及国际法的这一基本原则。

---

① Peng, Guangqian, "China's Maritime Rights and Interests," in *Military Activities in the EEZ: A U. S. - China Dialogue on Security and International Law in the Maritime Commons*, 7 Naval War C. Mar. Stud. Inst (New Port: Naval War College Press, 2010), pp. 15, 20.

② Kline, Robert T., "The Pen and the Sword: the People's Republic of China's Effort to Redefine the Exclusive Economic Zone through Maritime Lawfare and Military Enforcement," *Military Law Review* 216 (2013): 157.

③ Dutton, Peter, "Introduction," *Military Activities in the EEZ: A U. S. - China Dialogue on Security and International Law in the Maritime Commons*, 7 Naval War C. Mar. Stud. Inst. (Naval War College Press, 2010), pp. 1 – 2.

④ 《联合国海洋法公约》第 59 条：在本公约未将在专属经济区内的权利或管辖权归属于沿海国或其他国家而沿海国和任何其他一国或数国之间的利益发生冲突的情形下，这种冲突应在衡平的基础上参照一切有关情况，考虑到所涉利益分别对有关各方和整个国际社会的重要性，加以解决。In cases where this Convention does not attribute rights or jurisdiction to the coastal State or to other States within the exclusive economic zone, and a conflict arises between the interests of the coastal States and any other State or States, the conflict should be resolved on the basis of equity and in the light of all the relevant circumstances, taking into account the respective importance of the interests involved to the parties as well as to the international community as a whole.

三　国际海洋法规则的进一步发展：以共同开发原则为样本

（一）共同开发原则的界定之争

目前，国际上已有不少共同开发的实践，共同开发原则也已经被国际法接受，但学界对其内涵与适用范围尚未达成一致观点。经常被中外研究者引用的定义包括来自加拿大的石油资源法专家高尔特（Townsend-Gault）[①]，世界银行的能源专家史纳塔（Shinata），美国的葛底石油公司法律事务代理人奥兰多（Onorato）[②]，德国基尔大学的国际法教授拉各尼（Lagoni），日本学者三友（Miyoshi）[③]，荷兰戴尔福特大学的石油法教授白纳德（Bernard Taverne），我国海洋法专家高之国教授、清华大学法学院海洋法教授陈德恭[④]、石油专家潘石英等[⑤]。

这些学者通过具有细微差别的语言表述，界定了他们各自所认为的共同开发含义。界定的关键点包括：实施主体是"两个或两个以上的国家"或者行政单位，适用区域受否仅限于有边界争议的区域，其性质是临时安排并不影响最终的划界，目的是实现资源开发、主要是油气资源，也有学者认为也包括渔业资源开发。

基于学者们对共同开发的界定看，其分歧在于共同开发是不是两个以上主体共同对某个地区资源的探明和开采；是否仅限于国家间在争议地区的油气资源探明与开采才算作共同开发。依笔者看，争议地区必然涉及国家主权或划界纠纷，非国家行为体除得到国家授权外，不大可能直接谈判资源开发；非争议地区的此类活动完全

[①] Townsend-Gault, Ian, "Joint Development of Offshore Mineral Resources—Progress and Prospects for the Future," *Natural Resources Forum* 21 (1988): 275.

[②] Gao, Zhiguo, "The Legal Concept and Aspects of Joint Development in International Law," *Ocean Yearbook 13* (Chicago: University of Chicago Press, 1998), pp. 107 – 124.

[③] See Miyoshi, Masahiro, "The Basic Concept of Joint Development of Hydrocarbon Resources on the Continental Shelf," *International Law and Estuarine Law* 17 (1988): 5.

[④] 陈德恭：《共同开发的国际法原则和国际实践》，载《清华法律评论》第四辑，清华大学出版社，2002，第221页。

[⑤] 关于各位学者的定义，可参见肖建国《论国际法上共同开发的概念及特征》，《外交学院学报》2003年第2期，第59～61页。

可以依据涉外合同法律制度予以规范，不必纳入共同开发制度中；资源是否仅限于油气资源或者也包括渔业资源于本制度则无实质影响。由此看，共同开放制度应局限在争议地区即可。

（二）共同开发制度的发展

共同开发制度产生于 1958 年巴林和沙特阿拉伯的《关于波斯湾大陆架划界协定》，其发展大概分为三阶段。

第一阶段为 1958～1969 年，1969 年国际法院做出北海的大陆架案的判决，其间，共签订了 5 个共同开发协定，1958 年 2 月 22 日巴林和沙特阿拉伯《关于波斯湾大陆架划界协定》；1962 年 5 月 14 日荷兰与联邦德国《关于合作安排埃姆斯－多拉德条约的补充协议》；1965 年 7 月 7 日科威特与沙特阿拉伯《关于划分中立区的协定》；1967 年 1 月伊朗与伊拉克共同开发协定；1969 年 3 月 20 日卡塔尔和阿布扎比《关于解决两国间岛屿的海洋边界线和主权权利的协定》。北海大陆架案判决中首次提出共同开发的解决方法，为未来广泛适用提供了支持。

第二阶段为 1969～1994 年，1994 年《联合国海洋法公约》生效，这一阶段也出现了 13 个共同开发协定，进入 20 世纪 70 年代，石油危机导致的各国对油气资源的需要促进了共同开发原则的发展。地理范围进一步扩大，从 60 年代的波斯湾、北欧，到 70～80 年代的中东红海、东亚、比斯开湾，机制更加成熟，规定也更加详细。①

---

① 1971 年 11 月 29 日伊朗与沙迦《谅解备忘录》；1974 年 1 月 29 日法国与西班牙《关于在比斯开湾划分大陆架的条约》；1974 年 1 月 30 日日本和韩国《关于共同开发邻近两国南部大陆架协定》；1974 年 5 月 16 日《苏丹与沙特阿拉伯关于在共同区共同开发红海海床和底土自然资源协议》；1976 年英国与挪威《关于开发弗里格油田和从油田向英国运送天然气的协定》；1979 年 2 月 21 日泰国与马来西亚共同开发的《谅解备忘录》；1981 年 10 月 22 日冰岛与挪威（扬马延岛）划界与共同开发协议；1985 年 8 月南、北也门之间共同开发协议；1988 年 8 月 8 日利比亚与突尼斯大陆架划界与共同开发协定；1989 年 12 月 11 日澳大利亚与印度尼西亚《帝汶缺口条约》；1992 年 6 月 5 日马来西亚与越南共同开发协议；1993 年 10 月 14 日塞内加尔与几内亚比绍签订《管理及合作协定》及其 1995 年 6 月 12 日的《关于管理及合作机构组织及运营的议定书》；1993 年 11 月 12 日哥伦比亚和牙买加《关于海洋划界的条约》。参见徐晓曦《对"搁置争议，共同开发"思想的国际法分析》，《云南大学学报》（法学版）2009 年第 6 期，第 139 页。

第三阶段为 1994 年《公约》生效至今，平稳发展。这一阶段有 3 个共同开发协定出现，但该制度并不活跃，没有明显发展。南美洲的大西洋西南部和非洲西海岸首次出现共同开发协定，即 1995 年英国与阿根廷签订的《关于在西南大西洋近海活动进行合作的联合声明》；2001 年 2 月 21 日，尼日利亚与圣多美普林西比签订了在几内亚湾两国专属经济区重叠区共同开发石油资源的协定；2001 年 7 月 5 日，澳大利亚和东帝汶临时政权签订的关于东帝汶海合作安排的备忘录。

（三）从陆权与海权的张力关系看共同开发制度的未来发展

一如本节开始所提及的，国际海洋秩序始终受到一对基本矛盾中双方力量较量和平衡结果的影响，即沿岸国控制海洋的需求和海洋大国的自由海洋的需求。或者更确切地说，是沿岸国中的陆权大国与海权大国之间的张力关系，为国际海洋法规则提供了发展原动力。前者要求从陆地的视角出发，将海洋尽可能地予以控制，极端情形下产生了锁海论。[①] 后者则要求从海洋的视角出发，因为海洋没有边界、没有人类长期居住、没有人类在陆地上活动留下的种种痕迹，故而海洋是没有主人的。海洋不属于任何国家，因此也就属于所有国家，而其极端的情形就是海洋最终只属于一个国家：19 世纪后的英国，[②] 二战之后的美国。

[①] 在现在的观点看来，英国是一个海权国家。但这个所谓海权并不是自始讲究被英国所确认的。在中世纪以及近代的 17～18 世纪，英国仍然是注重陆权的，直到 19 世纪初，或者根据卡尔·施密特的观点是在滑铁卢之战之后，英国才确立了全面的、无可争议的海权。参见〔德〕卡尔·施密特《陆地与海洋：古今之"法"变》，林国基、周敏译，上海三联书店，2006，第 53～57 页。"锁海论"的代表学者即英国学者约翰·赛尔顿，他在 1635 年发表了这部著作，其核心观点有二：其一主张依据自然法或国家间法律，海洋并非人人共有之物，而是与陆地一样可以被占有或成为个人财产；其二是大不列颠的国王就是海洋之主，海洋是大英帝国不可分割的永久附属物。See Selden, John, *Mare Clausum*: *Of the Dominion*, *or*, *Ownership of the Sea* (2 Vols.) (London: William Du-Gard, 1652; Clark, N. J.: Lawbook Exchange, Ltd., 2004).

[②] 〔德〕卡尔·施密特：《陆地与海洋：古今之"法"变》，林国基、周敏译，上海三联书店，2006，第 51 页。

海洋上的各种区域，无论是最早获得承认的领海还是此后纷至沓来的毗连区、专属经济区或大陆架，都是陆权主张的向海延伸。也正是这些区域的重叠引发了划界争议或争议海洋区域的存在。海洋边界争议虽然是陆权的延伸，在战争作为解决国家争端的合法性被否定的现今，陆地边界的解决途径对于海洋边界的解决并没有较大的具体的借鉴意义。鉴于此，我们只能探究陆地边界争议的实质。基于人是一种脚踩着陆地的生物的特性，陆地边界争议实际上是争夺生存空间以及其上的附属资源。至于爱国情感，伊维斯·雷诺阿德追溯了决定现在法国、英国和西班牙国境的分界线是如何在1212~1214年的一系列战争中基本上得到最后解决的来龙去脉，发现民族情绪的形成就是建立在这些分界线的基础上，而与其他界限无关。所以首先是分界线，而后才是情感。① 可以说，海洋边界的争议在生存空间上其意义较小，但在附属资源上则和陆地并无区别。海洋边界争议中最为突出的是财产权归属问题：诸如矿藏归属、渔场归属等。也正是在此意义上，共同开发成为边界争议未定的情形下解决资源归属问题的可选途径。

共同开发制度中陆权因素的影响十分明显，作为一个新近产生的法律制度，其如果要获得充足的生命力，则也需考虑到海权的影响。尤其是中国所推进的"一带一路"战略，其要实现的也正是陆权与海权之间的平衡，而非既往的单方面注重陆权或海权。从海权角度看，共同开发更应该积极推进，当其中的资源开采能达成各方所接受的安排时，边界的划分也会相应容易。如同在突尼斯利比亚大陆架划界案中，两国在1974年以前授予在大陆架上钻探石油的特许权的实践说明，突尼斯和利比亚事实上按照一条以拉斯亚吉迪尔的陆地边界为起点、位于子午线以东并与子午线形成大约26度夹角的直线划分他们的活动范围，而这最终也成为国际法院在划定

---

① 〔美〕伊曼纽尔·沃勒斯坦：《现代世界体系》第一卷，尤来寅等译，高等教育出版社，1998，第23~24页。

两国大陆架界限时的参考。

论述至此，我们可以看出当前的国际海洋秩序仍处于一种粗糙的、易于遭到强力扭曲的初级阶段，发展中国家由于对海洋的利用和勘探不足以与发达国家尤其是海洋大国相比，对海洋制度演进的贡献仍然较低。海洋法制度中追求的对沿岸国主权管辖权的尊重以及对海洋自由的维护以及这二者间的平衡，乃是一种需要强大的具有构建性力量维护的理想图景。这一理想图景的实现不可能仅仅依靠来自某一个或两个超级大国对国际海洋秩序的发声，必须有更多国家的共同参与，更多国家对同一目标认可的共同参与才能实现。

21世纪海上丝绸之路的建设，就是这样一种尝试和可能途径。它通过改变既有超级大国对国际海洋秩序的非建构影响甚至扭曲性主导，力求实现各参与方对国际海洋秩序真正内容的认同和尊重，最终实现主导国际海洋秩序的基本矛盾中双方的平衡与和谐共存，实现国际海洋秩序的合理演进。

以格劳秀斯海洋自由论为基础确立的国际海洋秩序，其前提是海洋广阔无限、不可划分界限，资源取之不尽、用之不竭。[①] 因此，这样的海洋空间应该向所有人开放，是"人人共有之物"。[②] 之后，凭借海权国家的相继崛起以及在国际社会基于种种不足为道的手段所获得的优势地位，海洋自由被奉为圭臬乃至成为现代国际海洋秩序的核心理念，并在欧洲著名的国际法学者笔下呈现一种没有边疆、没有主人、拥有神一样孤独的状态和力量。[③] 时至今日，我们已经确知上述种种前提已不成立，而所谓的海洋自由却隐含了诸多陷阱及谎言。原本应该是所有国家都能够向海主张和实现的海洋利

---

① 〔荷〕胡果·格劳秀斯：《海洋自由论·新大西岛》，〔英〕培根（英）译，汤茜茜（汉）译，上海三联书店，2005，第4、33页。

② 〔荷〕胡果·格劳秀斯：《海洋自由论·新大西岛》，〔英〕培根（英）译，汤茜茜（汉）译，上海三联书店，2005，第4、23页。

③ 〔德〕卡尔·施密特：《陆地与海洋：古今之"法"变》，林国基、周敏译，上海三联书店，2006，第76页。

益变异为海洋强国肆意妄为的高明借口，所谓的人人共有之物也被限缩为超级大国维护其全球利益的自由航道。这样的海洋自由揭示了现代海洋秩序的缺陷，即奉行先到先得的单向索取式和耗竭式价值观，使得超级大国得以以强力限制甚至否认其他海洋利用国家的向海需求，将本应为国际社会所共同利用和共同维护的广袤海洋，曲解为是超级大国的海洋。这样的国际海洋秩序敦促我们反思，其所应该追求的和致力于实现的海洋自由是否真如其表面呈现出来的那样不可置疑。

21 世纪海上丝绸之路追求的目标以及实现的路径设计，为我们反思当前的国际海洋秩序提供了正当背景和参照体系。即国家间的共同合作、互利共赢，或者说一个尊重不同国家向海基本诉求且能满足不同国家海上利益的国际海洋秩序，才应该是海洋自由的实质内容。国际海洋秩序的发展，自 17 世纪以降一直受到西方海洋强权国家的主导，这种单一的参与度导致其他国家的海洋利益被轻视甚至被忽视，尤其是因为经济实力逐渐被单向的全球价值链边缘化的弱势国家，其在海上的利益实现不得不靠着依附于海上超级大国实现，并由此成为此一本就不利于本国海上利益的海洋秩序的被动参与者和维护者。这种非建设性的海洋秩序演变进路应该发生变化，应该有更广泛的参与度，应该实现更多国家的海上利益，彼此间合作共赢的实现空间。

第三节　国际环境保护领域条约文本分析

一　1972年《人类环境宣言》后环境保护领域条约文本分析

从20世纪60年代起，环保主义思潮席卷全世界，随之而来的各类环境保护立法活动迅速开展。1972年的联合国的《人类环境宣言》堪称国际环境法发展史上的一个重要里程碑，给全世界的政府、组织和公众敲响了环保的警钟。人们开始反思传统的经济发展方式对于环境的毁灭性破坏将会带来严重的环境代价。国际社会开始真正重视环境保护的广泛合作，携手采取行动，谋求共同的环境和经济利益。在《人类环境宣言》之后，又出现了大量的宣言及公约使得国际环境保护领域的框架基本形成。但许多涉及国际环境法的全球性公约和区域性公约的内容尚不完备，条文的规定很模糊，也未对条文的实施机制和后续监督机制作出完善的规定。

（一）重要国际环境宣言

1. 内罗毕宣言

为了纪念1972年的《人类环境宣言》十周年，强化公众的环境保护意识，联合国环境规划署于1982年5月10～18日在肯尼亚首都内罗毕通过了《内罗毕宣言》。此次会议是为了在总结成功的环保经验之外，还对新出现的环境问题的解决进行商讨，以求在更大范围内为保护和改善环境而加紧努力。《内罗毕宣言》提出了综合治理、建立新的国际经济秩序、将市场机制与计划机制结合起来、反对殖民主义、种族隔离、解决越界污染、更合理的分配技术和资源、加强环境教育等 10 项共同原则。同时，《内罗毕宣言》特别强调了包括酸雨和臭氧层破坏问题在内的全球性环境问题，重申要进一步加强和扩大各国在环境保护领域的合作。① 《内罗毕宣言》的第二条还特别指出环境保护的行动计划仅仅是部分得到了执行，而且其结果也不能认为是令人满意的。因此该宣言的实施机制仍然有待完善。

2. 里约宣言

《里约宣言》于 1992 年 6 月 14 日在里约热内卢举行的联合国环境与发展大会上通过，它重申了 1972 年《人类环境宣言》的基本原则，是一项包括 27 条指导环境政策的广泛原则的无拘束力声明。② 此宣言对"可持续发展"做出了明确的定义："既满足当代人的需要，又不对后代人满足其需要的能力构成危害的发展"。原则 1 当中宣告"人类处于普受关注的可持续发展问题的中心"体现了人类中心主义，这是它的不足之处。原则 12 指出："为了更好地处理环境退化问题，各国应该合作促进一个支持性和开放的国际经济制度。"原则 18 指出："各国应将可能对他国环境产生突发的有害影响的任何自然灾害或其他紧急情况立即通知这些国家。国际社会应尽力帮助受灾国家。"原则 19 也指出："各国应将可能具有重大不利跨越国界的环境影响的活动向可能受到影响的国家预先和及时地提供通知和有关资料，并应在早期阶段诚意的同这些国家进行磋商。"③ 虽然强调了各个国家应该在环境保护上加强合作，但是却没有较为详细的国际环保交流机制，同时对"各国应该合作促进一个支持性和开放的国际经济秩序"表述也是模棱两可。在看到上述

---

① 周珂主编《环境与资源保护法》，中国人民大学出版社，2013，第 3 版，第 334 页。
② 金瑞林主编《环境与资源保护法学》，高等教育出版社，2013，第 323 页。
③ 王扬祖：《里约宣言剖析》，《中国环境管理》1992 年第 4 期，第 5 页。

不足时，不可否认的是它的条文规定更加科学化，强调了环境与可持续发展之间的关系。原则 6 指出，环境与发展领域的国际行动也应当着眼于所有国家的利益和需要。

3. 《约翰内斯堡可持续发展宣言》

联合国于 2002 年 8 月 26 日到 9 月 4 日在南非约翰内斯堡召开了可持续发展的世界首脑会议。本次会议的主题为"人、星球和繁荣"。会议将重点集中在 1992 年里约环境与发展大会以来的 10 年中被忽视和未得到解决的一些最紧迫的生态问题，包括水、生物多样性、健康、农业和能源等几大领域。最后通过了两份文件——《约翰内斯堡可持续发展宣言》和《执行计划》。[①]《约翰内斯堡可持续发展宣言》由以下六部分组成：从人类的发源地走向未来、从斯德哥尔摩到里约热内卢和约翰内斯堡、我们面临的挑战、我们对可持续发展的承诺、多边主义是未来、力求实现目标。《约翰内斯堡可持续发展宣言》作为一份政治宣言，是世界各国政府达成的关于世界可持续发展的共识和承诺。它使得可持续发展战略获得一定程度的具体化，是继《联合国人类环境宣言》和《关于环境与发展的里约宣言》后的又一个重要的共同纲领。[②]

（二）有关国际大气环境保护公约

1. 跨界大气污染

联合国欧洲经济委员会于 1979 年主持制定了《远程越界大气污染公约》。该公约旨在预防和治理跨界大气污染，迄今为止在大气治理领域仍然发挥着巨大作用。该公约要求缔约方限制、尽可能减少并防止大气污染，制定有关控制大气污染物排放的政策和策略，交换有关污染物排放的数据、国内政策和工业发展的重大变化及其潜在影响、科学活动和技术措施等方面的信息。[③] "该公约内容

---

① 梁淑英主编《国际法》，中国政法大学出版社，2011，第 278 页。
② 周珂主编《环境与资源保护法》，中国人民大学出版社，2013，第 3 版，第 334 页。
③ 金瑞林主编《环境与资源保护法学》，高等教育出版社，2013，第 332 页。

264

国际法新命题

上多为原则性规定，而且为了使各国之间达成一致，对大气污染的法律责任和赔偿没有进行规定。许多措施都由其后的议定书具体化。"① 该公约的缔约国主要为在北半球的发达国家，包括欧盟的成员国和北美的若干国家（美国和加拿大），截至目前，已有超过 50 个成员和组织正式加入。②

2. 臭氧层的保护

臭氧层的保护对于地球环境的重要性不言而喻。"面对日益严重的臭氧层损耗，国际社会于 1885 年制定了《维也纳保护臭氧层公约》，1987 年通过了《关于消耗臭氧层物质的蒙特利尔议定书》。1990～1997 年又对《议定书》做了 4 次重大修正③，形成了较为完善而严格的国际臭氧层保护法律体制。很多国家也相继建立起国内臭氧层保护法律体系。"④

联合国环境规划署在臭氧层的保护方面取得的巨大进步就体现在上述两个公约，也表明了臭氧层保护的正在朝着明确的方向前进，从而避免臭氧层的过度损耗对人类的健康及生存环境造成不利的影响。但是也必须看到其中的不足之处。《维也纳保护臭氧层公约》只是一个框架式的原则性公约，并未对臭氧层物质的使用限制和停止使用的具体时间表和目标作出规定。⑤

二 1992 年《联合国气候变化框架公约》文本分析

（一）1997 年《京都议定书》：超级大国的毁约

1992 年 5 月 10 日在纽约通过的《联合国气候变化框架公约》是国际环境法在气候领域取得的举世瞩目的新成就。公约于当年 6

---

① 周珂主编《环境法》，中国人民大学出版社，2013，第 4 版，第 292 页。
② 周珂主编《环境法》，中国人民大学出版社，2013，第 4 版，第 292 页。
③ 伦敦修正案（1990）；哥本哈根修正案（1992）；蒙特利尔修正案（1997）；北京修正案（1999）。
④ 吴泪：《我国保护臭氧层的实践及其立法完善》，《当代法学》2000 年第 1 期，第 52 页。
⑤ 周珂主编《环境与资源保护法》，中国人民大学出版社，2015，第 3 版，第 337 页。

月在巴西里约热内卢召开的联合国环境发展峰会由各国政府讨论和签署。全球超过 180 个国家先后加入了该公约。为了在短时间内吸引更多国家加入防止气候变化的队列中来，该公约未对控制温室气体的具体措施做出明确的规定而只是一个框架性的公约。它所提出来的目标是"根据本公约的各项有关规定，将大气中温室气体的浓度稳定在防止气候变化系统受到危险的人为干扰的水平上。这一水平应在足以使生态系统能够自然地适应气候变化、确保粮食生产免受威胁并使经济发展能够可持续地进行的时间范围内实现"。[①] 因此该公约被认为是具有"软法"的性质。框架性的立法形式只是模糊地规定了人为控制温室气体排放的措施，但它却为国际社会未来在气候领域的谈判与协作问题奠定了基础。

《联合国气候变化框架公约》第三次缔约方会议于 1997 年 12 月在日本京都召开。会议由 150 多个国家代表团、国际组织和非政府组织的代表等组成。本次会议在《联合国气候变化框架公约》的基础上，提出了削减发达国家的温室气体排放量以抑制全球气候变暖趋势中心议题的《京都议定书》。Raul Estrada – Oyuela 大使曾主持了委员会会议，建立促进谈判的协议文本，他表达了这样的观点："本协议会对温室气体排放问题产生真正的影响，这是应该被铭记的一天。"[②] 与《联合国气候变化框架公约》对比，该协议的规定要具体得多，它进一步继承和发展了前者提出的"共同但有区别责任"和明确量化减排目标，并且采用"联合执行""清洁发展机制""排放交易"这三种灵活的机制以实现该协议所预设的目标。历史上和当前温室气体排放量占最大份额的主体是发达国家，

国际法新命题

---

① 王之佳：《对话与合作全球环境问题和中国环境外交》，中国环境科学出版社，2003，第 83 页。

② "This agreement will have a real impact on the problem of greenhouse gas emissions. Today should be remembered as the Day of the Atmosphere." See Warbrick, Colin, et al. , "Global warming and the kyoto protocol," *International and Comparative Law Quarterly* 47 (1998): 446 – 461.

在发展中国家的人均排放量仍然相对较低,发展中国家为了满足其社会发展的需求,将会增加温室气体排放量。工业化国家同意在 2008～2012 年将六种温室气体①的排放总量至少降至 1990 年为基准水平的 5.2%,②其中欧盟的排放量削减量是 8%,美国削减 7%,日本和加拿大削减 6%。议定书并未对发展中国家设定减排义务。

《京都议定书》看起来像是给全球气候变暖问题的治理指明了一条光明的道路,但是在实际的运作却由于不同国家的利益博弈而经历了 8 年的艰难谈判历程才最终得以实施。该议定书第 25 条第 1 款规定:"本议定书应在不少于五十五个《公约》缔约方、包括其合计的二氧化碳排放量至少占附件一所列缔约方 1990 年二氧化碳排放总量的 55% 的附件一所列缔约方已经交存其批准、接受、核准或加入的文书之日后第九十天起生效。"《京都议定书》终于在俄罗斯签署后第 90 天(2005 年 2 月 16 日)正式生效。这是第一部旨在控制温室气体排放以应对全球气候变暖的国际条约。

值得欣慰的是,经历 8 年的艰难谈判历程,《京都议定书》终于在各国利益博弈中生效了。然而,我们也必须看到这部体现人类共同保护气候环境的议定书生效背后所隐藏的种种问题。超级大国的毁约无疑是这场艰难的战斗中最大的阻力。其中最为典型的代表就是美国、加拿大、澳大利亚等超级大国在实施议定书的过程当中的三心二意。

美国曾经在 1998 年签署了《京都议定书》,但是在 2001 年 3 月,美国总统小布什宣布拒绝批准《京都议定书》,其理由主要是:其一,目前关于气候变化的许多说法还不具有确定性,但由于能源问题,如果减少温室气体的排放将会危及美国的经济发展;其二,

---

① 六种温室气体是二氧化碳、甲烷、一氧化二氮、氢碳氟化合物,全氟化碳、六氟化硫。
② See Warbrick, Colin, et al., "Global Warming and the Kyoto Protocol," *International and Comparative Law Quarterly* 47 (1998): 446–461.

要求发展中国家也要承担温室气体减排和限排的义务，还特别指出中国和印度这样的发展速度快的国家也应承担起减排、限排的义务。研究者指出，美国之所以拒绝批准议定书，环境与经济利益是重要因素，但根本原因在于该议定书所规定的美国应该承担的温室气体减排限排任务与美国资本及国家意愿发生了冲突。这一意愿体现为长期巩固和维持美国的世界领导地位。只要美国认为某一合作机制妨碍了此目标的实现，就会毫不犹豫地予以拒绝，《京都议定书》就是这样一个实例。① 美国是世界上最大的温室气体排放国家。全世界人均二氧化碳排放量是 1 吨，美国人均二氧化碳排放量差不多是全世界人均二氧化碳排放量的 6 倍，是发展中国家的人均二氧化碳排放量的 8 倍。美国经济对二氧化碳的排放的依赖程度之高可见一斑。② 有估计表明，美国的温室气体排放量占全球的 20%，但美国拒绝加入《京都议定书》将使得原定的减排目标的成本上升了60%。③ 这说明了减排行动是宜早不宜迟，否则越往后要投入的成本将会越重。在克林顿政府时期，美国在全球气候变化问题上与国家的安全问题进行挂钩，因此该气候变化问题在美国国家的政策议程上具有优先性。布什总统则通过强调全球气候变化问题的科学不确定性，降低该问题在国家政策议程上的地位，还通过利用加利福利亚的电力短缺事件使其决定合法化，并且通过运用否决权最终缩小了国内的获胜集合，使得美国从已达成的国际协议中退出，也就谈不上国内对该议定书的批准。④

加拿大于 2011 年 12 月宣布退出《京都议定书》，这是继美国之后第二个签署该议定书而后又退出的国家。

---

① 董勤：《安全利益对美国气候变化外交政策的影响分析——以对美国拒绝〈京都议定书〉的原因分析为视角》，《国外理论动态》2009 年第 10 期，第 28～29 页。
② 陈学明：《布什政府强烈阻挠〈京都议定书〉的实施说明了什么——评福斯特对生态危机根源的揭示》，《马克思主义研究》2010 年第 2 期，第 90 页。
③ 世界银行：《2010 年世界发展报告》，胡光宇等译，清华大学出版社，2010，第 12 页。
④ 薄燕：《国内谈判与国内政治——美国与〈京都议定书〉谈判的实例》，上海三联书店，2007，第 250 页。

国际法新命题

加拿大环境部部长皮特·肯特宣布，加拿大将退出关于气候变化的《京都议定书》。这一声明是在南非德班的会谈结束后的一天发表的。在一份声明中，他解释说："《京都议定书》不包括世界上最大的两个排放国，美国和中国，因此不能有效运行。现在很清楚，《京都议定书》不是一个能够解决全球气候变化问题的路径。如果有什么的话，那它是一个障碍。"他还说，加拿大为了承担在《京都议定书》下的义务需要花费约为 136 亿美元，加拿大的每个家庭平均为 1600 美元。并说："我们相信，一个新的协议，将使我们能够增加就业机会和拉动经济增长向前发展。"

此举是合法的，也并没有超出意料，因为协议最初是由加拿大上一届政府签署的。当前政府在四年前就宣布它不打算满足其现有的京都协议的承诺。《联合国气候变化框架公约》执行秘书克里斯蒂安娜在《联合国气候变化框架公约》网站上的一份声明中说，"我很遗憾，加拿大宣布将退出《京都议定书》，并对其退出的时间感到惊讶。不管加拿大是不是《京都议定书》的缔约方，它都有一个在公约下的法律义务——减少其排放量，以及对自己和未来几代人在全球的道德义务"。①

澳大利亚作为后起的发达资本主义国家，自 1996 年由霍华德自由党政府执政期间一直在气候环境问题上仿效美国的做法，一度对《京都议定书》表示怀疑，直到 2007 年陆克文上台之后政府才签署了《京都议定书》。除了政治因素，经济上的因素也是导致澳大利亚迟迟未核准该议定书的原因。澳大利亚的主要竞争优势是通过拥有大量的化石燃料储备和铀而形成的，在评估澳大利亚对减少温室气体排放的进一步贡献时，这些优势必须被保留。② 澳大利亚

---

① Deborah Hide, "Canada pulls out of the Kyoto Protocol," *Carbon Management* 3 (2012): 13 – 15. Statement by UNFCCC chief on Canada's announcement to withdraw from Kyoto protocol, http://unfccc. int/press/items/2794. php, 2016 年 6 月 10 日访问。

② Howarth, Nicholas A. A. and Andrew Foxall, "The Veil of Kyoto and the politics of greenhouse gas mitigation in Australia," *Political Geography* 29 (2010): 167 – 176.

在1990年前后，工业水平及碳排放量受到20世纪80年代国际外部环境影响而导致的经济衰退的限制，这两项指标处于历史上的极低水平。而澳大利亚的快速发展时期是在近一二十年，因此，即使《京都议定书》规定其可以在1990年的基准排放水平上增加8%，但澳大利亚仍然不同意签署该议定书，因为按照规定，这个主要的工业国家之一仍然要承担实质性减排的沉重负担。

（二）2009年《哥本哈根协议》：超级大国对发展中国家的压制

旨在形成2012年之后中长期合作框架的国际气候制度协定的哥本哈根气候峰会于2009年12月7日在丹麦首都哥本哈根召开。这场备受瞩目的世界气候峰会吸引了来自194个国家和地区的政府、政府组织、非政府组织、国际组织等各界代表。在持续近两周的谈判过程当中，由于发达国家与发展中国家存在不同的利益考量，谈判过程中始终充斥着这两大阵营的激烈交锋。哥本哈根会议建立新型的国际气候机制的历史使命受到了质疑。这次被形容为拯救地球的会议，却没能在"童话之国"编织出令人欣慰的童话，唯一留给世界的是一份没有法律约束力的《哥本哈根协议》。[1]。尚不具备法律约束的协议书的文本体现了两大阵营的重重矛盾。条文在减排目标、长期的资金支持、技术援助等关键问题均未达成实质上的制度安排，可以说是此次会议备受诟病的一个重要原因。该文本并未获得"通过"而是仅以提请"注意"字眼以及"持有保留意见的不必签署"的表述并没有确定最终的减排目标。发展中国家面临着来自发达国家日益严峻的压力，尤其是在全球气候谈判中拥有最多话语权的超级大国对发展中国家压制表现得非常明显。

超级大国忽视发展中国家的现实发展需求的第一个表现在于发达国家在会议上主张抛弃《联合国气候变化框架公约》和《京都

国际法新命题

---

[1] 庄贵阳：《哥本哈根气候博弈与中国角色的再认识》，《外交评论》2009年第6期，第13页。

议定书》所确立的气候谈判"双轨制"原则，将发展中国家也纳入强制性减排的队列中。由于这些国家处于高碳和能源密集型发展阶段，经济发展和碳排放同步迅速增长，气候变化谈判可能会成为限制这些国家经济发展的国际政治工具。[①] 发达国家这种试图淡化历史排放责任，否认"共同但有区别"的行为遭到了来自发展中国家的一致反对。

细究《哥本哈根协议》，也可以从条文的规定中窥见超级大国对发展中国家的压制。该议定书本身的内容由于超级大国的干预而规定得过于原则化，缺少具体可实施性的内容。比如第 1 条规定中提及的"将大气中温室气体的浓度控制在 2° 增长幅度以下的公约所确定的最大目标"，毫无疑问，作为超级大国，在减排的任务中应该承担更大的责任，但由于超级大国的反对，条文也没有具体规定发达国家在 2012 年后的中长期减排目标，更不要说 2050 年后的长期减排目标了，这使得此次会议所取得的效果非常有限。

在国际气候谈判当中，发展中国家一般来说都有着较为相似的立场，即都强调"共同但有区别责任"，要求发达国家——特别是那些由于工业化发展而成为超级大国的主要国家要承担气候治理的首要责任，并采取实质性减排措施，以解决全球气候变暖趋势。条文当中提及发达国家在气候治理方面对于发展中国家的资金援助及技术支持不仅没规定具体措施可以落到实处，反而使得超级大国借此对发展中国家推出"分而治之"的策略，使得发展中国家在气候谈判中出现谈判阵营碎片化的趋势。"当美国宣布将和其他发达国家一起在 2020 年前每年为发展中国家应对气候变化提供 1000 亿美元，但要求中国等发展中大国必须有透明度方面的承诺时，很快就出现了部分发展中国家转变立场将矛头指向兄弟国家、支持将发展中国家纳入减排框架的行为，使发展中国家内部出现纷繁复杂的碰

---

① 于宏源：《"通向哥本哈根：气候变化和发展中国家"国际研讨会综述》，《国际展望》2009 年第 1 期，第 117 页。

撞震荡。"① 发展中国家团体一旦出现谈判阵营碎片化的结果，就更易于使超级大国掌控全球气候变化的治理主导权，有可能要求发展中国家为了环境而牺牲发展空间。在哥本哈根会议期间，由美国、丹麦、英国等少数国家进行协商后所提出的"丹麦文本"就试图在气候变化的治理当中强加给发展中国家更多的义务而给予美国等超级大国更多的发展权利。

在世界银行 2010 年的《世界发展报告》中提到，气候变化造成的损害其代价大部分（75% ~ 80%）将由发展中国家承担。发展中国家气候敏感型行业的生产尤其需要依赖生态系统服务和自然资源。报告还指出，发展中国家是有机会走低碳道路而不需要牺牲发展的，但这种机会因国家不同而不同，并取决于高收入国家的资金和技术援助的程度。这类援助应该是在公平的基础上且为有效援助。而在《哥本哈根协议》的文本当中提到的发达国家对发展中国家的支持仅仅停留在"发达国家应当向发展中国家提供适当的、可预见的、可持续的财政来源、技术和能力建设，以支持发展中国家的适应行动的实施"的表述上，尽管有发达国家做出"不迟于2020 年每年向发展中国家提供 1000 亿美元"的承诺，但是没有确定每个发达国家应该出资多少，对用于支援的资金来源也没涉及。在技术援助方面，发达国家更是以知识产权的保护为由不愿意向发展中国家无偿或者低价转让其环保技术，目的就是想要通过技术优势来保持自身在低碳产品与技术的核心竞争力。发达国家出于自身利益的考量，对《哥本哈根协议》不具有明确约束力也没有惩罚机制的行动的执行力度就要大打折扣了。超级大国正是依靠其自身强大的经济实力和政治主导地位来充当气候变化治理的指挥者，从而对整体实力相对较弱的发展中国家施压。中国、印度等发展中大国首先会成为超级大国攻击的对象。发达国家的人均 GDP 的排放量

---

① 张莉：《发展中国家在气候变化问题上的立场及其影响》，《现代国际关系》2010 年第 10 期，第 26 页。

远远超过发展中国家，但却要求发展中的大国也要为其工业化财富积累而导致温室气体排放的后果承担责任。发达国家在气候治理问题上严以律人、宽以待己的双重标准使得气候谈判变得更加复杂、艰难。

小　结

本章继续就国际法的非完备性予以分析，分别选择从经济、海洋以及环境领域，选择具有代表性的重要国际条约予以文本分析。通过对这三个重要的国际法领域条约的文本分析，笔者提出国际法发展中面临原"文明国家"和新兴国家角力的观点。原"文明国家"试图排斥新兴国家的发言权，在国际法框定在既有的"地方性"特征中，以保有其既有的条约制定和发展上的优势地位。

第 六 章

现代国际法规则体系非完备性的
国际司法实践分析

第一节　常设国际法院以及国际法院司法
实践中暴露的国际法缺陷

一　法院实际运作遭遇的重重障碍

（一）法官的来源：公平代表？

在筹备设立常设国际法院时，北欧的丹麦、瑞典以及挪威等国
设立了一个联合委员会，并筹备了一份多少算是法院规约的提案。
最终，该提案的完成是国联理事会设立的法律专家委员会负责的。
委员会的名单包括 Altamira（西班牙）、Baron Descamps（比利时）、
Hagerup（挪威首相）、Laparadelle（法国）、Lorder（荷兰）、Philli-
more（英国）、Elihu Root（美国）。① 由此可以看出，此时的国际法
仍然是欧洲国家主导政治和法律事务的秩序的一部分。这一点，在
起草《联合国宪章》的旧金山会议上也被提出过。

当常设国际法院被国际法院取代时，为确保国际法院足以代表
全世界的法律观点，其法官选任的一个基本要求就是具有代表性，
且来自同一国家的法官不得超过一位。法官总人数为 15 人，自

---

① Evensen, Jens, "The International Court of Justice Main Characteristics and Its Contribution
to the Development of the Modern Law of Nations," *Nordic Journal of International Law* 57
(1988): 4.

1946 年至 2016 年，在国际法院担任法官的人数共 106 人，其中欧洲 40 人，占比 38%：法国 5 人、意大利 4 人、挪威 2 人、英国 7 人、德国 3 人、西班牙 1 人、比利时 1 人、瑞典 1 人、希腊 1 人、苏联 5 人、俄罗斯 4 人、波兰 2 人（苏联时代）、斯洛伐克 1 人、匈牙利 1 人、荷兰 1 人、南斯拉夫 1 人；美洲 29 人，占比 27%：乌拉圭 2 人、委内瑞拉 2 人、秘鲁 1 人、巴拿马 1 人、智利 1 人、巴西 5 人、阿根廷 2 人、圭亚那 1 人、牙买加 1 人、萨尔瓦多 1 人、美国 7 人、墨西哥 4 人、加拿大 1 人；非洲 17 人，占比 16%：埃及 3 人、尼日利亚 3 人、阿尔及利亚 1 人、乌干达 1 人、摩洛哥 1 人、叙利亚 2 人、塞内加尔 2 人、贝宁 1 人、马达加斯加 1 人、塞拉利昂 1 人、索马里 1 人；大洋洲 3 人，占比 2%：澳大利亚 2 人、新西兰 1 人；亚洲 17 人，占比 16%：中国 5 人、日本 3 人、印度 4 人、菲律宾 1 人、斯里兰卡 1 人、巴基斯坦 1 人、约旦 1 人、黎巴嫩 1 人。①

当然，法官不代表本国政府，也不代表任何其他当局，他们的独立性以及权威性应得到尊重。但也要注意到，国际法院本身也承认，法官在本国政府是当事方的案件中投票反对本国政府立场的情况并非罕见。

除此之外，我们还应该注意到当选为法官的知识背景。除了欧洲以及美洲的法官，以我们目前可找到的资料看，其他法官教育背景情况如下：尼日利亚籍法官 Prince Bola Adesumbo Ajibola 毕业于伦敦大学霍尔本法学院，约旦籍法官 Awn Shawkat Al-Khasawneh 毕业于英国剑桥大学皇后学院法学专业，摩洛哥籍法官 Mohamed Bennouna 毕业于法国南希大学，印度籍法官 Dalveer Bhandari 硕士毕业于美国西北大学，巴西籍法官 Antônio Augusto Cançado Trindade 博

---

① 数据来源于国际法院官网，笔者自行整理，http://www.icj－cij.org/court/index.php?p1＝1&p2＝2&p3＝2，2016 年 8 月 23 日访问。

士毕业于剑桥大学，埃及籍法官 Nabil Elaraby 硕、博士毕业于美国的纽约大学，即使中国籍的 5 位法官徐谟、顾维钧、倪征燠、史久庸和薛捍勤，也都是从美国的学校获得硕士或博士学位。日本籍的 3 位法官，1 位获得英国的学位，1 位获得美国的学位，最早的 1 位法官 Kotaro Tanaka 虽然并未从欧洲或美国获得学位，也有在欧美的学习经历。印度的 4 位法官，除了一位 Raghunandan Swarup Pathak 以及上述的从美国西北大学获得学位的法官，另外 2 人从剑桥大学获得学位。基于以上未穷尽列举的事例看，非欧美法官的欧美教育背景并非特例。这一点也很容易理解，国际法院的工作语言为英语和法语，如果未接受过英语或法语语言下系统的法学教育，也很难被选任为国际法院的法官。如此，我们就不得不思考这样一个问题：作为司法正义的基本前提，系争各方对（争端）解决机构的信任是不是总是欠缺。[①]

（二）冷战对法院的抑制

在国际法院开始工作的时候，法院受冷战影响极大。因此，在法院受理的咨询意见申请中，有许多有关政治问题和法律问题争议的实例，包括早期的涉及《联合国宪章》第 4 条的两次咨询意见、对保加利亚、匈牙利和罗马尼亚的和约的解释、涉及 1962 年联合国某些经费案等。在这一联合国经费（《联合国宪章》第 17 条第 2 项）案中，苏联代表童金教授表示法院应该拒绝发表意见，因为提交法院的问题属政治问题。法院虽然很谨慎避免沦为如同当时安理会那样大国利益的角斗场，却还是不得不一再声明对法律问题和政治问题的区分，以确保自己在推动国际司法进步的作用。

即使法院做了种种努力，法院在冷战时期并不是一个为各方信赖的司法解决场合。1970 年，国际社会就出现了应充分利用国际法

---

① Morgenthau, Hans, *Die Internationale Rechtsflege, ihr Wesen und ihre Grenzen（The International Judicial Function. Its Nature and Limits）*（Leizig：Noske, 1929），p. 84.

院的呼声，包括联合国大会以及美国国际法学会都做过类似的表示。① 1974 年，联合国大会通过了 3232 号决议，"国际法院作用回顾"（Review of the Role of the International Court of Justice），大会呼吁激活法院生命力，并具体提出了六点建议。

其一，根据《国际法院规约》第 36 条，希望各国研究接受法院强制管辖权的可能性，并且应尽可能予以较少保留。1974 年，当时的 141 个国家里有 45 个国家接受了法院的强制管辖权。1993 年，缔约方已经达到 181 个，但只有 56 个国家接受了强制管辖权（非洲 15 国，亚洲 7 国，联合国安理会常任理事国中只有英国接受了强制管辖权）。而且，接受强制管辖权的国家里，大多附上了各种保留。

其二，在各条约中，如果可能且适当，加入涉及条约解释或适用的争端提交至法院的条款之有利。这一点在双边条约以及多边条约中，都有改善。

其三，希望各国注意到，发生争议案件时，可提交至法院。截至 1993 年，只有两起这样的案件，突尼斯与利比亚 1982 年大陆架划界案，以及 1985 年利比亚与马耳他大陆架划界案。1993 年，乍得（Chad）与利比亚的边界案也是通过特别协议提交至法院的。此案件受到联合国信托基金的资助。这是最为理想的争端解决方式，而且判决会得到完全执行。

其四，对特别法庭（ad hoc Chambers）的利用。1974 ~ 1993 年，有四起这样的案件：加拿大与美国的缅因湾海洋划界案；布基纳法索与马里的边界争端案；美国与意大利之间西西里电子公司案；萨尔瓦多与洪都拉斯陆地、岛屿和海上边界争端案。各方也都执行了判决。

---

① Oda, Shigeru, "The International Court of Justice—Retrospective and Prospects," in Sik, Ko Swan, et al., eds., *Asian Yearbook of International Law*, Vol. 3 (Dordrecht, Boston, and London: Kluwer Academic Publishers, 1994), p. 4.

其五，联合国机构在其活动中可能产生或已经产生的法律问题，应研究将其提交至法院以获得咨询意见。1974年前，有14次寻求咨询意见。1974~1993年，只有6次。

其六，确认一方将法律争端提交司法解决，尤其是提交至法院，不应该被视为国家间非友好举动。从非洲的实践看，许多国家愿意采取此途径解决问题。

苏联解体之前，戈尔巴乔夫曾发文，呼吁多利用国际法院，尤其提及了法院的发表咨询意见的资格问题。① 美苏双方还就接受国际法院管辖的可能性进行谈判，当然苏联解体后，谈判就中止了并且没有再度开始。

1992年，时任联合国秘书长加利发布了一份报告：《和平议程——预防性外交、创设并维持和平》（*Agenda for Peace—the Preventive Diplomacy*，*Peacemaking and Peace-keeping*），其中提出国际法院作为司法资源，在和平解决争议上尚未被充分利用，如果各方对法院更多些信赖，将为联合国维持和平做出重要贡献。②

此次改革确实对法院收案量产生了很大影响，自90年代中期起，也许是因为冷战结束的影响，法院开始变得十分忙碌。但国际法院受案时依然保持着其历史上的谨慎，以防止过于政治化的问题进入司法，并且也极少就人权问题予以审理和判决。③

二 科孚海峡案等案件中的"主权平等"问题

《威斯特伐利亚和约》确立了主权平等原则。和约规定："所有罗马帝国中的选侯、邦君和各邦，应根据本协议确定和确认享有

---

① Mikhail S. , Gorbachev, "Real'nost'i garantii bezopasnogo mira [The Reality and Guarantees of a Secure World]," *Pravda*, 17 Sept. 1987, at 1.

② "[the ICJ] remains an under-used resource for the peaceful adjudication of disputes [and] a greater reliance on the Court would be an important contribution to United Nations peacemaking".

③ Rosenne, Shabtai, "The Cold War and the International Court of Justice: A Review Essay of Stephen M. Schwebel's Justice in International Law," *Virginia Journal of International Law* 35 (1994 – 1995): 674.

它们自古以来的权力、特权、自由、优惠、自由行使领土权，不论是宗教的还是政治的或是礼遇性的权利，因而他们永远不能也不应受到任何人以任何借口进行的骚扰。"① 国家主权是国家享有的对内最高权，对外独立权，但是如果仅仅这样而没有以国家主权平等为前提就易造成主权国家对其领土内的一切人与物有着的无限法律权力，在与他国交往中具有完全的行动自由而不受任何限制。这对弱国而言是极其不利的影响。因而，以主权平等为前提可以使主权国家的行为受到某种限制，特别是对霸权主义国家行为的限制，通过这种限制可以确保相对弱小的主权国家利益的实现。

在起草和制定《联合国宪章》的过程中，专家们认为主权平等原则包括以下要素：①法律上各会员国是平等的；②各会员国享有完整主权所包含的各项权利；③各会员国的国际法人格、领土完整和政治独立必须得到充分的尊重；④各会员国应当诚实履行自己的国际责任与义务。② 但是，这 4 个要素仍具有抽象性和原则性，在实际操作中仍具有一定程度的障碍。各国在国际交往中主要考虑自己国家的利益，而主权平等内涵的模糊性，容易使得国际关系陷入大国主导和操纵。在相当长的一段时间内，国际法都将是国家之间协商的结果，不具有强制的约束力，也不会有超国家的体制命令国家必须遵从。因此，国际法表现为协议法、平位法、弱法。③ 国际法的非强制性又会对国家主权平等原则的实际效果产生影响。

从国际法上讲，任何国家的主权原则上都是平等的，但在现实中，由于国家的领土、人口、力量等方面存在差异，国家主权并不平等，也从来没有实现过平等。一国的国家力量在国际交往中起着至关重要的作用，力量的大小决定着主权国家在国际上的地位高

① 杨泽伟：《宏观国际法史》，武汉大学出版社，2001，第 73 页。
② 古德里奇等：《联合国宪章——评述与文件》英文第三版，1969，第 37 页。转引自许光建《联合国宪章诠释》，山西教育出版社，1999，第 28 页。
③ Shaw, Malcolm, *International Law* (Cambridge: Cambridge University Press, 2008), 6th edn, pp. 2 – 13.

低，甚至决定着其主权的大小。一般而言，强权国家更能拥有完全的主权，甚至不仅能够将主权扩张到弱国，干涉其内政，还可以将权力扩张到国际组织中，成为其干涉、操纵弱国的工具；而弱国的主权权力小，难以实际上拥有完全的主权，往往成为被强国干涉的对象。这种实际上的主权不平等是一个难以改变的客观事实。国际社会是一个无政府的自治体系，是一个较为原始的"丛林状态"，国际法也被一些学者称为"原始法"。① 由于不存在凌驾于国家之上的权威，国际组织虽然得以发展但强国政治的基调并未改变。在这种客观事实下，强国利益和强国主张经常被以国际法的名义包装起来。

在科孚海峡案中怎样的海峡、是否属于用于国际航行的海峡以及无害通过是否适用于军舰都是本案的争议焦点。

英国认为科孚海峡是国际航道，任何船舶（包括军舰）都可以自由通过。阿尔巴尼亚则坚持认为科孚海峡是地方性海峡，外国军舰未经许可不能自由通过。国际法院认为："所有国家的船舶，包括和平时期的军舰在内，有权通过连接两面公海和用于国际航行的海峡，而不用事先取得沿海国的许可，只要该通过是无害的话。这一点是获得普遍承认和符合国际惯例的。除国际条约另有规定外，沿海国无权在和平时期禁止在这样的海峡通过。科孚海峡就是这样一种用于国际航行的海峡"。②国际法院在本案中确立了海峡的过境通行的标准：一是，该海峡需是连接两面公海；二是，必须有利用该海峡作为国际航行的一些惯例。后来，1958 年《日内瓦领海与毗连区公约》第 16 条第 4 款吸纳并增加了"沿海国无权停止外国船舶无害通过"的规定。

海峡的过境通行的标准之一是必须有利用该海峡作为国际航道

① 〔美〕汉斯·凯尔森：《法与国家的一般理论》，沈宗灵译，中国大百科全书出版社，1996，第 373 页。

② Corfu Channel case, Judgment of April 9th, 1949, I. C. J. Reports 1949, p. 28.

的一些惯例。在此，我们必须深思，这些惯例为何会形成？二战之前，广大亚非拉国家处于英、法等强权国家的殖民统治之下，那时的国家主权只属于资本主义强国所有，殖民地国家和半殖民地国家还根本没有自己独立的国家主权。二战后，一系列的民族国家虽然获得了政治上的独立，但在资本主义强国按实力建立的国际秩序和国际格局的世界上，它们维护的只是其国家主权与利益，发展中国家主权平等只是在形式上而不是在实质上获得了承认。因此，在强权政治下形成的国际惯例，对于弱国来说更多地只有无奈，它们连国家领土和主权都受到强国侵犯而无法独立，更别说是对自己国家所属的领海以及海峡能够拥有完全的话语权。国际法院以利用该海峡作为国际航道的一些惯例作为认定属于国际航行的海峡实质上是对历史上强国利益的保护，对于弱国来说是处于非常被动和不利的地位，因此，弱国在实际上并不能实现与强国一样的主权平等。

　　国家主权平等也应表现为在国际决策过程中以及国际法规制定过程中的平等。国家在国际关系中的任何行为均是以国家利益为基础的，国家利益是国家相对其他国家而言的基本的需求和欲求。① 国家利益也是国家参与国际活动的最终目的，也是国家采取行动的基本准则。国家主权平等原则所包含的各项国家的基本权利在许多国际法律文件中均有明确的体现，这说明各个国家的国家利益在这些领域存在着较大程度的一致性而得到了较好的协调。然而，国家利益并不是在任何领域都能够得到较为一致的协调的。② 在海洋权益领域，海洋强国与海洋弱国的国家利益差距巨大，海洋强国一直担心领海扩展至 12 海里后会使得一些它们之前可以畅通无阻的海

　　① Amstutz, Mark R. , *International Conflict and Cooperation* (Boston: McGraw Hill, 1999), p. 179.

　　② 譬如在网络安全领域以及人权领域，中、美、俄三方的国家利益就存在显著差别。关于网络安全领域，see Muir, Jr, Lawrence L. , "Combatting Cyber-Attacks through National Interest Diplomacy: A Trilateral Treaty with Teeth," *Washington and Lee Law Review Online* 71 (2014): 83 - 86; 关于人权领域，see Jones, Jesse, "Humanitarian Intervention in a Multi-polar World," *Washington University Global Studies Law Review* 15 (2016): 182。

峡变为沿岸国的领海之中，以致它们的通行受到限制。海洋强国还认为领海设立的无害通过制度并不足够，除其他理由外，还因为在某些情况下沿海国能够停止无害通过。① 为了解决这些问题，它们在海洋类国际法规的制定谈判中，主张一套适用于海峡过境通行的综合制度，独立适用于领海的无害通过制度。② 一国规制过境通行其相邻海峡的主权，较之沿海国规制无害通过其领海的主权更为受限，沿海国在领海可以单方面地设立海道和分道通航制，且不需要考虑国际海事组织的建议，然而，在国际海峡中设立海道或分道通航制度需要海峡沿岸国一致行动并被国际海事组织采纳。而海洋弱国为了更好地保障国家安全以及海洋权益是反对这些主张的。但是，我们可以看到，从国际法院的判决到 1958 年《日内瓦领海与毗连区公约》，再到 1982 年《联合国海洋法公约》，这些国际性的法规无一例外都是支持了海洋强国的主张。海洋弱国在制定这些法规的过程中的话语权十分弱小，这也造成了在国际法律文件制定中主权无法实现实质的平等。

　　国际法院认为，英国军舰在 1946 年 10 月 22 日通过科学海峡的行动不构成对阿尔巴尼亚主权的破坏，而英国军舰 1946 年 11 月 13 日在科孚海峡的扫雷活动，全体法官一致认为这是侵犯阿尔巴尼亚主权的行为。

　　领海是沿海国领土的构成部分，沿海国在领海享有完全的主权。为了使各国船舶在公海的航行在事实上成为可能，每个国家依据习惯国际法都有权利要求准许其商船在沿岸国领海上无害通过，无害通过权是公海自由原则的一种结果。这个惯例在实践上已为各国所接受，成了一项公认的习惯法规则了。但是，无害通过是否适用于军舰，这是一个历来有争论的问题。各国学者的看法极不一

---

① 关于美国立场的声明，参见 1976 Digest of U. S. Practice in International Law 341 – 342.

② Moore, John Norton., "The Regime of Straits and the Third Nations Conference on the Law of the Sea," *American Journal of International Law* 74 (1980): 77.

致。奥本海认为"外国军舰无阻碍地通过领海的权利并未获得一般的承认，然而，没有任何国家在实际上反对外国军舰和其他公用船舶在平时通过它的领海。可以妥当地这样说：第一，如果这种通过在任何方面都是无害的并且是无危险的，在平时就不应予以拒绝，这已成为一项惯例；第二，对于构成国际交通大道的那一部分领海，不应否认外国军舰有通过的权利，这在今天已经是国际法的一个习惯规则"[①]。

对此持反对意见的学者则认为，无害通过的目的是便于国际航行，其最主要的条件是通过必须是对沿海国无害，就是说，不得损害沿海国的良好秩序和安宁。军舰不同于一般的船舶，即使是和平时期，军舰的通过对沿海国也会带来一定的威胁。正如美国法学家路特（Root）说的，"军舰不能通过领海因为它有威胁性"。军舰的通过问题，直到现在也没有得到解决。1958 年《领海与毗连区公约》和《联合国海洋法公约》都没有明确的规定，一般由沿岸国以国内法规定。科孚海峡只有 1~6.5 海里宽，全部为阿尔巴尼亚和希腊两国的领海所覆盖。阿尔巴尼亚是不允许外国军舰享受无害通过权的，但英国军舰不顾阿尔巴尼亚的反对，一再通过阿尔巴尼亚的领海，终于导致后来的触雷事件。国际法院却肯定外国军舰享有无害通过权，并认为"在和平时期沿海国不得禁止"军舰的无害通过。因而判定英国的通过不构成侵犯阿尔巴尼亚主权的行为。国际法院的这种判决不仅没有足够的法律依据，并且有错误扩大了无害通过权的适用范围嫌疑。正如布朗利教授所指出的那样："军舰经过领海的通过权问题，无论该领域是否为这种海峡的组成部分，还存在争议。（国际法院）没有试图采取和平方法解决，反而通过

[①] 〔英〕詹宁斯：《奥本海国际法》上卷第二分册，王铁崖等译，中国大百科全书出版社，1998，第 31 页。

海军舰队对当时还只是假定的权利予以确认。"①

如果概括性地描述国际法治的现状，那么可以说是：未成良法，难能善治。在这种情况下，如果忽视国际法与国际政治的紧密联系，或者忽略国际法问题的政治背景，就很容易做出错误的判断，可以说，抛开政治格局而纯粹追求法律之内的正义是不可能的。在政治矛盾的夹缝中，在政治利益的冲突中，试图追求折中的、大家都满意的"司法正义"也是不可能的。② 虽然国际法院定纷止争的功能是绝对肯定的，但国际法院客观上存在的缺陷也是无法否认的。国际法院从其成立时起，就是作为联合国体制下的一个非政治机构而存在的，要求这一机构的裁决只受制于法律观念，而远离意识形态和政治政策。然而，实际上国际法院无法真的做到保持政治中立，抛开意识形态，国际法院的法官也无法真正独立于其所属国家而没有偏见。自从 1815 年维也纳会议以来，国际社会中一直存在着"大国"，它们在国际法中享有特权，它们与其他国家之间在法律上并不是平等的关系，法律上的平等关系只能维系在这些"大国"之间。③ 大国政治对国际法院司法独立的影响，也非常明显。有些政治倾向是外在的，而有些政治倾向是内在的。1948 年3 月26 日国际法院受理了科孚海峡案，并在 1948 年 11～12 月和1949 年 1 月开庭审理，审理时全体法官均出席。鉴于阿尔巴尼亚没有其本国国籍的法官，在初步反对主张审理阶段，阿尔巴尼亚请捷克斯洛伐克法官为其专案法官，在案情审理阶段该法官因健康问题不能参加，阿尔巴尼亚另指派波胡斯拉夫教授为其专案法官。但是，国际法院成立后的头 20 年，共选出38 名法官，其中亚洲6 名，非洲2 名，来自欧美的法官人数还是居多，欧美法官的意识形态已

---

① 〔英〕伊恩·布朗利：《国际公法原理》，曾令良、余敏友等译，法律出版社，2007，第 391 页。
② 王林彬：《国际司法程序价值论》，法律出版社，2009，第 158～159 页。
③ 〔澳〕杰里·辛普森：《大国与法外国家：国际法律秩序中不平等的主权》，朱利江译，北京大学出版社，2008，第 1 页。

经潜移默化地影响着国际法院。在这种情形之下，欧美法官的内心倾向就很容易被解释成国际法院的意愿。因而，在国际法的适用阶段，也很难实现实质意义上的主权平等。

三 北海划界等案件中"主权平等"问题

国际法院的主要作用，在波斯纳等看来，是解决相对友好的国家间的争端。[①]

1966 年 3 月 31 日，丹麦和荷兰两国签订了关于北海大陆架的划界协议，协议规定划界采取的方式是等距离原则。但是，这样的划界使得联邦德国不能将它的大陆架伸展到中间线的一个大陆架区域。联邦德国表示这极大地损害了其海洋权益，并表示不能接受丹、荷协定，三方就此发生争执并提交至国际法院请求法院确定北海大陆架划界的国际法原则和规则。

丹麦、荷兰两国认为，北海大陆架划界应适用 1958 年《大陆架公约》第 6 条第 2 款的规定，即"如果同一大陆架与两个相邻国家的领土相邻接，该大陆架的疆界由两国间协议予以确定。如果没有协议，除非有特殊情况使另一条界线成为正当，则疆界应通过适用与测算每一国领海宽度的基线的最近各点等距离的原则予以确定"。虽然，联邦德国未加入 1958 年《大陆架公约》，但是，由于等距离原则已经是划分大陆架界限的习惯国际法规则，也是国际法委员会工作的结果，并且联邦德国的海岸线情况并不构成特殊情况，因而，联邦德国也必须遵守这一习惯国际法规则的约束。

联邦德国认为，它并不是 1958 年《大陆架公约》的缔约国，不受该公约的约束。等距离的划界方法并不是习惯国际法规则，划分大陆架疆界的目的在于使有关各国获得公正而衡平的份额，等距离的划界方法只有在直线海岸线的情况下才能产生衡平的结果，然

---

① Posner, Eric A. and John Yoo, "International Law and the Rise of China," Chicago Public Law and Legal Theory Working Paper 127, 2006, p. 9.

而，联邦德国的海岸线呈凹形，向内弯曲很大，若采用等距离原则，联邦德国只能得到较为狭窄的大陆架区域，仅占北海海床的 5%，而丹麦和荷兰则分别占 10% 和 11%，这明显地无法产生公正而衡平的分配结果。因此，各当事国之间北海大陆架的划界应通过协议来实现，而协议应当根据一切有关因素分配给每一当事国以公正而衡平的份额。

1969 年 2 月 20 日国际法院以 11 票对 6 票就此案作出判决。法院判决首先否定了丹麦、荷兰两国关于等距离原则是划分大陆架界限的习惯国际法规则的论点①，1958 年《大陆架公约》第 6 条并没有使这一原则明确、具体化，因为：其一，《公约》第 6 条是根据国际法委员会所拟定的有关条文草案制订的，而第 6 条中所包括的等距离原则"是国际法委员会带着很大的犹豫和有些在试验的基础上提议的，至多是根据应有法而根本不是根据现行法或作为一个新形成的国际习惯法规则"；其二，在等距离原则前面，尚有"通过协议"划定界线和在特殊情况下"另定分界线"的限制；其三，《公约》第 12 条规定，任何国家在签字批准或加入时都可对第 6 条作出保留；其四，大陆架公约批准和参加国的数目有限（截至 1969 年 1 月 1 日，共 39 国）。因此，法院得出结论：大陆架公约并没有宣布一项强制性的习惯国际法准则，要求相邻或相向国家以等距离原则划定它们之间的大陆架区域；联邦德国不是公约的参加国，因此不受公约规定的约束，并且《公约》第 6 条规定只适用于"相邻或相向"国家大陆架的划界，而丹麦和荷兰的海岸既非相邻又非相向，因而即便丹麦、荷兰两国自己在划定北海大陆架界线时也不得援引第 6 条的规定。

同时，法院判决指出，不能否认等距离是划分大陆架的一个简单方法，在实践中也有按等距离划界的先例，但这不是唯一的方

---

① North Sea Continental Shelf, Judgment, I. C. J. Reports 1969, para. 69.

法，更不是强制性的方法。法院认为，如果不顾实际情况，硬要把等距离方法用于某些地理环境，那就可能导致不公平。就北海的地形而言，那里没有大陆架的外部界限，整个海底是由大陆架构成的，在这个地区几个国家的要求相互交织在一起，这种重叠只能按协议的比例在有关国家间划分。不管地理环境如何，单纯以等距离法为依据，由划界而引起的简单化将容易造成不公平。①

在决定了等距离方法或任何其他划界方法都不是强制性的之后，法院判决接着强调了划分大陆架界限应适用的基本法律原则：一是，划界必须由有关国家以协议进行；二是，这样的协议必须符合衡平原则。最后，法院判决指出，适用于这些国家间大陆架划界的国际法原则和规则如下。①划界应考虑到全部有关情况，根据衡平原则以协议进行，应尽量将构成各当事国陆地领土自然延伸至海底的大陆架部分划归给该国，在划界时一国不得侵犯另一国陆地领土的自然延伸。这是因为，"沿海国对大陆架区域的权利是以其对大陆领土的主权为依据的"。②如果，在适用前项规则时，划界给当事国留下相互重叠的地区，这些地区应在当事国间以协议的比例划分，或者，若无协议时，应衡平地划分，除非它们决定对重叠部分实行联合管辖、使用或开发。需要考虑所有相关情形使之包括如下因素：①缔约国海岸的一般轮廓，以及任何特殊或不同寻常地形的存在；②争议大陆架区域已知或者很容易确定的物理、地质结构以及自然资源；③比例性的合理程度要件，考虑属于沿海国大陆架区域的程度及其海岸线一般方向上测算的海岸线长度；④相同区域内相邻国家之间任何其他或者可能的大陆架划界。②

国家主权不是静止不动的，它是一个动态的过程：从主权的绝对性到相对性的变化，从主权的绝对不可分性到主权相对可分性；人们对主权观念的认识也在发生相应的变化。尽管博丹在其《论共

① North Sea Continental Shelf, Judgment, I. C. J. Reports 1969, para. 59 – 89.
② North Sea Continental Shelf, Judgment, I. C. J. Reports 1969, para. 101.

和国》一书中将国家主权定性为永久的、非授权的、不可抛弃的和不受限制的最高权力，但博丹也承认君主受神法和万国公法的约束。格劳秀斯更加明确地主张，利用国际法来限制国家主权。这说明国家主权一开始就不是绝对的，而是有条件和有范围的，因而具有相对性。主权的相对性表明，国家主权必须受国际法的约束，而不是一个无节制的、不负责任的强权。况且只有通过国际法，国家主权的行使才能实现维护国家独立和国际社会秩序的目的。所有的主权国家都遵守国际法，受国际法的约束，这正是主权平等的表现。1969 年的北海大陆架案判决，从理论、历史和法律上论证了等距离并非大陆架划界的所谓必然规则或者习惯法规则，从而打破了某些国家不顾实际情况的差别而把这个规则强加于全世界的企图，这使各国能够更加明白国际法、适用国际法，而不是只从自身利益考量去选择对自己国家有用的国际法规。

以协议划界方法解决争端体现了争端当事国之前的主权平等，在该案中丹麦、荷兰、联邦德国并没有要求法庭划定边界，而是请求国际法院明示划界应适用的原则，在法院裁决的基础上，当事方就大陆架划界缔结协议以解决纠纷。协议的各方的地位也都是平等的。在该案中国际法院提及，根据国际法，当事方有义务在怀着达成协议的目的下进行谈判，而不仅仅是以经历一个正式的谈判作为在缺乏协议的情况下，自动适用某种划界方法的先决条件。当事方有义务按照使谈判有意义的方式行事，任何一方不能在不打算做任何修改的基础上坚持其立场。[①] 最后各方都在有所让步的情况下，确定了大陆架的划界，协议中所确定的边界线考虑了丹麦既存的石油和天然气开发权，并将其划分给了丹麦。该协议各方的让步并不是对国家主权的抛弃，相反，是更好地维护了国家主权和主权平等。

亚里士多德曾指出，立法者只能从一般意义上创设法律，因此

[①] North Sea Continental Shelf, Judgment, I. C. J. Reports 1969, para. 83.

法律不可能在每一特定案件中都能如期实现目的。如此一来，在某些特殊情况下便需要法律借助公平来加以调节以便实现公正结果。①国际法院在本案中适用的"衡平原则"和考虑所有相关因素，恰恰就是体现了国际法的精髓原则——公平原则，这也是国家主权平等原则的结果。国际法院这样的考虑是十分有助于公平合理地解决国际争端，促进国际社会发展，维护和平友好的国际环境的。

国际法院把"衡平原则"这一规则作为确定适用于相邻国家的划界规则的出发点是没有错的，但是也有学者对"把衡平原则作为大陆架划界的基本原则地位"提出了质疑。因为，他们认为：衡平原则的三个内容自身都具有很大的不确定性：首先，对于"结果公平"，国际司法与仲裁实践中不存在对此进行判断的一般标准；其次，对于"考虑一切有关情况"，国际法院与仲裁法庭认为"有关情况"在各个案件之间是变化不定的，"有关"一词是有弹性的、有选择的；最后，对于划界方法，国际法院与仲裁法庭反复强调不存在任何强制性的划界方法，等距离方法只是其中的一种可以选择适用的方法。因此，衡平原则这三个内容都有极大的灵活性。

在这一问题上，国际法院自身就存在两种不同的观点。在缅因湾案中，国际法院分庭指出，不存在任何的"在国际海洋划界中可能予以考虑的系统的公平标准"。它认为，要具体解释这些标准，"从先验上肯定会很困难，因为这些标准要经常地、不断地适应各种不同的具体情况"。②但是，在利比亚—马耳他案中，国际法院的态度似乎发生了变化，它认为："虽然每一个海洋划界案件的情况都不同，但是只有一个明确的公平体系才能对这些情况作出恰当的衡量，并按照一般国际法的要求，以达到公平结果这一目的。"而公平原则的"适用应

① 〔德〕M. W. 詹尼斯：《国际法中的公平原则》，胡应志译，《环球法律评论》1990 年第 5 期，第 58 页。
② Delimitation of the Maritime Boundary in the Gulf of Maine Area, Judgment, I. C. J. Reports 1984, para. 157.

国际法新命题

当显示出一贯性和一定程度上的可预期性，即使对某一目前正在审理的案件的特殊情况要予以特别注意，也要对这种特殊情况以外的更普遍适用的原则予以注意"。① 很显然，从这两种观点来看，国际法院在公平原则体系构建这一问题上的立场是让人捉摸不定的。

不同学者对此问题也呈现不同的观点。持肯定观点的学者认为，由于与大陆架划界有关的具体情形千差万别，很难定出一项既适用于所有场合而又很具体的规则，这一点也曾为一些国际法学者和地理学者所指出，例如，摩顿在谈到大陆架划界时写道："……我们相信这应当完全由有关国家解决。各个场合的情况可能差别很大，我们并不认为可以定出什么普遍的规则，或者甚至原则。"帕西在讲到大陆架的划界问题时认为："……世界各地的海岸极不规则，因而不可能有什么先定的普遍模式。每一条疆界都必须根据其自己的自然地理环境和按照公认的国际法原则来划定。"

但是也有人觉得这种泛泛规定的条文没有提出客观的准绳，表示希望订出"具体的法律规则"。国际法院首席法官吉尔伯特·纪尧姆在对联合国大会第 6 委员会的演讲中提道："案例法和条约法如此的不可预测以致对是否存在划界法，或者我们是否以公平之名终结任意解决方法有较大争议"。

衡平原则可以很好地适用于变化万千的各种情况之中，灵活性是它的优点，同时也正是它的缺陷所在。衡平原则赋予了法官更大的自由裁量权，它与具体规则相比，更难约束法官。争议双方若是处于相同的实力地位，在国际地位上也能实现实质上的主权平等，适用衡平原则对于双方可能还是比较公正的。但是，争议双方的实力悬殊，衡平原则还能不受大国操纵，不为大国利益服务，这值得质疑。因而，衡平原则只有加上了配套的具体规则才能更好地体现公正，才能更好地实现真正意义上的主权平等。

---

① Continental Shelf (Libyan Arab Jamahiriya/ Malta), Judgment, I. C. J. Reports 1985, para. 56.

第二节　WTO 争端解决机构实践中暴露的国际法缺陷

一　崛起中国家遭遇的歧视与保护主义

WTO 的主要原则是"非歧视的、更自由的、可预见的、更具有竞争性的"。非歧视的原则就是最惠国待遇、国民待遇原则，通过谈判进行更自由的贸易，使制度具有可预见性和稳定性，不鼓励使用配额，贸易规则尽量透明。这对发达国家来说，就是发展中国家不设贸易壁垒，听任跨国公司在自己的国家里发展。WTO 的这些原则实际上假定所有从事贸易的国家有平等的实力和讨价权，并且以这样的假定为基础设计 WTO 的游戏规则。但是，这个假定忽视了大部分世界贸易被跨国公司垄断的事实。在这样的条件下，作为规则制定基础的自由贸易的含义就是不公平。在不公平的现实上自由竞争，其过程和结果必然是不公平的，犹如汽车与自行车在高速路上赛跑。WTO 以自由贸易为宗旨，而忽视这一现实，意味着让统治世界经济的跨国公司获得更多的贸易自由，按照"大者恒大、胜者通吃"的现实原则，发达国家在牺牲发展中国家的利益。如果 WTO 通过机制和规则限制甚至消除现实中存在的对发展中国家的不公平，也算达到公平了。但是现实的不公平并没有被有力限

制，更谈不上消除，反而通过 WTO 的机制和规则将其合法化了。^①

　　随着各国对非歧视原则的研究和重视，各国以产地为标准对他国产品公然歧视的情况越来越少，而事实歧视的判例却呈上升趋势。出现这种情况主要有两方面的原因：其一，WTO 成员政府欲保护或大力发展本国某产业，但又要规避非歧视原则的规制，就可能采取产地中立政策实现事实歧视效果而达到保护本国（本地区）产业的目的；其二，成员政府并非出于贸易目的而是单纯出于管理国内（本地区）经济或是保护环境的考虑而制订某些政策，但是这些政策也很有可能产生对他国（地区）产品的事实歧视。事实歧视的实质是成员的产地中立行为在事实上产生了歧视的效果，从而违反了 GATT/WTO 非歧视原则的要求。不论造成事实歧视是否出于成员政府的本意，事实歧视的结果是 WTO 成员通过本国（本地区）的管理行为在实际上对本国（本地区）产品（在国民待遇层面上）或某成员国产品（在最惠国待遇层面上）实行贸易保护。在全球经济一体化的浪潮中，这种贸易保护行为对经济全球化的阻碍是显而易见的；在 WTO 建立一个开放、健全和持久的贸易体制的目标下，这种贸易保护行为也是不能为法律所许可的。

　　但是由于产地中立行为没有以产地作为差别待遇的基础，因而直接将非歧视原则适用于这类行为就会产生很多困难和问题。一方面，当专家组或上诉机构对这些产地中立行为进行审查时可能会有"过度审查之嫌"，这会在一定程度上阻碍成员在管理本国（本地区）经济、寻求非贸易法律目标时行使其国内主权。另一方面，若专家组或上诉机构无视这些产地中立行为产生的事实歧视效果，放松审查，那么这又与 WTO 抑制贸易保护主义的总目标相抵触。所有的法律都必须在其追求的利益之间取得平衡，GATT/WTO 法律自然也不例外。此时，法律和裁判者面临的任务就是在对国家主权

---

　　① 郑国栋：《试论 WTO 机制对发展中国家的不公平》，《世界经济与政治论坛》2002 年第 4 期，第 31～34 页。

的限制与防止事实歧视的出现之间进行平衡。从某种意义上讲，对事实歧视的认定主要在于裁判者的自由裁量，这就使法律的可预见性和稳定性面临了很大的挑战和风险。

WTO 协议的宗旨之一是降低关税、减少贸易壁垒，推动全球贸易的自由发展。因而 WTO 机制下有很多规则起到制约贸易保护主义的作用。在此精选 WTO 机制下三个与制约贸易保护主义关系最为密切的协定，用以研究 WTO 机制下有关贸易保护主义制约规则的相关问题。

虽然《技术性贸易壁垒协议》（以下称《TBT 协议》）的制定与实施对 WTO 机制下的贸易保护主义发挥了很大的遏制作用，但是由于该协议自身的原因，执行中也存在很多问题与不足。技术性贸易壁垒委员会的调查显示："成员方对协定要求的各成员将其实施的与协定相关措施通报委员会，而实际上只有三分之一的成员履行了该义务。"这表明该协议的通报义务也没有很好地得到各成员方的执行。与上述情况相反，各成员方却屡屡利用协议中的"例外条款"为自己实施技术性壁垒形式的贸易保护主义服务。《TBT 协议》中规定的避免不必要贸易障碍原则也成了各成员方实施贸易壁垒的原则，使得该原则背离了其确立时的初衷。同时，由于原则性的规则不易在实践中执行，因而原则的目的不能达到，不利于遏制贸易保护主义。由于诸多原因造成《TBT 协议》没有得到很好的执行，其对贸易保护主义的制约作用仍然存在很多不足。

虽然《政府采购协定》（以下称 GPA）的制定和实施具有积极意义，起到了遏制政府采购中贸易保护主义的作用，但是在实际执行过程中也存在许多问题和不足。最明显的不足就是 GPA 的签署方数量有限，2009 年 4 月中国台湾成为 GPA 的第 41 个签署方，至此全球有 41 个国家或地区批准了该项协定。这与 WTO 的 153 成员方相比还只是一小部分。这些都大大有损 GPA 的实际执行效力和目标的实现。在 GPA 协定中有些原则性的规定在实践中也没有被批准方很好地遵守，也大大限制了该协定的实际效力。GPA 的这些不足限制了其对 WTO 机制下贸易保护主义的遏制作用。

二　WTO 争端解决机制自身的问题

被誉为"WTO 皇冠上的明珠"的争端解决机制在国际贸易争端中起着巨大的积极作用，在保护发展中国家利益和突破发达国家设置的各种壁垒中都起到了突出的作用。但是，由于西方发达国家长期以来在世界政治经济格局形成中的主导作用，WTO 机制也在其形成过程中存在着一些不足和问题。

一是争端解决耗时过长。WTO 争端解决机制是在 GATT 争端解决机制的基础上发展起来的，虽说 WTO 争端解决机制克服了 GATT 争端解决机制的很多不足，尤其在诉讼程序时间上进行了限制，缩短了时间，但是按照《关于争端解决规则与程度的谅解》（下文简称为 DSU）规定，从争议方向 WTO 争端解决机制提起诉讼到最终的解决总的时间加起来依然长达 27 个月。这种旷日持久的争端解决使得受到实质损害的国家即使取得了最后的胜利，其受到的损失也已经无法挽回。尤其对发展中国家来说，由于其自身实力较弱，相关产业对出口的依赖程度比较高，在这种长时间的争端解决中，其相关产业恐怕早已经彻底失去了存在的优势甚至不复存在。

二是差别待遇缺乏实质内容。包括 DSU 在内的乌拉圭回合谈判最终达成的相关协定都有条款规定对发展中国家特殊的差别待遇原则，其目的是给广大的发展中国家提供一个更加公平的参与WTO 争端解决机制的机会。但是实际上，差别待遇缺乏实质性的内容，是一个不具有实际执行力的宣示性原则，难以在现实中得到优先的实施和执行。差别待遇原则几乎成为了一个令人心动，但不实用的 WTO 争端解决机制的"装饰"。

三是报复制度存在缺陷。DSU 中规定了被诉方未能在合理期限内履行相关的裁决，起诉方可以向争端解决机构（下文简称为

DSB）申请对被诉方进行报复与交叉报复，但是由于在经济实力、技术水平等方面的差距，发展中国家不可能也达不到对发达国家报复的目的。发展中国家对发达国家的依赖程度越高，越难对发达国家实施报复措施。所以，漫长诉讼取得胜利对发展中国家有时只是"浮云"。

四是经 WTO 争端解决机制做出的裁决缺乏有效的执行性。作为一个多数程序兼具诉讼性与非诉讼性的机构，WTO 争端解决机制中的专家组建议和上诉机构的裁决不能得到很好的执行。虽说该机构做出的裁决或意见应该被争端当事方贯彻执行，但由于该机构不是国际执法机构，缺乏强有力的制裁方式而无法保证实际执行。WTO 争端解决机制相关机构做出的裁决缺乏有效的执行力，造成其对制约贸易保护主义的力度大打折扣。

面对金融危机，各国都把摆脱金融危机的影响、恢复本国经济、增加本国就业作为头等大事来抓，而为了达到目的，很多国家采取限制进口、扩大出口的措施，鼓励企业在国内投资，通过扩大本国就业来应对金融危机对实体的影响。各国曾经在 WTO 机制的相关协定中所做的自由贸易的承诺也多不再遵守，贸易保护主义浪潮此起彼伏。此时，WTO 机制在贸易保护主义面前显得也有些力不从心。在"中国输美轮胎特保案"中，WTO 机制却无法保护受害方的利益，让美国的贸易保护主义继续危害世界。

贸易保护主义已经有了几百年的历史，从古至今无数人在同贸易保护主义作斗争，无论失败还是成功同贸易保护主义的斗争一直持续。作为最大的发展中国家，我国现在要同贸易保护主义作斗争，将来也会继续与之斗争。由于现在的 WTO 机制规则是在发达国家操纵下制定的，而且发达国家对 WTO 机制的规则更加熟知，所以在国际贸易争端和应对发达国家的贸易保护主义时，发展中国家不处于优位。但是，必须看到世界在向前进步、WTO 机制也在不断完善，我们同贸易保护主义的斗争将会取得越来越多的胜利。

总之，我们与贸易保护主义的斗争不能因为一次失败而放弃，战斗仍将持续。

根据 DSU 第 21 条和第 22 条的规定，如果败诉方拒绝执行 DSB 的建议和裁决，胜诉方可以在一定条件下采取报复措施。但是因为发展中成员方和发达成员方在经济实力上的明显差距，报复的效果就难以得到保证了。WTO 的实践表明，对发展中成员方来说，DSU 在程序方面最大的缺陷在于，当发达成员方作为败诉方拒绝执行 DSB 的建议和裁决时，经济实力弱小的发展中成员方往往处于极为不利的地位，难以保护自己的合法权益。例如，在 GATT 时期，50 年代初 GATT 曾授权荷兰就向美国出口奶制品所受到的不公平待遇向美国实施报复。但荷兰发现，如果它实施报复措施的话，自己受到的伤害比美国受到的伤害还大，所以最终荷兰也没有实际实施报复措施。

通过上述分析可见，虽然 WTO 争端解决机制在 GATT 多年实践的基础上有了诸多重大改进，但对于发展中成员方而言，其实际意义不可过于高估。考虑到 WTO 争端解决机制所受理的争端总数呈"爆炸式增长"和发展中成员方在 WTO 内成员数量进一步增加的背景，发展中成员方的主动投诉占总投诉量的比例（约为 26.9%）较之 GATT 时期（约为 18.5%）实际上变化不大。发展中成员方利用 WTO 争端解决机制的绝对数量虽然明显增多，但作为投诉方使用过该机制的发展中成员方总数迄今不足 30 个，最不发达成员方则至今与在该机制中起诉或应诉的记录无缘。

三 发展中国家对争端解决机制的不信赖

事实上，经过几年来的实践，很多发展中成员方在 DSU 生效之初对其抱有的乐观情绪如今已大为减少。它们日益认识到：尽管 DSU 被称为乌拉圭回合多边贸易谈判最重要的成就之一，在很多方面对发展中成员方制定了特别优惠待遇条款，但从发展中成员方的角度来看，仍然存在着一些不容忽视的问题，这些问题已成为制约发展中国家积极有效地参与 WTO 争端解决活动的主要障碍。

发展中成员方自身经济力量的弱小，导致它们在援引特别优惠措施方面力不从心，甚至有些优惠措施根本就存有漏洞、缺乏可操作性。这些障碍主要表现在：报复与交叉报复的不公平性；相关条款概念表述不清，含义不明；发展中成员方参与争端解决的人才缺乏；争端解决机制所设置的期限冗长；相关条款漏洞百出；发展中成员方的参与度较低；等等。基于此，争端解决机制需要进行改革和完善。争端解决机制的规则存在的诸多问题使得发展中成员方本应获得的特别优惠待遇往往不能落到实处。该机制具有改革和完善的必要性。鉴于争端解决机制对发展中成员方的特别优惠待遇条款最大的缺陷是条文模糊，缺乏操作性，应该根据其实施情况进行分析和修改，使之具体化。如引入小额贸易处理机制，降低发展中成员方适用争端解决机制的成本；增加发展中成员方的救济措施；加强对发展中成员方的援助；对发展中成员方参与第三方之诉作出特殊规定；不允许专家小组优先于 DSB 采纳民间机构或公司的诉讼判决；等等。

WTO 的争端解决机制与国家主权在本质上是对立统一的，WTO 争端解决机制在一定程度上导致对传统主权的冲击，而与国家主权发生矛盾。但是，它没有从根本上改变国家主权，只是限制却并不排斥国家主权；同时主权国家在参与 WTO 的争端解决过程中增强了维护其主权的能力。

专家组和上诉机构的建议和裁决对成员方具有法律拘束力。首先，DSB 的裁决或建议涉及本质上属一国管辖之一事项，但国际经济关系中的许多重要问题都可能因为纳入 WTO 体制而成为强制执行的对象，从而取得了强制执行的效力。其次，WTO 争端解决机制的宗旨要求 DSB 的裁决或建议具有执行力。DSU 第 3 条第 7 款明确规定，"争端解决机制的目的在于确保确实有效地解决争端"，

"若无法达成双方均愿接受的解决方法，争端解决机制的首要目标，通常是确保撤销被确认不符合有关协议之任何规定的措施"。第21条第1款重申："为了全体成员方的利益，必须迅速履行 DSB 的各项建议或裁决，以确保有效解决各项争端。"再次，DSB 有权监督建议和裁决的执行情况，各成员方应予配合。最后，WTO 争端解决机制还设计了赔偿和中止减让的救济措施，以促使有关争端方对建议和裁决的执行。因而，即使强大如美国、欧共体，也不得不顺从，自愿接受对其主权权力的限制。

DSB 的强制管辖权来自全体成员的授权，仍以国家主权为基础。DSB 的强制管辖权，体现了在处理国与国之间的贸易争端时，国家司法豁免权的让渡。它有助于国际贸易争端的迅速解决，也是国际司法实践的重大突破。但强制管辖权也是 WTO 成员方同意的结果，与国家主权并不抵触。WTO 的协定包括无数的条款允许各国政府充分考虑其国内的公共利益，如果它们对国内利益的看法发生了变化，它们完全可以争取对协定进行修改。WTO 争端解决机制没有也不打算削弱任何国家的主权地位，它仍然是建立在国家主权基础之上的。[①]

WTO 对国家主权的影响首先在于它确立的一套具有法律约束力的规则。WTO 协议第2条规定："包括在附件1、2、3 中的各项协议及附属法律文件（以下简称'多边贸易协议'），是本协议的组成部分，对所有成员均具约束力"。第16条第4款规定"各成员方都应保证其法律、规章与行政程序符合附件各协议规定的义务"，第5款规定"对本协定的任何规定不得作保留"。其次，强化了原 GATT 的表决机制。它在沿用 GATT1947 "共识"（consensus）式的表决机制的同时，又规定："除另有规定外，凡无法以共识决定的，应投票表决。"每个成员方有一个投票权，例如对解除某成员

---

① 刘士平：《论 WTO 争端解决机制中国家主权的让渡与维护》，《湖湘论坛》2004 年第 3 期，第 72 ~ 73 页。

方有关义务的表决，要以成员方 3/4 多数票通过（WTO 协定第 9 条）。最后，WTO 建立了有强制力的司法系统，DSU 赋予了 DSB 对案件的强制管辖权，DSB 以否定式的共识表决方式，即只要有一票同意就可通过，又确保了裁决报告的效力（DSU 第 16 条第 4 款和第 17 条第 14 款），同时对于不执行裁决的成员方，DSU 第 22 条规定，可采取"中止减让或其他义务"的报复措施。此外专家组（Panel）和上诉机关（Appellate Body）职能的加强、其成员资格的严格要求以及审理程序各环节的明确的时间限制，都表明 DSB 已具备了司法化的性质。WTO 表现出的以上法律化（Legalization）和司法化（Judicialization）的特点必然会涉及成员方的国家主权问题。因此在 WTO 机制下如何防范和化解 WTO 机制对国家主权的冲击是摆在每一个国家面前的首要问题。①

---

① 白明韶：《WTO 下的美国国家主权保护机制及其启示》，《学术研究》2002 年第 1 期，第 103～107 页。

第三节　国际海洋法庭实践中暴露的
国际法缺陷

一　国际法立法上的缺陷

（一）大国在国际立法中的绝对优势

在国际社会，由于缺乏统一的立法机构，国际法主要通过条约和习惯两种方式形成。而在条约的订立过程中都避免不了受到国家权力的影响。对于双边条约，原则上来说，基本要求是双方谈判地位平等，任何一方不得将其本国立场强加于另一国。但是，实际上，双边条约的签订完全是一个基于国家力量博弈、讨价还价的过程，大国基于自己强大的综合国力，能够在条约签订过程中对对方施加各种政治上和经济上的压力，迫使对方接受自己的观点从而最大限度地满足自身利益。对于多边条约来说，国家平等、自愿、自由是其前提条件，但不可逃避的事实是强势国家或国家集团同样在确定条约内容上占有主导地位。如海洋条约的签订，只有拥有强大海军实力的国家才可能优先发起并草拟相关条约草案。[1]

国际习惯的形成也深深受到大国的影响。正如国际法学者

---

① 江海平：《试论国家权力对国际立法的影响》，《现代国际关系》2004 年第 12 期，第 27～31 页。

德·维舍所说的："国际习惯的缓慢生成过程，同荒地上的一条道路的形成很相像。开始时有许多模糊不清的径道，几乎不能辨认。由于大多数行人出于共同的实用和便捷的考虑，总是走同一条路径，时间长了，一条明显的道路便形成了，并逐渐成为一条被认为是唯一的通常性道路；在这条道路的使用者中，总会有些人留下比较深的脚印，这或者是因为他们的重量更大（用在国家身上就是他们实力更加强大），或者是由于某种利益使得他们经常走这条路。"① 在国际习惯形成的过程中，大国可以依靠自身强大的政治和经济的绝对优势，迅速地、经常地而且在更大范围内实践对自己有利的行为，并且很容易以自己的行动来影响和控制其他国家，从而促成国际习惯的形成。这些对于弱国来说，都是极其不平等的，它们只能被动地去接受，无奈地被自愿，实质上的主权平等成了一种奢望。

（二）国际法规则的不成体系与冲突

国际法是平等的主权者之间的法律，产生和适用国际法的国家社会是由众多的主权国家组成的，与国内社会相比，它是一个高度分权的社会，甚至可以说是一种"无政府状态"的社会。国际法是由主权平等的国家在相互协商的基础上形成的，无论是条约法还是国际习惯法，都必须有主权国家的明示或默示同意才能生效。以条约为例，不同的条约，其参加国不同，条约所规范的对象和内容不同，立法目的也不同，容易造成条约之间的冲突与矛盾。而多边条约的保留制度导致不同的国家承担不同的国际义务，形成例外，导致国际规则的冲突与不协调。在阐明了国际法的功能局限性后，摩根索总结道："分散化看来是国际法自身的本质。而分散化之所以是必然的基本原则，要在主权原则中去找。"主权是国际法软弱无

---

① Byers, Michael, *Custom*, *Power and the Power of Rules* (Cambridge: Cambridge University Press, 1999), p. 37.

力的最深刻的根源。①

时间也是造成国际法规则冲突的原因之一。国际法规则大量产生，时间上有先后之别。根据法理基本原则，一般是依据"后法优于前法"的规则解决法律规则之间的冲突。但是国际法的产生和形成方式决定了除了受强行法规则及法律未经约定不对第三者产生效力等规则的限制外，国家可以随时退出条约，这也使国际法规则冲突的可能性大大增加。

（三）法规内容上的模糊性

国际法是用以调整各国利益诉求、规范各国行为、缓和与调节彼此争端的准则。在目前仍以国家为主要行为体的国际体系里，国际法是各国利益相互博弈和相互妥协的结果。因为要照顾到不同的利益，国际法在表述上多有模糊甚至自相矛盾之处，这就给不同国家从自身需要出发解读国际法预留了空间。例如，北海大陆架中确定的"衡平原则"，由于其具有任意性，在实际操作中的标准往往很难统一。因为国际法的妥协性和模糊性，各国在运用国际法时往往采取趋利避害的态度，援引对己有利的条款或事实，回避于己不利的条款和事实，以争取本国利益的最大化。因此，国际法既可以成为国家维护合法权益的工具，也可能成为某些国家对之曲解和滥用、进行"合法"侵略的工具。

二　国际法司法上的缺陷

（一）管辖受到限制

解决国际争端可以通过国际调解、调停以及国际法院仲裁，这是以主权国家自我克制和相互同意为基础的。国际调解方的参与一般限于斡旋，如提供中立的会晤地点，以利争端双方谈判解决，而

---

① 〔美〕汉斯·摩根索：《国际纵横论——争强权，求和平》，卢明华等译，上海译文出版社，1995，第 387 页。

不提出涉及争议问题的解决方案；国际调停方虽可以就争端提出自己的解决方案，以利争执双方达成妥协，但争执双方可以接受，也可以认为自己吃亏而不接受，或者一方碍于调停方的强权，在其软硬兼施下，接受一些明显不公正合理的调停方案，而这不但不利于问题的解决，相反还会进一步加大危机再度爆发的可能性；国际法院司法诉讼管辖取决于争端有关各方的同意，如果有关一方或双方不同意将争端交付司法法院，则法院无权受理此案。① 常设国际法院的创立者本来计划建立一个随时可以受理国家间争端的法院，但遭到大国的反对，其理由是它将削弱国家主权。同样，在 1945 年旧金山会议上，多数中小国家支持接受国际法院的某种强制管辖权，而主要大国，特别是美国、苏联，没有准备接受这个在国际法实践中有深远意义的创举，因而"任择条款"仍然被保留下来。② 从国际法院成立以来的记录也可看出，声明接受强制管辖权的国家与联合国会员国总数相比呈下降趋势，截至 1994 年 7 月 31 日，只有不到联合国会员总数三分之一的 58 个国家声明接受国际法院的强制管辖权，而且其中相当一些国家又通过任择条款加以限制，使得国际争端乃至冲突无法得到有效解决。③

（二）司法审判的不平等

平等原则是国际法的核心原则。它是指国家不分大小强弱、人口多寡、政治制度和经济制度如何，都具有平等地位，各国均享有国际法所赋予的同样权利和承担同等的义务。国家平等应是实质上平等而不是形式上的平等，但在现实的世界政治中，真正的完全平等却很难达到。现实政治是按照实力地位确定发言权的。④ 自从

---

① 〔美〕汉斯·摩根索：《国际纵横论——争强权，求和平》，卢明华等译，上海译文出版社，1995，第 359 页。
② 贺其治：《国际法院在争端解决中的角色》，《中国国际法年刊（2005）》，世界知识出版社，2006，第 4 页。
③ 王铁崖：《国际法》，法律出版社，1995，第 591 页。
④ 俞正梁：《全球化时代的国际关系》，复旦大学出版社，2000，第 34 页。

1815 年维也纳会议以来，国际社会中一直存在着"大国"，它们在国际法中享有特权，它们与其他国家之间在法律上并不是平等的关系，法律上的平等关系只能维系在这些"大国"之间。[①] 大国政治对国际司法平等的影响，也非常明显。

从理论上讲，国际法院所有的法官都具有独立的身份并秉持专业精神和职业操守来处理案件，但他们每个人的文化背景都是其自身不能破除和克服的。欧美的政治、法律、文化背景在国际法院占据优势，国际法院在很多时候不得不代表欧美的政治声音和法律立场。这种声音和立场的客观存在无疑为国际审判的公正性蒙上了一层阴影。[②] 说它存在阴影，倒不是说它一定就不公正，但在一些模棱两可、规范缺失的敏感政治问题上，国际法院很有可能以法律的名义对西方国家的政治主张进行包装，并将其以正义、独立的名义交给国际社会，让各国及人民消化和接受。

三　国际法效力上的缺陷

法律作为一种具有强制力的社会规范，从来就是以得到遵守作为其社会目的的。法律制定后，只有最后转化为人们交往行为中对其权利和义务的实际遵守，才能使其从纸上的规则转变成人们行动中的法律。也只有这样，法律才能成为人们所期望的社会秩序的构造者和主体自由的保障者。[③] 国际法亦如此。

虽然《联合国宪章》中赋予安理会某些执行集体行动的能力，但其范围和作用有限，只能运用于发生侵略和其他破坏或威胁和平的争端的时候，并在特殊情况下通过特殊程序才能实现。相反联合国安理会的制裁措施往往又成为某些强国或大国推行强权政治、霸

---

① 〔澳〕杰里·辛普森：《大国与法外国家：国际法律秩序中不平等的主权》，朱利江译，北京大学出版社，2008，第 1 页。
② 苏晓宏：《变动世界中的国际司法》，北京大学出版社，2005，第 107～117 页。
③ 谢晖：《论法律实效》，《学习与探索》2005 年第 1 期，第 95 页。

权主义甚至进行侵略的借口和工具。① 除了国际机构外，如果一国不遵守国际法，受害国也可以通过单独的自助行为如抗议或警告，要求赔偿损失和道歉，发动舆论进行揭露和谴责，甚至进行战争，但这种自助权利和反报手段只有受害国有权对违法者执行，别国根本没有执行法律的义务，这种执法系统很大程度上还取决于违法国足以承受无视国际法所付出的代价。一般来说，违犯国际法必将付出重大的代价，这种代价包括国际舆论的压力、国际法的"软约束"和国际干预等，但是这些对强国无法约束。1986 年国际法院裁决要求美国停止针对尼加拉瓜的非法军事行动时，遭到美国的拒绝。虽然国际法院指责美国违反了国际法中有关主权国家不得对另一主权国家使用武力的规定，并且进一步要求美国支付赔偿金，但是美国至今都没有履行义务。由此便可看出国际性法庭的裁决无法切实得到执行也是国际性法庭无法克服的问题。虽然，国际干预在当代的加强，无形中使国际法律秩序得到了某种"硬化"或"加固"，但是这种国际干预对强国来说却无效果。

克拉拉·波特拉指出：联合国制裁的执行面临碎片化的危险。一方面，基于国家主权的限制，在联合国层面无法对成员国执行法律作出统一规定；另一方面，各成员国的规定之间无法获得协调，只能通过框架立法或者个案审查的方式在国内执行。这不仅存在时间延迟，同时也导致各国执行结果的不一致，给联合国制裁的有效性带来了巨大挑战。② 摩根索总结道："当国际法的一项准则被违反时，它不总是得到强制执行的。在确实采取强制执行行动时，它并非总是有效的，承认国际法的存在并不等于说它作为一种法律体系与国内法律体系一样有效。尤其不是说它在调节和限制国际舞台上

---

① 〔美〕汉斯·摩根索：《国际纵横论——争强权，求和平》，卢明华等译，上海译文出版社，1995，第 380 页。

② Portela, Clara, "National Implementation of United Nations Sanctions," *International Journal Canadas Journal of Global Policy Analysis* 65 (2010)：13.

的强权斗争方面是有效的。"[1]在卡尔看来，法律的最高权威来自政治。虽然法律有助于社会的稳定和延续，但是真正能够保证社会稳定的力量是权力而不是法律。在国际社会，权力是国际政治的最主要的因素，没有实力的国际关系是空想的国际关系，靠国际法和国际道德来实现的国际和平只是一种空想的乌托邦。[2]

国际法的依赖性很强，是不独立的，它是国家在追求权力、争夺利益时的工具；比起法律的任何其他分支，国际法都更容易受政治的摆布，只要能够实现国家的利益，摩根索等人甚至认为在国际社会中可以肆意践踏国际法，因为国家行为的衡量标准是是否对自身有益。在他们看来，大量的国际法律能够被遵守，不是由于国家之间存在共同利益或义务，而是因为这种遵守有利于国家实现自身的利益。当实现这些利益必须违反国际法时，国家的唯一行为就是扩大自身的实力，获得更多的权益。国际法"使强者轻而易举地既违法又执法，因而使弱者的权利受到危害。"如果小国受到伤害，只能指望强大友邦的帮助，该友邦"是否要做出国际法的尝试以及这种尝试是否会成功，首先不取决于法律的考虑和执行机制的公正的运行。尝试和成功取决于一项具体事例中的政治考虑和强权的实际分配。保护受到强国威胁的弱国的权利，于是决定于特定形势中起作用的均势"。[3]大国、强国不遵守游戏规则和依自身私利对国际法进行有选择的适用，这严重损害了国际法的效力。而这，却一直是美国向来对待国际法的态度。这种态度被研究者称为就像是去餐馆自助点餐一般。[4]

---

① 〔美〕汉斯·摩根索:《国际纵横论——争强权，求和平》，卢明华等译，上海译文出版社，1995，第350页。

② 〔英〕爱德华·卡尔:《二十年危机》，秦亚青译，世界知识出版社，2005，第161页。

③ 〔美〕汉斯·摩根索:《国际纵横论——争强权，求和平》，卢明华等译，上海译文出版社，1995，第371页。

④ See Patrick, Stewart, "Irresponsible Stakeholders? The Difficulty of Integrating Rising Powers," *Foreign Affairs* 89 (2010): 53.

小　结

　　本章从国际司法实践的角度，对国际法非完备性这一命题予以论证。通过分析国际法院、WTO 争端解决机构以及国际海洋法庭的相关案例，实证性提出在争端解决中，国际法对"主权平等"的贯彻也依然是局限于西欧体系国家，涉及非体系内的国家时，国际法的地方性特征再度凸显。熟悉并掌控这种地方性的体系内国家，利用于己有利的国际法规则，对新加入体系内的国家实行法律压制。

第　七　章

21世纪海上丝绸之路为现代国际法体系供给的法哲学理念维新

第一节 21世纪海上丝绸之路
所建基的"和谐主义"

从国际体系和国际法的发展历史看，国际社会可以被视为一个立体的平衡结构体系：这其中既包括横向的多对矛盾关系，诸如战争与和平、冲突与合作、法治与违法；也包括纵向的国家间独立与依附、共同体与单位主体、公共产品与搭便车等内容。纵向关系与横向关系共存，并相互影响，是今天国家间关系的现实。国际法的发展应该依据该现实，寻求如何促进这样一个立体社会结构的和平稳定，并且促使国际社会朝向一个更具包容性、更能实现道德和谐以及互惠互利目标的方向发展。包容性，可解决现有体系天生的地方性特征所带来的自我局限；道德和谐则需要解决这种自我局限带来的文明间歧视；互惠互利是实现前二者的经济基础，这需要更大的贸易自由而非贸易保守以及共同繁荣而非现存的维护剩余价值不平等分配的价值链。中国政府在国际社会公开提出和谐理念，正是基于在对国际社会发展趋势应朝向一个更具包容性方向的判断。

一 "和谐主义"的界定

（一）和谐主义的历史渊源

和谐主义（harmony）出现在国际社会以及国际法中，其实颇有些渊源。早在中世纪教皇权威鼎盛时期，就有过和谐的世界共和国理念，即第一章第二节提及的基督教共和国；19世纪中期维多利亚时期的繁荣，再度催生了这样的和谐世界理念，即第二章第一节提及的"伟大人类社会的至高统一"概念；2005年中国国家主席胡锦涛在联合国首脑会议上提出了中国式的和谐世界观念，明确提出"以平等开放的精神，维护文明的多样性，加强不同文明的对话和交流，协力构建各种文明兼容并蓄的和谐世界"。2009年9月，胡锦涛出席第六十四届联合国大会一般性辩论时再度强调和谐共处，并提出"不同文明交流借鉴、兼容并蓄，是社会进步的不竭动力"。[①] 2011年9月，中国国务院新闻办公室发布《中国的和平发展》白皮书，提出以"命运共同体"的视角看待当前的经济发展融合趋势，以合作共赢的理念实现多元文明交流借鉴，寻求共同利益和共同价值，寻求实现包容性发展的道路。此后，这一概念被履新的习近平等领导人一再使用和强调，这与此前提出的和谐共生、兼容并蓄相一致，并更进一步地提升至求同的阶段。

2013年9月和10月，中国国家主席习近平分别提出建设"新丝绸之路经济带"和"21世纪海上丝绸之路"的战略构想，即"一带一路"，包容这一和谐主义的核心概念更是成为最频繁使用的一个词语。中国此后在朝向建构性参与国际体系的方向上所做出的各种努力，均是以合作共赢以及打造命运共同体为取向，可以说是和谐主义的进一步丰富和提升。

在中国历史中，和谐主义的渊源其实更为长久。根据学者的研究，中国正式记载的"和"的观念可见于《国语·郑语》中，为西周太史伯阳父所提出，"和实生物，同则不继。以他平他谓之和，故能丰长而物归之；若以同裨同，尽乃弃矣"。换言之，和谐可生成万物，只留下同一的事物就不能产生新的增益。各种事物间的平衡共生才是和谐，此时才可成就万物；如果只是相同事物的简单叠

---

① 《和谐之声响彻世界》，人民网，http://politics.people.com.cn/GB/1025/10107948.html，2016年8月1日访问。

加，那就完了。此后在《论语》《孟子》《荀子》中都可见到相关论述，在《老子》《庄子》《管子》等经典中也可见到相似的概念。其共同的观点在于认同和谐共生和求同存异。中国文化的强烈包容性自此形成，并再无中断，形成"东方的奇迹"。① 直至晚清时期政府实行闭关锁国之策，中国开始自我孤立之后遭遇到来自西欧现代国家体系的冲击，以至于一时间一部分中国人对自我文化丧失信心，出现了所谓全盘西化的言论。在法律上，这一点体现得尤为明显。一如邓正来教授所指出的，中国的法学界和法学家在改革开放之后至 21 世纪的前十年，都还在集中精力专注于在借鉴西方法律制度的基础上构建具体的法律制度，这使得这些年我们基本上处于一个大规模的"立法阶段"。② 而这也使得一个基本的命题被遮蔽：中国自己的理想法律图景究竟是什么。

历史的经验和教训一样明确，一个体系，无论是文明、法律规则还是整体的国际社会，当其保持着体系的包容性和变革空间时，体系的生命力即可由从包容和变革而生的内部发展原动力得以保证；自我限制这种包容性和变革性，体系即丧失生命力以及与其他体系的竞争力。

当前的国际法也面临这一问题，其天生的地方性和异我之分决定了其追求同化而非包容与其相异的取向，而这也就使得现有的国际法体系落入无以为继的宿命之中。

（二）何谓和谐主义

和，依照《说文解字》看，本意为相应；依《广雅》所记：和，谐也。和谐即事物彼此间以一种恰到好处的关系共存并相互间存有积极的互动状态。在这一关系和状态下，隐含着对多种特性主体共同存在的认可，隐含着主体间基于各自特性的基础上可以存有

---

① 韩冬雪：《论中国文化的包容性》，《山东大学学报》（哲学社会科学版）2013 年第 2 期，第 1 页。

② 邓正来：《中国法学向何处去》第 2 版，商务印书馆，2011，第 41 页。

某些共同之处：无论是对利益的寻求还是对某一价值的认可。

简单地说，并容遍覆与存异求同是和谐主义的核心内容。在这样的核心内容下，主体间的差异以及因为差异导致不协调都是可能并且可以出现的。追求和谐不意味着完全否定冲突。冲突与和谐是一组对立面，彼此可以证成对方的存在意义。合作与敌对是一组对立面，冲突下的合作并不说明问题，解决冲突达至和谐才是一个可欲的目标。因此，对于基欧汉的观点——"和谐是一种状态，这种状态中，行为者的政策能够自动地促进其他行为者目标的实现"，[①]我们应该有一个准确的理解。基欧汉将和谐与冲突对立起来其实是不成立的。

和谐主义与西欧历史上的和谐世界观念在表现形式上存在一致，都认可在世界范围内存有各个主体间共同观念或利益的可能。其根本的不同在于中国主张的和谐主义语境下，主体范围包括所有的主体、文明基础是所有文明间的兼容；而西欧的和谐世界观念乃是限定于基督教世界的政治单位、文明是以基督教文明为标准的党同伐异或文明间歧视。或者更简单地说，中国主张的和谐主义乃是基于中国文化传统上的强烈包容性而提出的；西欧的和谐世界则是以"我"为标准的普罗克汝斯特斯之床。20 世纪 80 年代后兴起的全球主义，只是西欧此逻辑的另一种表现。不仅如此，在美国所推动的全球化中，更隐藏着对国家间层级化的追求和制度化意图，以巩固美国所获得的资源、技术、市场以及货币优势。

在中国提出和谐主义之前，也出现了和合主义的提法，其实质与中国政府所表达的和谐主义并无二致，只是使用了不同的表达方法。

另外特别需要注意到的是在 20 世纪 90 年代，中国的一批国际关系学者提出了天下主义的观点。这一观点强调中国文化较之西方

---

① 〔美〕罗伯特·基欧汉：《霸权之后：世界政治经济中的合作与纷争》，苏长和等译，上海人民出版社，2001，第 61 页。

文化更崇尚合作，有包容力，对重构新时期的中国外交具有很好的理论意义和现实意义。由于其未能阐明天下主义与当时中国外交之间的关系，此后又有新天下主义观点的提出。① 这种主张一则隐含着对中国文明与西方文明对抗关系的定位，二则隐藏着如同美国推行全球主义一般对国家间的尊卑等级界定。这事实上是对中国文明包容性的自我否定，并不是对世界和谐状态的追求和确认。或者说，这种天下主义是对既往朝贡体系的理论论说和复辟，而非符合现下国际社会发展趋势的一种选择。

（三）和谐主义在国际法上的意义

和谐主义作为中国对国际关系构建和国际秩序塑造的设想，虽然也被人批评"过于宽泛""公式化且口号化"，② 不可否认的是，中国的这一提法的确引起了全世界的关注和热议。③ 而且，这是中国第一次正式就国际秩序演进的方向提出自己的主张，④ 并在中俄以及中非合作的一些国际文件中得到采纳。⑤ 这意味着中国在参与国际法治和国际法制建设上，获得了表达的渠道和平台，而且是既在原国际法体系内又超出此体系的层面上获得的。由此，和谐主义

---

① 江西元：《从天下主义到和谐世界：中国外交哲学选择及其实践意义》，《外交评论》2007 年第 4 期，第 46~51 页。

② Yee, Sienho, "Towards a Harmonious World," *Chinese Journal of International Law* 7 (2008)：119.

③ Poole, Richard E., "China's 'Harmonious World' in the Era of the Rising East," *Inquiries Journal* 6 (2014)：1; See also Guo, Sujian and Blanchard, Jean-Marc F., "*Harmonious World" and China's New Foreign Policy* (Lanham, MD：Lexington Books, 2008).

④ Callahan, W., "Introduction：Tradition, Modernity and Foreign Policy in China," in Callahan, W. A. and Barabantseva E., eds., *China Orders The World：Normative Soft Power and Foreign Policy* (Washington D. C.：Woodrow Wilson Press, 2011), pp. 1 - 4.

⑤ China-Russia Joint Statement Regarding the International Order of the 21ˢᵗ Century ["China-Russia Joint Statement (2005)"], 1 July 2005, available at：www. fmprc. gov. cn/eng/zxxx/t465821. htm; Declaration of Sharm El Sheikh of the Forum on China-Africa Cooperation ("China-Africa Declaration"), 12 Nov. 2009, available at：www. focac. org/eng/dsjbzjhy/hywj/t626388. htm; A Shared Vision for the 21st Century of the People's Republic of China and the Republic of India ("China-India Shared Vision"), available at：www. fmprc. gov. cn/eng/zxxx/t399545. htm (all visited 1 Aug. 2016).

的理念将对未来的国际社会以及国际法的发展产生正向影响。①

　　和谐主义对国际法的影响可以从如下几个层面理解。由于和谐主义首先针对的是国家间关系的处理，这将对国际法的基础和作用对象产生影响，并由此对反映国际社会需求的国际法产生影响。和谐主义主张的国家间关系是在承认各国差异性的基础上，承认彼此文明存在差异的合理性基础上，寻求共同利益并实现共同利益。这一过程中，国家间差异甚至由于差异引致的冲突，将不再是以当前国际法下的消除异己路径解决，将某些国家标示为"法外国家"或者"非良序国家"的做法将被废止。

　　其次，和谐主义对国际法的未来发展方向将提供基础和判准。国际法作为法律的重要组成部分，将不可能脱离道德的影响以及价值观的影响。既有的丛林式道德以及优胜劣汰价值观，对国际法的主权平等基础形成强烈冲击。和谐主义将真正确立主权平等，并确保所有主权国家在国际法体系内的主体资格得以实现。

　　再次，和谐主义对国际法律体系内部的非融洽性以及非一致性提供了解决路径。一如前文所分析的，当前国际法遭遇了基础被美国实行的合法层级性挑战以及相关条款因不符合美国的单边利益而被其工具化的"合之则用、不合则弃"的工具化。这导致国际法的相关条款出现执行不一致的情形。和谐主义将对解决这一问题提供进路启示。

　　国际法出现的种种问题，根源乃是国际社会已经处于由丛林社会向规则社会的转变时期，而对国际社会以及国际秩序都发挥着重要影响的国家——美国，奉行的仍然是极具地方特征和自我局限性的丛林主义。这二者之间已经出现了不契合的问题。解决这一问题，要么是美国在体系内完成自我调整并接受其他国际行为体的地位变化的现实，要么是美国固守其奉行的丛林强者规则，最终因不

---

① 俞新天：《和谐世界与中国的和平发展道路》，徐敦信主编《世界大势与和谐世界》，世界知识出版社，2007，第31～43页。

符合国际社会发展的融合趋势而被迫认同和接受新的发展理念，以及新的大国主导未来国际社会发展趋势的可能。

二 "和谐主义"将取代"丛林主义"

在论述新的大国主导国际社会朝向下一个阶段产生之前，我们有必要对主导现代国际体系的丛林主义予以分析，以了解其发展演变的轨迹，以及分析此理念难以为继的原因。

（一）丛林主义与国际社会战争与和平阶段的内在融洽性

16世纪，现代国际社会开始形成。直至一战前的这300多年间，国际社会的唯一行为体就是国家，国家对彼此间关系的基本认知是霍布斯提出的"自然状态"，即由于没有一致认可的最高权力，彼此间没有对错之分、没有正义与邪恶之分，也没有有拘束力法律的（准）战争态势。国家间的边界依赖战争逐渐明晰，国家经济的发展依靠所获取的原材料以及市场的大小，国家所占据资源的多寡依赖于国家的实力——尤其是军事实力。而为了实现边界的扩张和经济实力的增强，西欧国家最擅长使用的语言和逻辑就是暴力掠夺。暴力掠夺形成的殖民化虽然被冠以传播文明的美名，实际上却是追求经济利益的非平等商业，是对当地资源的极端掠夺，甚至包括对人力资源的掠夺，[1] 是冒险者和逐利的私人公司的欲望得以实现的基础条件。[2] 简言之，国际社会就是丛林社会，强者为尊，胜者为王。

人类社会在经由西欧文明的"教化"之后，会"向一个更高、更纯洁、更无私的道德标准进化"。[3] 与此同时，被殖民和被掠夺的地区与居民被视为弱等种族。人们普遍认为，弱等种族就应该屈

---

① Salomon, Charles, L'occupation des territoires sans maître, *Etude de droit international* (Paris: Giard & Brière, 1889), p. 197.

② Jèze, Gaston, Etude théorique et pratique sur l'occupation comme mode d'acquérir les territoires endroit international (Paris: Giard & Brière, 1896).

③ Lord Russell of Killowen, "International Law," *Law Quarterly Review* 28 (1896): 315 - 317.

服。西欧国家经由工业革命带来的飞速经济发展，使得殖民者武力征服之后的首要事务，就是将殖民地转化为廉价原料、廉价劳动力和初级产品来源地以及各种产品的倾销市场。贸易带来的利润如此丰厚，以至于如日中天的英国根本无暇考虑从政治上如何治理殖民地，"和文明人做贸易可比治理野蛮人有利润得多"。[①]

丛林主义的核心内容是弱肉强食，强者为尊，所有规则都是以此为基础发展出来的。此时的国际法可以随立随废，今日缔约，明日即可背约；今日盟友，转身即可成敌人；一如历史上英国联合荷兰攻击西班牙，而后打败荷兰使英国成为海上霸权，使伦敦取代阿姆斯特丹成为新的金融中心；与西班牙、荷兰联盟对抗路易十四时期崛起于欧洲的法国；在奥地利的协调下，英、俄、普、奥结成同盟确保欧洲不再出现如同拿破仑时期法国一样的打破均势的国家；在俄国发动和奥斯曼帝国间的克里米亚战争时，四国同盟破裂；英国、法国与奥斯曼帝国联合对抗俄国势力南下的举动；之后又联合法国对抗威廉二世时期扩张的德国。凡此种种的"英国式均衡"举动，在丘吉尔的讲话中，是充满骑士精神地"反对欧洲大陆最强大、最具侵略性、最专横的大国……假如我们站在最强者一边，分享胜利果实……英国可能会容易得多。然而，我们总是选择比较艰难的道路，站在不那么强大的大国一边，与他们为伍，从而战胜和挫败欧洲大陆的军事霸主"。[②] 其实际上，是为了避免强大而统一的欧洲大陆压制英国，从而实现英国国家利益最大化。也是因为为了实现国家利益，这些都是正当的。一如马基雅维利所言，为了国家利益从而为了社会福利，君主可以不惜食言与施暴；出尔反尔不一定是坏事，承诺守信并非绝对好事。

---

① Hyam, Ronald, *Britain's Imperial Century 1815 – 1914：A Study of Empire and Expansion* (London：MacMillan, 1976), p. 106.

② Churchill, Winston W., *The Gathering Storm*, Vol. I, The Second World War (Boston：Houghton Mifflin, 1948), pp. 207 – 208.

国际法新命题

在此背景下，国际法在19世纪到20世纪初一度沦为程序性的规则总汇实在毫不令人意外：诸如条约如何缔结、外交使节具有何种法律地位、战争如何开始等，以至于国际法研究者认为起源于自然法理念并与道德密切相关的国际法内容已经过时，国际法就应该是道德中立或价值中立，至于约束和规范国际社会朝向一个更好方向发展，只不过是一个虚无的幻象。

国际法在丛林社会的难以适用导致国际法一再被攻击：被人视为软弱的法律、国际政治结束时的边缘法律、不具有执行力和约束力的法律。甚至，国际法究竟是不是法律本身都一再遭到质疑。种种有关国际法缺陷的讨论，在笔者看来，何尝不是丛林社会与无规则社会之间的错位；种种有关国际法难以约束超级大国的表现，何尝不是丛林社会转向规则社会时期仍保留的影响力惯性。一如阎学通教授在《历史的惯性》中所指出的，历史发展具有一定的惯性，在没有强于此惯性的新生力量产生之前，历史将沿着既定的轨道向前。美国作为丛林时期的最后大国，其以工具主义主导国际法的做法具有极强的历史惯性，但规则本身的强化以及新兴大国促进国际法规则力量产生之后，丛林主义将越来越受到约束和牵制。

（二）丛林主义在国际社会规则阶段的不适应性

丛林主义受到牵制，或者说丛林主义在规则社会阶段的不适应性体现在如下几个方面。

其一，超级大国的实力巅峰状态很快结束。美国在冷战结束后到达权力和实力的巅峰，一时间形成唯一超级大国主导世界体系的状态。冷战结束时，美国几乎陷入制度胜利的狂欢之中，一如约翰·伊肯伯里在《美国无敌：均势的未来》一书中的直白表达，"今天美国的突出实力在近现代史上前所未有"①。这一状态的维系

---

① 〔美〕约翰·伊肯伯里主编《美国无敌：均势的未来》，韩召颖译，北京大学出版社，2005，第1页。

却非常之短。历史上，西班牙从 1519 年查理五世起成为第一个日不落帝国至 1659 年哈布斯堡王朝被法国的势力所均衡，中间经历了一百多年；英国在 1815～1870 年间一直位于权力巅峰，[①] 持续了半个世纪；美国则是从 1992 年冷战结束至 2008 年经济危机爆发，短期居于此地位，持续了 16 年。这一时段如此之短也意味着国际社会的规则力量和制度力量对超级大国的约束远远强于此前。

其二，单一大国格局或者国家的单极地位将难以出现。2008 年，伊肯伯里就抛出了这个观点：属于美国的单极时代终将过去。中国正在成长为一流的世界大国。同样的，新自由制度主义的代表学者之一约瑟夫·奈也在 2008 年时提出如何恢复美国的领导地位。[②] 并提出，此时没有任何一个国家能发挥超级作用，因为实力所包含的内容已经非常复杂。国家间也存在一些共同目标，诸如权力的平衡，建立一个开放的国际经济体系和打破文化与政治分歧等；这些都将使得单一大国难以实现。

其三，丛林时期的最后大国将不得不从客观上促成国际法规则以及国际制度的形成。[③] 美国成为单极之时，战争已经不再是国家间关系处理的合法途径，而且美国在外交上对法律的偏好也让其更经常更老练地以外交家的身份而非侵略者的身份出现。约翰·伊肯伯里认为美国主导的国际秩序在冷战后继续存在的原因如下：一是此秩序是基于发达国家间的共同利益和价值观念，由经济上的自由市场、政治上的共同盟友、军事上的同盟以及条约制度下的多边框架多个层次构成；二是美国也对国际制度贡献良多，是建设者和维

---

① Koskenniemi, Martti, *The Gentle Civilizer of Nations* (Cambridge: Cambridge University Press, 2001), p. 111。保罗·肯尼迪认为英国的权力巅峰是从 1815 年到 1885 年，美国在 1918～1943 年也曾居于权力巅峰。See Tilly, Charles, *Coercion, Capital and European States AD 990 – 1990* (Oxford: Basil Blackwell), p. 8.

② Nye, Joseph S., "Recovering American Leadership," *Survival* 50 (2008): 55 – 56.

③ 〔德〕约瑟夫·约菲：《对历史与理论的挑战·作为"最后超级大国"的美国》，载〔美〕约翰·伊肯伯里主编《美国无敌：均势的未来》，韩召颖译，北京大学出版社，2005，第 179 页。

护者，并由于建设和维护进行自我约束使得其他参与者对其权力放心甚至依赖；三是制度化体系内权力具有分散性和透明性，保障其他国家的话语权和制度的稳定性；四是制度惯性的存在。苏联解体之后，美国主导的战后同盟继续存在，预想中的制衡联盟却并未出现，这种现象一直延续至 21 世纪，学者们不禁提出了疑问。事实上，这也是制度惯性的表现。制度惯性导致制度更改成本过大，参与者或者不满美国主导的国际秩序，却也难以承担建立新秩序的成本。换言之，如果有国家有能力并有意愿承担更新秩序的成本，现行国际秩序将很快发生剧烈的变化。

其四，安全同盟体系的短暂强化并不能真正解决安全问题。在丛林社会时期，制衡强国的联盟之所以能够迅速形成，是因为当时的扩张和战争是其主要诉求。[①] 这也佐证了当时的国际社会处于初始的权力政治阶段：历史上强力领导者出现并实现国家的崛起时，诸如查理五世、路易十四、拿破仑、维多利亚女王、威廉二世、希特勒等时代，安全同盟体系或制衡体系也会很快形成。其根本原因在于当时的逻辑就是权力政治，而只有权力可以制衡权力。

如今，由于大国间核平衡状态的实现，大国之间有可能走出传统的安全困境，即赫兹（John H. Herz）提出的安全困境（security dilemma）命题：一国为确保安全需要扩大权力，因此给其邻国带来不安全感。

在这种背景下，非传统安全的问题更为突出。所谓的非传统安全，更直白地表述就是所有人面临的安全威胁：诸如环境退化、恐怖主义袭击、网络安全袭击、通信安全袭击、汇率不稳定，或者也可以说是国际社会共同需求的公共产品安全。这种安全关系到国际社会的所有构成单位：国际、区域、国家、组织、个人，因而更需

第七章　21 世纪海上丝绸之路为现代国际法体系供给的法哲学理念维新

---

① 〔德〕约瑟夫·约菲：《对历史与理论的挑战：作为"最后超级大国"的美国》，载〔美〕约翰·伊肯伯里主编《美国无敌：均势的未来》，韩召颖译，北京大学出版社，2005，第 168 页。

要国家间合作而非对抗。

诸如此类的现象，都表明国际社会更需要规则以及制度的力量，丛林主义的竞争性不能适应此种需求，表明国际社会需要更进一步的发展，朝向一个更具包容多样性、容许变革且更符合共同利益而非单方利益的方向发展。

（三）和谐主义为国际社会未来发展方向提供的启示

在国际法的发展中，缺乏统一立法机构的现实使得国际法发展的主要动力源自各国实践，或者说源自习惯国际法的形成过程。这一过程中，国家独立阐明其行为的国际法依据或观点，当此观点广为接受，即会形成越来越大的约束力从而催生新的国际法规则。[①]那么问题就来了，谁最有能力独立阐明其行为的国际法依据，甚至在没有任何国际法依据的情形下单边行动而后完成自我正当性辩护，甚至在不能完成正当性辩护时还能吸收或者消化违犯国际法的成本？此问题的答案不言而喻，大国和小国对国际法发展的影响或作用，在国际法发展源头上即存在极大差别。如果最强大的国家对国际法奉行工具主义，其对国际法越是熟悉和了解，就越是能利用国际法实现单边利益；甚至将其单边利益最大化。一如美国所做的。

美国可以被视为国际法发展的重要推动力，一战后（尤其是二战后）国际法的许多内容都是源自美国的主张，诸如民族自决、人权、贸易自由、反恐等；但美国也是最重要的国际违法者，诸如前文提及的基于意识形态武力干涉他国政府的行为、单边毁诺的行为、绕开集体安全机制的行为。这些一则证明大国对国际法发展的影响力，二则证明当大国对国际法的理解指向一个强者法则的方向，会将国际社会引入一个危险的境地，甚至是一个可能自我毁灭

国际法新命题

---

① Byers, Michael, *Custom, Power and the Power of Rules*: *International Relations and Customary International Law*（Cambridge: Cambridge University Press, 2003）, p. 18.

的境地。一如现下美国为了遏制中国的崛起，自我违背在二战后确立的亚洲安全秩序，使日本成功解禁集体自卫权；重返菲律宾苏比克湾，并意欲在韩国部署反导系统。这些，已经违背了《联合国宪章》的基本精神：和睦相处、维持和平、非为公共利益不使用武力。

国际法发展遭遇的这种扭曲要得到校正，首先就需要对国际法发展方向或者意欲实现的国际秩序有一个具有包容性的基本理念的维新，和谐主义正是这样的一个理念。

三 "和谐主义"下的法哲学理念维新

以和谐主义理念为话语先导向国际法以及国际体系提供维新，一则有赖于中国本身的意愿；二则理念维新在国际体系内容更新上往往是最基础也是最缓慢发生的。根据前文提及的蒂利对于现代国家形成的动力来源分析，国家的形成依赖的是资本和强力提供的动力，或者说是经济发展与以军事力量进行政治构建形成的合力，不仅如此，理念的作用也至关重要。在国家的形成过程中，这一理念的表达形式是民族主义，民族国家的概念为国际法中的民族独立和民族自决提供了合法依据。

经济发展的规模由国内社会扩展至国际社会，基本逻辑不会发生太大变化：资本天生的逐利性总是最强大的力量。政治建构由国内社会扩展至国际社会，遭遇的首要挑战就是国内的至高权威在国际社会上并不存在同等的替代。在各种国际政治的理论中，为寻求这一替代做出了不同的解释：理想主义的道德理论、现实主义的霸权理论、自由主义的共同利益理论、建构主义的制度或机制理论。这些理论都有合理性，但也都难以说服彼此。或者最根本的问题是国际社会是不是的确需要这样的至高权威替代。这就关系到国际关系维新第三点，即理念。

在民族主义语境下，由于各民族地理、历史以及文化的多样性，民族也呈现多样性。这种多样性与民族国家概念共同作用下，其必然的结论也就是多个国家应互相独立存在。依据此逻辑，最高权威就不应该存在。然而，逻辑并非社会科学的全部，还需结合经验看。从经验来看，寻求国际社会的最高权威地位总是一个最为诱人的目标。为了调和此目标和上述逻辑间的矛盾，共同文化发挥了一个调和剂的作用。

（一）国际法哲学理念维新的障碍

为现代国际法体系提供理念维新，遭遇的首要障碍就是，传统国际关系理论中，国际社会或者国家体系的产生是以共同文化为前提的。一如摩根索所言："国际环境下寻求道德原则根本没有实际的普遍意义：要么过于空虚，以至于不可能有任何实际内容为政治行动提供理性指导；要么仅仅是某个特定国家的道德理念的影子，基于此也就不可能实现试图达成的普遍认可。"① 很多历史事实也表明，共同文化是国际社会形成的必要条件。② 而民族国家的存在本身，就意味着国际社会共同文化或普适文化难以形成。

中国为现代国际法体系以及现代国际体系提供理念维新遭遇的问题不仅存在于文化认同上，更在于现有国际体系的压力。崛起困境原理揭示，崛起的国家越大，所遭遇的压力就越大。崛起，在于从三个方面的共同进展：经济/资本实力；政治/军事以及国际影响力；文化认同感/价值认同。这一点如秦统一六国时所言，"欲富国者，务广其地；欲强兵者，务富其民；欲王者，务博其德。三资者备，而王随之矣"。③ 当前，中国的经济发展在国际社会的影响力日渐增大是个事实，并且在多个机构的预测中，中国将很快取代美国，成为第一经济体。在政治实力以及国际影响力方面，中国遭遇

---

① Morgenthau, Hans, *In Defense of the National Interest: A Critical Examination of American Foreign Policy* (New York: Knopf, 1951), p. 35.

② 〔英〕巴里·布赞、理查德·利特尔：《世界历史中的国际关系——国际关系研究的再构建》，刘德斌等译，高等教育出版社，2004，第93页。

③ 《战国策·秦策一·司马错论伐蜀》。

到的障碍更多。中国虽然与多个国家进行联合，创立了诸如上海合作组织、金砖国家集团，但这些大多还是集中在经济领域；在政治上，尤其是在军事领域则受制于美国，诸如在武器以及技术进口上，被美国早期发起建立的输出管制统筹委员会以及后续的瓦森纳安排机制限制，申请加入"导弹及其技术控制制度"组织而被拒绝，等等；在发展空间探索技术时，被美国拒绝加入国际空间站。或者一如巴里·布赞等所言，西方的中心地带和与其有直接联系的西方化同伴之间已经内部产生了一种更加厚重的国际社会版本，国际社会的发展或许不均衡，却并不脆弱。① 中国在此方面意欲发挥更大的影响力，则必须承担更长的时间成本。

（二）克服维新障碍的可能路径

在共同文化基础的障碍方面，巴里·布赞的观点或许能够为我们提供一些有益的启发。目前一个更为强大的世界社会得以产生的基础已经奠定，无论称之为"世界文化"也好，还是"世界共同体"也好，都将缓慢而确定的发生。② 而且，存在于民族主义与世界文化认同之间的这种张力关系，无非是价值相对主义和价值普遍主义的哲学之争的具体体现。Rein Müllerson 教授基于人类演化史和人类学研究结果论证，人类社会的内在一致性远远超出我们所强调的表面多样性。③ 而且，从社会实践来看，二者的对立或许并非非此即彼的生死之争。二者的此消彼长，是推进科学研究不断进步的动力；二者的和谐共存，是科学研究去伪存真、披沙拣金的沉淀平台。综合性的研究进路需要借助边界明确的分析科学带来的明晰

---

① 〔英〕巴里·布赞、理查德·利特尔：《世界历史中的国际关系——国际关系研究的再构建》，刘德斌等译，高等教育出版社，2004，第322页。

② 〔英〕巴里·布赞、理查德·利特尔：《世界历史中的国际关系——国际关系研究的再构建》，刘德斌等译，高等教育出版社，2004，第323页。

③ See Müllerson, Rein, From EUnum Pluribus to E Pluribus Unum in the Journey from an African Village to a Global Village? Sienho Yee and Jacques – Yvan Morin, ed., *Multiculturalism and International Law* (Leiden, Boston: Martinus Nijhoff Publishers, 2009), pp. 38 –41.

和确定；后者则能提供一个衡量此明晰和确定的最终朝向是否合理的判准和坐标。可以认为，共同文化和特定文化间并非不能和谐共存，求同存异和和谐理念就是一个可能且现实的路径。如同美国一样单边的推行自己的文化语言并不可取，这很可能遭致如同美国文化遭遇到的心理文化制衡一样。①

在中国自身的推进能力建设方面，中国在经济发展方面所具有的地位以及潜能是最大的基础。一如雅各布维纳提出的重商主义命题所揭示的：财富和权力总是一致的。20 世纪 50 年代，欧洲也曾对美国商品歧视。美国承担了短期的经济损失，但其建立了以美国为中心的国际机制，盟国对此机制也产生了高度依赖。可以说，中国的经济发展就是最大的保障。

除了经济建设之外，中国也要开始从非传统安全上发挥作用。更具体地说，就是以向国际社会提供公共产品的形式承担更多国际责任。

总而言之，中国可以在国际层面上从推进经济以及文化的"软实力"着手，② 同时在国内层面上积极构建硬实力以实现二者的平衡，将以和谐主义为基础的共同价值理念传导出去。软实力与硬实力是实力的两面：和平的一面与暴力的一面，二者的一体性决定了推进软实力的构建不可能放弃对硬实力的追求。

---

① 〔德〕约瑟夫·约菲：《对历史与理论的挑战：作为"最后超级大国"的美国》，载〔美〕约翰·伊肯伯里主编《美国无敌：均势的未来》，韩召颖译，北京大学出版社，2005，第 173～175 页。

② 软实力意指一国通过劝说影响他国行为或实现本国意图的能力。此能力源于一国文化、理念以及政策的吸引力。此概念是由 Joseph S. Nye 首先提出的。See Nye, Joseph S., *Bound to Lead: The Changing Nature of American Power* (New York: Basic Books, 1990)，软实力的概念与 Carr Z. Edward1954 年提出的"意见上的权力"（power over opinion）以及 Steven Luke 在 1974 年提出的"三层权力"概念相类似。阎学通教授在 2008 年将软实力定义为一国国际吸引力、国际动员力和政府国内动员力的总和：国际吸引力由国家模式吸引力和文化吸引力构成，国际动员力由战略友好关系和国际规则制定权构成；国内动员力由对社会上层和对社会下层动员力构成。当时的结论认为中国软实力总体上大约是美国的 1/3。参见阎学通《中美软实力比较》，《现代国际关系》2008 年第 1 期，第 26 页。

第二节　21世纪海上丝绸之路所
提倡的共同价值观念

在二战之后、冷战之后，尤其是美国从权力巅峰开始衰退之后，国际关系的变化就越来越明显：国家间关系的非零和博弈越来越明显。非零和博弈语境下，国家间关系会出现共赢或共输的局面。这种共赢或共输并不意味着零和博弈就会消失，当国际格局处于平稳的发展阶段，非零和博弈将处于主导地位；而国际格局出现战略调整时，零和博弈将再度主导。基于各种行为体趋利避害的特性，我们应该有理由相信零和博弈占主导的可能性大大降低。相应的，在共赢的语境下，共同价值观念将得以形成。

一　影响现代国际法的价值观念界定

国际法如果仅仅被视为一套规则体系、一种技术或工具，将是十分危险的事情。两次世界大战期间所发生的一切已经证明了这一点。① 国际法必须考虑的社会目的，必须以国际社会的实际为基础。罗斯科·庞德曾指出：一种新的国际法哲学理论的基础，只能经由想象一个宏大的社会工程来实现。这种法哲学应估计社会心理学、

---

① See Hudson, Manley O., "The Prospect for International Law in the Twentieth Century," *Cornell Law Quarterly* 10 (1925): 428 – 436.

经济学、社会学以及今天的法律和政治，只有这样的法哲学能够以社会目的为基础对国际法提出功能批判。可以说，国际法理论必须关注国际法是否内嵌于国际社会，以及是否推进了社会目标。① 这一观点被许多国际法学者接受，包括哈德逊（Manley Hudson）和阿尔瓦雷兹（Alejandro Alvarez）。这一观点也强调了国际法的发展中，必须有一个具有前瞻性和指导性的价值目标。

（一）国际法发展历史上出现的价值目标

国际法产生之初是为了对抗教皇特权和帝国特权，实现权力的世俗化和分散化，此时的价值目标非常明确且唯一：国家间平等。这一价值作为国际法的基石，即使在此后的发展中遭遇多重挑战却从未失去此地位，这种现象被学者戏称为主权平等既像磐石一般坚硬，又如同橡皮泥一样充满弹性。② 由于此价值取向符合国际社会发展趋势，它从来没有被废弃过。即使在大国政治影响国际社会，出现国家间由于实力差异而产生的国家间实际不平等，此价值再度彰显了其生命力并日渐成为制约大国的最有力的国际法语言。其局限性在于国家数目和国家主体性的特定化和有限性，即前文分析过的地方性；这一地方性随着主权国家形式在国际社会被推广，已经在形式上得以克服。真正的障碍，在于如何从实际上促成该价值的实现。可以认为，在国际关系仍然局限在地球上且不存在所有国家共同面临生死存亡之考验时，此价值将会在国际法中长久的得以保留。

当国际法的中心随着权力中心由欧洲转向美国时，国际法的价值目标也发生了相应的变化，即由原来的基于绝对领土边界的主权平等转向在主权平等的基础上实现贸易自由和人权保护：全球贸易

① See Anghie, Antony, *Imperialism, Sovereignty and the Making of International Law* (Cambridge: Cambridge University Press, 2004), pp. 128 – 129.

② 刘志云：《国际法发展进程中的"观念"及其影响途径》，《现代法学》2007 年第 4 期，第 147 页。

自由以及突破国家边界以及主权平等的人权理念和人道主义干涉。贸易自由被确认为是现代国际体系在经济上意欲实现的目标；此时美国被视为全球自由贸易的最终保护者，而且这一语言也一直是美国在二战后最经常使用的。反对全球化的主要力量，被认为是来自最落后和最希望自我孤立的国家，处于国际影响力巅峰的霸权国家在经济上也希望实现同等状态。沃勒斯坦从经济学意义上将霸权定义为"一种状态，在这种状态中一个中心国家的产品生产是非常高效的，以致它们即使在其他中心国家也具有很大的竞争能力，因此这个中心国家将是最大化的自由世界市场中的最主要受益者"。① 基欧汉将这个定义进一步修正，即霸权国家的竞争优势不是意指在任何产品上都具有出口的竞争优势，而只是生产和出口最有利润的产品，以及将会为未来提供生产更先进商品和服务的基础。或者也可以认为世界政治经济中的霸权是指"一个国家必须能够自由使用关键的原料、控制主要的资本来源、维持庞大的进口市场，以及在高附加值商品的生产上拥有比较优势"。②更具体地说，由于美国在二战后——尤其是在 20 世纪 70 年代石油危机之后，控制了石油这一关键原材料在国际市场的流通，控制着美元作为国际货币在世界范围的投资且至今仍然是全球最大的进口市场，且在最高新技术上也绝对领先于其他国家，美国至今还是全球唯一的霸权国家。

只是，这些研究者做出上述论断时，可能完全没有预料到有一天美国要反对全球化；或者即便想到了也认为其出现的概率非常之低。其原因在于研究者虽然预测了霸权必将衰落却由于冷战的胜利使得美国的地位得以维持甚至提升之后，一时间美国几乎不存在任何可以预期的竞争对手，直到中国的经济实力在 2008 年世界经济危机爆发后相对提升且自此提升速度越来越快的现象确实出乎意料。

---

① Wallerstein, Immanuel, *The Modern World-System*, Vol. 2（Academic Press, 1980）, p. 38.

② 〔美〕罗伯特·基欧汉：《霸权之后：世界政治经济中的合作与纷争》，苏长和等译，上海人民出版社，2001，第 39 页。

中国经济的快速提升在既有国际法价值目标下的国际法体系内，所遭遇到的是毫不令人意外的抵制。美国所主导的 TPP 以及 TIPP，是以一个否认中国参与权利的区域基础上主导下一轮贸易规则制定权的机制和平台。与此形成对照的是，WTO 相关规则在近 10 年的几乎停滞。这也证实了美国所谓的全球化只不过是全球美国化的幌子，当这个幌子不能服务于美国所追求利益的实现时，这个已经在事实上几乎实现贸易全球化的有效组织就遭遇了此前相关机制的命运：被抛弃。而这也证成了我们的观点：国际法现有目标的非包容性。

（二）国际法发展需要一个新的包容性目标

沃勒斯坦曾预测，21 世纪中期，资本主义将让位于后继的体系。这个体系是否会更平等则要拭目以待。等待什么内容，等待的就是一个真正会主导全球化而非名义上的全球化（实际上的美国化）过程的重演。因为在美国主导的全球化中，体系固有的地方性和自我局限性并未消失，反而由于这种特性引发的不平等和紧张关系越发明显，并因此进入"混乱的告终"时期，[①] 需要一种具有更高生产效率和更合理收入分配的体系予以取代。

作为促成这样一个体系实现的有力工具之一的国际法，所应该朝向的修正目标是其更具包容性。一如徐崇利教授所指出的，当前的国际法仍然是一个缺乏多种文化营养的慢性病体。[②] 如果要治愈这个病体，我们需要明白一点，只有一个秩序提供的规则制度能让所有国家受益——无论这个国家在崛起还是衰弱、强国或弱国、新兴或成熟，那么这个秩序将毫无疑问成为主宰。[③] 未来实现这一点，就要求体系和规则的引导者本身能平衡多方的利益，或者一如约

---

① 〔美〕伊曼纽尔·沃勒斯坦：《现代世界体系》第一卷，尤来寅等译，高等教育出版社，1998，中文版序言，第 1 页。
② 徐崇利：《软硬实力与中国对国际法的影响》，《现代法学》2012 年第 1 期，第 158 页。
③ 〔美〕约翰·伊肯伯里：《中国崛起与西方世界的未来：自由体系能否继续维持?》，《国外理论动态》2012 年第 11 期，第 28 页。

翰·罗尔斯所提出的"无知之幕"理论，即构造者在构建制度时应假设对其在社会经济体系中的地位并不知情，以此构造出保护每个人利益的体系。显然，美国并未做到这一点，虽然美国在二战后在客观上的确促成大量规则的产生，其首要目的却只是维护本国的霸权地位。这样的体系包容性并不十分充足，当如同中国这样的新兴国家越来越被既有秩序否定正当的利益追求意图时，其对旧秩序的不满程度也就会越来越高，而这在其实力增强的基础上，将形成共同作用力启动秩序变更。这种变更或许将更易于在国际经济领域实现，而非如很多学者预测的在低政治领域的环境保护领域实现。

中国的学者也指出，在国际经济领域，由于其更密切关注一国经济发展动力是否充足和安全，因而受一国经济实力的明显影响。[①]基于资本对利润的敏感性，这一领域的反应速度可以说是在国际关系的五个领域（经济、政治、军事、文化、环境）中最为迅速的。各方对中国经济的发展将超出美国这一观点是一致的，唯一的不同在于在何时超越美国。以 2015 年中美 GDP 总量以及 GDP 增长速度看，一个比较可信的时间段是在未来 10 年左右的时间，中国 GDP 就会超过美国，成为世界第一。

在这种趋势下，中国的经济发展将成为中国在国际经济领域中推动规则继续朝向贸易自由化的基础，而这个贸易自由化必须实现的是发展中国家与发达国家差距的缩小，剩余价值的公平分配。在此目标上，中国已经具备了整合亚洲市场以及亚欧联合的技术手段，包括 2010 年开始输出的高速铁路项目、2012 年正式对亚太地区提供服务的北斗导航系统、2013 年启动的"一带一路"战略、2015 年 10 月开始运行的人民币跨境支付系统等。因此可以预见的是，中国将成为推动 WTO 规则甚至国际经济领域相关法律规则进一步发展的主要力量。尤其值得注意的是亚欧间陆地交通基于高速

---

① 徐崇利：《软硬实力与中国对国际法的影响》，《现代法学》2012 年第 1 期，第 153 ~ 154 页。

铁路技术的推广和应用，将会使得这一块被称为世界岛的亚欧大陆成为最大的统一市场以及未来最大的世界经济体：其面积为全球陆地面积的 37.2%，人口占世界人口的 70%，① GDP 占世界总量 60% 以上："亚欧大陆上那一片广大的、船舶不能到达但在古代却任凭骑马牧民纵横驰骋，而今天又即将布满铁路的地区，不是世界政治的一个枢纽区域吗?"② 这片区域也符合世界经济体规模的最大限制，即费迪南德·弗里德所使用的最好的交通工具在 40～60 天内所能达到的地方（也可称之为 60 天行程）的世界经济体。而这个经济体的重心也将再度转移至东亚。以此为基础，中国将成为国际法律制度创新的推动者。

国际法律制度的创新，取决于权力结构、利益分配、观念构建以及对正义的理解。③ 这其中，权力结构取决于一国硬实力和软实力共同组成的综合国力；利益分配取决于在各国综合实力共同作用下的机制和规则（国际法）；观念构建以及对正义的理解则完全是由高屋建瓴的价值观所决定的。中国具备一定的综合国力并且有继续增强国力的动能来源，理应在推动国际法发展时思考应朝向何方推动其发展。国际法可不只是那些僵硬的规则，还包括道德与衡平的原则。

这就是 21 世纪海上丝绸之路建设中必须提出并建设共同价值观念的意义之所在。

二 21 世纪海上丝绸之路的"计利当计天下利"的共同价值观念

（一）多元价值与单一价值的冲突

在提出共同价值观之前，有必要对既有价值观予以梳理并对其

---

① UN Department of Economic and Social Affairs: Population Division, "World Population Prospects: The 2015 Revision, Key Findings and Advance Tables," Working Paper No. ESA/P/WP. 241.

② 〔英〕哈·麦金德：《历史的地理枢纽》，林尔蔚、陈江译，商务印书馆，1985，第 60 页。

③ 徐崇利：《国际经济法律秩序与中国的"和平崛起"战略》，《比较法学》2005 年第 6 期，第 82～83、86 页。

相互间关系有所认识。

一如前文所述，在历史上，国际法所依赖的价值观包括主权平等、贸易自由化以及人权，新近则产生了反恐以及共同责任。其他的包括共存、合作、和平、发展等则是进一步衍生出来的。这些价值观本身都没有问题，问题在于其起源的地方性容许并实行了对其进行适用范围的限制。国际法中诸多问题由此产生：诸如文明间歧视、原本非采用国家形式的政治单位以及采取此形式的新兴独立国家被客体化、大国霸权以及霸权语言下的国际法工具化、国家在经济关系上的中心—边缘结构，这些问题反过来又导致人们对于主权平等这一基础进行质疑甚至出现过要废弃此基础的讨论和实践。凡此种种，都在提醒研究者国际法既有价值观由于其来源过于单一而难以适应当前国际社会的发展，因此国际法必须有一个更基础层次的概念：包容。包容才会允许在领土大小、人口多少、综合国力强弱、文化历史多样的国际社会上，存有一个可以为所有国家或国际社会政治单位所接受的共同利益。毕竟，国际秩序或国际结构就是产生于国家间互动过程，[1] 并由于各国的共同利益存在形成国家间共有知识，进而固化为国际法。[2] 各国必须有共同利益，国际法律秩序才会建立。各国必须都能从秩序中获益，其才会选择服从秩序。

二战后至今，国际社会既面临着民族国家独立后带来的文化多元主义，又同时处于美国试图构建单一价值体系的过程中，加之既有的欧洲国际体系下的价值观念，国际社会处于多重力量交互作用的结构之中。随着交互作用越来越明显，这种结构的内部一致性也越来越高。尤其是 20 世纪 80 年代之后的全球化趋势开始之后，原

---

[1] 〔奥〕阿尔弗莱德·菲德罗斯：《国际法》（上），李浩培译，商务印书馆，1981，第16 页。

[2] 徐崇利：《国际经济法律秩序与中国的"和平崛起"战略》，《比较法学》2005 年第 6 期，第 82~83、84 页。

本似乎不可跨越的东西和南北半球已经成了一个地球村，新兴大国也开始被指出如同既有大国一样在追求自我国家利益的最大化，[1]越来越与既有大国趋同而不再是与发展中国家同处一个集团。多样性和趋同性几乎同时发生，趋同性当然并不意味着党同伐异下的排除异己，而意味着彼此间由于沟通将更有可能消除阻碍发展的偏见和固执，意味着包容性下对易促成冲突因素的消除或抑制，意味着基于文化多样性的同一价值观念产生的可能性大为提升。[2] 在此情形下，各国间的身份认同也就具备了实现的基础。

（二）共同的身份认同可能

一如前文所述，根据摩根索对实现世界和平路线的设计，共同的身份认同或者国际社会内聚力的实现至关重要。当然，这种认同必然会遭遇一对矛盾关系的挑战和检验，即国家间认同既促成了国家间合作又同时于一定程度上消解原"国家认同"形成的自我身份认定，[3] 甚至出现"身份危机"。根据亨廷顿的观点，当前人类正处于一个国家间认同建构失当的全球认同危机时代。[4]

西方国家的自我身份定位包括如下三方面：政治民主、经济自由、理想个人主义的代言人和捍卫者。[5] 这样的定位也影响到了由其所主导的国际法发展过程。即国际法在欧洲主导时代出现的以国家间边界明晰为基础的平权者共存状态，和美国主导出现的人

[1] Cai, Congyan, "New Great Powers and International Law in the 21st Century," *European Journal of International Law* 24 (2013): 760.

[2] Müllerson, Rein, "From E Unum Pluribus to E Pluribus Unum in the Journey from an African Village to a Global Village?" in Yee, Sienho and Jacques-Yvan Morin, eds., *Multiculturalism and International Law* (Leiden, Boston: Martinus Nijhoff Publishers, 2009), p. 43.

[3] 余潇枫、张泰琦：《"和合主义"：建构"国家间认同"的价值范式——以"一带一路"沿线国家为例》，《西北师大学报》（社会科学版）2015年第6期，第6页。

[4] Huntington, Samuel P., *Who Are We? The Challenges to America's National Identity* (New York: Simon & Schuster, 2004), pp. 12 - 13.

[5] Cai, Congyan, "New Great Powers and International Law in the 21st Century," *European Journal of International Law* 24 (2013): 760.

权语言特征。这种定位隐含着异我之分以及丛林式法则和价值目标，在当前国家间融合逐渐加深的国际社会发展趋势下，此定位越来越不能促成此趋势的实现。当一个设计出的范式或自我定位与国际社会发展趋势方向背离时，通常也就意味着其历史使命的终结。

"一带一路"的核心理念为合作共赢，目标在于形成国家间的利益、责任和命运共同体。"任何一个共同体都是自者和他者的组合，而认同正是自者与他者之间的一种价值关系的确定。"[①] 国家间认同不仅是国家间相互合作的前提，也是共同体形成的必要条件。诚然，要构建此国家间认同感，将会遭遇国家间基于不同的宗教文明、政治体制、经济水平以及主权争议等形成的挑战。其中的关键，在于其他各国对于中国推行此战略的意图不明形成的猜忌和不信任。

和谐主义强调的是一种能承认差异性的相互包容。"和而不同，周而不比。"这种和谐主义与西方的世界主义也有共同之处。中国要追求的是以对话求共鸣，以相互融合形成建构世界秩序的另一种可能。[②]

在漫长的历史演进中，个体的身份认同是群体文化的一个重要方面，这种文化先于其他任何政治组织形式产生，并且经由共同的语言和符号进行表达和沟通。文化共享下的身份认同对于社会组织形式尤其是政治组织形式意义重大，它使得某一个人和某一个群体之间确立内在的且相对稳定的联系，由此使得个体在内心负有对群体的忠诚义务。这一点在 18 世纪末 19 世纪初发展起来的民族主义及其对国家统一的作用上，也可观察到。当时，日益发展的工业化

---

① 余潇枫、张泰琦：《"和合主义"：建构"国家间认同"的价值范式——以"一带一路"沿线国家为例》，《西北师大学报》（社会科学版）2015 年第 6 期，第 5 页。

② 苏长和：《世界秩序之争的"一"与"和"》，《世界经济与政治》2015 年第 3 期，第 37～39 页。

催生了相当强烈的阶级矛盾，这种矛盾甚至可能摧毁国家的统一性，正是"民族主义营造了一个强大的、包罗万象的统一体，以此对抗和舒缓了阶级对立和分裂"。①

三 国际法的价值取向再思考

国际社会当前的结构特征处于这样的一种张力关系之中：多样性和趋同性同时发生。在这样立体有机的国际社会中，国际法的地位和作用既不能过分夸大，认为这就是人间至高无上的法则和解决一切问题的途径，应成为国家间关系的至高无上准则，② 也不能因为国家间纵向关系的存在以及国际违法事实的存在而贬低或轻视其所具备的维护和建构能力。③ 国际法其实是这个危险和不正义国际社会的一部分。④ 这部分内容随着国际社会朝向规则国际社会阶段发展，随着国际组织、国际机制的日渐丰富，国际法具有更大的约束力和生命力。为确保其生命力，我们必须明白这一点，如果法律的内容和实施都有赖于法律主体的意志，与其说其是适当的法律，毋宁将其视为此法律主体政治利益的借口。⑤ 换言之，国际法自身的约束力，一种外在于法律主体意志的约束力必须形成。国际法要形成这样一种约束力，则应具备广泛同意的基础，此广泛同意以非歧视性的文化多样性兼容并蓄为内容。如此，才能符合当前国际社会的横向关系以及纵向关系有机互动形成的立体结构特征。

在国际法的发展中，欧洲国际法时代经历了各国主权和领土边

---

① 〔英〕巴里·布赞、理查德·利特尔：《世界历史中的国际关系——国际关系研究的再构建》，刘德斌等译，高等教育出版社，2004，第225页。

② UNGA. Memorandum: On Enhancing the Role of International Law, UN. Doc. A/44/585, October 2, 1982.

③ Brierly, James Leslie, *The Outlook for International Law* (Oxford: Clarendon Press, 1944), pp. 1 – 2.

④ Koskenniemi, Martti, *The Politics of International Law* (Oxford: Hart Publishing Ltd., 2011), pp. 265 – 267.

⑤ H. Lauterpacht, *The Function of Law in the International Community* (Oxford: Clarendon Press, 1933), p. 189.

国际法新命题

界逐渐明晰的历程，横向型特点最为突出。而且，主权平等一词，由于指向所有国家无论其领土、人口和国家财富以及权力差异均具有一致的抽象人格，指向可摆脱神圣罗马帝国和教皇权威之苦的方向，为西欧各国全心地欣喜接受并被确认为国际关系架构和国际法制度的最牢固支柱。这一点作为现代国际法产生之后相当长一段时间内的主要特征，得到了广泛一致的认可。美国主导国际法发展以来，主权和领土边界开始出现一定程度的消融，超级大国主导经济共同体的形成，并具备实现提供大量公共产品的能力，这决定了国家间再度出现依赖和纵向型的特点。后者对前者形成了牵制甚至变革的可能；而前者的基础地位和长久以来动态力量的惯性也对后者形成了制约。二者的交互作用，使得当今国际法在解释一系列争议现象时难免陷入力所不逮的尴尬境地：诸如前文论及的主权平等与大国特权、人权与集体人权、共同意志与表达渠道等。在国际关系领域，这种交互作用直接促使以摩根索为代表的现实主义学派诞生。摩根索在《国家间政治》一书中提到：当事务经历剧烈变化时，传统的模式就不再适用了。其所意指的对象，正是国际关系在二战后发生的巨大变化：传统的理论中，国际关系结构以特定范围内所有国家"主权平等"为基本前提；变化之后的现实出现了超级大国和小国之间明显不平等这一超越传统理论解释能力的问题，诸如美国在东南亚的军事行动、苏联在东欧的军事干涉等。国际关系学界对这种由于两个阶段的重叠形成的种种被改变甚至被扭曲的现象，开创出了各种学派，从权力政治、从体系或制度的建构力量、从经济发展的需求以及从理想道德层面，以不同焦距的视角提出了自己的观察结果。

国际法领域对此的回应也显得有些混乱，甚至有时候国际法本身都要成为问题的一部分了。[①] 这样的现实，意味着国际法已经具

---

① Koskenniemi, Martti, *The Politics of International Law* (Oxford: Hart Publishing Ltd., 2011), Preface, vi

备继续向前发展甚至可以说是进入新的发展阶段的可能。在这个发展阶段中，中国这个原体系外力量的地位和作用至关重要。

　　中国首先需要意识到，国际法的发展需要新的理论供给；其次，更应该重视的是理论供给能力。供给的这一理论是否适当，就要看"它是否赋予了如果没有它将仍是毫无联系和无法理解的纷繁现象以条理和意义"。简言之，"理论是否与事实相符并能自圆其说"尤为关键。① 而其答案的核心正是前文提出的以包容为基础特征的和谐主义理念。

---

① 〔美〕汉斯·摩根索：《国家间政治——寻求权力与和平的斗争》，中国人民公安大学出版社，1990，第3页。

第三节 21 世纪海上丝绸之路意欲实现的目的

一 国家间关系的新模式

（一）国家间关系既有模式的目的：同化或孤立

如第一章所分析的，16 世纪现代国际社会形成以来，有关国家间关系的学说就层出不穷：先后出现了无政府状态或者说自然状态下的权力竞争、基于共同利益而产生的合作、基于共同道德的世界社会一体化、基于国际法以及其他组织和机制的权利义务等。其中，以前两种学说影响最为明显，分别是广为人知的现实主义和自由主义。

在现实主义理论中，由于资源的有限性和国际社会资源分配机制的欠缺，国家间天然地处于一种竞争关系。而且，这种竞争是零和的，即我获得了资源就意味着你失去资源。由此，一国获取资源的能力就会对其在国际社会中的地位产生决定性影响；反之亦然。这种能力最为激烈的表现形式，是一国的战争能力。因此，最初产生的现代国家先是彼此间通过战争决定彼此所得资源的多寡，由此形成一种内化的竞争关系。此后，在开辟新航线和发现新大陆后，将这种竞争转为对所谓无主地或野蛮地区掠夺的竞争上，由此形成一种外化的竞争。当这种竞争最终导致世界性的巨大战争并且再也没有任何"处女地"可供占据后，各国终于告别热战时代转而进入冷战，而实质仍然是对资源的控制。相应的，国际法的重心在早期是战争与和平，包括后期的占领和条约；此后则是如何共处，即基于共处基础的合作与发展。

在自由主义理论中，各方的共同利益决定了彼此间必须合作。这种共同利益基本上就是资本的利润最大化。为了实现这一目标，要求以市场规律调节资源配置，甚至是在超出国家边界的范围内进行调节。欧洲主导国际社会阶段，这种共同利益在很大程度上依然受控于国家以及政府；美国主导国际社会阶段时，这种共同利益是与国家权力并行甚至有时候超越国家权力的约束和控制。前者形成了国家资本主义，后者则形成了资本国家主义。美国所力求实现的全球化尤其是贸易全球化意欲实现的就是资本在国际社会的自由流动，并以其所主导的世界银行在助力全球发展的名义下为各地开出发展经济的药方，其核心则在于私有化；意欲实现的目的则是以其资本优势对世界形成控制。以此将自身的价值和制度提升至世界范围的唯一追求目标。①

其实无论是哪种学说，国家间关系都是将国家特定化，而后是特定国家的语言、逻辑以及价值的普适化，其意欲实现的目的很简单直白：某一霸权国家或者某一个大国集团对国际社会依照其单方意志的塑形。在针对中国与此国际体系的关系上，其处理也只是历史上此模式的再次无新意套用。无论是国际政治学界新近出现的有捧杀意味的 G2 的提法，② 还是由来已久的有非我族类意味的中国威胁论，又或者是国际法学界的中国与传统大国追求国家利益并无不同的同化论；无不体现对中国的心态要么是将其同化，要么就将其存在的独立意义抹杀。这一向是传统国际关系的核心内容。

————————

① 参见苏长和《世界秩序之争的"一"与"和"》，《世界经济与政治》2015 年第 3 期，第 34 页。

② 许诺给竞争对手以领导权，美国在瓦解苏联时已经做过。所谓 G2，也不过是翻版。参见〔美〕约翰·伊肯伯里《中国崛起与西方世界的未来：自由体系能否继续维持?》，《国外理论动态》2012 年第 11 期，第 26 页。

国际法新命题

（二）国家间关系模式的更新：和谐共生下的共赢关系

西方主导的国家间关系非此即彼逻辑，对于理解国际社会的演进历史以及当前现实提供了背景和答案；对于如何进一步构建国家间关系以促成未来国际社会的进展却不能提供有益帮助。基于当前国际社会多样性现实，我们需要一个更能描绘和解释现状以及预测其未来发展的透镜。这样的透镜最好能有一个超越非黑即白的简单逻辑的文化背景，有一个具有包容性品格的基本概念：目前来看，中国提出的"一带一路"的概念是最为适当的，它的主要内容集中在以经贸合作为基础，实现政治互信、经济融合、文化包容的利益共同体、命运共同体和责任共同体上。总而言之，这是一个以共生为基础的共赢概念。这就使得国际秩序在传统的和平共存基础上，有进一步朝向融合方向推进的可能。

这一推进将以新的国家间政治关系、经济关系、文化关系为主要内容。

在传统的国家政治关系安全领域中，你的安全意味着我的不安全，你的不安全意味着我的安全。这是完全符合其非此即彼的简单二元关系理念的。在国际社会限制了战争作为处理国家间关系和推行国家政策工具之后，传统安全问题在国际层面上占据的比重开始下降，非传统安全进入国际关系以及国际法的视野中。非传统安全提供了一种新原则，叫作超共存（superior coexistence），即你的安全就是我的安全，我的安全也是你的安全。很多中国学者相信非传统安全改变了原来以主权安全和核心的传统安全的看法，从国家安全扩展到共同安全、国际安全和人类安全，还包含了从以军事政治外交为主的高层级安全向以人类安全为主导的低层级安全的转变。[1]

---

[1] 刘亚琳：《2016 香山全球智库论坛："全球治理：机遇与挑战"分论坛会议综述（一）》，http://mt.sohu.com/20160705/n457872314.shtml，2016 年 8 月 1 日访问。

在传统国际经济关系贸易领域中，大国或大国集团以其所掌握的资源、技术、市场以及货币优势，占据世界体系经济网络的中心；超级大国甚至占据核心地位；其他的国家则依据所谓的"比较优势"以及因此而生的"分工"被设定在边缘以及次边缘地位。在这种设定下，国家间差距并非在缩小，反而是在扩大。从美国GDP在世界GDP所占比重以及美国每年的进出口在世界贸易中的比重看，美国依据其技术以及货币优势和苏联/俄罗斯、联邦德国、日本、英国、法国等二战后经济恢复的大国间的差距一直在扩大，遑论其他新兴国家。唯一和其差距缩小的，是正式加入WTO之后的中国。而中国的GDP在世界范围内份额的增加，意味着美国的相对比例的缩小。中国提出的经济发展是在贸易自由化和全球化方向上进一步扩大世界贸易总额，而美国此时却开始出现一定的保守主义和贸易保护主义。更形象地讲，此前各国际经济发展逻辑是财富体量增大的水涨船高逻辑，中国现在也还在继续坚持此逻辑，这是一个积极的建设性方向；美国却转向了追求其相对比例优势不变的水落石出逻辑，这是一个危险消极的非建设方向。简言之，中国主张共同富裕，美国则主张单边富裕。从国际社会发展趋势看，中国的主张将有大概率取代美国的主张。

在传统文化关系上，文明间歧视成为一条主线。西方的文明是先进的、非西方文明则是落后的；前者代表了人类发展方向，后者则应该被抛弃在历史的回收站。而随着民族独立和民族自决在国际社会中的应用，我们必须承认不同文明间的差异是天然存在的，而差异本身不意味着先进或落后。但在西方的政治文化逻辑中，依据康德的世界主义梦想：和平是自由民主政体的本性，西方国家都确信康德这一观点是正确无误的。自由民主政体和文化就是最先进的，就是人类追求的终极目标。美国在二战后以其制度和价值为标准规范国家间关系时，中小国家接受了美国主张的自由民主，与美国的关系就被认为出现了和平，即所谓的民主和平论。① 美国也因此在大战略中奉行不征服规则（non-conquest rule），并且以上帝选民身份自居，试图通过输出民主拯救其他的非民主世界和落后文化地区，并由此发起一次又一次的战争。② 而事实上，主要国家中民主的传播是否使国家明显的远离战争仍是存疑的。③ 根据统计，被视为好战的 18 世纪发生了 68 次战争，死亡人数 400 万；血腥的 19 世纪发生了 205 次战争，死亡人数 800 万；而 20 世纪则有 275 次战争，死亡人数 1.15 亿。转换成千人死亡率则分别是 18 世纪的 5‰、19 世纪的 6‰以及 20 世纪的 46‰。④

熟悉一统政治的大国都很清楚，在价值观政治和大国政治中，一旦全盘接受其他大国的一统理念，则无异于思想缴械。美国也因此对中国所提出的新型大国关系保持谨慎。谨慎在于新概念的解释权通常掌握在提出者手中。另外也有些尴尬，因为中国提出的新兴大国关系其中一点就在于避免陷入此前所谓的修昔底德陷阱，避免新兴大国和守成大国之间的战争状态。美国如果不认同此概念，则很容易被人指责为对和平的破坏者。美国由此会陷入不义之境地。⑤

二 国际法秩序的维新

（一）国际生活的变化决定了国际法的变化

"在国际法的整个历史中，国际法的发展是受国际生活的需要

---

① 苏长和：《世界秩序之争的"一"与"和"》，《世界经济与政治》2015 年第 3 期，第 34 页。
② 〔德〕约瑟夫·约菲：《对历史与理论的挑战：作为"最后超级大国"的美国》，载〔美〕约翰·伊肯伯里主编《美国无敌：均势的未来》，韩召颖译，北京大学出版社，2005，第 172 页。
③ 〔英〕巴里·布赞、理查德·利特尔：《世界历史中的国际关系——国际关系研究的再构建》，刘德斌等译，高等教育出版社，2004，第 244 页。
④ Tilly, Charles, *Coercion, Capital and European States AD 990 – 1990* (Oxford: Basil Black-well), p. 67.
⑤ 苏长和：《世界秩序之争的"一"与"和"》，《世界经济与政治》2015 年第 3 期，第 35 页。

的影响的"。^① 国际生活的需要在国际社会的不同阶段表现不同：在欧洲国际法年代，国际生活的主要需求是权力的世俗化和平等分散化，教皇以及神圣罗马帝国与日渐成形的各主权国家间矛盾是促成当时国际法发展的主要动力来源。当教皇的权力最终被局限在一个非常有限的范围内、当神圣罗马帝国终于在 1806 年被拿破仑推翻之后，主权和主权国家的观念就失去了原本对其形成牵制的权力集中和神圣化的力量，转而与此时兴起的民族主义结合，最终滑入一个危险的境地：即 20 世纪两次世界大战的爆发。

两次世界大战向人们警示着这样一种可能：当主权与民族主义结合，并且没有任何力量可以对这二者结合形成的力量予以牵制时，国际生活将会陷入极端混乱的状态，这就需要一个新的力量制约主权以及民族主义语境下的国际社会分崩离析。

一战后——尤其是二战后美国提出了新的制衡主权以及民族主义的概念，即国家间联合。由此形成了一战后不够成熟的国际联盟，以及二战后较为成熟的联合国。二战后国际生活的主要需求转变成了民族主义的主权国家如何和平共处，并在此基础上获得发展。各自独立平等的民族主权国家与彼此联合形成的张力关系，成为促成二战后国际法发展的动力来源。为了矫正 19 世纪至 20 世纪中期民族主权国家产生的分离力量，大量国际组织、国际机制以及国际法规则得以产生，形成了对国家间从经济领域、政治领域、文化领域、军事领域以及环境领域合作的基础和约束力量。

国家间联合的顺利进展，很容易使人产生一种错觉：国际社会将朝向一致方向不断发展直至全球统一。美国作为引导国际社会再度联合的超级大国，以包括贸易自由化内容的全球化以及人权概念为工具，试图将国际社会引导进入一个以美国式价值和制度为样本的全球大一统方向，实际上则是全球的美国化。其典型的表现，就

① 〔英〕劳特派特修订《奥本海国际法》上卷第一分册，王铁崖、陈体强译，商务印书馆，1989，第 16 页。

国际法新命题

是美国竭尽全力地在世界范围内输出民主和平论。其间，由于冷战的结束使得美国甚至获得了暂时性的胜利。然而，这种以单一的价值观念甚至是要么与我同化要么就消灭你的简单粗暴语言实现大一统的设想，毕竟不可能实现。国际社会的多极化理论之产生也正是因应国际社会这一需求。欧盟的成立以及中国的崛起都被视为促成国际社会多极化的重要力量。

因此，现下国际生活的主要需求是如何实现各自独立平等的民族主权国家与国家间联合的平衡，并且要防止国际社会退回到冷战状态。而美国单一的价值和简单粗暴的语言在实现这一点上则显得力有不逮。其所主导的国际法传统上长久存在的地方性和歧视性弱点，也日渐明显。国际社会需要朝向一个真正以国家间合意产生的法律规则为基础，能包容多样性的共同利益方向发展。共有利益和多样性利益之间的矛盾，将是促成国际法进一步发展的动力来源。

中国具有包容性的和谐理念的价值也因此得以体现。

（二）中国国家利益与共有利益的一致性可能

国际法的变动过程中，其主要动力来源于大国和既有规则之间的张力关系。当新兴大国产生之后，新兴大国会形成一个新的国际法发展变量。新兴大国对于国际法规则发展的影响体现在如下几个方面。[①] 其一，新兴大国产生之后，为实现其利益，将会努力谋求适合其实现利益的规则，由此推动国际法的发展。其二，新兴大国与守成大国之间的张力关系将会影响规范国家间关系的规则。一如中国在国际货币基金组织以及世界银行中投票权比重分别提升至6%以上和4.42%，[②] 美国的相应比例为16.5%和15.85%，以及中国通过创立亚洲基础设施投资银行等向国际社会供给新选择空间

[①] See Cai, Congyan, "New Great Powers and International Law in the 21st Century," *European Journal of International Law* 24（2013）：766.

[②] 中华人民共和国商务部：《世界银行提升中国投票权》，http://www.mofcom.gov.cn/aarticle/i/jyjl/m/201004/20100406885801.html，2016年8月6日访问。

等。其三,新兴大国对国际社会发展提出新设想或新理念时,如果该新兴大国的硬实力足够,则会推动体现其软实力的新设想反映在国际法规则上,一如中国所提出的"一带一路"设想以及共同体概念。

由此看来,新兴大国追求的国家利益是什么将对国际法发展产生决定性影响:新兴大国与守成大国之间的利益越来越趋同的情形下,国际法将继续朝向守成大国意图实现的方向发展。这也是为何现在有些国际法学者认为中国作为新兴大国,与既有大国并无不同,都受国家利益驱动,① 最终追求的方向也是大国特权而非国家间平等;而中国和其他广大发展中国家之间的利益分歧压力也会加大。这种主张的目的仍然是将中国从其可能的盟友间孤立和分化出来,并进而压制中国的崛起和发展空间。

新兴大国如果能够将其利益与国家间共同利益结合起来,则国际法就会逐渐从原来日渐偏向超级大国的单边和霸权方向矫正回来,并且与国际法规则中隐藏着的自然法力量汇集,使得国际法最终朝向一种合作共赢的方向发展。

由此看,大国国家利益如何界定至关重要。② 根据摩根索的观点,国家利益根植于一国的经验和权力,是一国外交政策的可靠指引。除此之外的道德主义、乌托邦主义、情感主义或是法治主义不仅不能对外交政策提供有效指引,实际上还是有害的,因为它们为一种无尽的征讨政治提供了理想化的正名。③ 这一观点中的合理之处在于警示国家利益不能指向一种虚无的过于理想化的方向;其不合理之处则在于忽视国际社会中既有机制和规则的自我矫正能力:

---

① Cai, Congyan, "New Great Powers and International Law in the 21ˢᵗ Century," *European Journal of International Law* 24 (2013): 760. 当然,有关国家利益的提法并不新鲜,Friedmann、Goldsmith、Posner 等多个学者都有类似提法。

② Leonard, *A Case Study in Declining American Hegemony* (Whitehead J. Diplomatic & Int'l Relations, 2007), p. 158.

③ Koskenniemi, Martti, *The Gentle Civilizer of Nations* (Cambridge: Cambridge University Press, 2001), p. 413.

就像中世纪末期教皇权力过大时，最终引发了权力的世俗化发展；一战和二战之后主权国家过于偏离自我和分离的方向时，则引发了国家间联合的力量。现今，国际社会过于偏向美国以和平民主论统一国际社会的单一方向，必然需要一个能包容多样性且以真正共同利益取代美国单边利益的力量，这个力量将指向国家间的共生关系，① 这要求一个真正的大国承担此国际责任。

真正的大国，必须不仅有能力和有余地消除其他国家联合反对自己，而且必须提供基本的服务。反恐战争以来，美国已经减少了对公共产品的投入，诸如退出军控条约、不签署相关条约、转回贸易保守主义等，国际公共产品的空间越来越大，国际公共产品的赤字也越来越大，这就需要有新的提供者。

权力源自责任，责任要求能超越狭隘的自我利益和自我局限。而这才是真正的普适主义：其并非将一种具有明显地方性和歧视性的小范围秩序经验放大，使其成为放之四海而皆准的原则，而是在尊重"物之不齐、物之性也"的差异基础上，逐渐扩大为各方所共同接受的利益观念形成共生共进的一体关系。②

问题的延伸和发展（代结语）

新兴大国要成为真正的强国，既需要物质准备，也需要理论准备。这种理论准备需要一种新出现的价值观念得到大多数国家的认同。根据学者的观察，在新兴大国中，只有中国具有持续提高在国际经济领域和安全议题领域的能力。③ 这就要求中国对国际社会以及维护国际社会的国际法规则提供新的理论和命题，21 世纪海上丝

---

① 参见苏长和《以新普遍主义建构世界秩序——对共生问题的进一步思考》，《探索与争鸣》2014 年第 11 期，第 35～38 页。

② 苏长和：《世界秩序之争的"一"与"和"》，《世界经济与政治》2015 年第 3 期，第 39 页。

③ 也有学者质疑中国在这一点上的可能贡献和作为。See Fidler, David P., "The Asian Century: Implications for International Law," *Singapore Yearbook of International Law and Contributors* 9（2005）：31.

绸之路战略正是中国可向国际社会提供新选择的契机。这种新选择的重点不再投射在威斯特伐利亚体系下的国家间共存上，而是以现在于一定限度上存在的国家间的合作为起点，力求实现国家间的融合。因此，国际法规则将在如何处理国家间共存的基础上，规范实现国家间的全面合作以及融合。在这个方向上，国际法不再是可有可无或者只是国际政治的一个小部分，而是维持国际秩序所不可或缺的规则体系。

中国的崛起被视为 21 世纪的重大事件之一。如学者所说，占世界人口四分之一的中国人民，将会在决定人类共同命运中起重大作用。

中国曾长期是源于西欧的现代国际体系的外部人事实，可能为中国成为推进国际社会发展的新动力来源提供最好的视角。中国历史上的政治结构以及与周边其他政治实体的关系，一般被确认为是帝国模式。这种模式下，中国长期是世界体系的中心。有国外学者提出，权力中心在过去的三四百年间转移至西欧以及 20 世纪转移至美国，以长历史视角看，只是中华体系的暂时偏离。或者也可以说是权力对资本的暂时屈从。长远地看，权力驾驭资本并重视资本是最好的模式，但资本有时候会谋求驾驭权力并驱使权力为其所驾驭。后者是非常危险的，因为这通常意味着文明的衰朽。在国际关系上，除了权力和资本的力量，第三种力量来源于理念。中国历史中基础深厚的包容性，与西欧文明下的排除异己相比，更适合未来国际社会的发展。

在经济发展的基础上，中国可考虑适时为国际社会提供更多的国际公共产品，或者说国际社会共需品。国际公共产品包括国际社会的秩序、安全、机制、合作途径与平台、汇率稳定。国际社会的秩序维护更多的是理念供给：中国可在国际社会上阐明既有国际社会的地方性和丛林性的危险，推进国际社会认同包容性的发展目标。安全包括传统安全与非传统安全。机制是国际社会的沟通途径和场合以及各种议题和平台。当前国际社会的公共产品供应不足，包括新议题供给不足，将成为中国建构性参与国际社会的契机。

为消除国际社会对中国成为新兴的超级大国之后是否会重复美国单边主义的担忧，中国最可考虑的途径是承诺推进国际规则朝向一个维护包容性国际社会的目标发展，并尊重有利于实现此目标的国际规则。

中国尊重国际法，应该与美国对国际法的工具化截然不同。国际法并非不能用为工具，但如果只是工具和权术，远离秩序与道德，国际法就会被人轻视。如此次南海仲裁案是典型的国际法被美国工具化的实例。近期一些仍然在质疑中国"三不策略"的声音，其实有意无意地忽视了这一点。这种倾向的危险性在于可能使国际社会陷入修昔底德陷阱无力自拔。美国对国际法的工具化，与欧洲对待国际法的传统一脉相承。西班牙成为第一个日不落帝国时，借助维托利亚的论著界定了法律的普适性，为其武力征服印第安以及印第安人正名；英国成为新的日不落帝国后，为确保其海外殖民地与本土的顺利交通往来，海盗罪、战时中立、与殖民地间的不平等条约制度等成为国际法上的内容。1887 年，英国首相 Salisbury 认为，据通常理解的法律一词的意义看，根本就没有什么国际法。它总体上依赖于教科书编写者的个人观点。没有法院能执行，由此以法律这个术语来指称国际法于一定程度上是具有误导性的。基欧汉的研究结果显示，"在考察美国自 1776 年到 1989 年对国际承诺的遵守问题时，我发现存在着比我最初想象的、更多的不遵守现象"。可以说，美国主导下的国际法发展方向更像是单边主义的变形，即以名义上代表所有国家甚至全人类价值将体现其单边利益的诉求合法化的倾向，并将与其诉求不同的国家流氓化、非法化。中国可从价值上对国际法发展供给新的理念。一个能促成更多国际主体满意方向应该是以尊重和包容为取向的，丛林式社会下的先到先得、后到不得的理念，应逐渐从国际法理念的核心位置上退下。

结　语

现代国际社会肇始于 16 世纪。500 多年的发展中，国家之间的关系特征由最初的丛林竞争进入遵循规则。丛林社会向规则社会的转折，发生在二战结束后至今的 70 余年。之所以判断这 70 余年是转折期和过渡期，是因为一战和二战作为丛林阶段国家间所能爆发的最大规模冲突，已经宣告了丛林时期强者法则的终结。美国在二战后主导和推动建立的大量国际组织和国际法规则，虽然有维护其霸权地位的意图，却因为受到这些规则发展中产生的越来越强大的约束力，而越来越不能像之前的霸权国一样肆意妄行。可以认为，美国是丛林国际社会的最后霸主，也是规则国际社会的奠基者。由于不能摆脱其已经适应的丛林社会下的弱肉强食模式，美国也将越来越不能适应规则国际社会的约束并进而丧失其霸权地位，由此失去推动国际社会朝向规则社会发展的能力和意愿。

中国曾长期是现代国际社会的局外人，具备打破国际社会沦陷于丛林阶段的视角和意愿。随着中国经济实力的发展以及在未来 10 年左右的时间点上取代美国成为第一经济体，中国届时将会成为最合适和最有能力的国际社会发展推动者，并且有可能按照自己的构想，为国际社会发展确定目标和蓝图。因此，今后 10 年将会成为中国在国际社会上有所作为的时间起点。这一构想的方向，不是复制以往崛起大国的丛林式强者道路，而应该是更多数国家稳定参与和可预期受益的规则社会。中国不是当头，而是集合更大的力量形成任何单一力量都无法否定的趋势，推进国际社会朝向此方向发展。

参考文献

中文文献

[1] 〔法〕雅克·阿尔诺:《对殖民主义的审判》,岳进译,世界知识出版社,1962。

[2] 白明韶:《WTO 下的美国国家主权保护机制及其启示》,《学术研究》2002 年第 1 期。

[3] 〔美〕伯尔曼:《法律与革命:西方法律传统的形成》,贺卫方译,中国大百科全书出版社,1993。

[4] 〔匈〕卡尔·波兰尼:《巨变:当代政治与经济的起源》,黄树民译,社会科学文献出版社,2013。

[5] 〔美〕理查德·波斯纳:《法律的经济分析》,蒋兆康译,法律出版社,2012。

[6] 〔英〕巴里·博赞、理查德·利特尔:《世界历史中的国际关系——国际关系研究的再构建》,刘德斌等译,高等教育出版社,2004。

[7] 〔英〕巴瑞·博赞（或译为巴里·布赞/Barry Buzan）:《世界历史的分期与国际体系的演变》,《史学集刊》2003 年第 1 期。

[8] 〔英〕伊恩·布朗利著《国际公法原理》,曾令良、余敏友等译,法律出版社,2007。

[9] 蔡从燕:《私人机构性参与多边贸易体制》,北京大学出版社,2007。

[10] 蔡从燕:《国际法上的大国问题》,《法学研究》2012年第6期。

[11] 陈德恭:《共同开发的国际法原则和国际实践》,《清华法律评论》第四辑,2002。

[12] 陈学明:《布什政府强烈阻挠〈京都议定书〉的实施说明了什么——评福斯特对生态危机根源的揭示》,《马克思主义研究》2010年第2期。

[13] 仇华飞:《当代国际体系转变中的中国对外战略》,《同济大学学报》(社会科学版)2009年第2期。

[14] 〔美〕安东尼·达马托:《国际法中的习惯的概念》,姜世波译,山东文艺出版社,2012。

[15] 邓正来:《王铁崖与中国国际法学的建构——读〈王铁崖学术文化随笔〉》,《中国法学》1997年第6期。

[16] 邓正来:《中国法学向何处去》,商务印书馆,2011,第2版。

[17] 董勤:《安全利益对美国气候变化外交政策的影响分析——以对美国拒绝〈京都议定书〉的原因分析为视角》,《国外理论动态》2009年第10期。

[18] 〔美〕威尔·杜兰:《世界文明史》第六卷"宗教改革",幼狮文化公司译,东方出版社,1998。

[19] 〔美〕威尔·杜兰:《世界文明史》第七卷"理性开始时代",幼狮文化公司译,东方出版社,1998。

[20] 〔美〕威尔·杜兰:《世界文明史》第八卷"路易十四时代",幼狮文化公司译,东方出版社,1998。

[21] 方连庆等编《国际关系史》现代卷,北京大学出版社,2001。

[22] 〔德〕J. G. 费希特:《评〈论永久和平〉》,李理译,《世界哲学》2005年第2期。

［23］冯洁：《论国际司法程序中的事实调查——以国际性司法机构与当事国的权限划分为核心》，《证据科学》2015 年第 5 期23 卷。

［24］傅崐成等编译《弗吉尼亚大学海洋法论文三十年精选集 1977—2007》（第一卷），厦门大学出版社，2010。

［25］〔美〕弗兰西斯·福山：《历史的终结及最后之人》，黄胜强等译，中国社会科学出版社，2003。

［26］薄燕著：《国内谈判与国内政治——美国与〈京都议定书〉谈判的实例》，上海三联书店，2007。

［27］高岱、郑家馨：《殖民主义史·总论卷》，北京大学出版社，2003。

［28］高岚君：《中国国际法价值观析论》，《法学评论》2005 年第2 期。

［29］〔荷〕雨果·格劳秀斯：《论海洋自由或荷兰参与东印度贸易的权利》，马忠法译，上海人民出版社，2005。

［30］〔荷〕雨果·格劳秀斯：《海洋自由论·新大西岛》，〔英〕培根（英）译，宇川、汤茜茜（汉）译，上海三联书店，2005。

［31］〔荷〕雨果·格劳秀斯：《战争与和平法》，〔美〕A. C. 坎贝尔（英）译，何勤华等（汉）译，上海人民出版社，2013。

［32］Robert A. Goldwin：《共同理念与“共同遗产”》，张相君译，傅崐成等编译《弗吉尼亚大学海洋法论文三十年精选集1977—2007》（第一卷），厦门大学出版社，2010。

［33］Richard J. Greenwald：《关于修改 UNCLOS 第 XI 部分的争议》，刘先鸣译，载傅崐成等编译《弗吉尼亚大学海洋法论文三十年精选集 1977—2007》第一卷，厦门大学出版社，2010。

［34］韩冬雪：《论中国文化的包容性》，《山东大学学报》（哲学社会科学版）2013 年第 2 期。

［35］贺其治：《国际法院在争端解决中的角色》，《中国国际法年

刊（2005）》世界知识出版社，2006。

[36] 何志鹏：《从"和平与发展"到"和谐发展"——国际法价值观的演进与中国立场调适》，《吉林大学社会科学学报》2011年第4期。

[37] 何志鹏：《国际法哲学导论》，社会科学文献出版社，2013。

[38] 何志鹏：《中国特色国际法理论：问题与改进》，《华东政法大学学报》2013年第1期。

[39] 何志鹏：《国际法的中国理论：前提与构想》，《厦门大学法律评论》2013年4月（总第21辑）。

[40] 何志鹏：《走向国际法的强国》，《当代法学》2015年第1期。

[41] 〔美〕路易斯·亨金等：《真理与强权——国际法与武力的使用》，胡炜、徐敏译，武汉大学出版社，2004。

[42] 〔美〕路易斯·亨金：《国际法：政治与价值》，张乃根等译，中国政法大学出版社，2005。

[43] 〔美〕塞缪尔·P.亨廷顿：《变化社会中的政治秩序》，王冠华等译，生活·读书·新知三联书店，1989。

[44] 〔英〕华尔托斯：《国际联盟史》上卷，汉敖等译，商务印书馆，1964。

[45] 黄异：《海洋与法律》，新学林出版股份有限公司，2010。

[46] 〔英〕埃里克·霍布斯鲍姆：《极端年代》（上），马凡等译，江苏人民出版社，1998。

[47] 霍建国：《"一路一带"战略构想意义深远》，《人民论坛》2014年第5期（下）。

[48] 纪建文：《法律中先占原则的适用及限度》，《法学论坛》2016年第4期。

[49] 〔美〕罗伯特·基欧汉：《霸权之后：世界政治经济中的合作与纷争》，苏长和等译，上海人民出版社，2001。

[50] 季卫东：《法治秩序的建构》，商务印书馆，2014。

［51］贾兵兵：《国际公法：和平时期的解释与适用》，清华大学出版社，2015。

［52］江海平：《试论国家权力对国际立法的影响》，《现代国际关系》2004 年第 12 期。

［53］江西元：《从天下主义到和谐世界：中国外交哲学选择及其实践意义》，《外交评论》2007 年第 4 期。

［54］〔澳〕杰里·辛普森：《大国与法外国家——国际法律秩序中不平等的主权》，朱利江译，北京大学出版社，2008。

［55］金灿荣：《对时代基本特征的几点思考》，《现代国际关系》2002 年第 7 期。

［56］金瑞林主编《环境与资源保护法学》，高等教育出版社，2013。

［57］金善明：《困境与路径：竞争法国际化的规范分析》，《社会科学》2012 年第 11 期。

［58］〔英〕爱德华·卡尔：《20 年危机（1919—1939）国际关系研究导论》，秦亚青译，世界知识出版社，2005。

［59］〔意大利〕安东尼奥·卡塞斯：《国际法》，蔡从燕等译，法律出版社，2009。

［60］〔美〕汉斯·凯尔森：《国际法原理》，王铁崖译，华夏出版社，1989。

［61］〔美〕汉斯·凯尔森：《法与国家的一般理论》，沈宗灵译，中国大百科全书出版社，1996。

［62］〔瑞士〕托马斯·科蒂埃：《良好管理注意的出现：世界贸易组织和中国加入的影响》，弗里德里克·M. 艾博特《世界贸易体制下的中国》，李居迁译，法律出版社，2001。

［63］〔挪〕托布约尔·克努成：《国际关系理论史导论》，余万里、何宗强译，天津人民出版社，2004。

［64］〔英〕劳特派特修订《奥本海国际法》上卷第一分册，王铁

崔、陈体强译，商务印书馆，1989。

[65] 李金明：《海洋法公约与南海领土争议》，《南洋问题研究》2005 年第 2 期。

[66] 李俊文：《国际立法民主化的趋势与国际社会应对策略之研究——以全球化为视角》，《云南大学学报》（法学版）2010 年第 1 期。

[67] 李英芬：《关于话语权的国际法思考》，《前沿》2010 年第 5 期。

[68] 联合国新闻部：《〈联合国海洋法公约〉的评介》，高之国译，海洋出版社，1986。

[69] 梁淑英主编《国际法》，中国政法大学出版社，2011。

[70] 梁西主编《国际法》，武汉大学出版社，2000。

[71] 刘北成编著《福柯思想肖像》，北京师范大学出版社，1995。

[72] 刘佳、李双建：《从海权战略向海洋战略的转变——20 世纪 50—90 年代美国海洋战略评析》，《太平洋学报》2011 年第 10 期。

[73] 刘楠来等：《国际海洋法》，海洋出版社，1986。

[74] 刘士平：《论 WTO 争端解决机制中国家主权的让渡与维护》，《湖湘论坛》2004 年第 3 期。

[75] 刘笋：《国际投资保护的国际法制——若干重要法律问题研究》，法律出版社，2002。

[76] 刘志云：《国际法发展进程中的"观念"及其影响途径》，《现代法学》2007 年第 4 期。

[77] 刘中民、黎兴亚：《地缘政治理论中的海权问题研究——从马汉的海权论到斯皮克曼的边缘地带理论》，《太平洋学报》2006 年第 7 期。

[78] 〔英〕路德维希·维特根斯坦：《逻辑哲学论》，郭英译，商务印书馆，1985。

［79］罗国强：《中国国际法发展之新思路》，《新疆大学学报》（哲学人文社会科学版）2014 年第 4 期。

［80］〔英〕马丁·雅克：《当中国统治世界：中国的崛起与西方世界的衰弱》，中信出版社，2010。

［81］〔美〕阿尔弗雷德·塞耶·马汉：《海权论》，范利鸿译，陕西师范大学出版社，2007。

［82］毛艳华：《"一带一路"对全球经济治理的价值与贡献》，《人民论坛》2015 年第 3 期（下）。

［83］密晨曦：《军舰的无害通过问题浅析》，高之国等主编《国际海洋法发展趋势研究》，海洋出版社，2007。

［84］〔美〕汉斯·摩根索：《国际纵横论——争强权，求和平》，卢明华等译，上海译文出版社，1995。

［85］潘德勇：《学派视角下的国际立法科学性》，《甘肃政法学院学报》2013 年 3 月第 127 期。

［86］庞中英：《"世界大国"与"正常国家"》，《世界经济与政治》2002 年第 11 期。

［87］〔德〕塞缪尔·冯·普芬道夫著《自然法与国际法》第一、二卷，罗国强、刘瑛译，北京大学出版社，2012。

［88］漆琪生：《资本论大纲》（第一卷），人民出版社，1985。

［89］秦亚青：《国际关系理论中国学派生成的可能与必然》，《世界经济与政治》2006 年第 3 期。

［90］任东波：《从国际社会到国际体系——英国学派历史叙事的转向》，《史学理论研究》2014 年第 2 期。

［91］阮建平：《话语权与国际秩序的建构》，《现代国际关系》2003 年第 5 期。

［92］盛洪：《中国可能的贡献：在国际关系中实践道德理想》，《战略与管理》1996 年第 1 期。

［93］〔德〕卡尔·施密特：《陆地与海洋：古今之"法"变》，林

国基、周敏译，上海三联书店，2006。

[94] 宋显忠：《什么是部门法哲学?》，《法制与社会发展》2009 年第 4 期。

[95] 苏长和：《以新普遍主义建构世界秩序——对共生问题的进一步思考》，《探索与争鸣》2014 年第 11 期。

[96] 苏长和：《世界秩序之争的"一"与"和"》，《世界经济与政治》2015 年第 3 期。

[97] 苏晓宏：《变动世界中的国际司法》，北京大学出版社，2005。

[98] 孙芳、杨丹丹：《TPP 和 TTIP：美国战略与中国应对》，《国际经济合作》2014 年第 9 期。

[99] 孙向晨：《民族国家、文明国家与天下意识》，《探索与争鸣》2014 年 9 月。

[100] 孙玉荣：《古代中国国际法研究》，中国政法大学出版社，1999。

[101] 王缉思：《摩根索理论的现实性与非现实性》，〔美〕汉斯·摩根索：《国家间政治——寻求权力与和平的斗争》，徐昕、郝望、李保平译，中国人民公安大学出版社，1990，译序。

[102] 王江雨：《地缘政治、国际话语权与国际法上的规则制定权》，《中国法律评论》2016 年第 2 期。

[103] 王晋斌、马曼：《对当前世界经济十大问题的判断》，《安徽大学学报》（哲学社会科学版）2015 年第 2 期。

[104] 王林彬：《国际司法程序价值论》，法律出版社，2009。

[105] 王铁崖：《中国与国际法——历史与当代》，《中国国际法年刊》，1991 年。

[106] 王铁崖：《国际法》，法律出版社，1995。

[107] 王铁崖：《国际法引论》，北京大学出版社，1998。

[108] 王扬祖：《里约宣言剖析》，《中国环境管理》1992 年第 4 期。

[109] 王逸舟：《西方国际政治学：历史与理论》，中国社会科学出版社，2007。

[110] 王正毅：《中国崛起：世界体系发展的终结还是延续?》，《国际安全研究》2013 年第 3 期。

[111] 王之佳：《对话与合作全球环境问题和中国环境外交》，中国环境科学出版社，2003。

[112] 〔美〕伊曼纽尔·沃勒斯坦：《现代世界体系》第一卷，尤来寅等译，高等教育出版社，1998。

[113] 吴涓：《我国保护臭氧层的实践及其立法完善》，《当代法学》2000 年第 1 期。

[114] 吴于廑、齐世荣主编《世界史·古代史编》下卷，高等教育出版社，2001。

[115] 肖建国：《论国际法上共同开发的概念及特征》，《外交学院学报》2003 年第 2 期。

[116] 谢晖：《论法律实效》，《学习与探索》2005 年第 1 期。

[117] 徐崇利：《国际经济法律秩序与中国的"和平崛起"战略》，《比较法学》2005 年第 6 期。

[118] 徐崇利：《"体系外国家"心态与中国国际法理论的贫困》，《政法论坛》2006 年第 5 期。

[119] 徐崇利：《软硬实力与中国对国际法的影响》，《现代法学》2012 年第 1 期。

[120] 许光建：《联合国宪章诠释》，山西教育出版社，1999。

[121] 〔日〕岩井尊闻口述，熊元翰、熊元襄编，李伟芳点校，《国际公法》，上海人民出版社，2013。

[122] 阎学通：《变化中的世界与中国》，《现代国际关系》2006 年第 9 期。

[123] 阎学通：《中美软实力比较》，《现代国际关系》2008 年第 1 期。

[124] 杨泽伟:《宏观国际法史》,武汉大学出版社,2001。

[125] 杨泽伟:《国际法史论》,高等教育出版社,2011。

[126] 杨泽伟:《〈联合国海洋法公约〉 的主要缺陷及其完善》,《法学评论》2012 年第 5 期。

[127] 〔美〕约翰·伊肯伯里编《美国无敌:均势的未来》,韩召颖译,北京大学出版社,2005。

[128] 〔美〕约翰·伊肯伯里:《中国崛起与西方世界的未来:自由体系能否继续维持?》,《国外理论动态》2012 年第 11 期。

[129] 于宏源:《"通向哥本哈根:气候变化和发展中国家"国际研讨会综述——上海国际问题研究院组织发展中国家气候大使和专家协调谈判立场》,《国际展望》2009 年第 1 期。

[130] 余敏友:《论 21 世纪以来中国国际法的新发展与新挑战》,《理论月刊》2012 年第 4 期。

[131] 余潇枫、张泰琦:《"和合主义":建构"国家间认同"的价值范式——以"一带一路"沿线国家为例》,《西北师大学报》(社会科学版) 2015 年第 6 期。

[132] 俞新天: 《和谐世界与中国的和平发展道路》,徐敦信编《世界大势与和谐世界》,世界知识出版社,2007。

[133] 俞正梁:《全球化时代的国际关系》,复旦大学出版社,2000。

[134] 〔德〕约瑟夫·约菲:《对历史与理论的挑战:作为"最后超级大国"的美国》,载〔美〕约翰·伊肯伯里编《美国无敌:均势的未来》,韩召颖译,北京大学出版社,2005。

[135] 曾丽洁:《国际法领域的美国例外主义》,《当代世界与社会主义》2006 年第 4 期。

[136] 曾令良:《论中国和平发展与国际法的交互影响和作用》,《中国法学》2006 年第 4 期。

[137] 〔德〕M. W. 詹尼斯:《国际法中的公平原则》,胡应志译,

《法学丛译》1990 年第 5 期。

[138] 詹宁斯：《奥本海国际法》上卷第二分册，王铁崖等译，中国大百科全书出版社，1998。

[139] 章昌裕：《WTO 困境下的国际贸易新格局与挑战》，《对外经贸实务》2013 年第 12 期。

[140] 张莉：《发展中国家在气候变化问题上的立场及其影响》，《现代国际关系》2010 年第 10 期。

[141] 张琳：《国际经贸新规则：中国自贸区的实践与探索》，《世界经济与政治论坛》2015 年第 5 期。

[142] 张明之、梁洪基：《全球价值链重构中的产业控制力》，《世界经济与政治论坛》2015 年第 1 期。

[143] 张乃根：《国际法原理》，中国政法大学出版社，2002。

[144] 张勇进、〔英〕巴里·布赞：《作为国际社会的朝贡体系》，《国际政治科学》2012 年第 3 期。

[145] 郑国栋：《试论 WTO 机制对发展中国家的不公平》，《世界经济与政治论坛》2002 年第 4 期。

[146] 周鲠生：《国际法》（上），商务印书馆，1976。

[147] 周珂主编《环境法》，中国人民大学出版社，2013，第 4 版。

[148] 周珂主编《环境与资源保护法》，中国人民大学出版社，2015，第 3 版。

[149] 周忠海：《中国的和平崛起需要加强对国际法的研究》，《法学研究》2004 年第 2 期。

[150] 朱锋：《美国退出反导条约：原因及其影响》，《国际经济评论》2002 年第 5 期。

[151] 庄贵阳：《哥本哈根气候博弈与中国角色的再认识》，《外交评论》2009 年第 6 期。

英文文献

[1] Acheson, Dean, *Present at the Creation: My Years in the State De-*

partment (New York: W. W. Norton, 1969).

[2] Alexandrowicz, Charles, "The Afro-Asian World and the Law of Nations: Historical Aspects," in *Hague Academy of International Law* (Leiden: Brill Nihoff, 1968).

[3] Allen, T. Mills. , "US Plans Anti-Terror Raids," *Sunday Times* 4 (2001).

[4] Alvarez, Jose E. , "Hegemonic International Law Revisited," *American Journal of International Law* 97 (2003).

[5] Amstutz, Mark R. , *International Conflict and Cooperation* (Boston: McGraw · Hill, 1999).

[6] Anghie, Antony, *Imperialism, Sovereignty and the Making of International Law* (Cambridge: Cambridge University Press, 2004).

[7] Armstrong, David, "Law, Justice and the Idea of World Society," *International Affairs* 3 (1995).

[8] Aron, Raymond, *Peace and War: A Theory of International Relations* (New York: Praeger Publisher, 1968).

[9] Arrighi, Giovanni, Takeshi Hamashita, and Selden Mark, *The Resurgence of East Asia: 500, 150 and 50 Year Perspectives* (London: Routledge, 2003).

[10] Arrighi, Giovanni, *Adam Smith in Beijing* (London: Verso, 2007).

[11] Azevêdo, Roberto, "Foreword", *A History of Law and Lawyers in the GATT/WTO* (Cambridge: Cambridge University Press, 2015).

[12] Baily, Martin Neil, "Adjusting to China: A Challenge to the U. S. Manufacturing Sector," *Brookings* 179 (2011).

[13] Beaulac, Stéphane, *The Power of Language in the Making of International Law* (Leiden/Boston: Martinus Nijhoff Publishers, 2004).

国际法新命题

364

[14] Besson,Samantha, Tasioulas,John, *The Philosophy of International Law* (Oxford: Oxford University Press, 2010).

[15] Bhala, Raj, "Resurrecting the Doha Round: Devilish Details, Grand Themes, and China Too," *Texas International Law Journal* 45(2009).

[16] Bluntschli,J. C. , *Denkwürdiges aus meinem Leben, auf veranlassung derFamilie durchgesehen und veröffentlicht Von Dr. Rudolf Seyerlen* ,Vol. 3 (Nördlingen:Beck, 1884, Vol. III).

[17] Bond,Brian, *War and Society in Europe 1870 – 1970* (London: Fontana, 1983).

[18] Bowden,Brett, *The Empire of Civilization: The Evolution of an Imperial Idea* (Chicago: University of Chicago Press, 2009).

[19] Brierly,James Leslie, *The Outlook for International Law* (Oxford: Clarendon Press, 1944).

[20] Brierly,James Leslie, *Law of Nations* (Oxford: Clarendon Press, 1963).

[21] Brown,Chris, *Sovereignty, Rights and Justice International Political Theory Today*(Malden: Blackwell Publishers, 2002).

[22] Burley,Anne-Marie Slaughter, "International Law and International Relations Theory: A Dual Agenda," *American Journal of International Law* 87(1993).

[23] Burrow,J. W. , *Evolution and Society. A Study in Victorian Social Theory* (Cambridge: Cambridge University Press, 1966).

[24] Burton, Eli G. , "Reverse the Curse: Creating a Framework to Mitigate the Resource Curse and Promote Human Rights in Mineral Extraction Industries in Africa," *Emory International Law Review* 28(2014).

[25] Bull,Hedley, "Society and Anarchy in International Relations,"

in Butterfield, H. , and Wight, Martin, eds. , *Diplomatic Investigations*, (*Cambridge*: *Harvard University Press*, 1966).

[26] Bull, Hedley, *The Anarchical Society*: *A Study of Order in World Politics* (London: MacMillan, 1977).

[27] Byers, Michael, *Custom*, *Power and the Power of Rules* (Cambridge: Cambridge University Press, 1999).

[28] Cai, Congyan, "New Great Powers and International Law in the 21st Century," *European Journal of International Law* 24 (2013).

[29] Callahan, William A. , "Introduction: Tradition, Modernity and Foreign Policy in China," in Callahan, W. A. , and Barabantseva, E. , eds. , *China Orders The World*: *Normative Soft Power and Foreign Policy* (Washington D. C. : Woodrow Wilson Press, 2011).

[30] Caporaso, James A. , "Changes in the Westphalian Order: Territory, Public Authority, and Sovereignty," *International Studies Review* 2 (2000).

[31] Catellani, Enrico, "Le droit international au commencement de XXe siècle," *Revue Générale de Droit International Public* 8 (1901).

[32] Chadwick, Owen, *The Secularization of the European Mind in the 19th Century* (Cambridge: Cambridge University Press, 1995 [1975]).

[33] Charney, Jonathan I. , "Note and Comment: Rocks That Cannot Sustain Human Habitation", *American Journal of International Law* 93 (1999).

[34] Chomsky, Noam, "Defying the world—America: The Outlaw State," *Le Monde Diplomatique*, 2 August 2000.

[35] Churchill, Winston W. , *The Gathering Storm*, Vol. I (Boston: Houghton Mifflin, 1948).

国
际
法
新
命
题

[36] Clagget, Brice M. , "Competing Claims of Vietnam and China in the Vanguard Bank and the Blue Dragon Areas of the South China Sea: Part I , " *Oil and Gas Law and Taxation Review* 13 (1995).

[37] Collini, Stefan, *Public Moralists. Political Thought and Intellectual Life in Britain 1850 – 1930* (Oxford: Clarendon, 1991).

[38] Collste, Göran , *Global Rectificatory Justice* (Hampshire: Palgrave Macmillan, 2015).

[39] Cotterell, Roger, *The Politics of Jurisprudence: A Critical Introduction to Legal Philosophy* (London: Butterworth, 1989).

[40] Clark, Ian, *The Hierarchy of States: International and World Order* (Cambridge: Cambridge University Press, 1989).

[41] Crawford, James, *The Creation of States in International Law* (Oxford: Clarendon Press, 2006).

[42] Culter A. , Claire, "The Grotian tradition' in international relations, " *Review of International Studies* (17) 1991.

[43] De, Laveleye Emile, *Des causes actuelles de guerre en Europe et de l'arbitrage* (Brussels andParis: Muquerdt and Guillaumin, 1873).

[44] Delahunty, R. J. , The Crimean Crisis, *University of St. Thomas Journal of Law & Policy* 9 (2014).

[45] Despagnet, Frantz , *Cours de droit international public* (Paris: Larose, 1889).

[46] Dickinson, Edwin DeWitt , *The Equality of States in International Law* (Harvard University Press, 1920).

[47] Doyle, Michael W. , *Empires* (New York: Cornell University Press, 1986).

[48] Dunn, Frederick S. , "The Scope of International Relations, " in Hoffmann, Stanley, ed. , *Contemporary Theory in International Relations* (New Jersy: Prentice-Hall Inc. , 1960).

[49] Durand, André, "The Role of Gustave Moynier in the Founding of the Institute of International Law (1873)," *ICRC Review* 34 (1994).

[50] Dutton, Peter, *Military Activities in the EEZ: A U. S. -China Dialogue on Security and International Law in the Maritime Commons* (New Port: Naval War College Press, 2010).

[51] Evensen, Jens, "The International Court of Justice Main Characteristics and Its Contribution to the Development of the Modern Law of Nations," *Nordic Journal of International Law* 57 (1988).

[52] Ewelukwa, Uche U. , "South-South Trade and Investment," *Minnesota Journal of International Law* 20 (2011).

[53] Fidler, David P. , "The Asian Century: Implications for International Law," *Singapore Yearbook of International Law and Contributors* 9 (2005).

[54] Fiore, Pasquale, *Le droit international codifié et sa sanction juridique* (Paris: Pedone, 1890).

[55] Fisch, Jörg, *Die europäische Expansion und das Völkerrecht* (Stuttgart: Steiner, 1984).

[56] Franck, Thomas, *Fairness in International Law and Institutions* (Oxford: Clarendon Press, 1995).

[57] Franck, Thomas, *The Empowered Self: Law and Society in the Age of Individualism* (Oxford: Oxford University Press, 1999).

[58] Frank, Andre Gunder, *Capitalism and Underdevelopment in Latin America* (New York: Monthly Review Press, 1967).

[59] Frank, Andre Gunder, "A Theoretical Introduction to Five Thousand Years of World System History," *Review* 13 (1990).

[60] Frank, Andre Gunder, *The World System: 500 Years or 5,000?* (London: Routledge, 1996).

[61] Frei, Christoph, Morgenthau, Hans J. , *Eine intellektuelle Biographie*, 2nd ed. (Bern, Stuttgart and Vienna: Haupt, 1994).

[62] Friedmann, Wolfgang, *The Changing Structure of Internaitonal Law* (New York: Columbia University Press, 1964).

[63] Friedmann, Wolfgang, "United Sates Policy and the Crisis of International Law: Some Reflections on the State of International Law in ' International Co-operation Year' ," *American Journal of International Law* 59 (1965).

[64] Gao, Zhiguo , "The Legal Concept and Aspects of Joint Development in International Law, " *Ocean Yearbook 13* (Chicago: University of Chicago Press, 1998).

[65] Gilpin, Robert, *War and Change in World Politics* (Cambridge: Cambridge University Press, 1981).

[66] Gilson, Ronald J. , "Market Efficiency after the Financial Crisis: It's Still a Matter of Information Costs," *Virginia Law Review* 100 (2014).

[67] Glennon, Michael, *The Limits of Law, Prerogatives of Power: Interventionism after Kosovo* (Hampshire: Palgrave Macmillan, 2001).

[68] Gong, Gerrit W. , *The Standard of " Civilization " in International Society* (Oxford: Clarendon Press, 1984).

[69] Gorbachev, Mikhail S, "Real'nost'i garantii bezopasnogo mira [The Reality and Guarantees of a Secure World] , " *Pravda* , 17 Sept. , 1987.

[70] Grewe, Wilhelm G. , *Epochen der Völkerrechtsgeschichte* (Baden-Baden: Nomos, 1984).

[71] Grewe, Wihelm G. , *The Epochs of International Law* , trans. and revised by Michael Byers (New York: Walter de Gruyter, 2000).

参
考
文
献

[72] Grotius, Hugo, *The Freedom of the Seas*, trans. by Magoffin, Ralph Van Deman(Oxford: Oxford University Press,1916).

[73] Habermas,Jügen, "Was Bedeutet der Denkmalsturz?" *Frankfurter Allgemeinen Zeitung* 17(2003).

[74] Hall,William Edward, *A Treatise on International Law* (Oxford: Clarendon Press,1904).

[75] Harrelson, Max, *Fires all around the Horizon: The UN's Uphill Battle to Preserve the Peace* (New York: Praeger, 1989).

[76] Hart, H. L. A. , *The Concept of Law* (Oxford: Clarendon Press, 1961).

[77] Hautefeuille, L. B. , *Des droits et devoirs des nations neutres en temps de guerre maritime* (Paris:Guillaumin, 1868).

[78] Herrera, R. , "Evolution of Equality in the Inter American System," *Political Science Quarterly* 61(1946).

[79] Hide,Deborah,"Canada pulls out of the Kyoto Protocol," *Carbon Management* 3(2012).

[80] Hinsley,Francis Harry, *Power and the Pursuit of Peace* (Cambridge: Cambridge University Press, 1962).

[81] Hobson,John M. , "Transcending Chronofetishism and Tempocentrism in International Relations," in "What's at Stake in Bringing Historical Sociology Back into International Relations?" in Hobden,Stephen and Hobson,John M. eds. ,*Historical Sociology of International Relations*(Cambridge :Cambridge University Press, 2001).

[82] Hoffmann,Stanley, "An American Social Science: International Relations," in Stanley Hoffmann, Janus and Minerva eds. , *Essays in the Theory and Practice of International Politics* (Boulder and London: Westview, 1987).

[83] Holland,Thomas Erskine, *The Elements of Jurisprudence* (Oxford: Clarendon Press, 1893).

[84] Hornung,Joseph, "Civilisés et barbares,"*Revue de droit international et de législation comparée(RDI)* 16 (1884).

[85] Howarth,Nicholas A. A. ,and Foxall,Andrew, "The Veil of Kyoto and the politics of greenhouse gas mitigation in Australia, "*Political Geography* 29 (2010).

[86] Hudc,R. E. , "The Role of the GATT Secretariat in the Evolution of the WTO Dispute Settlement Procedure, " in Bhagwati,J. ,and Hirsh,M. , eds. , *The Uruguay Round and Beyond: Essays in Honor of Arthur Dunkel* (Berlin: Spring-Verlag, 1998).

[87] Hudson,Manley O. , "The Prospect for International Law in the Twentieth Century,"*Cornell Law Quarterly* 10 (1925).

[88] Huntington,Samuel P. , *Who Are We? The Challenges to America's National Identity*(New York:Simon & Schuster, 2004).

[89] Hurrell,Andrew, "Security and Inequality, " in Hurrell, A. , and Woods, N. , eds. , *Inequality, Globalization and World Politics* (Oxford: Oxford University Press, 1999).

[90] Hyam,Ronald, *Britain's Imperial Century 1815 – 1914: A Study of Empire and Expansion* (London: Macmillan, 1976).

[91] Ikenberry,John, "The Rise of China and the Future of the West, " *Foreign Affaris* 87 (2008).

[92] Jackson,John H. ,*World Trade and the Law of GATT* (Indianapolis: The Bobbs-Merrill Company Inc. , 1969).

[93] Jackson,Robert H. , *Quasi-States: Sovereignty, International Relations and the Third World* (Cambridge: Cambridge University Press, 1990).

[94] Jane,Cecil,*The Four Voyages of Columbus*,Vol. I (New York:

Dover, 1988).

[95] Janis, Mark S. , "Sovereignty and International Law: Hobbes and Grotius," in St. J. R. Macdonald, ed. , *Essays in Honour of Wang Tieya* (Hague: Martinus Nijhoff, 1994).

[96] Jèze, Gaston, *Etude théorique et pratique sur l'occupation comme mode d'acquérir les territoires endroit international* (Paris: Giard & Brière, 1896).

[97] Jhering, Rudolf , *Der Kampf ums Recht* (Berlin: Philo, 1925).

[98] John, Jonathan Di, "Is There Really a Resource Curse? A Critical Survey of Theory and Evidence," *Global Governance* 17(2011).

[99] Jones, Eric, et al. , *Coming Full Circle: An Economic History of the Pacific Rim* (Boulder, Colo: Westview Press, 1993).

[100] Jones, Jesse, "Humanitarian Intervention in a Multipolar World," *Washing University Global Studies Law Review* 15(2016).

[101] Kant, Immanuel, *Idea for a Universal History with a Cosmopolitan Purpose*, *Political Writings*, trans. by Hans Reiss (Cambridge: Cambridge University Press, 1991).

[102] Kapoor, S. K. , *International Law* (Hampshire: Palgrave Macmillan, 1992).

[103] Keesing's Limited, *Kessing's Contemporary Archives*, *1946 – 1948* (Bristol: Kessing's Publications Limited, 1949).

[104] Kegley, Charles Jr. , "The Neoidealist Moment in International Studies? Realist Myths and the New International Realities: ISA Presidential Address, March 27, 1993, " *International Studies Quarterly* 37(1993).

[105] Klein, Robert T. , *Sovereignty Equality among States* (Toronto: University of Toronto Press, 1974).

[106] Kennan, George , *American Diplomacy* (Chicago: University of

Chicago Press, 1984).

[107] Kennan, George, "The Sources of Soviet Conduct," *Foreign Affairs* 96(1987).

[108] Kennedy, David, "The Move to Institutions, "*Cardozo Law Review* 8(1987).

[109] Kennedy, Paul, *The Rise and Fall of the Great Powers* (London: Unwin Hyman Limited, 1988).

[110] Keohane, Robert O. , Joseph S. Nye, Jr. , *Power and Interdependence: World Politics in Transition* (Cambridge: Harvard University Press, 1977).

[111] Kiernan, V. G. , "State and Nations in Western Europe," *Past and Present* 31(1965).

[112] Kim, S. W. , David P. Fidler and S. Gauguly, "Eastphalia Rising? Asian Influence and the Fate of Human Security," *World Policy Journal* 26(2009).

[113] Klaw, Bruce W. , "The International Court of Justice at 60: Performance and Prospects," *Am. Society International Law Procedure* 100(2006).

[114] Kline, Robert T. , "The Pen and the Sword: the People's Republic of China's Effort to Redefine the Exclusive Economic Zone through Maritime Lawfare and Military Enforcement, " *Military Law Review* 216(2013).

[115] Kennedy, Paul, *The Rise and Fall of the Great Powers* (London: Unwin Hyman Limited, 1988).

[116] Knutsen, Torbjorn L. , *A History of International Relations Theory* (Manchester: Manchester University Press, 1997).

[117] Kooijmans, Pieter Hendrik, *The Doctrine of the Legal Equality of States: An Inquiry into the Foundations of International Law*

(Leiden: A. W. Sijthoff, 1964).

[118] Korovin, E. A. , "Mezhdunarodnii Sud na sluzhbe Anglo-Amer-
ikanskogo Imperializma(The International Court in the Service of
Anglo-American Imperialism), " *Sovetskoe Gosudarstvo i Pravo*
(*Soviet State and Law*) 5(1950).

[119] Koskenniemi, Martti, *The Gentle Civilizer of Nations* (Cam-
bridge: Cambridge University Press, 2001).

[120] Koskenniemi, Martti, "Legal Universalism: Between Morality and
Power in a World of States, " in Cheng, Sinkwan, ed. , *Law, Jus-
tice and Power: Between Reason and Will*(Stanford: Stanford U-
niversity Press, 2004).

[121] Koskenniemi, Martti, " International Law in Europe: Between
Tradition and Renewal, " *European Journal of International Law*
16(2005).

[122] Koskenniemi, Martti, *From Apology to Utopia* (Cambridge: Cam-
bridge University Press, 2006).

[123] Koskenniemi, Martti, *The Politics of International Law* (Oxford:
Hart Publishing Ltd. , 2011)

[124] Krasner, Stephen D. , *Sovereignty: Organized Hypocrisy* (Prince-
ton: Princeton University Press, 1999).

[125] Lasson, Adolf, *Princip und Zukunft des Völkerrechts* (Berlin,
Hertz, 1871).

[126] Lauterpacht, Hersh, *The Function of Law in the International
Community* (Oxford: Clarendon Press, 1933).

[127] Lauterpacht, Hersh, " The Grotian Tradition in International
Law, "*British Yearbook of International Law* 16(1946).

[128] Lauterpacht, Elihu, edited. , *International Law, being the Col-
lected Papers of Hersch Lauterpacht*(4 Vols.)(Cambridge: Cam-

bridge University Press), Vol. 2, 1976.

[129] Lauterpacht, Elihu, edited. , *International Law, being the Collected Papers of Hersch Lauterpacht*(4 Vols.) (Cambridge: Cambridge University Press), Vol. 3, 1977.

[130] Levi, Werner, *Law and Politics in the International Society* (California: Sage, 1976).

[131] Lewis, Archibald R. , "The Closing of the European Frontier," *Speculum* 33 (1958).

[132] Leonard, Eric K. , "A Case Study in Declining American Hegemony," *Whitehead J Diplomatic & Int'l Relations* 1 (2007).

[133] Lieber, Francis, *On Civil Liberty and Self Government* (Philadelphia: Lippincott, 1859).

[134] Lorimer, James, "La doctrine de la reconnaissance: Le fondement du droit international," *Revue de Droit International (RDI)* 16 (1884).

[135] Maine, Henry Sumner, *International Law* (London: John Murray, 1887).

[136] Makonnen, Yilma, *International Law and the New States of Africa* (New York: UNIPUB 1983).

[137] Mann, Michael, *The Dark Side of Democracy* (Cambridge: Cambridge University Press, 2005).

[138] Marceau, Gabrielle, *A History of Law and Lawyers in the GATT/ WTO* (Cambridge: Cambridge University Press, 2015).

[139] Martens, Alexander, "The Idea of European International Law," *European Journal of International Law* 17 (2006).

[140] Martens, Friedrich, "étude historique sur la politique russe dans la question d'Orient,"*Revue de droit international et de législation comparée (RDI)* 9 (1877).

[141] McDougal, Myres S. , and Michael Reisman, "The Changing Structure of International Law: Unchanging Theory for Inquiry, " *Columbia Law Review* 65(1965).

[142] McDougal, Myres S. , and Harold Lasswell, "Legal Education and Public Policy: Professional Training in the Public Interest," in McDougal, Myres S. , and Associates, eds. , *Studies in World Public Order* (New Haven Press and Nijhoff, 1987).

[143] Miyoshi, Masahiro, "The Basic Concept of Joint Development of Hydrocarbon Resources on the Continental Shelf, " *International Law and Estuarine Law* 17(1988).

[144] Moore-Gilbert, Bart, *Postcolonial Theory. Context, Practices, Politics* (London: Verso, 1997).

[145] Moore, John Norton, "The Regime of Straits and the Third Nations Conference on the Law of the sea," *American Journal of International Law* 74(1980).

[146] Morgenthau, Hans J. , *Die Internationale Rechtsflege, ihr Wesen und ihre Grenzen(The International Judicial Function. Its Nature and Limits)* (Leizig: Noske, 1929).

[147] Morgenthau, Hans J. , "Positivism, Functionalism and International Law," *American Journal of International Law* 34(1940).

[148] Morgenthau, Hans J. , *Politics among Nations. The Struggle for Power and Peace* (New York: Knopf, 1948).

[149] Morgenthau, Hans J. , *In Defense of the National Interest. A Critical Examination of American Foreign Policy* (New York: Knopf, 1951).

[150] Morgenthau, Hans J. , "Emergent Problems of United States Foreign Policy, " in Deutsch, Karl, and Stanley Hoffmann, eds. , *The Relevance of International Law* (Schenkman Publishing Com-

pany, 1968).

[151] Morgenthau, Hans J. , "An Intellectual Autobiography," *Society* 15(1978).

[152] Müllerson, Rein, "From E Unum Pluribus to E Pluribus Unum in the Journey from an African Village to a Global Village?"in Yee, Sienho, and Jacques-Yvan Morin, eds. , *Multiculturalism and International Law* (Leiden, Boston: Martinus Nijhoff Publishers, 2009).

[153] Muir, Jr, Lawrence L. , "Combating Cyber-Attacks Through National Interest Diplomacy: A Trilateral Treaty with Teeth," *Washington and Lee Law Review Online* 71(2014).

[154] Nagan, Winston P. , and Graig Hammer, "The Changing Character of Sovereignty in International Law and International Relations," *Columbia Journal of Transnational Law* 43(2004).

[155] Nardin, Terry, *Law, Morality, and the Relations of States* (Princeton: Princeton University Press, 1983).

[156] Nussbaum, Arthur, *A Concise History of the Law of Nations*, 2nd rev. edn. (New York: MacMillan Company, 1954).

[157] Nye, Joseph S. , *Bound to Lead: The Changing Nature of American Power* (New York: Basic Books, 1990).

[158] Nye, Joseph, "What New World Order?" *Foreign Affairs* 71 (1992).

[159] Nye, Joseph S. , "Recovering American Leadership," *Survival* 50(2008).

[160] Oda, Shigeru. , "The International Court of Justice—Retrospective and Prospects, " in Ko Swan Sik, ed. , *Asian yearbook of International Law*, Vol. 3 (Dordrecht, Boston, and London: Kluwer Academic Publishers, 1994).

[161] Onuma, Yasuaki, *A Transcivilizational Perspective on International Law* (Leiden, Boston: Martinus Nijhoff, 2010).

[162] Oppenheim, Lassa , *The Future of International Law* (Washington D. C. : Carnegie Endowment for International Peace, Pamphlet No. 39, 1920).

[163] Orakhelashvili, Alexander, "The Idea of European International Law," *European Journal of International Law* 17(2006).

[164] Pagden, Anthony, "Introduction," in Anthnoy Pagden, ed. , *The Idea of Europe: From Antiquity to the European Union* (Cambridge: Woodrow Wilson Center Press and Cambridge University Press, 2002).

[165] Pan, Juwu, "Chinese Philosophy and International Law," *Asian Journal of International Law* 1(2011).

[166] Patrick, Stewart, "Irresponsible Stakeholders? The Difficulty of Integrating Rising Powers," *Foreign Affairs* 89(2010).

[167] Patterson, Dennis, and Ari Afilalo, *The New Global Trading Order: The Evolving State and the Future of Trade* (Cambridge: Cambridge University Press, 2008).

[168] Pedrozo, Raul (Pete), "The Building of China's Great Wall at Sea," *Ocean & Coastal Law Journal* 17(2011 – 2012).

[169] Peerenboom, Randal and Bojan Bugaric, "Development after the Global Financial Crisis: The Emerging Post Washington, Post Beijing Consensus, " *UCLA Journal of International Law and Foreign Affairs* 19(2015).

[170] Peric, Renata, Ljubica Kordic and Vedran Mesaric, "The Role of Taxation during the Financial Crisis 2008 – 2013: Selected Issues," *Pravni Vjcsnik* 30(2014).

[171] Peng, Guangqian, "China's Maritime Rights and Interests," in

Dutton, Peter, ed. , *Military Activities in the EEZ: A U. S. -China*
Dialogue on Security and International Law in the Maritime Com-
mons (New Port: Naval War College Press, 2010).

[172] Perroy, Edouard, " A l'origine d'une économie contract é e: les
crises du X Ⅳ siècle, " *Annales E. S. C.* 4(1949).

[173] Polisensky, Josef, *The Thirty Years War* (Oakland: University of
California Press, 1971).

[174] Pollin, Robert and Dean Baker, " Reindustrializing America: A
Proposal for Reviving U. S. Manufacturing and Creating Millions
of Good Jobs, " *New Labor Forum* 19(2010).

[175] Pomeranz, Kenneth, *The Great Divergence: China, Europe and
the Making of the Modern World Economy* (Princeton: Princeton
University Press, 2000).

[176] Poole, Richard E. , " China's ' Harmonious World ' in the Era of
the Rising East, " *Inquiries Journal* 6(2014).

[177] Portela, Clara, " National Implementation of United Nations Sanc-
tions, " *International Journal Canadas Journal of Global Policy
Analysis* 65(2010).

[178] Posner, E. A. , Yoo, J. , " International Law and the Rise of
China, " *Chicago Journal of International Law* 7(2006).

[179] Rawls, John , " The Law of Peoples: A-M Slaughter, Internation-
al Law in a World of Liberal States, " *European Journal of Inter-
national Law* 6(1995).

[180] Rawls, John, *Law of Peoples with the Idea of Public Reason Revis-
ited* (Cambridge: Harvard University Press, 1999).

[181] Rayneval Gérard De, *L'honneur du souverain, sa dignité, le
salut, l'intérêt véritable de l'Etat* (Paris: Leblanc, 1803).

[182] Rehman, Scheherazade S. , " American Hegemony: If Not Us,

Then Who?" *Connecticut Journal of Int'l Law* 19 (2003 – 2004).

[183] Renault Louis, *Introduction à l'étude de droit international*, in *L'oeuvre internationale de Louis Renault* (Paris: Editions internationale, 1932).

[184] Reus-Smit, Christian, *The Politics of International Law* (Cambridge: Cambridge University Press, 2004).

[185] Rivier, Alphons, *Lehrbuch des Völkerrechts* (Stuttgart, Enke, 1889).

[186] Rosenne, Shabtai, "The Cold War and the International Court of Justice: A Review Essay of Stephen M. Schwebel's Justice in International Law," *Virginia Journal of International Law* 35(1994 – 1995).

[187] Rolin-Jaequemyns, "De l'étude de la législation comparée et de droit international," *Revue de droit international et de législation comparée(RDI)* 1(1869).

[188] Rousseau, Jean-Jacques, *The Spirit of the Laws*, trans. by Thomas Nugent (New York: Hafner, 1949).

[189] Rousseau, Jean-Jacques, *A Discourse on Inequality*, trans. by M. Cranston (London: Penguin, 1984).

[190] Rubin, S. J., "The Judicial Review Problem in the International Trade Organization, " *Harvard Law Review* 63(1949).

[191] Ruggie, John G., "Continuity and Transformation in the World Polity: Towards a Neo-realist Synthesis," *World Politics* 35 (1983).

[192] Runnels, Michael B., "Rising to China's Challenge in the Pacific Rim: Reforming the Foreign Corrupt Practices Act to Further the Trans-Pacific Partnership," *Seattle University Law Review* 39 (2015 – 2016).

[193] Russell of Killowen, "International Law ," *Law Quarterly Review* 28(1896).

[194] Saïd, Edward, *Orientalism*: *Western Conceptions of the Orient* (Harmondsworth: Penguin, 1995).

[195] Salomon, Charles, *L'occupation des territoires sans maître. Etude de droit international* (Paris: Giard, 1889).

[196] Savigny Friedrich Carl Von, *System des heutigen römischen Rechts* (8 vols. , Berlin, Veit, 1840).

[197] Schachter, Oscar, "Philip Jessup's Life and Ideas," *American Journal of International Law* 80(1986).

[198] Schachter, Oscar, "The Role of Power in International Law," *American Society of International Law Proceedings* 93(1999).

[199] Scheuerman, William E. , *Between the Norm and the Exception*: *The Frankfurt School and the Rule of Law* (Cambridge: Mass. MIT Press, 1997).

[200] Schmitt, Carl , *Der Nomos der Erde im Völkerrecht des Jus Publicum Europaeum* (Berlin: Duncker & Humblot, 1950).

[201] Schmitt, Carl, "Die Legale Weltrevolution: Politischer Mehrwärt als Prämie auf juridische Legalität," *DerStaat* 3 (1978), [Trans. G. L. Ulmen, "The Legal World Revolution," *Telos* 72(1987)].

[202] Schwarzenberger, George, "The Standard of Civilization in International Law," *Current Legal Problems* 8(1955).

[203] Schwarzenberger, George, "International Judicial Law," in *International Law as Applied by International Courts and Tribunals*, Vol. 4(London: Stevens and Sons, 1986).

[204] Scott, Kennedy, "The Myth of the Beijing Consensus, "*Journal of Contemporary China* 65(2010).

[205] Selden, John, *Mare Clausum*: *Of the Dominion*, *or*, *Ownership of*

参
考
文
献

the Sea, 2 Vols. (London: William Du-Gard, 1652; Clark, NJ: Lawbook Exchange, Ltd. , 2004).

[206] Sharma, Ruchir, "Broken BRICs Why the Rest Stopped Rising," *Foreign Affairs* 91(2012).

[207] Shaw, Malcolm , *International Law*, 6th ed. (Cambridge: Cambridge University Press, 2008).

[208] Shelton, Dinah, *Commitment and Compliance: The Role of Non-Binding Norms in the International Legal System* (Oxford University Press, 2000).

[209] Shirk, Susan. L. , *China: Fragile Superpower* (Oxford: Oxford University Press, 2007).

[210] Simmel, George, "Social Interaction as the Definition of the Group in Time and Space," in Park, Robert E. and Ernest W. Burgess eds. , *Introduction to the Science of Sociology*, 3rd edn. (Chicago: The University of Chicago Press, 1924).

[211] Simma, Bruno, et al. , *The Charter of the United Nations: A Commentary* (Oxford: Clarendon Press, 1995).

[212] Simpson, Gerry, *Great Powers and Outlaw States* (Cambridge: Cambridge University Press, 2004).

[213] Skidelsky, R. , *John Maynard Keynes: Fighting for Britain, 1937 – 1946* (Cambridge: Cambridge University Press, 2009).

[214] Slaughter, Anne-Marie, "International Law and International Relations: A Dual Agenda, " *American Journal of International Law* 87(1993).

[215] Slaughter, Anne-Marie, "International Law in a World of Liberal States, " *European Journal of International Law* 6(1995).

[216] Slaughter, Anne-Marie, "The Real New World Order, " *Foreign Affairs* 76(1997).

国
际
法
新
命
题

[217] Smith, Steve, "Paradigm Dominance in International Relations: The Development of International Relations as a Social Science," in Dyer, Hugh C. and Leon Mangarian, eds. , *The Study of International Relations: The State of the Art* (London: Macmillan Press, 1989).

[218] Smuts, J. C. , " The Leagues of Nations: A Practical Suggestion," in Miller, David Hunter, ed. , *The Drafting of the Covenant*, Vol. Ⅱ (New York: G. P. Putnam's Sons, 1971).

[219] Söllner, Alfons, "Vom Völkerrecht zum science of international relations. Viertypische Vertreter despolitikwissenschaftlichen Emigration," in Srubar, Ilja, ed. , *Exil*, *Wissenschaft*, *Identität*. *Die Emigration deutscher Sozialwissenschaftler 1933 – 1945* (Frankfurt, Suhrkamp 1988).

[220] Song, Yann-huei, "The Application of Article 121 of the Law of the Sea Convention to the Selected Geographical Features Situated in the Pacific Ocean," *Chinese Journal of International Law* 9 (2010).

[221] Stachau, Carl Kaltenborn Von, "Zur Revision der Lehre Von internationalen Rechtsmitteln, " *Zeitschrift fürStaatswissenschaft* 17 (1861).

[222] Stark, Joseph Gabriel, "The Contribution of the League of Nations to the Evolution of International Law, " in Stark, ed. , *Stark's Studies in International Law* (London: Butterworths, 1965).

[223] Takeshi, Hamashita, *External Forces of Change in Modern China: The Tribute Trade System and Modern Asia* (Tokyo: Memoirs of the Toyo Bunko, No. 46, 1988).

[224] Tanaka, Yoshifumi, *The International Law of the Sea* (Cambridge: Cambridge University Press, 2012).

参
考
文
献

[225] Tesón, F. , "The Kantian Theory of International Law," *Columbia Law Review* 1 (1992).

[226] Thomas, Ann Van Wynen, A. J. Thomas, "Equality of States in International Law. Fact or Fiction?" *Virginia Law Review* 37 (1951).

[227] Tilly, Charles, *Coercion, Capital and European States AD 990 – 1990* (Oxford: Basil Blackwell, 1990).

[228] Townsend-Gault, Ian, "Joint Development of Offshore Mineral Resources—Progress and Prospects for the Future, " *Nat. Resources Forum* 21 (1988).

[229] Townsend-Gault, Ian, " Preventive Diplomacy and Pro-Activity in the South China Sea, " *Contemporary Southeast Asia* 20 (1998).

[230] Tucker, Robert W. , *The Inequality of States* (New York: Basic Books, 1977).

[231] UN Office for Ocean Affairs and the Law of the Sea, *Baseline: An Examination of the Relevant Provisions of the United Nations Convention on the Law of the Sea* (UN: UN Publication, 1989).

[232] Vagts, Detlev, "Hegemonic International Law," *American Journal of International Law* 95 (2001).

[233] Van, Bath B. H. Slicher, *The Agrarian History of Western Europe, A. D. 500 – 1850* (New York: St. Martin's, 1963).

[234] Van, Dyke John and Robert A. Brooks, "Uninhabited Islands: Their Impact on the Ownership of the Oceans'Resources," *Ocean Development and International Law* 12 (1983).

[235] Vergé Charles, "Le droit des gens avant et depuis 1789 (the right of the people before and since 1789) ," in De Martens, G. F. , ed. , *Précis de droit des gens moderne de l'Europe* (2 nd French edn.) (Paris: Guillaumin, 1864).

[236] Verzijl, J. H. W. , *International Law in Historical Perspective*,　　385
Vol. 1(Leiden: A. W. Sijthoff, 1968).

[237] Victoria, Franciscus De, *De Indis et de Ivre Belli Relectiones*, in
Ernest Nys, ed. , trans. by John Pawley Bate(Washington, DC:
Carnegie Institution of Washington, 1917).

[238] Von, Liszt Franz, *Das Völkerrecht. Systematisch dargestellt* , 5th
edn. (Berlin: Häring, 1907).

[239] Von, Mohl Robert, *Staatsrecht*, *Völkerrecht*, *und Politik*, *I*: *Sta-
atsrecht und Völkerrecht*, 3 vols (Tübingen, Laupp, 1860).

[240] Walker, T. E. , *The Science of International Law* (London:
Clay, 1893).

[241] Wallerstein, Immanuel, *Modern World System (I)* (New York:
Academic Press, 1974).

[242] Wallerstein, Immanuel, *The Modern World-System* (*II*) (New
York: Academic Press, 1980).

[243] Wallerstein, Immanuel, *The Modern World-System(I)* (Oakland:
University of California Press, 2011).

[244] Walts, Arthur, "The Importance of International Law, " in Mi-
chael Byers, ed. , *The Role of Law in International Politics—Es-
says in International Relations and International Law* (Oxford:
Oxford University Press, 2000).

[245] Waltz, Kenneth N. , "America as a Model for the World? A For-
eign Policy Perspective," *Political Science & Politics* 24(1991).

[246] Warbrick, Colin, et al. , "Global Warming and the Kyoto Proto-
col, " *International and Comparative Law Quarterly* 47(1998).

[247] Watson, Adam, *The Evolution of International Society* (London:
Routledge, 1992).

[248] Watson, Adam, *The Evolution of International Society* (2nd ed)

(London:Routledge, 2002).

[249] Weiss, Edith Brown , "The Rise or the Fall of International Law?" *Fordham Law Review* 69(2000).

[250] Wendt,Alexander,"Anarchy is What States Make of It: The Social Construction of Power Politics," *International Organization* 46(1992).

[251] Wertheim,Stephen, "The League of Nations: a retreat from international law?" *Journal of Global History* 7(2012).

[252] Westlake,John, *Chapters in the Principles of International Law* (Cambridge: Cambridge University Press, 1894).

[253] Westlake,John, *International Law*, Vol 1 (2ndedn) (Cambridge: Cambridge University Press,1910).

[254] White, Hayden, *Tropics of Discourse: Essays in Cultural Criticism, Baltimore and London* (Baltimore: Johns Hopkins University Press, 1985).

[255] Wight,Martin , *Western Values in the International System(A)*, in *Butterfield Herbert and Wight,M. , eds. , Diplomatic Investigations: Essays in the Theory of International Politics* (Cambridge: Harvard University Press, 1968).

[256] Wight,Martin, *Power Politics*(London: Royal Institute of International Affaris, 1978).

[257] Williams,Michael C. , *The Realist Tradition and the Limits of International Relations* (Cambridge: Cambridge University Press, 2005).

[258] Wright,Henry T. , "Toward an Explanation of the Origin of the State," in Hill,James N. ,ed. , *Explanation of Prehistoric Change* (Albuquerque: University of New Mexico Press, 1977).

[259] Wright,Quincy, *Legal Problems in the Far Eastern Conflict* (New

York: Institute of Pacific Relations, 1941).

[260] Wright, Quincy, "The Equality of States," *Cornell International Law Journal* 3(1970).

[261] Yee, Sienho, "Towards a Harmonious World," *Chinese Journal of International Law* 7(2008).

[262] Zakaria, Fareed, "Is Realism Finished?" *The National Interest* 30(1992).

[263] Zimmern, Alfred, *The League of Nations and the Rule of Law, 1918 - 1935*, 2nd ed. (London: MacMillan, 1939).

[264] Žižek, Slavoj , "Are We in a War? Do we have an enemy?"*London Review of Books* 23(2002).

网站资料

[1] http://www. stats. gov. cn/tjsj/zxfb/201602/t20160229 _ 1323991. html。

[2] http://news. xinhuanet. com/mil/2006 - 03/03/content_4250589. htm。

[3] http://world. people. com. cn/n1/2016/0511/c1002 - 28343264. html。

[4] http://politics. people. com. cn/GB/1025/10107948. html。

http://mt. sohu. com/20160705/n457872314. shtml。

[5] http://www. mofcom. gov. cn/aarticle/i/jyjl/m/201004/201004068 85801. html。

[6] http://money. 163. com/16/0811/14/BU6Q29E5002557RH. html。

[7] http://www. mofoom. gov. cn/aarticle/ae/ai/200905/2009050624808. ht-ml。

[8] http//www. mofoom. gov. cn/zhengcejd/bl/bx/200905/2009050622 5125. html。

[9] http://www. cankaoxiaoxi. com/world/20150209/660154. shtml。

［10］ http：//www. un. org/chinese/law/icj/ch1. htm。

［11］ https：//treaties. un. org/pages/ViewDetailsIII. aspx？ src ＝ IND&mtdsg
_no ＝ XXI － 6&chapter ＝ 21&Temp ＝ mtdsg3& clang ＝ _ en#4。

［12］ http：//www. icj-cij. org/court/index. php？ p1 ＝ 1&p2 ＝ 2&p3 ＝ 2。

［13］ http：//2011. cma. gov. cn/qhbh/zxdt/200909/t20090917_45006. html。

［14］ www. fmprc. gov. cn/eng/zxxx/t465821. htm。

［15］ www. focac. org/eng/dsjbzjhy/hywj/t626388. htm。

［16］ www. fmprc. gov. cn/eng/zxxx/t399545. htm。

［17］ https：//www. questia. com/article/1G1 － 99015737/battle － for －
iraq － we － will － pass － through － this － time － of。

［18］ https：//www. wto. org/english/thewto_ e/whatis_ e/inbrief_ e/in-
br01_ e. htm。

［19］ http：//www. wto. org/english/news_ e/pre：09_ e/pr565_ e. htm。

［20］ http：//www. un. org/Depts/los/convention_ agreements/convention
_ historical_ perspective. htm#Historical Perspective。

［21］ http：//unfccc. int/press/items/2794. php。

案例文献

［1］ 联合国：《国际法院判决、咨询意见和命令摘要（1948 －
1991）》，纽约，1993。

［2］ Untied States Supreme Court Reports （95 Law. Ed. Oct. 1950 Term）
（New York：The Lawyers Cooperative Publishing Company，1951）.

［3］ The International Court of Justice, I. C. J The Hague 1986,
3rdedn.

［4］ Corfu Channel Case （United Kingdom v. Albania），1949 I. C. J.

［5］ North Sea Continental Shelf （F. R. G. v. Den；F. R. G. v.
Neth. ），1969I. C. J.

法条、条约文献

[1]《北美自由贸易协定》。

[2]《大陆架公约》。

[3]《国际联盟盟约》。

[4]《联合国海洋法公约》。

[5]《联合国气候变化框架公约》。

[6]《领海与毗连区公约》。

[7]《维也纳保护臭氧层公约》。

辞典

[1] 日本国际法学会：《国际法辞典》，世界知识出版社，1985。

会议

[1] Report of the First Session of the Preparatory Committee of the UN Conference on Trade and Employment (London Report)，Oct. 1946.

[2] UN Economic and Social Council. Second Session of the Preparatory Committee of the UN Conference on Trade and Employment. Corrigendum of verbatim report of twenty-sixth meeting of Commission B. E/PC/T/B/PV/33，22 July 1947.

[3] General Agreement on Tariffs and Trade. Disputes Settlement and the GATT，PW/yd，3 March 1976.

[4] General Agreement on Tariffs and Trade. Disputes Settlement in International Economic Agreements：Factual Study by the Secretariat，MTN/SG/W/8，6 April 1976.

索　引

图书在版编目（CIP）数据

国际法新命题：基于 21 世纪海上丝绸之路建设的背景 / 张相君著. -- 北京：社会科学文献出版社，2016.12（2017.9 重印）

（海上丝绸之路与中国海洋强国战略丛书）

ISBN 978 - 7 - 5201 - 0074 - 8

Ⅰ. ①国⋯　Ⅱ. ①张⋯　Ⅲ. ①国际法 - 研究　Ⅳ. ①D99

中国版本图书馆 CIP 数据核字（2016）第 297034 号

海上丝绸之路与中国海洋强国战略丛书

国际法新命题

——基于 21 世纪海上丝绸之路建设的背景

著　　者 / 张相君

出　版　人 / 谢寿光
项目统筹 / 陈凤玲
责任编辑 / 陈凤玲　关少华　杜若佳

出　　版 / 社会科学文献出版社·经济与管理出版分社（010）59367226
　　　　　　地址：北京市北三环中路甲 29 号院华龙大厦　邮编：100029
　　　　　　网址：www. ssap. com. cn
发　　行 / 市场营销中心（010）59367081　59367018
印　　装 / 北京玺诚印务有限公司

规　　格 / 开本：787mm × 1092mm　1/16
　　　　　　印张：26.25　字数：339 千字
版　　次 / 2016 年 12 月第 1 版　2017 年 9 月第 2 次印刷
书　　号 / ISBN 978 - 7 - 5201 - 0074 - 8
定　　价 / 99.00 元